呂思勉全集

25

本　册　總　目

未來教育史

前　言

　　《未來教育史》是迄今所見呂思勉先生所撰的最早一部章回體小説,原署名悔學子,刊於一九〇五至一九〇六年的《繡像小説》上(第四十三、四十四、四十五、四十六期),僅存四回,爲未完稿。"悔學子"是呂先生早年使用的筆名之一,根據現有的材料可知,至少在一八九七至一九〇五年間,先生時常使用這個筆名。① 先生九歲時(一八九二年),先生之父呂德驥(譽千)授江浦縣教諭,闔家隨往江北,至先生十四歲時才返回常州。《未來教育史》第四回中有關於江浦縣中私塾教學的描寫,當出自此數年江浦生活的經歷,或爲先生親見親聞。《未來教育史》曾收入上海古籍出版社"呂思勉文集"的《呂思勉詩文叢稿》(二〇一一年十月出版)。② 此次將其收入《呂思勉全集》,依《繡像小説》的刊印稿重新做了校對,只訂正個别錯字或勘誤,其他如文字、術語等,均照刊印稿付印不改。

李永圻　張耕華
二〇一四年八月

---

　　① 李永圻、張耕華:《呂思勉先生年譜長編》,上海古籍出版社二〇一二年十一月版,第四十四、八十二、一百〇四頁。
　　② 《呂思勉詩文叢稿》所刊的《女俠客》一篇,係誤收,現經查考,此文非吕先生所撰。

目　　録

分兩部熱心論教育

第一回　寄一緘寓意寫牢騷
分兩部熱心論教育

　　萬樹蒼煙，夕陽欲下。忽有人手持信包，走進一家門裏道："有人麼？"裏面聞聲，走出一個人來問道："什麼事？"那人道："有一封信在這裏。"此人接過來一看，見信面上寫著"蘇州閭門外黃率夫君手啓，萍生緘"。便拿著信進去了。送信的人自去。你道這接信的是什麼人？原來就是黃率夫。當時走進書房裏，把信拆開一看，卻是一首七言律詩，道：

　　　　教館原來是下流，傍人門戶過春秋。半飢半飽清閒客，無鎖無枷自在囚。課少父兄嫌懶惰，功多子弟結冤讎。他年便作青雲客，難掩今朝一半羞。

　　率夫看了，沈吟了一會道："這是我上次寫信給他，問他今年教書，館中功課如何？勸他在這教育上頭，盡一點國民的義務。所以他如今發起牢騷來了。且慢，待我寫封信給他。"便拂紙磨墨，寫了一封信道：

　　　　萍生足下：得來函，不著一字，知君胸有塊壘矣！敬疊原韻一章奉寄，弟不日將之鎮江一行。良晤在即，統俟面談，不盡欲語。弟英頓首。

　　又寫了一首詩道：

　　　　探索三墳把九流，名山著述自春秋。且隨鹿洞秌齊偶，漫向鶯朋泣楚囚。猿鶴前塵懷國恥，豺狼當道悉民讎。黑頭自趁年華好，莫待菱花兩鬢羞。

　　寫完了，又寫好了信面，把信和詩都封好，喚僕人送到郵局裏去了。又過了幾天，率夫收拾行李，附了小火輪到鎮江。此時正是十二月初旬，積雪初融，寒風刺骨。率夫把行李都搬到一個姑母家裏，消停了一天。次日順便望了幾處親戚，到傍晚時候便一個人走到萍生家裏來。才進門，祇見三間破舊

7

的大廳，橫七豎八，坐了十幾個小孩子，一陣讀書嬉笑之聲，直鑽入耳鼓内。祇見那些小孩子，也有在地下打滾的，也有相罵的，也有手裹弄玩具口裹讀書的，也有望著他們笑的。率夫祇道萍生不在家。走進廳上去，一望，祇見廳西面一間屋子裹，靠窗子放著一張桌子，萍生正坐在那裹看書。率夫走進來，他也没看見。率夫一步步躡到房裹，立在他身後，把他肩上一拍道："萍生！"萍生吃了一驚，猛回頭見是率夫，站了起來，旋轉身握著率夫的手道："你幾時來的？我望你多時了。"率夫道："昨兒才來的，你一晌好？"萍生道："多謝你！還好。"便道："我們出去吃茶罷，這裹不是你坐的地方。"率夫道："也好！"萍生踱到門口，説一聲："回去罷！"衆學生聽了這一句，猶如皇恩大赦，各人抱了一本書便走，一陣的亂躁，搶出中門。一個小孩子又絆跌了，在地下哭。萍生攜著率夫的手，走了出來，倒像不看見一般。率夫忙去扶了起來。萍生道："隨他去，便是一天到晚打交的，那裹扶得盡許多。"率夫聽了，很覺得詫異，一時説不出什麽話，便問他道："你館中課程完了麽？"萍生道："没有什麽完不完的，到這時候，便放學。"率夫聽著，覺得更詫異了。一路走到茶館子裹，兩人進去，揀了一張桌子坐下。率夫先問他道："你今年怎麽樣？"萍生："還不是這個樣子，有什麽好處？"率夫道："我上次寄你一封信，還有一首詩，你接到了麽。"萍生道："接到了，你這首詩，真是與我大異其趣了。"率夫道："怎麽大異其趣？"萍生道："你還不看見我的詩！"説著，兩個人都笑起來。率夫道："你今年館穀有多少？"萍生道："説他則甚？"率夫道："你明年還在這裹麽？"萍生道："也没有什麽在這裹，不在這裹的，没有什麽事情，也祇得如此。有什麽事情做，要走就走，倒很自由呢。"率夫道："你一年的約，都没有同人家訂定麽？"萍生道："有什麽約不約？這幾個錢，還要買人家的身子麽？"率夫道："你現在館中用什麽教法？"萍生道："也没有什麽教法，總不過胡纏纏罷了。"率夫道："你近來看什麽新書没有？"萍生道："倒也看得好幾部。初時我原没錢買，後來有人在這裹開了一個圖書館，無論什麽人，都可以去借看的。因此我也看得許多。"率夫道："你看過什麽教育書没有？"萍生道："也畧看過幾部。"率夫道："你看西洋人的教法好不好？"萍生道："那自然是好的，不是如此，歐美的國民，如何能在世界上稱雄呢？"率夫道："你既知道新教法好，爲什麽還把這些陳腐的法子去教人？"萍生笑一笑，不言語。率夫也笑道："你這就未免言行相背了。"萍生笑道："你難道還不知道我的心？"率夫道："你的心，我祇知道你是光明正大的，若是言行相背的心，我就不知道了。"説著兩人都笑。萍生道："你不知道我有多少難處。"率夫道："有什麽難處？"萍生道："你不是個中人，説也不知道的。"率夫道："一會子又説我知道，一會子又説我不知道，這就真奇怪了！到底我知道不知道？"萍生道："這也問你罷了。"率夫道："都是你説的，如何問我呢？"萍生一笑，率夫道："真的有什麼難處，同我説，你我的交情，還有什麼隱諱麼？不同我説，我今兒便和你絶交了！"萍生道："別慌，我和你説。我原不是教書的人，你看現在一班的教書先生，都是些什麼人呢？他們大概是從小讀了幾句四書五經，其實一字也沒有讀得懂。到大了，下筆寫一張條子，還寫不通呢！這些人，要他肩挑貿易，是不能了；要他做別的勞心的事業，又是不能。若説中舉人、中進士、點翰林，吃那俗話所説的空心飯呢，額子祇有這個數，像買彩票一般，總是不著的人多，著的人少。一般人受了天演中的淘汰，自然而然，都以此爲窟穴了。老兄，你看我是那一種人，難道淮陰還與噲等爲伍麼？近年來，我所以如此，祇爲有一個娘在，若説賸我一個人，我也大涯地角斷梗飄蓬任意去了。祇還有老母在，不能聽他凍餒。若説找事情做呢？社會上不是有了才具，可以謀生的。所以我也祇得落在這陷阱裏。其實，我豈是這一般人？所以我亦不過借他做個過渡時代。至於各人的盛德大業，各人自有目的，難道就這般溷了一世麼？老兄你道這話是不是？"率夫道："什麼叫借他做個過渡時代？"萍生道："我現在不過借此趁幾個錢養活了老母。再過幾年，我就自己圖自己的事業去了，難道還向此中討生活不成？"率夫道："祇有一句話，你現在借此趁錢，又不同人家盡些心，這不也是你所説的空心飯麼？"萍生道："誰高興終年子忙了，得他們這幾個錢？還有呢，把一個學生送在書房裏，就像自己是資本家，你是做工的一般，件件事情，不敢不遵他的命令了，件件事來指派你，件件事來憎嫌你，倒像你該做他的奴隸牛馬一般。老兄，我現在手裏雖沒有錢，我也是世家子弟，難道這幾個錢，我都沒有看見麼？有了這幾個錢，就要擺出這主人樣子，叫人做他的奴隸牛馬，這種人，真是心死盡了，真正是奴隸性質達於極點了。奴隸的錢，不騙他幾個使用做什麼？我待他們的法子，還算是懲一警百。我自己的納污含垢，還算是能屈能伸呢？"率夫道："依我看，我們所處的境況，無論何時何地，總沒有不可以做事的。若説拋開了現在的境界，倒希望將來做事業，怕的將來的事業沒有做成，現在的事業先已拋掉。到後來不免要追悔呢！況且你説現在境界不能做事，要希望著將來，這希望原是個個人都有。但依我的意思，現在緊要的事務，正在這教育上頭，怎麼講呢？你看現在世界上的強國，那一個不是他社會先強，若説民氣柔靡时，這國也萬萬不能強立。不説別的，祇説英國。英國不是世界上第一強國嗎？推本窮原，不是英國的國民個個人能自立，如何能夠這樣呢？這還説英國的教育，是近年來再整頓，教育制度，不算是西洋極整齊的。至於德國呢，從前破碎華離的國度，如今竟算歐洲牛耳之國，這不是教育的功勞麼？所以到師丹大克以來，毛奇將軍不説是戰士的功勞，反説是小學校生徒的力量。這真是知本之言了。至於俄國疆域之大，算做世界第一。有些人比他是六國時候的強秦，到如今，竟被日本人幾仗就打敗了。這不是他教育不普及的效驗麼？我以爲，不獨德國的整頓學校，就做了歐洲的強國，算做這教育強國上的明效大驗；就是日本人，有些人雖議論他的教育，還没有算十分進步。其實，他立國以來，幾千年的武士道、大和魂，那強毅尚武的氣概，就算是固有的教育了，這不是今日戰勝的根本麼？至於英國那一種自治保守富於實行的性質，幾千年來深入國民的骨髓，成了風俗，也就算他教育的本來面目了。今日作《萬國教育志》的人，你看他論到英國的教育，還不是把這一件算他們教育的特色麼？所以我説教育不必泥定有形無形，至於没有教育，國總不能強，這就是一定不移之論了！老兄你看今日中國的教育，是怎麼樣？據此看來，我們該做的事業，是那一件。你還説這現在的境界，不能夠做事情，要想等將來麼？"萍生道："這原是但依我的意思，你的話大致如此，還差了些分寸兒呢？"率夫道："怎麼樣？"萍生道："凡事最怕的是一盤散沙，像中國今日的教育，就有一二個人講究，其餘都是在暗裏走路的。就使有一兩個人才，正是俗話説的，獨木不成林，單絲不成綫。況且外國的教育的好處，全在乎通國一律，所以在學校的時候，已是一個軍隊的精神，出了學校，個個人學問相同，自然而然情投意合，民氣就團結起來了。像現在的中國，別説是没有講求教育的人，就是有講求教育的人，你是這樣，他是那樣，非但不能叫國民的心志從此齊一，怕的還要生了黨同伐異之見呢？你看歷代的黨禍那一個人不是從學術上生出來的？雖然有君子與小人爭，君子與君子爭的不同，究竟是私意未除，不能自克。洞明時勢的人少，固執成見的人多；熱心國事的人少，沽名釣譽的人多。這就是我們讀史的人的絶大隱痛了。所以我説現在中國，要講教育，除非把全國合做一氣不成功。若要把全國聯做一氣，我們現在，就萬萬無此力量。祇有一法，合些同志的人講學，個個都是同心同學問的，一到任事的時候，一呼百集，到處都是我們的同志，這就天下事易於措手了。若説不然，一個人握了事權，到處都是不知名姓的人，相信他又不好，不相信他又不好，這説難於見功了。所以我説現在的亟務，是教育成才的人，不是教育小孩子，若但教育小孩子，就河清人壽了，就使我們握不到事權，同志的人多了，散在天下，也總有作爲的。莫説別的，就説講求教育，也容易齊一了。但是照此做法，非得自己的智識道德，都有把握做不到的。我現在自己揣度自己，還沒有這般本領。所以還遲遲不發呢！老兄，我若要講教育，就是這樣做去。若照你的話，這人用心教一個蒙館，那人出力辦一個學堂，自然，天下那有多幾個人講求，反而不好的。但是這些人，面也不見，信也不通，學問宗旨，又自各人各法，各廟各菩薩，就見了面也不會投契共事的。這種人散在天下，就如一盤散沙，有了事變，依然同沒有這幾個人一樣，這就是論理上的比校的好處，不是事實上的絕對的好處了。老兄，你看現在的時勢，照這樣的法子去做，怕等你不及了。所以我說你的話，分寸兒還有些不對。"率夫道："天不早了，我們去吃酒罷。"萍生躊躇道："論理，你今兒初到，該我請你，今兒身邊沒有錢。"率夫搶著道："誰來同你講這些女人講的話，快些走！不走，我要氣悶了。"於是兩個人會了茶錢，一同走出茶館。祇走過去幾家，就是酒店了。兩人走進去，坐定了。酒保來問，吩咐定了酒菜。率夫道："你説我的話有些分寸兒不對，我說你的話，也有些兒分寸不對。"萍生道："怎麼講？"率夫道："你說要國強，一定要國民的心志齊一，氣脈團結，這話是一絲一毫不差的。但說是教育專主於成材，不主於青年，這就自相矛盾了。若是如此，民心如何會齊一？民氣如何會團結呢？所以，你說的話，充其量不過組織了一個政黨。若說教育，是去題萬里的。你想，國民都沒有教育，倒添了一班政黨。又是在專制國裏，沒有憲法，這不是愈加危險麼？況且依你説的話，要聯合了一班同志，到天下去辦事，好齊力並舉，這也是萬萬做不到的。不過是理想上的話。你想，孔子三千弟子，四科不過十人，至於以講學仕事的人呢，近世最著的是羅澤南，也不能像你的話。那些歷代講學的大儒，那一個不是抱著你的思想，卻有那一個是做得到的？所以，我說你不過是理想上的話。"萍生道："依你講怎麼樣呢？"率夫道："依我說，要講教育，自然要從普通教育國民教育入手，才好在這世界上競爭。至於你說的話，何嘗不是，但祇能同我講的話，兼行並進，萬不能拋了我的話，單做你的話的。果然如此，就是有政黨沒有國民了，還想強國麼？"萍生沈思一會道："也不錯。依你的話，又是怎樣子叫通國的教育齊一呢？依我看，若是教育不齊一，終究是國不能強的。"正說著，酒保已燙酒上來了，兩人吃著。率夫道："我也有個說法。現在依我的意思，想開一個大大的中國教育會，卻分為兩支：一是中國南部教育會，一是中國北部教育會，合成了便是一個中國的教育會。至於邊省或者言語風俗有些異同，應得另設一分會，那就要臨時斟酌了。這樣說，外面看不過是一個中國教育會，其實從內部講，確是一個文部省的責任呢。一切教育制度，都是會裏擬定了，請命於學務大臣，他批準了，就好實行。一切事務，原是我們辦的，中國的官，原是像木偶一般。有人這樣子幫他的忙，還有什麼不情願的麼？這件事，又不觸時忌。依我説來，行之二十年，必然有效。比那天天談革命，天天談立憲的人，強得多呢！但是空手不能做事，要是辦這件事，總得先有些實驗。所以我想明年，先在蘇州設一個小學堂，做了基本，以後再商量這件事呢。我這回子來，一者是到姑母家裏，有些事情。二者也爲這件事，找你商議。若是學堂開了，還要借重你呢！”萍生聽了，不覺喜得手舞足蹈道：“這樣説，我的學問也有個試驗場了！”率夫笑道：“照你現在的行徑，是不與阿。”萍生道：“老兄，你當我真是這般的人？我也有個道理。”率夫笑道：“有什麼道理？”萍生笑道：“我不過借此賺幾個錢。”率夫笑道：“講來講去，還是這一句話。你就使組織成了一個政黨，也無非是賺錢的政黨了。”萍生笑道：“那有這話？老兄，你聽我講：大凡一個人不能不吃飯，便做事的，有了勞力，就該有報酬，却現在沒有這個墊場來養成我這個人物。所以我説我現得了人家的錢，不同人家盡力，不過是暫時借一借，將來原是會還的。比如盧梭，也偷人的表，他的《民約論》出版，難道還算逋負其群麼？我的事業，將來若做成了，他們得的好處還多呢！何在乎現時借貸一借貸？這不過是經濟上一個複雜算題罷了。”率夫道：“這話何嘗不是。但依我説，凡人在社會上，總要負幾分困難的。比如，你現在又要企圖將來的事業，又要謀現在的經濟，這就是你負的困難了。但是要辦事業，先要負得起困難，負不起困難，是一定辦不成事業的。古人説：‘行一不義，殺一不辜，而得天下，有所不爲。’難道這正負的差數，還抵上你所説複雜經濟算題？不過，古人總不肯做一件虧心事罷了。比如，你現在掛著將來的事業，便把現在的行誼抛掉了，這不是‘行一不義，殺一不辜，而得天下’之類麼？我道：這不算我們能赴其目的真憑，却是我們負不起困難的實據。平心而論，便不能無愧了。”萍生聽了，也爽然自失道：“哥哥的話，真没一句不是，我的話，都是胡言亂道了。”當時酒終而散。正是：

　　　　酒逢知己千杯少，話不投機半句多。

　　未知後事如何，且待下回分解。

訓蒙童
塾師誇
閩訣

訪奇女良夜話平生

第二回　訓蒙童塾師誇閱訣
訪奇女良夜話平生

　　且説萍生當夜回去了，把率夫的話，思前想後，覺得句句打入心坎裏，説著自己的毛病。自己細想自己從前的行徑，倒像一杯冷水，澆在背上，直覺的不可以爲人。一時間翻來覆去，幾乎一夜睡不著，直到天明了，方才略睡一睡。到七點多鐘時分，便起來了。一想今年晚了，做不出事，便想抖擻起精神，明年大加振作一番。一吃過早飯，馬上就去望率夫。跑到率夫的姑母家，已是出去了。没奈何跑了回來，路上一想，現在要整頓教育，第一件是改良教師。現在雖説開學堂，但以我看來，至少十年以内，教育的大權，一半總還在這些塾師手裏，總得叫他們革新面目，這才與學堂相輔而行，中國的教育焕然改觀了。何不趁此年底，空了没事，去運動他們幾個。若得他們聽我的話，也算我盡了一分心力了。想著，便信步走到一個陳由章家。這陳由章原是一個教書先生，他却從二十歲，到五十多歲，足有三十多年，都是坐的蒙館，專在家裏收些小學生，從没有教過年紀大的。爲什麽呢？也有個原故。這陳先生從小讀書，原没有讀得成功，所以教幾句四子五經，還可以教得，若説要教人作文，這就有些束手了。所以他書房裏，專教些小學生，却也是個度德量力的道理。但他教學生，也有個法子。一天到晚，功課雖然不很認真，他却拿出那獄吏待囚徒的手段，動一動身就是罵，説一句話就是打。一個不好，還要跪錢板，罰了不許吃飯，磨幾個夜深，陪了學生讀書。所以在他書房裏出來的學生，雖然一物不知，但他認真教育的大名，早已有在外頭。所以人家不怪他的教育不好，祇説是自己的子弟笨，却還羨慕他的教法認真。所以年又一年，從他的人倒很多，他也靠着這自行以上，著實積聚著幾文了。這天看見萍生來，便擺出老世伯的面孔，在櫈子上略站一站起來道："你來了麽？"萍生答應了一聲是，兩人坐下。由章問道："你幾時放學了？"萍生道："總在這幾天。"由章道："究竟你是幾時放學？"萍生道："大約是十一二。"由章道："這樣早麽？"萍生道："坐了一年，

15

氣悶的很，早些放了學散散。"由章道："我倒同你講，這坐書房阿，放學是萬萬不能早的，爲什麼呢？我同你説……"説著，把鬍子一抹，又把戒尺在桌子上一拍，道："還不念麼？"這些學生正在靜悄悄的聽説話，聽見戒尺一拍的聲音，嚇的魂都飛掉了，連忙直了喉嚨，一個個都喊起來。這萍生雖然也教書，他却又是一種，是一年四季把學生的事丟在腦後不管的，所以有客人來了，都是隨學生去鬧，自己却同朋友講話。如今給由章的學生直了喉嚨一喊，喊的話都聽不見了，很覺得不便。況且還有一層，他向來教書是同學生坐在兩間屋子裏的，又把窗子開了，空氣倒也覺得很流通。如今給由章的學生一齊塞滿了屋子，覺得氣都透不轉了。又很不舒服，便向由章道："我們到個空處去説話罷。"由章道："也好，我伴你吃茶去。"於是兩個人一直走出來，由章在路上又把鬍子抹了一抹道："我同你説，這放學爲什麼不能早呢？大凡我們教書的人，最緊要的是得人家相信，得人家相信的法子，倒也不很難。除非是叫人看得我們認真罷了。哼，就這一點子，説來容易，做到倒也很難。所以我初教書的時候，立下一句話，是叫做'做一行，像一行'。我既吃這碗教書的飯，别的事都不管了，人家坐書房，總説是借此用功，想要攷什麼翰林、進士、秀才、舉人，我却不作這個妄想。祇要年年給我有館地，溷了過去，我的衣食也就彀了。所以我一教書之後，我書是立定志氣一句也不念，一句也不看的。橫竪教這幾句四書五經，還怕的不會教麼？一天到晚，眼睛總在學生的身上。這樣子，自然他們走板不到那裏去了。再者是……"説到此，已到茶館門口了，兩人走進去坐定了，堂倌便來泡茶。由章又説道："還有一件呢，是不看朋友。朋友來望我，我總請他在書房裏坐，從不同他出去，喝茶喝酒的錢，又花掉了，給東家撞見了，又説我們不認真。"説著笑道："我今兒請你，還算是破格的事呢！"萍生道："承情之極！"由章笑道："一者，我也是牌子老了，不怕人家説什麼。二者呢，將要近年了，散淡些也不妨。三者呢，我同你們老人家是極有交情的，從前多承他照顧，我没有的時候，總借給我用，有時候還送給我。所以，我如今這幾句話，才肯告訴你，若是别人呢，還要算做獨得之秘呢！那一個肯同你説這個話。"萍生道："承世伯念及先人的情誼，格外垂青，小姪就萬分感激了。"正説間，堂倌送上手巾來，由章抹著臉道："這倒也不值什麼，我不過齒牙餘惠罷咧。"萍生道："什麼話，老伯的一句好話，小姪終身受用，千金萬金，還抵不來呢。"由章道："我同你講，我這教館，就是正月十一日開學，月半再放一天，十六就開學，自餘逢時遇節，我一概總是放假一天，到了送竈日子，再放學，這是一定不得走板的。三十幾年來，總是這個樣子。所以我坐了幾十年館，倒也很有些名譽呢。我從前的朋友有些人很想上進，天天自己用功讀文章，到了後來，運命不濟,功名仍舊没有上去,館況倒還都不及我呢。"説著,拍著萍生的肩道:"老姪阿,這是我知己的話,同你講,千萬別等閒聽過了。"萍生道:"承老伯厚意,銘感極了。但是小姪的意思……"正説著,由章又靠近了萍生低聲道:"還有一層呢,我同你講這晚一點放學的奧妙。我們一年到頭在書房裏,學生的功課,那裏能個個人都認真。我也説句良心話,我近來幾年在書房裏,除是我自己兩個小孩子功課認真一點子,其餘的學生,也無非胡纏纏罷了。你想一天到晚,要教二十幾個學生,那裏能夠一個個都認真。這句話,無非欺他們不識字的人罷了。設或早放了學,或者他們回去了,有什麼在行的親戚,或是自己略讀過幾句書的人,考查起功課來,背背書,又是背不出,講講書,又是講不出,這不是未完了麼。所以我一定要到送竈日子才放學,那時候大家年事匆忙,也未必去查考到學生的功課了,就是十分認真的人家,看了孩子已是認真了一年,也不肯再去叫他念書了。這不是很好的法子麼。所以我三十年來,總是用這個法子,你看怎麼樣?"説著,用手撚著鬍子,很有得意的樣子。萍生道:"老伯的話是極了,但依小姪的意思,現在的時勢,不是從前了,倒也要變些法子才好。"由章道:"依你的意思怎樣講呢?"萍生道:"剛才老伯不是説教書全靠人家相信麼? 比如,老伯現在一年没有館怎麼樣呢?"由章道:"那總該還可以支持罷。"萍生道:"兩年呢?"由章道:"那可要把我的老本挖盡了!"萍生道:"三年呢?"由章道:"那可要餓死我了!"萍生道:"這樣説,老伯現在坐館,全靠人家相信。照老伯現在的教法,再過幾年,怕再認真也没人相信了。"由章道:"你這話怎麼講?"萍生道:"依我看,現在的時勢,凡事總要講究些實在。"由章道:"你這話怎麼知道的?"萍生的話還没有説出,由章仰著臉把鬍子一抹道:"哦! 我知道你的話,又是什麼新書上看來的。"萍生道:"正是。"由章道:"你莫非又是什麼圖書館裏去領來看的麼? 怪道我從前一個女學生,就住在我隔壁,近來也看了幾句圖書館裏的教育書,昨兒我去望他,他還説是舊時的教法不好,要勸我換些新教法呢! 我當他是小孩子的説話,没有去理他。如今你又説這話,敢是有些道理了。你且説是怎麼樣?"萍生道:"凡事總要求個實在。所以小孩子要人教訓,也不是別的,不過是教他一個做人的道理,教他將來在世界上,可以做一個人。比如現在人家書房裏,無非教小孩子念些大學中庸,這些話小孩子懂他麼? 不要説別的,就是'在明明德'一句,兩個明字,撞在一處,怕的小孩子就纏不清。再説,文法容易講些的呢。'大學之道'四個字,自然是容易講的了,却這'大學'兩個字,古人有多少典章文物在裏頭,這個一時講得清麼? 況且就使講清了,小孩子出了書房門,依舊是個没用。老伯,你想讀了古書,要想書上的話,可以體貼到身心,這是要有學問的人,中年以後,才知

17

道呢？難道這些人中年以後，忽然聰明麼？無非是書上的道理太高，叫人家不容易領悟罷了。所以教小孩子的法子，沒有別樣，無非是用些淺近的課本，書就眼前的事物指點，叫他明白事情，明白道理。將來出了書房門，不說是做大英雄、大豪傑，總是一個明白事理的人。況且又教些算學寫信，如此讀一年書，就受一年之益，讀兩年書，就受兩年之益。在書房裏一兩年的工夫，終身受用不盡了。若照現在的教法，我們那一個是靠着書房裏的功課受用的呢？莫說別的，就寫封把信，也是我們自己留心學習的呢？”由章道：“這話原不錯。但一天到晚，倒有二十來個人要講書，我一個人來得及麼？況且讀書可以隨他們自己讀，講書總得要我一個人替他講，講到這個，那個倒沒有事了。”萍生道：“不是這樣說。依我的話，老伯不但不會忙，而且還好空些呢！這講書不要一個個人講，可以合在一處講的。這樣說，向來要教二十幾個人的書，如今祇要一次了，不是很省力麼？”由章道：“這樣說，一天到晚，不讀書麼？人家倒要說你是個洋學堂了，還那個敢來請教你？”萍生道：“也不是不讀書，書是終歸於要讀的。但小孩子總不相宜讀經書，是萬萬不能懂的。無非讀些國文教科書之類。老伯一定要讀經，揀些淺近容易懂的，同班教讀。這是欽定章程上也有的，那就不須拘定了。”由章道：“這多年的教法，忽然一天的改變了，對人家却如何講呢？”萍生道：“這有什麼難講？老伯祇請他們的家裏人來，對他說，現在皇上家變法了，科舉要廢，從前的秀才、舉人、翰林、進士，教要從學堂考出來，我也要變個法子，照學堂裏的規矩教了。這有誰不願意呢？況且像老伯教了多年書，人家個個都信了，說出話來就更靈。不比初出來的人，說話沒人信呢！不是這樣，再隔幾年，學堂一定多的，就是教書的人也漸漸的把法子變了。那時候人家書房裏出來的學生，個個都能寫信了，能看書了，能算帳了，老伯書房裏出來的學生，還是一物不知的，這還有人來請教老伯麼？到那時方想改變，人家也要笑老伯是學人的樣子了。不如現在就變在前頭，叫人家學老伯的樣子，那相信老伯的人，還很多呢！況且聯絡學生的父兄，教育學上原是有的，老伯明年的學生，現在總也定規了，趁這年假的時候，請他們來吃碗茶，同他們談談，改了明年的課程，既出了名，又省了力，到出名之後，或者還有人來請老伯去當學堂的教習呢！這不是俗話說的，綫長好放遠風箏，一綫乘風萬里行麼！老伯聽小姪的話，是不是？”由章聽他一席的話，也點頭道：“真是你們年輕人有見識，我倒要請教你了。”說著，已是十點多鐘，兩人便各自散了。不說由章回去了怎麼樣，且說萍生到了家，學生都知道他放學了，一個也沒有來。萍生在家裏，看了半本書，吃過了飯，在廳上閒步片刻。忽然送報人送了一張日報來，萍生接過來看了，才看過半張，忽然想起率夫昨夜談的教育會來。按下報,一想,覺的這件事不妥的地方很多,仔細想一想,覺真的行不過去了。便回到書房裏,把報看完了,一路走來,想率夫的話,有些行不通。要再想什麼法子,整頓中國的教育,一時也想不出。又想了一會,已到率夫的門口了,進去一問,又不在家,卻有個家人遞出一封信來,上寫著"送呈周萍生君鑒",知道他留在家裏,叫家人送來的,便抽出信來一看:

> 早歸知承極顧,失迓爲罪。今日有事,明早奉訪,請稍待,爲感。
>
> 萍生兄鑒。
>
> 　　　　　　　　　　　　　　　弟黃英頓首

萍生看了,也沒奈何,把信藏在身邊。一路走出去,猛然想道:有了!有了!率夫的教育會,有些不能行,我這主意,是一定行得的了。於是又望了兩個朋友,把告訴由章的話,去告訴他們,都疑信參半的。萍生信步回來,天短早已夕陽西下了。萍生走過一條街,便進一家門裏。你道這一家是誰呢?原來是常州府城裏一個布衣姓王名師後,這人從小有些僻性,是從沒有做過時文,也從沒有應過試,祇是在家裏閉戶讀書。娶妻盛氏名華,也是個貫串經史的女豪傑。兩人倒合著了許多書,祇是天不佑人,說是己亥年鄰家失火,把他家的屋子,延燒盡了。歷年的藏書著述,都付之一炬。次年師後便身死了,再過一年,盛華又死。無子,只遺下一個女兒,小名阿辛的,已是十五歲了,無以過活,便到鎮江來投靠盛華一個義姊,姓夏名恢的。夏恢嫁在宋家,丈夫已死,兒子已娶了媳婦,又死了。阿辛住了半年,夏恢又一病而死,一家裏就賸了他一個媳婦,和一個寄居的阿辛。這阿辛年紀雖小,他倒是能文能武的一個俊才呢!而且具有一種憐才的熱腸。他原與萍生熟識,嘗說生平遇見的奇男子,祇有一個周萍生。萍生也說生平遇見的奇女子,祇有一個王阿辛。這天跑到阿辛家裏來,時已傍晚,阿辛聽見門響,迎了出來,見是萍生,便走近前來道:"哥哥來了麼?"萍生道:"來了。"二人同到書房裏坐下。阿辛道:"昨兒叫個人來望你,你不在家,到那裏去的?"萍生道:"同一個朋友去吃酒的。"阿辛道:"是什麼朋友?"萍生道:"蘇州來的朋友。"阿辛道:"就是你前說的那黃率夫麼?"萍生道:"正是。"阿辛道:"像這朋友,就算是難得的了。現今世界,得了人家的好處,轉眼不相識的人很多,難得他一點兒亦沒有得過你的力,卻還時常照應你。"此時萍生本是盛氣而來,被阿辛的柔情密意,把他牽住,一種英雄氣概,救家救國的念頭,也消掉一半了。祇見案頭攤著一張紙,順手取過來一看,卻是天晚,已看不清了。正好丫環送了燈來,就燈下一看,原來是自己做的一首滿江紅詞。萍生便念道:

> 悵望塵寰,空孤負,十年淚眼。君不見,九回腸斷,還縈愁綫。健骨渾

疑霜宇隼，無巢却似秋來燕。歎人生，哀樂路偏長，情何限。匝地草，寒應
顫。長空鳥，飛應勌。借黑甜夢境，酒紅人面。俗士何知蕭史貴，無財長使
英雄賤。莫等閒，負了好韶華，空淒戀。

看了，却又想到率夫的話，覺得自己悲時感遇的一副衷曲，算不得個真豪傑，
便不免懷慚。要待決意行呢？見了阿辛的一縷柔情，又被他牽住。此中情
況，真是近人詩中所說"公情私愛玄黄搆，寸寸靈臺總戰場了"。正吟哦間，阿
辛問道："你那朋友，到這裏來，有什麼事找你麼，還是順便來望望你的？"萍生
道："也沒有什麼事，他到他姑母家裏去，順便望望我的。他倒説明年開學堂，
打算請我幫他的忙呢！"阿辛道："哦，那麼你明年的景況，倒該比今年好些了。
我且問你，他的話作準不作準？"萍生道："我這朋友講話，該是不得錯的，他從
不會講假話。"阿辛道："這種好朋友，真是難得了，却你的才具也好，所以人家
要請教你。"萍生道："那有什麼才具呢？"阿辛道："祇你待人太直了，處處總當
人家是好人，其實不然的，就要吃虧。明年，你若是出去，這上頭倒要留心些。
現今的世界，比不得三代時候了。我就不然，遇見好的人，我就真心待他；遇
見壞的人，我就把些權術駕馭他。這才好辦事呢。這些人，吃了他們的虧，壞
了我們的事，他們還笑我們是呆子呢！犯不著把他們當好人看。"待萍生聽
了，覺得他的才具處處比自己高，却又處處回顧自己，又是感激，又是歡服。
一時也説不出甚麼話。立起來，在桌子上拿一本書看，衣服在阿辛身畔一拂，阿
辛低頭一看，見他的衣裳綻裂了。一手撩起他皮袍子的一角，道："你的皮袍子
都破了，我同你縫一針罷。"萍生覺得對不住他，一時間答不出話。半晌道："什麼
道理要費你的手？"阿辛道："那有什麼要緊，你還同我客氣麼？"便翻轉身來，開了
抽屜，穿好一枝針，道："來，我同你做一針。"萍生覺得實在對他不起，却又無可推
辭，祇得勉強立起來，解了扣鈕。阿辛一手牽住他的皮袍子，道："來，不要脱，怕
的冷，我就身上和你做一針罷。"萍生不由自主，被他牽了去縫了幾針，把袍子縫
好了。此時，萍生坐在椅子上，心如槁木死灰，想到自己平時的高自期許，又不
甘一無作爲，泯然沒世。想到阿辛愛我的情致，處處回顧我。何苦把自己一個
人的身子去衝鋒冒陣，滿天下睡著的人還沒有知道呢！但阿辛也是個英雄豪
傑，要望我在世界上做事的，儻若一無作爲，不但對不住自己，對不住天下的人，
並且連阿辛都對不住。想到此真如槁木死灰，坐在椅子上，一聲兒也不言語。
一會猛聽見鐘鳴七下了，想到娘在家裏，要望我，便起身告辭阿辛而別，正是：

　　　　青萍欲作男兒氣，紅粉能牽志士心。

　　未知後事如何，且聽下回分解。

黄奎夫聘辯寫萬良箴

范善遷授
經窮教術

第三回　黄率夫騁辯寓良箴
范善遷授經窮教術

　　話說萍生回去，想到率夫的話，覺得人生在世，總須有一番作爲，才不負此數十年的韶華。又想到阿辛的話，覺得凡人總不過求一個快樂，我如今犧牲一身，去利群救國，也無非行吾心之所安罷了，這也是個求快樂。同是一個求快樂，便專求一身的快樂，又何害於理呢？況且天下大矣，古今遠矣，就使救好了今日的天下，也救不好來日的天下；就使救好了來日的天下，也追不轉已往的天下。這樣的人天界裏，要想得完全圓滿的日子，總是沒有的了。就使熱心任事，救國利群，確有效驗，那世界進化原是沒有止境的，進了一級，就見得再上一級的苦處。譬如上梯子一般，踏在第一級，祇見得有第二級；踏在第二級，又見得有第三級。這還不是一樣？就說踏到最高的一級，自然是以上再沒有梯子的了，但進了一級，以下即多了一級，人窮則反本，在上觀下與在下觀上，又有何區別呢？所以，世界生來就是缺陷，再無圓滿的法子。委心任運，與奮起圖功，從至人的眼裏看起來，正是一樣。這真是古人說的，“人有悲歡離合，月有陰晴圓缺，此事古難全”。近人所說的“誰知羲仲寅賓日，已是共工缺陷天”了。春非我春，夏非我夏，秋非我秋，冬非我冬，又何如委心任運，到那裏是那裏，過一日算一日呢？這樣子一想，又不知不覺流入於厭世主義了。一夜又是睡不著。次日起來，依舊是兩端委決不下，覺得心裏好苦。學生來了，便回說病了，不能開學。這些學生，都不勝歡喜，一個個去了。到了九句鐘，率夫來了，萍生去陪他，依舊是無精打彩的。率夫見了，不勝詫異，暗想道：我前天看見他一席話，說的他好不起勁。怎麼如今又變這個樣子了。況且如此式樣，不但不是前天的周萍生，並且我從來也沒有看見他這個樣子，一定是著了什麼魔道了。一想，猛然想起來，便忻然一笑問道：“萍生，我聽見有個人說你，今年在一個女人家裏走動，有這話麼？”萍生一聽見駭然道：“那裏來這話？你聽見那一個說的？”率夫道：“你不要管，祇問你有這事，沒這事?"萍生道:"那裏來這事? 嫖呢? 我是向來沒有問過津的。況且別說我的人是不會嫖,就是我的經濟,也不該會在外面走動。"率夫道:"這樣說你是一定沒有這事的了,但對我說的人,却不是造你話的呢?"萍生道:"是那一個講的,還說他不會造話。"率夫道:"你且猜一猜着。"萍生道:"這那裏猜的著。"率夫道:"不問你有這事,没這事。說你這個話,總一定有個原因的。你且依此尋個綫索,想一想,就有些著落了。"萍生道:"這可真難了,我肚子裏簡直一點兒門路也沒有。"率夫道:"我還聽說,這女人是個姓王的,他肚子裏倒很通博,天文、地理,没一件不通貫呢。況且武藝也很好。所以你上他的殼了,一天到晚,一件事也不要做,得了空,就到他家裏去談天。却這女人也難得,不招待别人,專一愛你。我想你不是有錢交給人家的,這人却會專愛你,也就有些道理了。所以我倒想去運動了他,好辦事呢。"萍生哈哈大笑道:"這真笑話了,人家好好的一個女友,如何把他當作個賣淫婦。我告訴你罷。"便把阿辛的歷史,從頭背了一遍,並說這人還是我疏房的表妹呢,你如何把他當做賣淫婦。率夫也笑道:"得罪你了,却不干我事,我也是聽見人家說的。"萍生道:"究竟是那個說的?"率夫道:"是董亦明說的。"萍生笑道:"這人真是以耳爲目的。"率夫道:"也別說他。他說你從結交了王女士之後,一事也不要做,這才確切不移呢。"萍生駭然道:"這話從那裏來的?"率夫道:"可不是? 前兒聽了我一席話,起勁到那樣子。昨兒聽了王女士的話,便這般懶散了。"萍生愈駭道:"你這話從何而來?"率夫道:"若要人不知,除非己莫爲。你心上有這思想,我望你面孔就早知道了。"萍生駭然,暗想:率夫的才具真比我高十倍,我心上纔有這思想,他便知道了。可見我的才具有限,平時的思想,算不得真理,未可任意而行呢。率夫道:"這王女士,你可以同我去見見他麽?"萍生道:"有什麽不可? 你見了他,一定傾服他;他見了你,也一定傾服你呢。"率夫道:"那自然,原是傾服他,所以要去見他。"說著,兩人便同走到阿辛家裏。阿辛正在讀書。萍生先進去告訴了他,阿辛聽說率夫要見他,也甚驚異,便同萍生出來見了率夫。先說了一番通常的應酬話。率夫道:"現在的世界,最緊要的是教育。像女士的學問,若肯提倡女學,這就四萬萬國民,咸受其賜了。"阿辛道:"過獎有媿,我有什麽學問呢?"率夫道:"我們知己人相見,別說客氣話。女士的學問,我是知道的。真爲二萬萬女同胞,望女士出來提倡呢?"阿辛道:"不敢,我真的没有學問。"率夫道:"別過謙了,我們知己人相見,難道還有什麽俗套? 女士儻果有心提倡,這出資一層,總有黄某在這裏承當。"阿辛道:"既蒙不棄,我雖没學問,也不敢不竭盡所知了。依我看來,現在中國人所最缺乏的是道德。現在人人口頭禪都説是新道德没有成立，怕的舊道德先要破壞。依我看來這是妄話。既然有道德，斷不會破壞的，這舊道德換新道德，不過是道德的變換，其實就是道德的進化。若説新道德未成立，舊道德先破壞，這不是無道德麼？黄先生你想，既然有道德，那裏會變到無道德，若説從有道德變到無道德，那本來的道德也就有限了。黄先生，我説這新道德未成立，舊道德先破壞，這句話，祇好説學問，不能説人。若説學問，或者新道德學還没有出現完全，舊道德學倒已被人棄置了。這也或者有之。就使説人，也祇好説他口頭的學問，或者向來慣説的舊道德拋棄了，新道德還没有説得完全。若説躬行實踐的學問，新道德成立一分，舊道德便破壞一分，此中還有一息之間麼？但這道德不是空言能彀補救的。中國人道德腐敗的原因，雖然很多，但以我看來，第一件最重要的便是生計的憔悴。如今的教育，要望他影響到國民的生計，是不能彀的。無非與從前的讀書，同一毫無實濟。天下多了幾千所學校，就多了幾十萬無業游民，這樣子，我國民的生計要更憔悴了。生計更憔悴，那就道德更腐敗。道德腐敗了，就有了學問智識，還有用麼？何況現在學堂，還連智識都教育不出呢！黄先生，我看中國從通商以來到如今幾十年的歷史，第一件可痛可慘的，就在這道德的腐敗。我又看遍中國各種社會，道德腐敗的原因，第一件難逃難避的，就是這生計的憔悴。所以現在有人提倡實業，我是不辭勞瘁，不顧死活，總贊成他的。若説普通教育呢，不是我小孩子説一句膽大話，都是我所説的沽名教育、浮面教育，有了還同没有一般，或者還不如没有的。黄先生你以爲何如？"率夫聽他辯若懸河，暗想真一個好女子、奇女子，無怪萍生傾倒他了，便説道："女士説的話，真是洞中癥結，我也深爲佩服。但説這實業不要從普通入手，這句話我就不敢贊成。試想天下的利源有多少，我們幾個人那裏提倡得盡，全靠國民都有殖產的思想，才能彀去開發他。請問這殖產的思想，不從教育中來，從那裏來呢？就説提倡，我們幾個人，到處去同人家説實業，没有受過普通教育的人能相信我們麼？至於國民的資格，固然要獨立自營也，不可偏於殖產。若是偏於殖產，其餘立國的要素，一概没有，這就難免於劣敗之數了。別的不説，就説猶太。猶太的殖產，又何嘗不是世界上著名的呢。至於説多了幾千所學堂，就多了幾十萬無業游民，這話也很沈著痛快。但依我看來，現在官辦的學堂，雖然如此，民辦的學堂，也未必一定如此。就説現在民辦的學堂，都是如此，難道將來我們辦的學堂都是如此麼？這就看各人的自爲了。若説教育能妨害殖產，我想別的都没有，祇有這教育的年限，不能兼務著營生，却是有的。但以一個人的淺近時間看起來,固然如此,若把一國的遠大的統計合算,没有教育的人民,一定祇能營低等的生活。天地自然之利,委棄的多了,不但委棄,而且還一定要到外國人手裏。這正負的差數,還能穀算麽? 女士但見現的教育,不脱科舉的思想,就要把教育都丟掉不講,這就是賢知之過。可知吃飯噎了,原是有的事,祇能因此改良吃飯的方法,不能把飯丟了不吃呢。"阿辛默然了一會道:"依黄先生的意思,卻要怎樣呢?"率夫道:"依我的愚見,現在救中國的方法,第一件便是教育。教育不興盛,是萬事不能辦的,教育便是萬事的根本。但教育不統一,也一定不能完美的,所以總得把中國的教育,聯成一氣才好。"便把前天子對萍生説的中國教育會,又演説了一遍。話猶未畢,萍生道:"你的事情,我想起來,還有許多不妥處。"率夫道:"怎麽樣呢?"萍生道:"這教育原是國家的事業,須得强迫才能穀普及。如今我們變作民辦,已輸一著了。請問你款子能籌得到多少,權力能有多大,中國十八省,真能穀聯絡一氣麽? 你的命令能叫人家遵依麽? 若説政府全然不辦,又好了,卻他又要戀着一個教育的名頭。這樣説,我們辦的事,他們能不掣肘麽? 況且現在政府最忌的是學生,我們的事業辦得擴充了,不是正中他的心病麽? 有什麽不好,不但教育不要想統一,反而把現在民間不統一的教育,都一網打盡了。"率夫道:"這話何嘗不是,依我的意思,現在要辦這教育會,最緊要的是三件事:第一件是聯絡政府。無論什麽事,精神就同他兩樣,那形式是一定不和他違背的。初辦的時候,尤其翼翼小心,件件依他的命令,根基牢固了,再和他有些出入,也没甚妨礙了。第二件是聯絡辦事的人。不論他是官辦黨裏的,民辦黨裏的,一定要拉他入會,叫他的名譽攸關,自然不敢和我們反對了。第三件是要運動資本家。這事最難,要把風氣養成了,叫他們確信我們辦的事是有用的。又要叫他們不贊成學務便爲輿論所不容。這三件事的關鍵,全靠同志的人多,同志的人多,全靠我們創辦的人,實心實力,能穀去運動人家才好。兄弟阿,我們辦事,全祇靠一點熱力能穀吸人,像地心的攝力一般。熱力愈大,自然吸人的力量也更大。至於你所慮的幾件事,原何嘗不是,但凡事是慮不盡的,也看我們辦事的手段罷了。"阿辛道:"聽先生的話,真是五體投地了,不但先生的知識,是我們萬萬及不上,就是先生的熱力,我們也是萬萬不能及的。"率夫道:"這就過譽了。大凡在社會上辦事,最緊要的是三件:第一是吃得苦,第二是耐得勞,第三是任得怨。有了第一件,才不爲貧賤所困。有了第二件,才不容易灰心。有了第三件,才不至於輕易變動。若是差了一點兒,怕的境遇稍壞了一點,就要生出了一副悲時感遇的念頭,相與的一班人,就要把些懷才不遇的話相標榜。

這不是社會對不住我們，我們自己先對不住社會了。平心而論，一種浮囂之氣，能毅理明無媿麼？天下事口裏誇張自己、辯護自己是容易的，確要無媿寸心便難了。"萍生、阿辛聽了這話，倒像把他們的心肝五臟提出來一般，一身冷汗。阿辛便説道："聽了先生的話，句句正中我們的毛病。我們從前的行逕，自想起來，都是一種客氣，直見不得人。從今以後，先要投拜黃先生爲師，受先生的教育了。"萍生也覺得毛骨竦然，把從前一種牢騷抑鬱的心，不知提在那裏去，從今以後，便永不是遇見了阿辛的萍生，是遇見了率夫的萍生了，便阿辛也不是從前的阿辛了。看官，大凡天下最容易迷人的是財色二字，所以，古人説人生惟酒色關頭，須百鍊此身成鐵漢。但是，上等思想人爲財與酒所迷者少，爲色所迷者多。何則？財與酒是無情之物，所以惟有下等的人愛他。至於色，則飲食男女，人之大欲存焉。陰陽兩性，先天相愛，一點感情，原是有生以來便有的。這一點愛情，便是凡百愛情的根本，一切愛情，便是世界的根本。這一點便是以太，這一點便是煙士披里純，原是最高尚最純潔的。但是仁義兩性，相輔而行，先天是仁，後天便是義。仁貴博愛，義貴斷制。有仁而無義，便是有體而無用；有義而無仁，便是有用而無體，都是萬不能行的。所以君子要自强不息，又要厚德載物。上等人物，總是富於愛情的，富於愛情，便往往缺於斷制，所以往往從轟轟烈烈的社會主義、國家主義，變做了極冷落的厭世主義、極狹小的個人主義。此中消息，所謂物極則反，道體循環了。即如萍生，論起來便是本書三大教育家之一，他的人格，難道還算得低微麼？却不逢著率夫指點以前，幾乎走入了個人厭世的一路。可見這"色"字，不是指著肉慾説，正是説這愛情不可没有裁制，爲上等人説法了。閑話休題。如今要説到江寧府屬的江浦縣，雖然與南京祇隔著一水，却是個僻陋的地方，從没有開化過的，所以人文物力，都是有限。不但真有學問的人，縣志上尋不出，就是科甲，也是碩果晨星。適會朝廷變法，科舉改章，廢八股，試策論。縣中有一個童生，姓范名善遷，從小以神童著名，不到十六歲，便把八股試帖，做的精通。這一年偏又改章，把他氣的了不得，却喜他生性聰明，便去買了幾部古文，又買了好些新科闈墨，近今考卷，揣摩了幾年。到了壬寅那一案，居然以第一名進學。小地方的人眼孔淺，雖在城裏，就如蘇常的鄉下一般。見他皇皇然是秀才的領袖，便居然有人去請教他了。便是甲辰那一年，地方上一個富戶姓錢的，便請他去教兒子。這姓錢的，原祇有一個獨子，是五十多歲纔生的，鍾愛的了不得。偏偏這小孩子，又笨的了不得。這年范善遷去了，開了學，東家出來再四説學生笨，又祇有這一個小孩子，先生教時，要寬嚴並施，不

可時常打他的這些話。到了次日，善遷一查，見他已念過兩本書了，一本是
《三字經》，一本是《千字文》。現在拿出來，打算念的，也是兩本書，一本是《百
家姓》，一本是《千家詩》。善遷説這兩本書，是没有用的，要是念詩，祇好空閑
的時候，念《唐詩三百首》，便問東家要了錢去買書。買了一本《大學》，又買了
一部《唐詩三百首》。回來了，查一查學生去年念的書。初時是念兩句《三字
經》，後來是念四句《千字文》，一想《大學》不能念十六個字，便點定了"子程子
曰大學，孔氏之遺書，而初學入德之門也"十九個字，先把筆管指定了，叫學生
一個個字認起來。却把"程"字、"學"字、"遺"字、"德"字都忘掉了，"書"字又
認做了"畫"字，"入"字又認做了"人"字，十九個字倒忘了七個，除去重複，倒
祇認得了十個字。范先生也祇得嘆一口氣。正是：

　　　　陽春一曲先生語，海上三山四子書。

　　未知後事如何，且待下回分解。

試夏楚跌破學生頭

第四回　試夏楚跌破學生頭
申禁令擲去易知錄

　　且説善遷叫學生認字，十九個字，倒忘記了七個。善遷氣極了，祇得把筆一個個字指著他重認。誰知道認到這個，那個倒先忘掉，認到那個，這個又忘掉了。認了半天，七個字還是不認得。善遷氣極了，把戒尺在桌子上一拍道，"還不用心認麼！"誰知學生還没有懂用心是句什麼話，一見他正顔厲色的面孔，又聽見他聲音高了，倒嚇的早哭起來了。善遷一想，這小孩子這種頑皮，不用些威嚴，是再不能教的了，便把戒尺在他頭上去試一試。話還没有説出，其實也没有打到他，誰知他正哭之間，見先生的戒尺來了，把身子一側，一個坐不住，跌下去了。這一跌非同小可，直跌的頭破血流，在地下拚命大哭。善遷也嚇極了，罵他的話，還在喉嚨裏没有説出來，也祇得連忙收住了。從椅子上立起來扶他，禍事禍事，額角已撞破了，血流不止。范先生没法，祇得一手扶住了他，一手扯起自己竹布袍子的衣襟，替他按住了，口裏高喊值書房的家人。這家人原是個鄉裏人，就在城裏，也見不到什麼場面，何況他活到四十多歲，還從没有在城裏住過一天。祇因是錢家的佃戶，家裏人都死掉了，不情願住在家裏，却到城裏來。又没處棲身，所以錢家認著舊時的情面，出二百個大錢一個月，用他做個當雜差的。范先生開了學，就派他去值書房。他却那裏知道值書房的規矩，見没有事，已高飛遠走。跑來，聽得書房裏少爺的哭聲，師爺的喊聲，不知是什麼事了，連忙走進書房來。見先生一手扶著小孩子的頭，一面狂叫，祇道先生把學生的頭打破了，嚇的一句話也説不出。善遷見有人來了，真是喜從天降，像獲了至寶一般，才把一個心從九霄雲外收在腔子裏，却一時也説不出話，吱吱了半日，才説一句"不好了，頭都撞破了，你快同他進去罷"。此時學生已哭的氣竭聲嘶了，祇是在那裏號。這老媽媽連忙上來，抱了他，看傷處還是血流不止，忙一手替他掩住了。誰知小地方的人，總是粗魯的，這也無可如何。當時他一手掩住了少爺的傷處，用力過猛了，把他掩的痛的了不得，又高著喉嚨哭起來。一陣子在身上亂動，幾乎抱不住，好容易抱到裏面。這天子老爺不在家，太太聽見小孩子哭，幾乎把魂都飛掉了，一身大汗，連忙從房裏飛走出來。祇見老媽子抱了小孩子哭的天愁地慘，頭上還血流不止，一陣心痛，幾乎要哭出來。忙接過小孩子來，道：“怎的？怎的？”此時學生還哭個不住。太太忙問僕婦道：“這到底爲什麼事？”僕婦道：“我也不知道，先生說是跌破的。”太太把小孩子抱住了，騙來騙去，好容易才住了，便去盤問他道：“到底爲什麼事？頭上弄破的。”學生道：“先生打我。”太太一聽見這話，幾乎氣的發昏，一疊連聲喊人來，人來。丫鬟、僕婦都到了，太太便指定一個少爺的乳母何媽道：“你去同先生說，昨兒是如何交代他的，我的小孩子不能打他。今兒原把他打到這個樣子，還說是學生自己跌的。同他講，要在我這裏教書，可不能這個樣子。要是這樣子，請他別要來。”何媽要奉承太太，聽了吩咐，諾諾連聲，就要到書房裏去。幸喜一個小姐，是有見識的，忙拉住他，暗地裏吩咐道：“先生面前，是不能去瞎說的。有話等老爺回來了，自己去講。你現在去瞎說，老爺回來了，祇問你。”何媽這才不敢去了。少爺也住了哭，太太給些糖他吃著，玩去了。恰好錢老爺回來，遇見一個丫鬟，同著小孩子在廳上玩，便罵道：“爲什麼不送他書房裏去？又同他到這兒來玩？”丫鬟道：“跌破頭了，太太叫我同他到這裏來玩的。”老爺一聽見跌破了頭，嚇的慌，忙問道：“破在那裏？破在那裏？”丫鬟遠遠的指著道：“這個不是。”老爺一看，知不要緊，才放了心。一步步走進來，把門簾揭開，太太見老爺回來了，正要開言，老爺便問道：“怎麼小孩子的頭又打破了？”太太道：“原是我正要同你講。我原說是孩子還小，讀書可以緩幾年。你一定不聽，要把他送在書房裏。又不肯好好的去交代先生，今天才開一天學，就把頭都打破了。還說是我們小孩子自己打破的呢。這不是我出了錢買人家來打我的小孩子麼？照這樣子，我的小孩子不給他打死，也要成殘疾了。你今兒怎麼講？”錢老爺原是個一無主張的人，聽了這話，也覺得有些不放心，便道：“再去同先生講一聲，請他以後，別打學生就是了。”太太道：“罷了，罷了，我昨兒三番五次怎麼交代你的，你不知同先生說些什麼話，今兒就弄到這樣子，我看沒有同先生說別打他，還同先生講多打他幾下呢。罷了，與我什麼相干，橫豎是你錢家門裏的血肉，打死了，我自到菴裏去做尼姑，隨你們去娶妾生子，也未必想到我了。”說到此，不覺弔下淚來。老爺聽著這話，也覺得又是心灰，又是心酸，便道：“罷了，我也不要這小孩子讀書了，橫豎前生注定了，我錢家門裏是沒有書香的，這是祖宗手裏沒有栽培下來，我又有什麼法子想。”太太道：“你別說這話嘔我，將來小孩子長大了沒成用，還說是我就誤了他呢。隨你們去交代先生打死了他，也不干我事。我自出家修行去了，倒別誤了你錢家門裏的富貴榮華。依我説要什麼，有了這孩子沒有用，隨他安分守己些，橫豎總有一碗苦飯吃就是了。"老爺道："我嘔你做什麼？小孩子總是兩個人的，命好命苦，總我兩個人去承當就是了。"正説間，勞寡婦來了。看官，你道這勞寡婦是什麼人？原來江浦縣裏有一個勞秀才，是十五歲便進學的，十六歲便娶親。此時他的老婆，還祇有十五歲。誰知娶了親一個月，勞秀才便死了。他的老婆，生了一個遺腹子，千辛萬苦，才領到他上學讀書。十年來自己常喫的糟糠，衣的敗絮，因此合縣的人，沒一個不欽敬他，便都叫他做勞寡婦。這年他兒子十歲了，已念了四年書，因爲本年的束脩，實在的湊不出了。此時正月中旬，還閒在家裏頭。勞寡婦沒奈何，到錢家來求他想個法子。論起勞家和錢家來，還關一點子親戚呢，不過不大親。錢老爺和錢太太見他來了，忙站起來招呼，坐定了。錢太太道："你們小少爺，這幾天子，總又在學堂裏讀書了。可羨你家這小少爺，一天到晚祇是想讀書，一點兒亦不愛玩。像我們這小孩子，八歲了，還一句書也不肯讀呢。你老人家真是好福氣！"勞寡婦道："那裏及你太太的福氣，像你太太家裏的積德，將來少爺大了，還怕不做官做府中舉入學，太太的福，還有的享呢！像我們苦人，祇想把這小孩子領大就是了，那裏還望什麼好處。"太太歎道："你老人家別説客氣話，我去年看見你們少爺字寫的很好，什麼《三國志》都會看了，再過幾年，怕的連文章都要做上了。你老人家還怕沒有福享麼？像我們這小孩子一天到晚，一句書亦不肯讀。又祇有他一個，不好十分去管他。真正枉生在詩禮之家，將來我還不知要怎麼樣呢？你們現在説我好，我將來的境遇一定不如你們。到那時候，還要你高擡貴手，照應我些子。"勞寡婦道："什麼話？太太折死人，我們都靠太太的福氣，有口子苦飯喫，不至於餓死，就是一輩子天大的福氣了。"太太道："什麼話！真是我看你們少爺好，羨慕的很呢。"勞寡婦道："有什麼好處，便我也爲這事來求太太的情。"説著，倒含了一眼眶子的淚道："想起這小孩子的老子，他當初原是個讀書人，合江浦縣城裏，誰不知道他的名字。儻使他活到如今，我們娘兒兩個人，也不至於這般無依無靠了。"説到此，不覺弔下淚來，忙掩住道："誰料他早就去了，到如今賸著我們兩個人，倒不如死了也罷。説不給他讀書呢，可憐他老子一世的苦心，想掙扎功名的，連大場的屋子都沒有看見。説給他讀書呢，我這幾年來，也算筋疲力盡了，到這時候，實在的沒有法子想了。"説著，那淚珠兒又不知不覺的直滾出眼眶子來。錢太太聽他的話，知道他是來告幫的。一想，自己的小孩子，這種沒用，儻若幫助人家，或者天保佑自己的孩子，長大了，會好些。便説道："這件事，你老人家別擔心，要是早同我商量，現在先生都有了。我別的雖沒有，這幾個錢是出得起的。要你們少爺到我家裏的書房來讀書呢，我的小孩子頑皮，怕的一個先生費不來心，若説在別處找個先生呢，這束脩不説一年，就是兩年三年我也有，祇要你們少爺到好時候，別忘記我就是了。"勞寡婦本不想兒子到他家裏去讀書，一聽，不但幫助他束脩，而且還三年兩年都肯，喜的出於所望了，從櫈子上跳將下來，望錢太太便拜道："太太的恩典，我娘兒兩個，來世做牛做馬報答太太罷！"錢太太還禮不迭道："你這要折死我了。"勞寡婦磕了頭起來，又要尋老爺拜謝，丫鬟回説已出去了。勞寡婦千恩萬謝而去，就替他兒子覓師，却覓到了城裏一個廪生，姓胡名硜甫的，因他也曾讀熟了墨卷，又買了一部《萬國政治藝學全書》，看了一分《政藝通報》，所以八股時代、策論時代，書院都考得很高標，不但負笈如雲，而且從他批改的人，也日多一日了。勞寡婦因爲慕他的名，一年出二十塊錢的束脩，開學的日子，還是錢老爺親自去送。硜甫見縣裏的財主都來，也把這學生當做好主顧了，便不敢怠慢。開學的日子，是照例不念書的。臨去的時候，硜甫交待他明兒七點鐘便要來的。這勞寡婦的兒子，小名明保，原是個神經質的小孩子，從小讀書，總是過目不忘的。此時已會看書了，而且性質純良，最聽先生的話。這天子聽見硜甫交代他，明兒果然六點鐘就起來，趕早吃了些飯，七點鐘已到書房了。硜甫見他果然來了，歡喜道："真個聽説話的小孩子，明兒還可以晚一點來。今兒你第一天讀書，所以我叫你早些來的。"説完了，便叫明保在書房裏坐一坐，自己洗過了臉，先來查一查明保的書，定了一張課程單子，吩咐他道："這功課，人家是讀不了的，因爲你聰明，我纔定給你，你須要用心些。"説完，便去了。明保果然用心讀起來，不到一早上，書房裏的學生功課，都還沒有完，他的理書這些，都早已完了。硜甫大爲歡喜，便著實獎勵他一番，替他上了生書。才吃過飯，一會子，已讀完了。硜甫便放他回去，説今兒早些放你，明兒再認真讀書，以後還要獎勵你呢。這明保得了先生的獎勵，不勝歡喜，回去告訴他母親，勞寡婦也著實獎勵他一番。次日，明保便帶了一本《易知録》，一本《古詩源》，到書房裏去，趁空閲看。原來明保是最喜歡看書的，他覺得一天到晚，把書苦口呆讀，很是沒意味。因此放學回家，總到舊書箱裏尋些書看，倒也尋到許多。署翻一翻，見祇有一部《易知録》，是從世界開闢起，直到本朝以前的，把他喜的了不得，有空便看。此時已看到唐朝了。又歡喜看《古詩源》，看看正文，又看看批語，倒也很有心領神會之處。此時見書房裏功課,還有餘閒,便把二書各帶了一本去趁閒閱看。原來硜甫的學生又多了,一間屋子裏坐不下,所以他把些年紀大的、性質純良的,坐在他對面一間,自己時常來察看察看,然而總有監督不到的地方。所以明保帶了書去,倒也很有工夫閱看。初時硜甫見他功課完的早,原想再加上些。後來見他也没有空閒了,祇道他以下的理書不熟,也不去再管他了。明保也覺得看書有趣,怕的先生加他讀書的課程,所以總趁讀理書的時候,把書來偷看。相安無事,已一個多月了。有天明保看了《易知録》,有兩句不懂的。初時他原不敢問先生。這時候見先生十分喜歡,他以為也不至於把他責備,便大著膽拿了書去問先生。硜甫正在替學生點書,見他拿了書來問,忙取了過來一看,不對,為什麽不是我時常教他的書,便問道:“這書是誰教你看的啊?”這句話在於尋常的學生,是極容易對答的,卻這明保異常純良,恪守先生的規矩,被硜甫問了這一句,一時答不出話來。硜甫又再四盤詰,他才答道:“是我自己帶來看看的。”硜甫道:“看他做什麽?”明保又答不出了,立在書案旁,邊低著頭。硜甫道:“你到底看他什麽事? 這書是那裏來的?”明保道:“是家裏的。我喜歡看他,所以帶來看看。”硜甫聽了冷笑道:“這倒好了,書房裏的功課,不要我定,要你定了,虧你還膽大來問我,我倒要先問你……”説到此,把明保一手拉過來,道:“還是我定的功課不好,還是怎麽樣啊?”明保被他牽住了,一時説不出話,兩眼裏的淚直弔下來,倚在硜甫的身畔。硜甫見他不回話,舉起戒尺在桌上一拍,道:“説不説? 不説,我打了!”明保雖然也讀過好幾年書,卻他生性明敏,歷年的先生,都喜歡他的,祇見先生打世兄,罵世兄,是有的,從没見先生對他這個樣子。一嚇幾乎哭出來。硜甫拿戒尺指定他道:“是不是? 到底是我的功課定的不好麽?”明保低著頭,垂著淚道:“不是。”硜甫道:“不是為什麽看這個書?”明保道:“我一時無心之過,下次不敢了。”硜甫把他一推,一手把一本《易知録》擲在天井裏,道:“哼! 好了,總是一時無心之過,連我的命令都不要遵了,去看罷,天下的書很多,還有看不得的呢,你也去看吧。”這一推把明保推的直跌出門外。這本《易知録》原是勞秀才手點過的。明保為人最孝,因為是父親的手澤,所以看的時候異常珍愛,從没有弄壞過一葉,如今見先生把他擲到天井裏,此時正是雨後,天井裏全是爛泥,知道一本書,是没有用的了。又是惜,又是恨,又是痛,不覺在地下大哭起來。硜甫見他哭,舉起一塊戒尺趕來道:“這還了得,這種順手一推,就要詐跌在地下哭,我以後還能管你麽?”便把他按在地下打了一頓,把他提起來,明保哭著回房去了。硜甫把學生的功課,整頓了一番,都上生書。聽見他還是哽咽著,知道他是吃軟不吃硬的，便叫個小學生去喚了他來，把他拉在身畔道："你到底怎麼樣？我倒管壞你了，我同你講，你不能同別人比，你看這一書房的人，那一個不是有爹娘的……"才說到此句，明保倒又哭起來了。硜甫把他的手一拉道："不要哭阿，聽我說，祇你是出了娘肚皮就沒有見過你老子的面，這一縣城裏的人誰不知道你娘的苦節，眼睜睜地從小把你帶到大，祇指望你成一個人。你如今倒使著性氣來拗我，管好了你亦不是我的好處，你娘這些年苦節，該有個好兒子的，我不過替你娘管你，你拗我，與我有什麼相干？我壞點子心，吃了飯，不管你的事，還不快活些。"明保聽到此處，覺得全是自己的不是，又悔又恨，直覺無地自容，伏在硜甫的身上哭道："先生，這一次總是我的不是，我以後再不敢了。"硜甫道："你這話可真不真？"明保道："不真，我便不是個人。先生以後再別同我講這些好話。"硜甫道："這樣說，你以後原是個好孩子，我也不打你，你可以後再不許這樣子。"明保哭著答應了，回房坐了一會，便把書趕快念完了。硜甫便放他回去。又託一個人去對勞寡婦說，這小孩子在書房裏，有時要看課外的書，不聽先生的話，我已同他說過了，以後家中要少給些書他看，怕的有什麼看不得的書，壞了小孩子的心術。勞寡婦也著實感激先生，又把明保責罰了一頓。正是：

學舍如圄圉之苦，師長若獄吏之尊。

未知後事如何，且待下回分解。

（原署名：悔學子，刊於一九○五《繡像小說》第四十三、四十四、四十五、四十六期）

中國女偵探

前　言

　　《中國女偵探》是呂思勉先生早年創作的一部偵探小説,署名爲陽湖呂
俠,商務印書館一九〇七年七月初版,一九一八年和一九二三年都曾重印再
版。《中國女偵探》系先生早年的作品,最早見之于先生之母程梖(仲芬)丁未
九月二十三日日記的記載。[①] 而呂俠則是先生早年使用的筆名,根據現有的
材料可知,至少在一九〇三至一九一五年間,先生經常使用這個筆名,一度還
以"呂俠"之名行世。[②]《中國女偵探》分《血帕》、《白玉環》和《枯井石》三篇。
其中《血帕》一篇,曾收入《中國近代文學大系·小説集七》(吳組緗等主編,上
海書店一九九二年一月出版)和《清末民初小説書系·偵探卷》(于潤琦主編,
北京中國文聯出版公司一九九七年七月出版),全文三篇又收入上海古籍出
版社"呂思勉文集"的《呂思勉詩文叢稿》(二〇一一年十月出版)。此次我們
將《中國女偵探》全文收入《呂思勉全集》,依商務初版本重新做了校對,只訂
正個別錯字或勘誤,其他如文字、術語等,均照原書刊印不改。

李永圻　張耕華

二〇一四年八月

---

　　① 張耕華、李永圻:《〈中國女偵探〉的作者呂俠就是呂思勉》,《博覽群書》二〇〇九年第十一期。
　　② 李永圻、張耕華:《呂思勉先生年譜長編》,上海古籍出版社二〇一二年十一月版,第九十、一
百〇五、一百〇九、一百四十六、一百五十七頁。

39

目　　録

血　帕

　　黎采芙女士曰：余世居毘陵郡中之局前街，是處名流薈萃，爲合城之中心
點。第宅宏敞，規模整潔。予故居而樂之。古人云：千萬買鄰。予之居宅，實
不啻有此勝概也。予年才十八，予父母年皆五十矣。有一姊，他無兄弟，故父
母皆奇愛予。予少有僻性，凡女紅酒食之屬，皆予所不好，所好者惟讀書耳。
生長閨中十八年，常藉吾姊之教。姊性沈默，尤明慧多才，於學無所不窺，頗
以學業名於時。予年雖少，亦追隨吾姊，與郡中諸名流相角逐，於學多獲裨
益，下筆成文章，每爲朋儕所歡賞。去年春，予姊嬰肺疾以卒，此實予生平最
不幸之悲運也。今春爲予姊掃墓，有詩二句云："覆載深恩知己感，不堪并到
寸心時。"可以見其梗概矣。

　　自姊徂謝後，予益復無聊，覺茫茫六合，此身遂孤，幸與從妹鋤荄相處，略
解岑寂。鋤荄者，先從父之第三女也。從父生一子四女，先從兄亦早世。從
姊妹中，惟鋤荄與予年相若，少予僅一歲耳，故自幼共嬉戲最久，相得甚。

　　鋤荄名小元，其性質與予頗異。雖亦讀書，而不甚好，惟好習武事，馳馬
試劍無弗能。予友李薇園女士，實予妹之導師也。今歲八月十五夜，予與鋤
荄置酒，招李薇園、凌絳英、秦捷真、慧真四女士飲。而予此一卷新奇之偵探
譚，遂不得不託始於中秋一杯酒，豈不異哉！

　　是時，予抱病新愈，驟出戶外，吸新鮮之空氣，對明月飲美酒，與良朋共談
笑，樂何如之。

　　座間各縱談諸種新小説以爲快。予曰："中國小説之美，不讓西人，且有
過之者。獨偵探小説一種，殆讓西人以獨步。此何耶？豈中國偵探之能力，
固不西人若歟？"薇園曰：" 否，否。以吾所聞覩，則中國人於偵探之能力，固有
足與西人頡頏。盍者請爲子述之。"於是，衆乃蕭然靜聽。

　　薇園曰："予之歸鄉園也，今纔五年耳。五年以前，予固猶在吾父祥符縣
任所也。吾父之爲祥符縣尹也，視事甫三日，而出一奇案。然吾父之所以得

能吏名者，實亦以此。開封有南北土街者，繁盛之區也。街前有一煙館，名長壽室，爲安徽之祁門縣人吳飛保所設。飛保，年五十四矣，有一妻符氏，年四十三。二女，一名阿莊，年十五；一名珊保，年十四。此距今九年前事也。是年二月初六夜，二女忽同時自戕。

初七日，早九點鐘，吾父往驗屍，見二女以一繩之兩端，同時自行勒斃。此繩計長六尺七寸八分有奇，乃一極粗之麻繩也。最可異者，死者各著一青布之夾衣袴，其裏係白色，表裏皆極整潔，宛然新製。詢之飛保夫婦，則云此青布係居相國寺前，爲人傭工之米有才之母所贈。彼二人自行製成者，以其新，向不甚服也。今夜不知何故，忽易此衣而死。則其爲蓄意自戕之證一。且室中諸物，布置亦極整齊。鏡奩筆墨，無一物離其位置者，即几案亦淨無點塵。據此可知死者臨命以前，必曾將各物整齊一次。不然安能位次精整若是。此其蓄意自戕之證二。合此二者以觀之，則知此二女之死，必有萬不得已之苦衷，蓄之已久而決然自戕於此一旦者。若謂有人焉實謀斃之，而故爲是以眩其跡，則二女喉間之軟骨，初不盡碎，其爲自勒而非被勒，又明明與我以佐證也。

據理以度之，以此二青年之女子而至於自戕，其姿色又殊不惡，則爲常情所易疑者，必有一字焉，曰：色。夫既據此一字以爲推度，則必有二途焉，曰：男女相慕，事不獲成而死者。曰：爲人所逼迫，非其所願，不得已而死者。由前之一問題歟，則可以一人死而不必以兩人死。何則，此等事非兩人所能共爲。故既非兩人所能共爲，則必無兩人同死之理。由此觀之，毋寧謂爲出於後一問題爲近。

既出於後一問題矣，則又有一至重要之疑問，隨之而生。曰：此二女子果爲何人所逼迫而死也。據鄰近各戶之報告，咸謂以耳目所聞睹，實無逼迫此二女子之人。然其言殊不足信。或迫之者而出於密謀，或鄰近各戶之畏事，雖有所知而不肯言，俱未可知。然謂其出於鄰近各戶之畏事歟，則禁其不宣諸官長或吏役之前可也，禁其不宣諸親朋之間不可也。以如此奇異之事，而謂舉鄰近數十家之人，能悉爲一人守祕密焉，無是理也。謂出於迫之者之密謀歟，則此二女子又何從知之？而其謀又爲何等謀？其人又爲何等人？此亦一亟當研究之問題也。

於是有疑及飛保者，曰：飛保夫婦之口供，雖云此二女實爲其所親生，然其言亦殊不足信。彼南北土街上之衆口，其誰不知之，僉云飛保實非善類，其不見有何劣跡者，實自近六七年以來耳。方十年前，彼曾流寓山東，時值齊地饑荒,飛保乃出資購貧家女,轉售之以獲利。即彼之開設煙館於此也,亦僅八年。八年以前之事,固非豫省人所能熟知。則此二女爲其所親生與否,尚未可定。而以飛保之滅天理而窮人欲也,或翼而長之而豔其色焉,未可知也。果如是,則其間委曲,外人又焉得而知之?此其説亦頗近理。

雖然,踵此説之後者,則又有一疑問起焉。曰:長壽室之煙館,僅兩大間,而劃爲四小間。其前二間較大,則煙客之所橫陳也,其後二間較小,則一爲飛保夫婦之所居,一即二女之所居也。其左鄰,則一成衣店,爲崔姓者之所設。其右鄰,則一寡婦王氏者,挈一子之所居也。其居之湫隘如此,使飛保而苟有強暴之行焉,則雖甚祕密而必非一朝一夕之所能爲,其所由來者漸矣。觀二女之蓄意自戕,則情殊不類,彼固非世家巨族深閨密院,又安能爲所欲爲,而使人莫之知也。今舉一河南省城中茶寮酒肆議論是事之紛紛,而未嘗有一語疑及於飛保者,則其説之遠於情實,亦可知已。

夫如是,則此案情乃益入於疑難之域。雖舉世界唯一之大偵探家當此,吾知其不無少躊躇而呼曰:難!難!

雖然難矣,然天下到底無不可辦之事。於是據最近偵探之所得,可爲是案之佐證者,有四事焉。

一距此案出現之前四日,即去年之十月,曾有一少年飲於吳飛保家。飛保使其長女阿莊爲之斟酒。斯時少年已薄醉,因摟其腕,欲使之近己。女駭極,哭叫,飛保竭力排解。少年因遷怒飛保,與之鬬毆,然弗勝,少年遂痛罵而去,去後迄今不復來。

一今年正月十八夜,飛保夫婦,因事外出,囑二女謹守門戶,善伺來客。然珊保出外遊戲,迄晚始歸。阿莊因祇一人,照料未及,而飛保房中,失去銀首飾三事,爲符氏之物。其一爲銀如意,一手鐲,一壓髮針也。飛保歸,疑其友胡某所爲。蓋惟胡某爲飛保之熟人,來吸煙時,嘗入飛保之室閒談,使是時睄室中之無人,而入其室焉,即遇人,人亦未必疑其爲行竊也。是役也,飛保嘗捶其二女,二女忿,不食竟夕,然明日即亦如常。

一初六夜,飛保之妻哭其女,飛保呵之曰:汝癡邪?彼豈汝所親生邪?此語聲雖甚微,然已爲隔牆之崔成衣所聞。

一阿莊、珊保,初不甚向人家往來,惟與米有才之母,往來頗切。有才之母,已於二月初四日死。有才因殯資無著,即一棺亦出賒借,遂於初五日下鄉,告貸於戚串。

薇園述至此，而慧真忽叫絕曰："得之矣，得之矣。"薇園停箸而問曰："得之矣，將若何？"慧真曰："此二女子者，必非飛保夫婦之所生。故其家庭之間情不甚相浹。然其二女亦必自知之。何以知其自知之，即於其情之不甚相浹知之。且飛保之二女，必與米有才有私情，故平素無甚往來之人，而獨於米有才之母，往來頗切。與米有才之母往來頗切者，即不啻與米有才之往來頗切也。至米有才之母死而米有才即去，米有才去而二女即死，則此中必有一大變故。其變故如何，非予今日所能度知。然據其情節以相測，其必爲如是無疑。故至其家飲酒之少年，一搜其腕，而遂至於哭叫，彼蓋深信米有才之有情於彼。故彼蓋深信米有才之有情於彼，而後肯爲之死。彼蓋深信米有才之有情於彼，而後肯爲之同死。不然，必不至於爲之死，必不至於爲之同死。"

語畢舉杯痛飲，顧謂一座曰："諸姊妹，予爲偵探何如？"又舉目謂薇園曰："予爲偵探何如？"又舉箸大嚼，意頗自得。

絳英曰："是，是。姊姊偵探之才誠佳。"

予亦曰："是，是。然則飛保房中所失之銀飾，或即爲二女所竊，以遺有才者，亦未可知。"

慧真曰："然哉，然哉。誠如妹。"

鋤芰獨微笑曰："非是也，不類不類。"

慧真曰："何以知其不類。"

鋤芰笑曰："天下恐無如是武斷疎漏之偵探。"

慧真曰："何以知其武斷疎漏？"

鋤芰笑曰："請聽薇姊言之，案情恐必不如是。"

慧真曰："何以？"

語未畢，捷真曰："勿爭勿爭，且聽薇姊言之。"

舉座曰："可。"

於是薇園乃復言，於是舉座復靜聽。

薇園曰："唯吾父之所揣度，則亦如慧妹之所云也，請言其卒。

予適所舉之數端，乃祥符縣一幹捕名金富者之所探得也。以初七夜呈吾父，吾父躊躇移時，乃引金富而密語之曰：如是，如是。

言畢，又從身畔出一物以示之曰：此證據尤不可少。

金富領命去。

越一日。傍晚，有才自鄉間歸。念離家已三日，母靈前，更無人具一盂麥飯，爲享幽魂，不覺痛哭。蓋家惟母子二人也，乃急出囊中錢百餘，出門，市酒脯歸，焚香燃燭，設食於靈前，向其母再拜，哭盡哀。

既祭。念鄰右有來助理母喪者，理當往謝。下鄉時怱怱未能徧，乃今宜往謝，然晚矣，恐亂人意，不如俟明日。

於是略食而寢。時奔走數日，又迫哀痛，疲勞已甚，甫偃臥，即朦朧，旋熟睡。比醒，已日上三竿矣。

既醒而檢點囊中所餘錢，欲市早食供母。噫，奇事，奇事！昨置於床頭之一小布囊，果何往？果何往？

方窘迫間，一縣差已至門，手持差票，怒目而視有才曰：'速起身，速起身，往縣裏去，往縣裏去。'

有才駭極曰：'我犯何罪？我犯何罪？'

縣差怒曰：'汝殺人尚不知耶？'

有才愈駭曰：'我安得殺人？'

縣差愈怒曰：'汝殺人不自知反問我。'不問黑白，拘之行。

斯時，鄰右聞聲畢集。有才仰天哭曰：'天乎，予之無罪也。'

然縣差竟不顧，拘之行。即鄰右亦徒咨嗟太息於苛政之猛於虎而已，無策救之也。有才既至縣署，問公差曰：'我竟何罪？'公差曰：'汝欲知汝罪乎？'探諸懷取一物以示有才。

有才視之駭極曰：'此何物？予何罪？'

公差怒曰：'汝覷此，尚不承罪，此何物？殺人之證物。汝何罪？殺人之罪。'

有才仰天哭曰：'天乎，予之無罪也，予安所殺人？'

縣差曰：'少刻便知。'

有才哭曰：'冤哉！天乎，此何物歟？此吾母之押髮針也。予新有喪，予以貧不足以具棺槨，故求助於親戚。求助於親戚，故下鄉。下鄉，故將予母生平所遺略貴重之物，悉攜以行，此押髮針亦其一也。且尚不止此，吾昨宵枕畔一布囊，汝之所竊歟，汝竊我布囊，誣我殺人，天乎有靈，夫豈佑汝！'

縣差曰：'然，布囊實我之所竊，然殺人罪實汝之所犯，汝不承歟？'

曰：'不承。'

縣差曰：'不承，亦宜。雖然，汝雖不殺斯人，斯人由汝而死，汝其未之知歟？'

曰：'予何知？'

言未畢，而官傳有才質訊。

此縣差爲誰？即金富是也。金富奉予父命往拘有才，而予父之所度，即如慧姊之所度也。”

慧真聞此言，曰：“何如，汝以爲然否？”言畢目鋤芰。

鋤芰曰：“且緩。聽薇姊言，予終不信此案之以如是而獲破。”

薇園乃復言曰：“方金富之奉予父命往拘有才也，在是月初七之夜。金富遣人僞爲一遞信者，訪諸其近鄰，則知其往東鄉，尚未歸。知其尚未歸，且知其不一二日當歸，於是金富乃遣一人尾諸東鄉，而己乃潛伺其門首。潛伺其門首，而一無所見。蓋有才家無人，有才之母死而有才出，故有才之門閉而加之以鍵。蓋有才之室，内有一門，與其鄰之室通，故有才鍵其門而自其鄰之門出。

既而金富生一計，乃自屋上入，而遍搜其室中。遍搜其室中而一無所獲，於是金富乃大失望。然此敏腕銳心之金富，決不因此而失望，決不因此失望而退步。於是金富乃仍伺其門首。

仍伺其門首，而果也。初八日傍晚，有才歸。有才歸而金富實親見其置一小布囊於枕畔而寢，而有才身畔之物，足以供偵探之竊取者，實惟此一小布囊。蓋除此小布囊外，而金富實未見其身畔更有他物。此眼光銳敏之金富，其所見必不失誤。

於是金富乃竟取其小布囊以行。竟取其小布囊以行，而案中之證據物果在。

此案中之證據物果何物？實惟此一押髮針。

此押髮針何足爲證據物？蓋此押髮針非他，實飛保之妻符氏之押髮針也。飛保之妻符氏之押髮針，而何以在有才之小布囊中，則其爲飛保之二女所竊以遺有才者可知。然此押髮針，何以知其爲符氏之物？蓋金富甫探得符氏之失此三銀首飾，而即親往飛保家問之，而知其所失之三首飾：一爲銀如意，一爲銀鐲，一爲銀押髮針。而又悉知此三銀器之鏤刻文理，及其店號，而又知此押髮針上蓋有三小孔，於是而此押髮針決然爲符氏所有無疑，於是而有才之罪定，於是而吾父之明察見，於是而金富之以幹才名也不虛。”

薇園言至此，慧真復舉杯一吸而盡曰：“何如？”

鋤芰曰：“且更聽薇姊言之，予言亦誠不能保其無誤。”

於是衆乃復且飲且聽。

薇園復言曰：“於是金富乃急懷此以見吾父。時已三更矣，吾父坐簽押房，問之曰：‘吾所示汝之證據物果何如？果有之歟？’

金富曰：'此則無有，所有者惟此物耳。'乃以押髮針呈。

予父沈吟曰：'此其果足以爲證據歟？'

金富曰：'足矣，不然，天下恐無此湊巧事。'

予父曰：'是誠然，雖然，……'

語至此，金富急曰：'願老爺速拘之。不然，彼將逸，彼將逸。拘之一訊問，當可水落石出。'

於是予父亦曰：'誠如汝言。'乃以提票付之，此實金富拘得米有才之始末也。

雖然，審問數次，迄不得結果。有才惟堅執是物爲其母所遺，己不知其所自來。雖以飛保符氏爲之證，所言之押髮針，與有才囊中所有者，一一嗑合，然有才堅不承，訊之以二女子之死，堅言不知。惟承認其母生時，曾與此二女子往來而已。

至是月十二夜，予父獨坐簽押房中，深思其故，乃忽然曰：'誤矣！誤矣！此證據不得，此案終無可定之理。'

於是予父乃更召金富而問之。"

語至此，絳英曰："然則，此所謂不得之證據，果何證據歟？予實急欲聞之。"

薇園曰："妹其毋躁，姑待予言之。"

於是衆復且飲酒且聽，樂甚，不復知此時之爲何時也。然薇園探懷出時表一視，則已八點二刻。

於是薇園乃復言曰："余父於此役也，署中雖有幕友，若熟於刑事之親戚，其所言概不足以當吾父之意也，故不得不引一金富爲參謀。然金富之所爲，又時有出於魯莽者。故此案之所以獲水落石出者，殆吾父一人之力也。吾父之心，亦良苦矣哉。方吾父始聞金富之言也，其所籌度，殆一如慧姊之所言。然吾父斯時尚獲有一證據，爲慧妹所未知者，則吾父驗屍時之所得也。方吾父驗屍時，見兩屍左臂，皆微有血痕，知爲以針自刺而得者。斯時仵作等皆未及留心。吾父遂微以帕拭其傷處，帕上遂留有微血痕，於是留心推校，以爲從此可得一光綫。然苦思之，而終不得其故。迨聞金富之言，始恍然曰：'此必爲二女子刺血作一絕命書，寄與有才者。吾前見其案頭有筆墨書籍，則此二女子固略解文義也。'"

衆聞之，咸恍然。

鋤芰曰："誤矣，誤矣。"

薇園曰："於是金富來稟時，予父乃告以所揣度之言，而示以血帕，命其取此絕命書，以爲證據。蓋吾父度米有才之爲人，雖極無情，此一二日中必不忍棄擲此絕命書也。且其慮患之深，亦不能如是。然卒不可得，此吾父所以謂終不足以定此案也。"

鋤芟曰："苟如是，予請發三難。"

薇園曰："固也，待吾言之。

於是吾父乃召金富問之曰：'汝以爲現在所有之證據，果足以定此案歟？'

金富猝不知所對，曰：'老爺以爲若何？'

予父曰：'予以爲不足以定此案。'

金富曰：'若何？'

予父曰：'夫以爲此二女子之通於有才者固也，有其可疑者在也。雖然，予前不既言之歟。苟其如是，則可以一人死，而決不可以兩人死；可以兩人先後爲之死，而決不可以兩人同時爲之死。夫愛情至於死生而不渝，則其爲愛情也摯矣，安有知其同時更有所愛之一人，而猶爲之死者？而況乎血書之終不可得也。夫愛情惟一，夫愛情惟一。'

且又不但此，汝以爲有才之母死，而有才亡，有才亡而二女死，三事之適相承，爲有才與二女有牽涉之證也。雖然，有才之母，其死也固出於中風，中風固非可以僞爲，有才之母死而有才下鄉，此亦情理所應有，而必謂其中有互相關係之故焉，此亦失之鹵莽也。

且也汝以此押髮針之適相符合，而謂有才與二女有關涉之證歟，則押髮針之出於同一店鋪所製，固理或有之，既出於一店鋪所製，又奚怪其文理之適相符合。汝不見婦人之首飾歟？苟一式樣而爲當時所風行，則無一店鋪之所製不如是矣，而又奚怪其一店鋪之所製者，若謂其上有三小孔，則亦不足爲證據。此真所謂偶中也。若謂飛保夫婦之所證，則尤不足憑。汝固聞崔成衣言，彼飛保親謂此二女非其所生，然則彼於二女之名譽，又何所惜。彼且幸其有此偶合之證，可蔽罪於有才。而吾不復究彼也，又何惜而不證明之，則子之所謂押髮針，又何足爲證據也。"

言至此，鋤芟目慧真曰："此即吾所謂姊之武斷疏漏者也，夫惟疏漏，故武斷，武斷斯疏漏矣。"

慧真亦服曰："然則果何如？請更言之。"

薇園曰："然金富尚不服，曰：'吾以爲天下終無如此湊巧事。'"

鋤芟曰："執一端之偶合，而謂天下決無如此湊巧事，而必欲執是以强斷案情，天下之最誤者也。吾請更發一難。夫謂此二女子之刺血，爲作一絕命書以與有才者，似也。雖然，有才之母，既於初四日死矣。有才既於初五日下鄉矣，則二女之血書，其何時所寄歟？若謂在有才未下鄉以前，則其創痕必不應猶新；在有才既下鄉以後，則此絕命書交與誰者？且此絕命書固誰爲之傳遞歟？若相見歟，可以言，何待書？若傳遞歟，此豈可交人之物邪？雖然，此固不必有絕命書，此之所重者，獨以其血爲情之表證而已。則或染一血帕以遺之，或更有存留此血之法，亦概未可知。然在有才未下鄉以前，則其創痕必不應猶新；在有才既下鄉以後，則誰爲之傳遞者。此固可以理度之，而信其必然者也。”

衆皆驚服曰：“妙才，妙才。偵探之妙才，偵探之妙才。”

薇園亦舉酒相屬曰：“妹真偵探才也，其將爲東方之女歇洛克歟，未可知也。”

於是酒既酣，衆乃食。

薇園且食且言曰：“惟吾母之所云，則亦如鋤妹之所度也。方是時，吾父推度此案，既不得端緒，乃入而述之於吾母。吾母曰：‘誤矣，君其誤矣。夫謂此二女子之刺血爲貽有才書者，其貽之當在於何時歟？若謂在有才未下鄉以前，則其創痕不應猶新，若謂在有才既下鄉以後，則又誰爲之傳遞者？夫此固非可託人之物也。然則此案與有才殆將無涉，無涉。’

於是予父乃恍然大悟曰：‘然則何如？’

予母曰：‘當如是，如是。’

予父又恍然大悟。

十三日，忽有以離城七里東鄉之范爲生，於昨夜被戕報者。予父乃又出城驗屍，既畢乃歸。

十四日，予父忽出票，命役提南門外之周隱深。

衆役皆駭，莫名其故。然不敢不往，惟金富略明其故。然仍不深知其所以然之故。周隱深既至，吾父乃鞫之曰：‘汝殺牛老三，何故歟？’

隱深駭不能語，面如死灰。

予父曰：‘汝尚欲賴歟？汝遇我，雖狡勿圖賴。’

隱深神稍定，乃頓首曰：‘大老爺明鑒，青天大老爺明鑒，隱深實未嘗殺人。’

予父笑曰：‘汝尚不承歟？吾爲汝言之，汝豈周隱深？汝名卜老狼。’

隱深益駭不敢語。

予父又曰：‘汝非周隱深，卜老狼也。昨夜東門外之命案，被殺者非范爲

生，牛老三也。’

隱深氣奪神癡，不敢語，面色如死灰。

予父曰：‘汝不承歟，吾爲汝言之。汝固非周隱深，乃銅山縣之巨棍卜老狼，在該處犯案纍纍，不能更處，乃遁至此，易今名。然銅山縣又有一名巨棍牛老三，與汝固宿讎也，嘗蓄志殺汝。既聞汝至此，不捨隨汝來，而改名范爲生。然汝二人皆未有嘗與，乃復各鈎結本地之無賴子，以自樹黨。黨既成，乃各謀相殺。然以黨羽多，一時各不獲逞。既而長壽室煙館主吳飛保，與牛老三相往還，欲以二女售之。既因議價不合，事卒不就。畏牛老三之逼也，乃更謀以女售與汝，以冀保護。然二女不願，卒自殺。方吳飛保之擬以女售與牛老三也，牛老三曾往吳飛保家相其二女，因醉後頗行強暴，故至決裂如是之速。汝忿牛老三之鹵莽於前，而汝亦至失望於後也，因大憤，殺機於是益促，遂黃夜往刺殺牛老三，斯言信有之歟。’

斯時卜老狼面色如土，但叩頭曰：‘大老爺明鑒，大老爺明鑒。我實死罪，死罪。乞大老爺開恩原宥，乞大老爺開恩原宥。’

於是吾父乃更使人拘吳飛保至，曰：‘汝殺汝女，何歟？’

飛保駭曰：‘吾安敢殺吾女，彼二女實吾所親生，吾安忍殺之。’

吾父曰：‘非特此也，汝且竊木廠街賈公館之物，汝知之歟？’

飛保駭極，氣奪神沮，猝不能對。已乃曰：‘吾安分良民，吾安敢竊物。’

吾父曰：‘汝不承歟，吾爲汝言之，勝於汝之自言也。汝固安徽、山東、河南之積匪也。汝昔嘗販賣女子於山東。彼二女者，非汝之所生，亦汝昔之所買也。既長成，頗有姿色，汝乃思以重價售之以獲利。適有山東積年巨棍牛老三至，即今所謂被殺之范爲生也。汝昔在山東時，固與之熟識，於是乃欲以女售之。然因議價不合，卒齟齬。往返數次，無成議，事遂寢。然汝恐牛老三之以此而讎汝也，乃復與此山東之巨棍卜老狼結，欲以敵牛老三’，因手指卜老狼曰：‘即此所謂周隱深者是也。然汝二女固不願因死，卜老狼怨牛老三之以輕率而並敗己事也，因遂殺牛老三。雖然，卜老狼之怒牛老三，而欲殺之也，固已久矣，非特因此一事也，汝特利用之也。’

吾父言至此，吳飛保頓首曰：‘事誠有之，有之。死罪，死罪。惟大老爺原宥。’

予父頷之曰：‘不但此也，汝更有未知者，吾爲汝訊之。’乃復使人提米有才來訊。”

言至此，衆人食已畢，乃各起盥洗。視時表已九點三刻五分矣。

　　薇園略散步，吸紙卷煙一支，乃徐言曰："斯時米有才既至，吾父乃謂飛保曰：'汝竊賈公館物何意，吾爲汝訊之，汝執意更有人竊汝之物者，汝執意更有人竊汝竊諸人之物者。'

　　斯時飛保氣奪神癡，不復能語，面色如死灰，更旁睨卜老狼面色亦如之。即各差役等，亦莫不意駭神眩。

　　吾父乃謂米有才曰：'汝今尚不承歟？汝與吳飛保之二女何如？汝速承，佐證已在此。'

　　米有才駭不能語，但極口呼冤，求吾父爲之昭雪。

　　吾父乃以捕得卜老狼、吳飛保之説告之，且促其速承。

　　米有才且聽且叩首，面色如土。

　　稍定，乃徐言曰：'求大老爺昭雪，此吾母之罪也，而非吾之罪也。'

　　予父聽至此，亦駭，蓋出不意也。乃問曰：'汝母之罪何如？'

　　有才叩首曰：'此實吾母之罪也。吾初以吾母之故，不忍言，然吾今不敢不言矣。吳飛保之二女，固非吳飛保所生，乃以四千錢自山東購得者。然二女漸長，亦頗自知之。蓋聞人言吳飛保昔以販賣女子爲業，且亦有以微窺飛保夫婦待之之意也。然飛保二女，其貌固極相似，故二人確自信其爲姊妹。此二女者，頗與吾母往來，吾母視之如己女，故二女頗親吾母。吾母因貧故，遂略生貪財之心。時適有一女子，自山東流徙而來，僦居於旗纛街之一小屋中。吾母利其可以誆二女資也，乃與之通謀，使之僞爲二女母也者。阿莊左肩下固有兩黑痣，雖未告吾母，吾母固已微窺之，乃以告此山東之婦人。既使以此爲認識其二女之證，又潛以告二女，且誆之曰：'今汝父偕汝母來，然御汝母嚴，不復許汝母與汝相見也。苟欲相會，請於我處。'二女聞之，哀其母之窮而無告也，乃以飛保妻之三銀首飾遺之。雖然，二女固非取人之物者，使此爲飛保所應有之財，則二女之貧，雖極之於無可復加，而必不取人之物以遺其母，其道德之高尚，言之猶令人敬服也。惟吳飛保之三物，適爲竊自木廠街之賈公館中。於是二女子乃取之以遺其母，亦託吾母轉交，吾母實留其二：一銀鐲，一即此押髮針。其交彼者爲何物，則吾不能記矣。後吾母又與彼婦人通謀，使以青布二匹遺二女，曰：'此吾之所手織也，歷年深藏未嘗爲汝父知，今以遺汝，見此如見我矣。'因泣，二女亦泣，即吾及吾母覩之，亦未嘗不惻然傷於心也。然吾嘗力諫吾母，而吾母詈之。吾見吾母者，恐其以怒致疾，吾因不敢復諫也。吾母之所以以此二匹布遺二女者，恐二女悟其爲誆己之財，而不復爲之繼也。已而二女果以所私蓄之銀二塊遺其母，吾母亦乾没之，今皆已無存矣。所存者，此押髮針而已，而不圖以此獲戾也。抑亦天之所使，留之以爲設局誆騙者戒歟！後吾母卒前數日，此山東之婦人死，死而竟爲此二女子所知，以彼亦嘗於人前微探聽此山東婦人也，特不敢明言其爲己之母而已。後數日，而二女即死其以殉母歟，嗚呼！此則非吾母之所及料也，抑亦非吾之所能與知也。'"

衆聽至此，咸駭然曰："案情之奇幻至此哉，宜乎非大偵探家莫能破也。"

薇園乃吹去其管中殘餘之紙煙，更取一支吸之，而言曰："猶未已也。斯時吾父乃更問飛保暨卜老狼曰：'汝二人交涉之事何如？'

飛保乃叩首曰：'吾不敢隱，吾不敢隱。此二女實非吾所生，乃吾買自山東者也。雖然，二女之死，非獨殉母也，抑吾亦有罪焉。方吾之見牛老三也，吾欣然與道故，且期與之理舊業，共圖行竊計。然牛老三嘗一至吾宅相吾女，而挼吾女之腕，吾女弗善也，因哭。吾固知吾女性執拗，苟失其歡心，則將不可以金錢歆威武屈也，乃急排解之。而牛老三乃遷怒於吾，因與吾鬭毆。吾固亦習拳棒者，牛老三雖武，不吾能勝也，乃益忿。後吾數往，與之謝罪，而彼意終弗釋。吾不得已，乃與卜老狼交，以敵牛老三，而二人固深讎，其相殺無與吾事，特因此而速其機耳。吾既與卜老狼爲同黨，乃共竊賈公館物，此今年正月初八夜事。吾既與卜老狼友，而敵牛老三，勢不得不有以結卜老狼之歡心，乃謀以一女賤價售與之。因吾棄此等爲匪之業已十年，舊時黨羽悉離散，非結卜老狼，不足爲牛老三敵也。然始吾與牛老三交，牛老三固僅欲吾長女，而卜老狼則必欲二女兼得之，始允爲吾助。吾不得已，乃欲以二女易其五百金，議未就，而爲二女所聞，遂至於死。吾以爲其死之出於是也，而初不知尚有米有才所云殉母之一事。'

於是吾父乃言曰：'賢哉二女！倦倦於其母，孝也；寧死不辱，義也；苟非其所有而不取，廉也。孝且廉且義賢哉二女也。'"

衆聞之俱歎息切齒，而哀二女之不辰也。

於是薇園復言曰："今以吾父之所以探得此案者，請更言之。吾父初聞吾母言，此二女子之刺血必非以寄米有才書，而必爲欲留其一生之事跡於後世以告天下，則其血書必不在米有才處，而在其臨死時所著之夾衣袴中。然此夾衣袴固無從得，若訊之吳飛保家，則彼必疑而毀之，是此案之證據，永不可得矣。乃使人詗諸各典肆中。蓋豫俗，人死時所著之衣，必不以之入棺，以爲將不利於生者，又必不以之自服，惡其不祥也，又必不以之焚化，蓋以爲如是，則仍與死者衣之以入棺同，將憑之以爲屬也，則多付諸質肆。故吾父使人詗之，冀有所得，乃未幾而果得之，吾母則親爲拆之，見有一紙血書曰：

　　　天愁地慘，無可容身。苟潔吾身，雖死不悔。吾二人固同此志也。

　　字跡韶秀而端嚴，惟略帶支稚，決爲二女自書無疑。於是知此二女子之貞潔矣。然益致疑於吳飛保，而頗釋疑於有才，以爲此押髮針之眞爲偶合也。乃未幾而牛老三之事起。牛老三與卜老狼者，固東省積年之巨匪，而近來潛蹤於豫省者也。吾父未到任，即聞其名，甫到任，即因金富探知其居處，欲設法禽之。特以此案起，布置未及精密耳。乃未幾而牛老三被殺，吾父驗其屍，而忽觸其貌之與所謂飲酒於吳飛保家之少年人，乃使金富更往訪之，已而衆口皆言其似，而密探諸牛老三家左右，又知有一精神壯健頎而長有黑鬚之人，於去冬數來牛老三家，其狀與吳飛保又極相似也。於是吾父知此案之必與牛老三、吳飛保有關係矣。已又思卜老狼、牛老三二人，自至豫省後，竊案纍纍，莫能破獲。吳飛保苟與卜老狼爲黨，則必與竊案亦有關涉也。適賈公館以前時被竊，求吾父追失贓甚急，乃一查賈公館被竊之首飾，其三正與吳飛保家之物同。於是吾父之所度，乃益信之不疑，而斷然拘二人以質之，而不意其果以是獲破案也。然方吾父查得賈公館失竊物時，以爲二女子實歸心於米有才，而不願嫁牛老三、卜老狼耳，而孰知其更有所謂殉母之一原因在也，此則並吾父之所不及料者也。故曰：偵探者，能十得七八，或五六，得其辦案之端緒而已，必謂舉全案而燭照數計之，無是理也。”

　　於是衆咸拍案叫絶曰：“神奇哉此案，神奇哉此案。賢能哉是官，賢能哉是官。是直居堂皇而爲偵探者也，又豈西方之歇洛克所可方哉。”

　　薇園曰：“且未已也，尚有一端緒，可爲諸姊妹益神智者。方此案破時，金富謂吾父曰：‘吾輩若早思及其尚有父母一層，則探案更有一端緒，不至誤以米有才爲罪人已。’予父曰：‘何故？’金富曰：‘即二女子周身自頂至踵，無一非素色之物是也。不然，豈有處女而挽髻，固不用紅色之繩繫之也哉？’吾父憮然曰：‘使當時若得此，亦徒以爲是爲米有才之母帶孝而已，其誤且益甚，而又安見其爲無誤也。故證據之不可以誤用也，如是。’”

　　捷眞乃太息曰：“異哉是案，吾因此而彌憶西方大偵探家之言也，曰：凡奇案必與婦人有關係。”

　　慧眞曰：“斯固然也。雖然，此案固猶婦人爲搆成之材料，而未嘗以婦人爲主動力也。吾請更述一案之以婦人爲主動力者，則眞可以當中國之女歇洛克之名矣。”

白　玉　環

　　薇園述畢，時已十一句鐘。捷真起而言曰："時晏矣，可以歸矣，更有清談，請俟明日。"衆不可。予曰："今夜盍宿此，爲長夜之樂乎？"衆起而決議，以投票決多數，可者二人，不可者亦二人。乃更起而拈鬮，以二紙書一"留"字，一"去"字，公舉予拈之，得"留"字。衆然後留。於是予更命婢瀹佳茗，備鮮果，移几置庭中，衆共啜茗坐。時一輪皓月，高懸太空，舉頭相對，塵襟盡滌矣。

　　予既得良朋相共，驟出戶外，吸新鮮之空氣，不覺心神爲之一爽，乃復傾耳以聽慧真所述。

　　慧真乃言曰："距吾鄉百里之無錫，有商人黃姓者，名幼侯，鄉人也。初甚貧，娶妻某氏，生一女，鬻於常熟盧氏爲側室。妻卒，無力續娶，乃隻身投布店爲夥。以性善貯蓄，漸富，乃亦自設一布肆，盡力經營，頗獲盈餘，更娶妻齊氏，年僅二十有七耳。逾年，生一子，名長夫。越二年而幼侯卒，年五十有七。臨終時，託孤於其友某，曰：'以吾子之幼也，吾妻之少也，吾與子相處二十年，知子之心，今其以是累子矣。'因泣。友亦泣曰：'有我在，君其勿憂門戶也。'幼侯卒，友爲之經紀其喪，且綜覈其財產，知其布肆不能更設，乃盡貨其肆中所有，而獲五千金焉。以三千金爲購宅一區，賃與一烏姓者，設一米肆，月得賃金二十圓，而以二千金爲儲銀肆生息焉。忽忽七年，而其友又逝。

　　於時此煢煢之孤嫠，益無所依恃，然而厄運之來，正未已也。越五年，而幼侯之妻又逝。

　　方是時，幼侯之子，年十有五矣，頑而好弄，讀書不成。其姊盧姨娘，特自常熟歸，爲之料理，且商諸其舅齊隱夫曰：'若之何而可以安是子也。'其舅乃爲之謀，欲爲幼侯子覓一童養媳，使之同居，俟免喪而後成禮焉。盧姨娘許之。

　　已而盧姨娘歸常熟，其舅寄以一書曰：'吾自別後，已爲吾甥訪得一佳耦，曰汪遙保，有殊色，且最貞淑，其父已死十餘年，其母何氏，予表姊也，以貧故，願以其女爲童養媳，但求女嫁後給饘粥而已，盍試圖之。'

盧姨娘復書曰：‘此事吾一無所知，無從遙制，惟吾舅圖之。’

議既成，遙保遂歸於黃氏，時年十有七，長幼侯之子二歲。”

薇園曰：“聆汝所述，直一人家家常事耳，安足爲異？”慧真曰：“固也，待吾言之。”

慧真續言曰：“遙保既歸黃氏，越三日，而幼侯之子晨起，忽得一匿名書，書中所言，極可駭異，其書曰：

> 長夫君乎，君其速去君所居之宅，君所居之宅甚凶。吾曾見一黑衣女子，仿佛甚巨，身亦黑，衣亦黑，袴亦黑，履亦黑，其所繫之帶亦黑，其頸項亦黑，面亦黑，手亦黑，目炯炯有黑光，耳與鼻中有黑氣出，手攜一黑色大鋤，掘地埋一屍，屍色甚白，仿佛見其亦甚巨，與此女子略相等，而眼胘微瞤，若重有憂者。吾見之毛髮森豎，方知此宅之甚凶也。長夫君乎，汝其知之，汝其知汝所居之宅甚凶，汝其速遷居以避之，不然，禍且至，汝父之所以入此宅而不久即死者，亦此故也，汝其志之。

長夫得書大駭，私念：‘吾此宅豈果凶邪？吾父入此室而不久即死，事誠有之，然何以吾母絕不爲吾一言，豈吾宅之凶，吾家中人不之知，而外人反知之耶？抑誰爲此書以戲我邪？惑我邪？究之作此書者何意？殊不可解也。’躊躇之際，心鬱鬱不自得，乃急以原函寄其姊，而録一通置篋中，惘惘而出。越三日，臨晚，遙保自母家歸，長夫急以書示之，曰：‘卿以此書爲何？’遙保讀之，亦駭然，已而曰：‘若家上世曾有仇人乎？’曰：‘無之。’曰：‘得毋有之，而爲君所不及知者乎？’曰：‘若然，則吾母亦當言之矣，然卿以爲此書固仇人所詐邪？’曰：‘是亦僅臆度之詞耳。’曰：‘果係仇人，致我此書何益？’曰：‘是未可測，或就其所最淺者言之⋯⋯’言至此，忽面發頳，若自悔其失言者。長夫固問之，乃不得已而言曰：‘吾就吾之所臆度者言之，君勿怪也。仇人之爲此書，或欲使君宣佈此情節於外，而僞爲鬼魅狀以殺君耳。’遙保言時，盈盈欲淚，若不勝悲者。長夫竊訝之，以爲此書誠可怪，然遙保視之，亦何至竟以爲仇家欲謀殺我之證據，而悲愴如是邪？方欲啟口慰藉之，遙保忽又定神問曰：‘然則翁死時固何疾邪？’曰：‘内傷證也’。‘君知其得病以至棄養之始末乎？’曰：‘吾不之詳也，但聞其係内傷證耳。’遙保曰：‘昔姑豈未嘗爲君言之乎？’曰：‘未曾。’曰：‘竟絕未提及乎？’曰：‘未也，吾父之事，吾母素不樂言之，吾問及，輒含淚不語，或傷之甚而致斯也’。遙保曰：‘君屢以翁之病狀問姑乎’？曰：‘不然，此吾僅問過一二次，惟吾父生平之事，吾當屢問之，吾母輒不欲詳道，蓋傷之甚也，吾後恐傷其意，遂弗復問。'遙保聞言，儼然若有所思曰：'君之父執，亦有知翁之病狀者否？'曰：'自某伯亡後（即指幼侯臨終託孤之友），亦無復知之者矣。'"

述至此，鋤芰若有所思，起步，吸紙煙，衆亦共嚼鮮果。鋤芰促慧真曰："若何？姊速言之。"

慧真曰："遙保又言曰：'然則翁體素壯健乎？'曰：吾父體固强壯，特聞其內傷證則得之已久耳。'曰：'何人知之。'曰：'亦吾母言之。'二人言至此，忽聞窗外窸窣有聲，俄而漸厲，不禁毛髮森竪。遙保膽稍壯，急持燈呼長夫出戶外燭之，長夫瑟縮相從。甫出門，火忽遭風滅，長夫大呼倒地，遙保亦失驚呼人，且行且呼，無應者。乃返入房中，取燈，方至門前，爲長夫所絆，失足墜地。小婢聞呼聲，秉燭至，扶之起。長夫驚稍定，遙保急問之曰：'君何所見而至此耶？'長夫曰：'吾固無所見，吾自得書以來，每一懸念，輒見一黑衣婦人立於吾前，仿佛甚巨，夜間每不敢獨處，卿不知吾宿於友朋家者已三夜矣。'遙保大驚曰：'若已三夜不歸乎？然則家中惟此一婢乎？'曰：'然。'曰：'以後慎勿爲是，然君適問究何所見而致驚仆？'長夫曰：'吾仿佛見一黑衣婦人，在對面房中出，身形甚巨，又見一黑衣婦人立於庭前松樹下。'遙保默然，少頃，曰：'黑衣婦人乎？君果見之乎？'曰：'吾亦不能自信，吾近來眼中，每至夜間輒如是，皆吾疑懼之心所致也。'遙保曰：'君燈滅後見之乎？抑燈未滅前見之？'曰：'燈滅後吾方見之，燈未滅時，吾固不至此。'遙保默然久之，呼婢持燭，三人共出燭之。至庭中，絕無所異，燭松樹下，亦無所見，惟窗前見一塊土，稍墳起，若爲人所發掘者。遙保疑之，覓一梃撥其土，稍深，若有物礙梃，乃竭力起之。既起，不禁大驚，則此物非他，乃一畫軸也。展視之，甫及半，長夫一見失聲呼曰：'異哉！此吾父之像也。何至是？何至是？抑何來？何來？'更展之，圖中絕無他物，惟畫一黃幼侯赤身不著一縷而已。長夫面色如土，幾又驚倒，遙保及婢扶之歸房，即大呼曰：'吾不敢居此宅矣！此宅之兇如是，安得不累及吾生命？'遙保亦相視失色，久之，曰：'今夜必無害，君姑宿此可也。'於是呼婢入臥室，三人相伴而寢。"

衆聽此怪異之事，不禁駴然，曰："異哉！天下事竟有若此其可怪者哉？是不特可以作偵探案，並可以作續《齊諧》新《聊齋》矣。"慧真曰："以如是奇異之事，而卒不越於人事之範圍，亦可見天下無怪異之事，而向之所共驚爲神怪者，特由真理之尚未發見耳。"時夜已子正，薄寒中人，乃相將更入室。

婢淪新茗至，衆啜之，慧真復言曰："明日晨起，而烏姓之米商名致生者，忽遣人來召長夫。此米肆後門,與黃氏居宅固相望,兩家有纖悉之事,無不互相知。致生年六十餘,以踐履篤實聞,幼侯故後,黃氏之事,往往藉其力,故往來尤諗。長夫是日聞召即往,入其門,則虛無人焉,門者不在也,乃直入其中堂,微聞致生與其妻語,其妻曰:'君果知其爲何事乎?'致生曰:'此何難知,以吾意度之,則黃家阿嫂事也,汝以爲何如。'妻漫應曰:'容或有之。'長夫聞之大疑,方屏息竊聽,忽聞致生起立,將出外,乃偽爲甫至也者,呼曰:'致丈在家乎?'致生應曰:'在家。'遂出外慰之,曰:'汝家近有怪異事乎?'曰:'誠有之。'致生曰:'吾已知之,君輩少年不更事,故以爲怪,若吾則見之熟矣,不足怪也。吾聞君欲遷居,切勿如是妄動,果如是,則正中奸人計矣。見怪不怪,其怪自敗,且宜靜以鎮之。'長夫唯唯。"

槀聞之,益駭愕,捷真急問曰:"果何故邪?"慧真曰:"待予言之。

長夫歸,急以告遙保,曰:'豈吾父之死,有他故邪?'遙保俯首熟思,少頃曰:'此等事可不必窮究,即究之亦復何益,致丈言宜靜以鎮之,當有所見,君姑從其言可也。'長夫信且疑,漫應之。

越三日,忽得盧姨娘書,屬長夫斷不可遷居,亦不可徑來我處,宜靜以鎮之。於是,長夫益疑其父死之有他故,而姊與致生皆微有所知矣,然遷居之念反自此而少息。是日午後,致生忽來訪長夫。言次,勸其何不圖一職業,既可以習勞,又藉以避怪異,且能少博薪金也。長夫如其言,即以託之。更四日,致生來訪,告以某錢肆現缺一學徒,可謀充其缺,乃請致生爲之紹介,而成其事焉。既成,致生謂長夫曰:'是實吾小兒之謀也。'長夫乃詣致生之子名子彥者,謝之。

子彥與長夫年相若,幼小共嬉戲,既十年矣,故交誼最密。長夫既供職錢肆,將近旬日,夜歸,入門,時已昏黑,不能辨步履,冥行而入,甫及廳事,突見一人自暗中奔出,一人尾其後大呼曰:'汝賊邪?'前者飛奔而出,後者尾之,是聲甚厲。長夫癡立不能語,少頃,見一人然火柴自外入,見長夫,急問曰:'君在此耶?'長夫固熟識其人,倉猝不能語,但曰:'誰?誰?'其人亦大驚。少頃,長夫乃悟曰:'子彥君邪?吾一時驚極不能語矣,勿見責也。'子彥曰:'怪極!怪極!吾爲君言之。吾向者來訪君,甫入門,即似有人尾我後者,吾潛察之,及廳事,覺果有人,乃返身伺之,其人轉身匿室隅,甚輕捷,吾竭目力諦辨,以洋傘柄刺之,其人遂奔出,吾追之不能及。君何時歸耶?'長夫曰:'吾即適間入門,君見此人之形狀邪?'子彥曰:'吾亦不能辨,但見其徧身皆黑衣耳。'長夫聞黑衣二字,毛骨竦然。

子彥去，長夫借其一火柴自外入，急以語遙保，遙保亦大驚，曰：‘此宅真不可居矣。’二人相對無語，少時，忽一婢自外入，傳致生命，召二人往語。

長夫即偕遙保，急往致生家，在客座待刻許鐘，致生及其妻始出曰：‘夤夜相過，有何見教？’遙保駭曰：‘適長者遣使召我，故來，長者豈未嘗相召邪？’致生亦駭曰：‘吾何嘗召汝？吾何嘗召汝？汝見誰來邪？汝見誰來耶？’遙保至此，始大悟曰：‘吾中計矣！吾中計矣！速歸，速歸。’致生曰：‘且止，吾問汝，汝究見誰來？’遙保曰：‘吾適見一婢傳長者命召我，我一時悤促，不復審其爲誰何也，迄今思之，長者家乃無此人，且今日⋯⋯’言未畢，適子彥自外入，備述向者之事，致生亦大駭曰：‘遙姑娘且請留此，吾與長夫同往視之。’乃與長夫偕行，並呼米行中二夥往。至則徧處搜檢，未失一物。致生謂長夫曰：‘篋中之物，君能悉知其數歟？’長夫曰：‘不能。’致生曰：‘然則速請遙姑娘來。’既至，徧啓篋笥，亦一無所失，最後檢至一箱中，大驚曰：‘此箱中尚有畫一軸今何往矣。’致生曰：‘此何畫？’遙保曰：‘即前夕掘得之畫，吾閉置此箱中者也。’致生大驚。”

述至此，衆咸驚異不置。

薇園曰：“是有兩途而已，非賊人垂涎於黃氏之貴重物，將以竊之；則是有人將謀害長夫，而故爲是以眩人耳目也。”鋤芟曰：“何以知其將竊黃氏之貴重物？”薇園曰：“觀其費盡種種手段，終乃不過竊一軸畫而去，其目的豈僅在此一畫哉？特徧啓篋笥而無一可竊之物，遂以此掩其形跡耳。”鋤芟曰：“然則姊以是爲尋常之竊盜歟？抑非也。”薇園猝不能答。絳英曰：“是可決其非尋常之竊盜也，果爲尋常之竊盜，焉有徧啓篋笥，而無物可取者。”鋤芟曰：“然則不能以竊盜視之也，若僅僅以竊盜論，則必不能並此怪異之事，亦指爲是人所爲，然則以前之種種怪異，又誰爲之歟？”

予曰：“此事之關節皆當在此一軸畫上研究之，試思一小像，何以作裸形，而遙保又何以絮絮致詰於幼侯之病狀也，然則是中殆大費猜尋矣。”

鋤芟曰：“試一研究之，此畫何以埋之地中，而既自地中出，何以又竊之去也，此問題若解決，則於此案思過半矣。”

慧真起，啜茶拈海棠花嗅之。微笑曰：“吾且緩述，聽君輩評論之。”

衆沈思半晌，不能對。

慧真曰：“或如薇姊言，將剚刃於長夫之説較近之。”

鋤芟曰：“此中有一最緊要之關鍵，萬不可捨卻者，吾且不言，聽慧姊更述之。”

於是衆大譁曰：“此子胸中必無所有，特妄言以欺人耳，不然，何故不言？”

鋤芰曰：“我非妄語者，苟欲爲偵探，則謹言其首務也，寧當恃喋喋利口以自炫其所長邪！”

薇園曰：“今日誰使汝爲偵探者？即使今日爲偵探，此時言之，亦誰則聞之。”

鋤芰曰：“自來秘密黨人之所以失敗者，皆以誰則聞之一語自誤，而爲偵探之所弋獲者也，君輩烏知之。”

衆復欲有言，慧真即爲之解紛曰：“吾亦知鋤妹非妄言者，不如姑聽我述之。”於是衆乃息靜。

慧真曰：“當時衆人覩此怪異，議論不一，或謂賊人之志在財産，或謂所欲不止此，或且以歸諸神怪，勸長夫致力於祈禳。惟致生斷言其志在盜竊，決無他慮，蓋亦姑慰長夫等之心而已，卒乃使米行中二夥，伴長夫宿。”

絳英曰：“是所謂賊出關門者也，焉有賊人於一夜間去而復來者？”

鋤芰笑曰：“是也。”

慧真曰：“明日，長夫悶甚，遂至錢肆中請假三日，午後獨坐書室中，閱《西廂記》，不覺心蕩，忘其身在憂患中矣。適一婢送茶至，立書案旁，不去，風致嫣然。”

長夫遽以手招之，曰：‘來，予與汝言。’婢不知其故，遽前，長夫遽摟之入懷。

婢大駭，將呼，長夫以手掩其口。

婢窘甚，格長夫之手，期期而言曰：‘主人請聽我一言，我有一言，急欲告主人，特來。’長夫不釋。

忽聞簾鈎戛然有聲，遙保已搴簾翩然入矣。

長夫大驚，急釋婢，婢雙頰赤如火，垂首立片時，遂奔去。

長夫愧甚，俯首不敢視遙保，少頃，乃遊目一瞬之。

則見遙保默然，含淚不一語。

長夫且愧且悔，且憐遙保，亦垂涕曰：‘卿將自此棄我乎？’

遙保强止其淚，曰：‘是何敢然，雖然，君若不能聽我言，則不如聽我以此時去。’

長夫益覺愧悔曰：‘自吾之身，絲髮寸膚，亦惟卿所命。’

遙保含涕曰：‘若然，則此婢不可使復留此。’

長夫聞此言，一驚，心臟血行忽爲之一疾，然不能如何，乃曰：‘惟命。’

遙保乃挽長夫入內,召婢。

婢已悉裹其所有衣物至,頓首謝。

遙保見之,惻然,乃謂婢曰:'吾固知非汝罪,雖然汝不可復留此。'因啓篋出二金予之,曰:'絺袍戀戀,我固不忘故人,汝勿我怨也。'婢泣,拜謝曰:'婢子萬罪,當死,蒙主人矜而全之,再生之恩,豈敢忘德,雖然,向者固非我之罪也,惟主人鑒之。'長夫赧然,遙保曰:'吾亦知非汝罪,然勢不能復留汝。'因脫一約指賜之,曰:'此吾所常御,見此如見我也。'

婢泣謝去。遙保復召其母告之曰:'此小女子不可更使處城市中。'

鋤芟聞言,以掌相擊,曰:"吾向者之所度,更得一佐證矣,姊速更述之。"時時計已二句鐘。

鋤芟因出告婢,使具小食,更入座,聽慧真述。

慧真曰:"是日傍晚,長夫往訪隱夫。隱夫處室中,召之入,則見其以帕裹首,坐胡床上,曰:'昨余從北郊來,墮馬傷首,今尚未愈也。聞甥家迭遭怪異,有諸?'曰:'有之。'因備述之。隱夫曰:'是或有人仇甥,甥意奚若?'長夫曰:'吾將移常熟,往依吾姊,姊先雖有書止我,我弗聽也。'隱夫熟思半晌,曰:'亦非長策。在家鄉有親戚故舊之可依,賊且猖狂如是,今盡室而行,我能往,寇亦能往。吾實告甥,甥女一女子耳,且爲人侍,是安足庇甥也? 吾謂甥不行,猶示賊以不可測,行則殆矣! 甥以爲何如?'長夫曰:'久居此,且不得一宵高枕寢!'隱夫曰:'是誠然,設更有怪,甥何不移居我家? 我當助甥偵探之,否則我移就甥處,亦可耳。'長夫雀躍曰:'如是大善!'

歸告遙保,遙保不可,曰:'舅之居,湫隘不足以容我,就使真有賊,舅豈足以禦之邪? 是徒大言耳。'"

言次,婢持食至,衆共啖之。既飽,慧真起,盥漱畢,坐而復言曰:"時則有一魏媼者,故江北人,僑居錫城北門外,年六十餘矣,家赤貧,以附近居民之紹介,服役於烏氏,性粗魯,不解事,每有命令,未嘗不誤也,以是致生家頗厭之。甫三日,即遣之去,魏媼不肯,曰:'主人若遣我去,是使我餒死也。'堅不行,致生不得已,乃轉薦諸長夫家。時長夫家正無人服役,乃姑用之。魏媼性愚戇,且年老,耳不聰,目不明,行時常傴僂,一舉足,則咳兩三聲。然性勤苦耐勞,服役不辭劬瘁,遂留之。越日,遙保晨起,使汲水灌花,有牡丹一盆,最珍愛,常躬自檢點,魏媼遽失手碎之,遙保失色,躬自料檢其殘土,仍植之盆中。

是時距遣婢之時,已七日矣,長夫自錢肆假歸,適子彥來訪,以長日無事,將同遊惠山。時正上巳日也,天朗氣清,惠風和暢,披襟當之,聯步出郭,意至樂也。無何,見一人短小精悍,長僅三尺餘,潛自後尾之。子彥眼疾,見之頗疑,乃挈長夫席地坐,則見其人已遠去,遂以爲或同遊惠山者也。坐刻許,前行,則見其人仍憩前面林中,見二人過,亦不行,長夫、子彥行半里許,回首潛伺之,則見是人又逐人群中來,見二人,旋轉身西北去,長夫、子彥乃更前行。至惠山,品茶於雲起樓,遇一老者,談片刻而返,此老者與同行半里許。

明日,長夫又往訪子彥。值子彥赴鄉初歸,一車夫御之,至門首,子彥給以三百錢而去,遂與長夫同飲於酒樓,二鼓始歸。

長夫歸,魏媼遞一書至,啓視之,則盧姨娘書也,書云:

> 弟可速來,此間居址,已一切爲弟布置定妥。姊不日尚有湖南之行,弟若來,須盡十五日以前。

長夫得書大喜,以示遙保,曰:‘姊爲我先事預籌如此,吾安可逆其意? 請卿檢點行李,明日當走別親友,偕卿買棹作虞山遊耳。’遙保接書視之,不樂,擲書於案,作嬌憨態曰:‘吾不欲往。’

長夫者,實懦而無能之人也,覩家中種種怪現象,久已心死魂消,聞盧姨娘邀其避難虞山,儼如死囚遇赦,及聞遙保泥其行,又若出之生地而置之死也。心忿甚,且見遙保嬌憨之態,不禁回憶小婢之堪憐,又益怒,於是嚴切而問之曰:‘卿不願去,何意?’遙保曰:‘我不願去則不去矣,有何故?’

長夫益怒曰:‘死生亦大矣,兒女子何知? 明日汝敢不行!’

遙保聞言,面壁大哭,曰:‘吾入黃氏門,未一月,何負於汝? 而反顏相向若此,請去!’

長夫聞言,含怒而出。

此紛擾殆達一夜。

明日猶不止。

魏媼乃進言於遙保曰:‘盍取決於汝母乎?’魏媼性質直,遇人輒爾汝之,長夫等弗之怪也。

於是使魏媼告何氏,何氏方臥疾,曰:‘請汝主或遙姑娘來,吾當面告之。’魏媼曰:‘吾新至,主人頗疑吾惰,或將謂我未嘗來也,請以一字付我。’何氏乃椅枕作一書與之魏媼歸,以呈長夫,其書曰:

> 使來傳語已悉,請面臨一談。

書法極嫵媚,絕不似老年人書也。

下午長夫詣何氏，至中庭，則隱隱聞詬誶聲。

長夫頗異之，乃隱身潛聽之，但聞一男子曰：

　　汝竟負我至此乎？請試吾刀！

聲疾而顫似甚怒，且似甚習聞其聲者，但倉猝不能辨。

旋又聞一女子曰：

　　吾豈敢負汝，然此豈倉猝可得者？

其聲嚦嚦，可確辨其爲何氏聲。

長夫駭甚。

但聞此男子又曰：

　　吾亦非狂愚者，此事豈能欺我？

其聲猶怒，且極似隱夫。

長夫愈駭，乃潛步出門，及門首，又聞何氏長吁聲。

長夫值此怪異，乃立對門一樹陰下潛伺之。久之，見隱夫昂然而出，面色猶怒。長夫駭異已極，乃姑入見何氏。

時何氏方臥疾，見長夫至，強起坐，曰：'聞汝近有遷居之意，信乎？'長夫曰：'有之。'何氏曰：'何爲也？'長夫備述其故。何氏曰：'以吾觀之，怪異之事，何時蔑有，今汝至遷居以避之，亦太輕躁乎？吾祇此一女，今老且病，諒不復送我死也。'因大哭。

長夫一時無可置對，且覩向者之怪異，心忐忑不寧，乃姑敷衍之曰：'吾亦第有其説耳，未必果行也。'何氏大喜，遂堅其約。

長夫出，乃飛奔子彥家，途遇之，偕至僻靜處，告以向者之所見。子彥曰：'汝舅吾固知其非善類也。'盍偕往伺之。

於是二人同行，赴隱夫家，將及門忽見一頎然而長者，忽忽入。子彥曳長夫躡其後，伏簷下伺之。

但聞此頎而長者曰：

　　汝物竟何如矣？

隱夫默然，良久曰：

　　猶未可得也。

其人曰：

再三日不得，吾決使汝上山矣！

隱夫曰：

歷年久……今何往邪？

其人大聲曰：

汝歷年之財帛何往？

隱夫曰：

吾安所得財帛而……

言未畢，子彥忽曳長夫，令速出外。長夫怪問其故，子彥掩其口。長夫大駭，子彥指梁上示之，長夫仰觀，則見有物漆黑，狙伏如一貓，而大十倍。諦視之，人也。

長夫毛骨森豎，急急出門，面色如土。子彥乃約其至附近茶肆中一談。

時則天色已漸昏黑，行行益入於南郊，長夫心怯，曰：‘此去得毋荒僻邪？’子彥曰：‘無妨，此去四十里，皆吾熟遊地也。’

於是兩人至一茶肆中小坐。適天雨，雷聲殷殷，兩人遂促膝密談。

長夫曰：‘今日之事，果何故邪？’

子彥曰：‘汝舅，吾固知其非善類也，今日之事殆爲分臟不均而起者。’

長夫駭曰：‘盜邪？’

子彥曰：‘非盜而何？今日之語，非盜而何？’

長夫曰：‘吾家之事，得非彼所爲邪？’

子彥曰：‘是則不然，君非有家，奚足竊者，且君家固未失物，僅此一軸畫，彼豈竊之。’

長夫曰：‘然則，吾妻其可恃乎？’

子彥蹴然曰：‘是何多疑之甚也。’

長夫曰：‘然則，隱夫何爲而入其母之室邪？是必有故。’

子彥聞此言，乃謂長夫曰：‘是則君之明鑒矣，不然，吾固不便言之。吾以爲今日前後左右，殆有協以謀君者，雖不能確知其爲何許人，何如事，而以事理度之，則殆有必然之勢矣，君以爲何如？’

長夫大懼曰：‘然則何如？’

子彥曰：‘吾以爲君不如暫出避之，雖然，君不可明言其所往。君盍如常熟依君姊，而謬言君之父執，有書招君將他往者，萬勿言其謀之出自我。不然，賊將不利於我，我縱不懼，獨不慮賊之因此而知君之蹤跡乎。君今者謬言以父執之招，而潛如常熟依君姊。檢家中略貴重之物，悉攜以行，而後以一紙書歸，賃君宅於人，而送君夫人於其母家暫居，隨後再探聽消息，知此事爲誰之所發也，則何如？’

長夫聞計，雀躍稱善，曰：‘此計宜何時行？’子彥曰：‘宜速，宜秘密，捨我二人外，勿更使人知。’”

慧真述至此，忽聞鳥鳴聲，庭樹亦簫槭震響，蓋風起驚棲鴉也。視時計，已三句半，聽擊柝，則四更矣。

時予雖新病起，亦毫不覺疲，乃稍起散步，聽慧真更述。

慧真曰：“二人既定計，乃給茶資出茶肆。時雖僅八句餘鐘，然以道僻，幾無行人，回顧茶肆中，亦僅一老而耄者，擁一壺茶坐室隅耳。

執意長夫既歸，則又有一怪事：

則見遙保面色如土，獨坐燈下啜泣。

長夫怪問之，遙保曰：‘又得一怪異之事矣，此宅吾一日亦不願居。’因擲一書與觀。

長夫展讀之，書曰：

> 遙保讀悉，天地人丁有直心，五口之家，今雖賤，已無屋可居矣。吾昨見鬼，權之計重一百斤，汝勿謂汪氏之竟無女子也。

長夫讀之，大駭，曰：‘此書較前書，益不可解，卿以爲何如？’

遙保曰：‘吾不敢更居是宅矣，請與子明日即行。’

長夫聞言，躊躇言曰：‘明日即行，不虞恩促邪？’

遙保怒曰：‘性命且不可保，尚虞恩促邪？’

長夫懷疑而寢。

明日往訪子彥，告之，子彥囁嚅久之，曰：‘吾與君至交，不敢不告，即尊夫人亦非善類也。吾實告君，君舅固盜，君夫人亦盜，君岳母亦盜，至與君舅相詬誶者之爲盜，則不待言矣。是四人者，必協謀以殺君，而竊君之財，其中細情不可知，而大致則不外此矣。君自度能與此諸賊戰乎？’曰：‘不能。’

子彥曰：‘此其設謀必極巧，所以留君而不即使君行者，彼輩之布置尚未周密也。今則勸君駕，其機既張，省則釋矣，君果行也，必危。’

長夫曰：‘然則何如？’

子彥曰：‘三十六計，走爲上計。’

長夫曰：‘走何以免？’

子彥曰：‘君今日偽爲與君夫人偕行者，歸而檢點行李，悉具。迨午後，我自使人至君宅，傳何氏暴病，君夫人必歸，君則覷彼行李中，最輕便而最重要者一二事，攜以行，直赴南郊外十里，於路有一茅亭，吾將於彼待子，設法送子行也。君所遺之財物，吾必商諸家父，設法爲君守之。蓋君既潛行，則君家必相訝以失君，而君夫人亦不能起行矣，君以爲何如？’

長夫拊掌曰：‘周密哉，子之計也！其敢不從命。’

子彥曰：‘君此時速歸，吾爲君覓一妥僕，送子至常熟。’

長夫諾之，乃遽歸，與遙保共檢點器物，爲行計。

飯後，忽有人來報曰：‘何氏患重疾矣。’遙保驚問何疾，魏媼曰：‘聞諸傳命，謂爲隱夫之所傷也。’遙保失色，乃置手中所攜一小篋於箱而鎖之，昇輿遽去。

遙保既去，長夫乃檢衣物數事，並遙保所檢之物，略貴重者，悉攜以行。逕赴南郊外十里，至則果有一茅亭，乃解裝暫憩其中，靜待子彥之至。少頃，見一人顧而黑，有微髭，年約四十許，貿貿然來曰：‘君其黃長夫乎？’曰：‘然。’曰：‘我烏公子所使送主人赴常熟之僕也。烏公子尚在前面林中相待，請同往。’

於是此僕代長夫攜衣物前行，導長夫行半里許，僕忽大呼，長夫趨視之，僕出不意，猛擠之，遽墮眢井中。”

慧真述至此，衆大駭曰：“此豈非盜之所爲邪？其詭譎之手段，一至於是，非有絕代之大偵探家，不足以破之，何所云之東方女福而摩斯，尚未出見耶？”

慧真起，整襟而坐，曰：“請爲子別起一波。斯時長夫既墮眢井中，水沒過腰際，深黑不見一物，心悲憤，自分必死而已。已而覺有手自暗中曳其體者，大驚遽昏絕。

是時益南五里許，林中有少年男女二人立，矯首遐觀。

忽又見一鄉人負衣物來，憩於叢林中，一少女自遠來會之，二人相聚於林中，喁喁私語，面色灰敗，作不勝驚訝狀。約一刻鐘許，此少女曰：‘無可奈何，行矣，事至此，尚何言。’二人正欲起行，忽一老者自後起，狙擊之，中少女之脊，大呼踣地。此鄉人大驚，急反身敵之，相持刻許，力不勝，亦爲老者所仆。正在此時，最先立於林中之少年男女，遽一躍而前，疾以梃自後擊老者，老者亦仆。”

述至此，薇園不復能忍，問曰：“此五人者，果何人邪？於此案又有何等之關係邪？”慧真笑不答。

曰："長夫絕而復蘇,舉目則所見皆異,非復在眢井中,亦非在其家,但見竹籬茅舍,宛然邨居風景而已,回顧向所遣之婢低鬟含笑,侍立於旁。

長夫至此,忽覺千萬縷情絲縈繞腦中,紊不可理。倉猝不能語,但曰:'何德再生我。'移時,聞門外笑語雜沓,履聲迤邐而來。長夫欲出窺之,婢禁不可,曰:'君生命尚未保全,又欲作閑雲野鶴邪?'長夫乃止。"

薇園曰:"此婢豈偵探邪?"鋤荽曰:"非是。"

薇園曰:"何以知之?"

鋤荽曰:"請聽慧姊述之。"

慧真曰:"婢轉身去,移時更至,曰:'請主人少飲以壓驚。'長夫從之,入一室,則不覺大驚。蓋此時環而坐者非他,一盧姨娘,一不相識之男子,又有負傷席地坐者三人,一汪遙保,一齊隱夫,一烏子彥也。

長夫駭愕,不知所語,轉疑身在夢中,盧姨娘招之並肩坐,曰:'弟生命幾不保,今幸無恙矣。且飲此杯酒,爲弟慶更生。'酌杯酒飲長夫,長夫立而盡之。

盧姨娘招長夫及婢坐,並子彥、遙保、隱夫等,亦招使同飲,曰:'諸君請各自述,吾亦當具以蹤跡相告。'

隱夫乃首自述曰:'予吳中之大盜也。吾黨之規則,有指臂相使,大小相維者。黨中立大首領一人,由衆公舉,終身任之。而大首領以其權力,支配各黨員,各黨員又有紹介新黨員之權利。凡首領必有一暗爲標識之物,分佈各黨員,各黨員恃此爲符,則有以證明其爲本黨之黨員矣。凡黨員又得以此信物轉給新黨員,新黨員恃此爲符,則有以證明其爲願入本黨之新黨員矣。迨新黨員立功後,則由轉給信物之舊黨員,報告於大首領,而大首領給之信物,由是確認爲本黨之黨員,權利義務,與舊黨員一律平等。否則縱有黨員轉給之信物,其黨員之資格,猶未可謂確定也。凡吾黨所圖之事,皆非如明火執杖者流,操螫弧以殺人。往往處心積慮,圖之若干年,而後破其家,殺其人,取其財。而黨中規則,又極嚴密,故吾黨成立數十年,鴻飛冥冥,卒非弋人之所能篡也。然積久而弊亦漸生,何以故?則黨員漸衆,其人不皆能以沈密處之。於是大首領復創一新法,凡黨員之受有信物者,五年必一驗,雖現在轉給新黨員者,亦必取回受驗,而後可更給新黨員。此五年之期,大首領因以查核黨員之行爲,而施其賞罰,於是黨勢又藉以維持於不敝者十餘年。後黨員滋益多,蔓延數省,大首領居中央部,難於徧驗信物,乃更設符信員二人,專司檢驗信物之事。久之,則又有其弊焉,非符信員恃勢以凌衆黨員則黨員行賄於符信員,而檢驗幾成虛設。此吾黨之黨勢,近來所以日岌岌有解散之憂也。吾少好色嗜酒，落魄無以爲生，乃入本黨謀自活。時有流寓女子路氏者，母亡兄死，孑然一身，吾劫而私焉。迨後聞幼侯致富，乃隱圖之。幼侯之富，亦非以勤力致也。渠前傭於布肆，肆主死，因通其妻，而乘機竊其金珠一匣，自此絶不復往，故肆主之妻深恨之。幼侯既得財，小出其資以營運，而其餘悉埋之地中。予知幼侯之有藏金，而不知其處也，乃飾路氏爲吾妹以嫁之。後幼侯悉以藏金之處告路氏，路氏乃潛掘之，以遺余。余得金後，又別眷遙保之母，而與路氏疏，故路氏恨予特甚。始予之受信物於黨也，乃一小白玉環。路氏嫁幼侯，特以遺之，而路氏竊幼侯之裸形畫像一軸以遺予，所以示相要，不相背也。後幼侯事布業益富，將益資本以營運，迨掘地，則藏金俱失，大恚恨，遂抑鬱以死，然終不疑其妻也。幼侯以始擬益資營運故，入貨已定，而掘資不得，遂至虧累，以是歿後布肆不能更設。後得其友人爲經營之，棄其布肆，而使路氏仰給於遺產。時路氏以我相棄故，乃靳白玉環不予我，我百計求之，終弗得。迨今年而路氏死矣。路氏既死，予益窘，乃告何氏，使其女遙保爲長夫婦，而謬言何氏爲吾表姊也。初予與何氏私，既復以何氏年漸長，更涎其女。遙保不願從我，我數强挑之，故何氏及遙保咸怨我。及是我哀懇之，許以若獲白玉環，則言於大首領，以遙保爲新女黨員，有如不信者，請獲新女黨員之籍，而後以白玉環予我。吾黨中極重女權，凡獲新女黨員籍者，其權利視尋常女子爲優。遙保豔之，乃許我。我乘幼侯之初死，思因此可以生波，乃作一匿名書投長夫，即長夫第一次所得也。後更以幼侯畫像畀遙保，使埋之地中，而更掘得之。凡此皆作種種怪異之事，以眩人耳目也。後微聞遙保私於子彥，予心甚憤，乃潛往察之，爲所覺，以洋傘擊我，我走免，適長夫亦歸。時值符信員至，將驗吾信物，而吾信物不可得，許賄之。符信員少其數，毆我傷首。我屢迫何氏及遙保索之，卒不可得。吾乃致第二次決絶書於遙保，限以二日不得，必致之死地。所謂天地人丁有直心者天地人言三，丁言不，以不字四畫，而自甲乙丙順數至丁亦四數，此吾黨中常用之隱語也。直心者，悳字也，以悳與得同音。五口之家，言吾。今雖賤，已無屋可居者，以宓不齊字子賤。宀，古訓云，交覆深屋也，宓而無屋，寧非必字乎？吾昨見鬼，權之計重百斤者，易言載鬼一車，車與斤合成斬字也。勿謂汪氏竟無女子者，汪從水，水與女合成汝，合而讀之，則三日不得，吾必斬汝八字也。後偵得遙保及子彥將啓行，吾度其必使我上山。上山者，以黨員之罪，告之大首領，俾獲懲罰，亦吾黨之隱語也。吾爲之大懼，乃思乘其出行也，截而奪之，否則有死耳。而不圖轉爲君輩之所禽也。則其謀吾不知已。”

述至上，此衆共駭歡，閱時計已四句鐘矣。

衆飲茶，復聽述。

慧眞曰：“隱夫述既畢，子彥悲极不能發一言，遙保乃代爲之述，其言曰：‘吾所以歸黃氏者，俱如隱夫所述，至兩次匿名書，則均係吾母所爲，吾故熟識之。前云翁之病狀，有足致疑者，亦以疑長夫也。至畫像埋之地中，而故又掘得之，曁掘得之後，更爲人所竊，則均係吾與隱夫所爲。然吾夙恨隱夫，所以暫從其謀者，以覘女黨員之資格也。已乃與子彥定謀，將首隱夫於其大首領。凡黨中規則，苟非深知其人足以爲新黨員者，不能以黨中事告之。而新黨員之立功者，亦不能不爲之報告。由大首領給與信物。故隱夫之以黨中之事，洩之吾母，曁既獲幼侯之財，而私用之，並不爲路氏紹介，皆違背黨中規則。苟使上聞，隱夫且獲重罰，而吾與吾母及子彥，皆將獲有新黨員之資格，此操券可致者也。故白玉環，吾嘗謹藏之，然以隱夫亦時謀竊取，置之篋笥，皆非善地，故藏之花盆中，以此出人所不意，且可隨時察視也。吾與子彥往來，交情頗密，此婢頗窺見之，吾恐其告長夫，因時尾之。一日適見其入書室而不出，乃潛入以伺，則見長夫摟而與之語，遂藉詞遣之去，自是而吾與子彥益往來無忌矣。蓋子彥先嘗告其父致生，爲長夫謀錢肆之職，亦以此也。不謂隱夫以不獲白玉環故，恨甚，遽致我決絕書，限我以三日不得，則將以白刃從事。吾不得已，乃與子彥謀，促長夫行，將殺長夫於途，而吾與子彥乃以白玉環首隱夫於其黨也。何圖布置已定，忽傳吾母爲隱夫所傷，吾大驚，乃置白玉環於一小匣中，而歸視吾母。迨歸，吾母故無恙，及再赴黃氏，而白玉環已失矣。不得已蹤跡子彥，而告之於林中，爲隱夫所襲，以及於此。”

衆聞此言，咸驚愕曰：“異哉！此案也，請更述所以探得之者。”

慧眞曰：“是時盧虞姨娘乃出一白玉環，示衆人曰：‘此黨中信物邪！’衆咸駭然，曰：‘其何以得之’？盧姨娘曰：‘毋譁，請聆我言。’

因面長夫曰：‘弟自以爲黃氏子耶？非也，弟姓陳。’因指不相識之男子曰：‘此汝兄。’指婢曰：‘此汝妹也。’長夫大駭曰：‘此言何來？’盧姨娘曰：‘固也，待吾言之。昔先父以無子故，養弟爲子，此事人皆不之知，惟吾父及路氏及吾知之。吾父之死也，吾固疑其有他故，特徧訪不可得。如致生等，則皆致疑於路氏之毒之，然吾父病已久，又閱醫家爲吾父診疾之脈案，則確係憂勞成疾，並非中毒，事亦遂寢。迨近聞有種種怪異，吾知其事之必不妥，乃託汝兄偵察之，汝兄乃使汝妹僞爲婢，以偵汝家事。汝妹既廉得隱夫、子彥等之隱謀，以子彥常邀汝飲食，慮彼之或中汝以毒也，乃乘間入書室，將告汝，汝遽搜而調之，汝妹大窘，已而爲遙保所見，遂遣之歸。吾聞之大懼，以隱夫等之爲勝利黨員，吾初不之知，而勝利黨之爲害，則吾微聞之也。乃親赴無錫偵其事。汝尚憶耳聾目眊之魏媼乎？此即我也。'長夫大驚曰：'此姊耶？何以作如許老耄狀！'遙保等亦大驚。

盧姨娘曰：'吾既偵探此事，第一當查得者，即隱夫之符信果爲何物，及藏於何處是也。吾細察遙保，見其他物皆不甚注意，惟牡丹一盆，時眷顧焉，若萬金之重，吾知此泥中之必有物矣。顧遙保伺察嚴密，欲發而視之，殊不獲間，乃僞失手碎之，而遙保驚愕，殆無人色，吾於是益知其中之必有物也。迨上巳日，汝與子彦同遊惠山，吾頗疑其將殺汝，汝與子彦不嘗遇一短小精悍之人，暨一老者乎？此皆汝妹也。'衆聞之又大驚。

盧姨娘曰：'吾斯時已料子彦、遙保之必將殺汝，然不知其何道之從，乃使汝兄潛尾之。一日，汝兄僞爲車夫，御子彦赴鄉，見其留心察視一瞽井，又熟視途逕，知其必屍汝於是，特不知其何時發也，乃僞爲吾一書，自常熟來者，促弟遷居以覘之。'袖中因出二木章，曰：'此吾僞刻之郵局木章也。已而遙保不肯行，吾乃知其事之尚緩，因思更覘何氏之意以決之。值汝與遙保爭辯不休，乃託爲取決於何氏，而得其親筆書以歸。以較汝所寄第一次匿名信，筆跡雖如出兩人，然其實筆意相同，爲一人故作兩種書，而非兩人所書可知。於是知匿名書等，皆隱夫、何氏之所爲矣。已而汝兄伏隱夫家樑上，聞一符信員及隱夫之爭辯，知事機又急，乃潛以告吾。而是日適得第二次匿名書，遙保遂促弟行，吾始知事機之間不容髮矣。方汝兄之伏隱夫家樑上也，實親見汝與子彦來，潛聽隱夫之言，已瞥眼見汝兄，又相將遁，乃僞爲白髮老者，隨汝於茶肆中，備聞子彦促汝速行之謀。吾乃使汝兄暗隨子彦，頃刻不離，實親見其喬裝爲四十許人，而擠汝於瞽井。是時非不能禽子彦，特以如是則遙保難獲矣。乃使汝妹拯汝，而吾與汝兄仍潛隨子彦而行，不圖並隱夫而亦獲之也，此則又出於意計之外者也。方僞信之至也，子彦之所謀，吾知遙保亦必知之，乃僞言何氏爲隱夫所傷，使稍異其詞。遙保乃不敢不歸，並不敢攜白玉環以往，慮或爲隱夫所遇而奪之。吾乃得乘間竊之，而此白玉環儼然在我掌中矣。'"

予歎曰："此等深奧曲折之案，雖使福而摩斯遇之，亦當束手。顧乃以一僑居異地，暫歸故鄉之女子探得之，誰謂華人之智力不西人若哉！"

鋤芰曰："此等案情，貌似艱深，實夾有可尋之端緒。試思一裸形畫象也，既埋之地中，又啓箱竊之以去，此等事非家賊與外賊勾結，其誰爲之？迨小婢送茶給長夫，而遙保遽搴簾而入，則其中有所不足久矣，又何難窺其隱情哉！"

枯　井　石

　　話既畢，天已黎明。予輩方擬小睡，忽聞叩門聲甚厲，急使婢往視之，已而門者入報曰：縣學場郭宅被盜矣，所失甚鉅，計數千金云。衆大驚。

　　予與慧真、絳英等雀躍曰："此豈非一偵探之好資料耶？予輩盍同往視之？"乃六人相將往。

　　郭宅者，先從兄之岳家也。先從兄之岳父曰悠文，年七十四矣，體肥，善飲啖，以肥人聞於常州。生二女一子，長女即從嫂，次名荷官，以六月生也，年十九。子最幼，名梅官，九歲耳，側室所生子也。悠文少宦於湖北，年五十八，始解組歸，六十五而生子，今其側室亦已云亡矣。其居宅凡四進，第一進爲廳事，第二進爲悠文長兄之子所居，第三進爲悠文次兄之子所居，第四進即悠文居也。宅之後有一大園，縱橫各三丈許，四圍遶以土墻，卑而不堅。墻外又多流寓之江北人，築草屋以居，性好盜竊。故郭氏合宅，咸有戒心，恃第四進中堂之後門，通於園者，扃鍵極固而已。

　　悠文所居之宅，凡五間。南向，其最東，則荷官、梅官之書室也，荷官督弟讀於是。次東爲悠文書室，中爲堂，次西則悠文所居，最西則荷官及梅官所居也，凡重要物件，咸藏於是。旁有東西向之室。則雜物所貯，及婢僕所居也。悠文家備婢僕三人：一庖人，司炊爨；一女僕，姓殷氏；一婢，名鏡花。

　　是日，予輩六人往，入其室，則悠文嘆唶曰："噫！予死矣。"予驚曰："何至是？"悠文曰："有如是奇異之事，生命尚可保耶？恐藏頭於頸，夜半有力者將竊之去矣。"衆大笑。

　　悠文曰："予昨夜睡至四更時，忽聞自中堂通後園之門震響，聲甚厲，急呼僕人往燭之，殷媽及鏡花同秉燭往。甫及門，燭爲風滅，鏡花大呼倒地。荷官亦聞聲驚起，往燭之，則鏡花面無人色，云見一黑影來相撲，故致驚倒。門故以巨木關之，加鎖鑰焉，及是無故自開，關及鎖均不知何往。急虛掩之，徧燭室中，未失一物。時庖人亦起，使燭後園，則關與鎖鑰，均拋棄焉。以爲是穿窬之盜潛伏家中,圖竊未遂,拔關而逃者也。乃閉門復寢。及今晨醒,則予枕畔銀幣二百元,已不翼而飛矣。先是予以應用故,自西門久安錢肆取銀二百元歸,嘗置枕畔,已三日矣。昨夜門響時,予檢視之猶在,及今早竟不翼而飛,豈非一大怪事耶?竊物者之手段,高尚如是,雖妙手空空兒不啻矣!縱藏頭於頸,又何難竊之而去耶?"

衆大駭。

絳英曰:"聞門響以後,丈熟睡凡幾許時?"悠文曰:"僅二十五分鐘耳,昨夜聞門響時爲四更,門響後查驗紛擾,凡二刻餘鐘。予乃復睡,睡一刻十分鐘而醒,醒則銀蚨已杳矣。"鋤芰曰:"丈臨睡前曾飲食乎?"曰:"食蓮子湯一碗。"曰:"誰則熟之?"曰:"當時查驗畢後,庖人、鏡花俱歸寢,梅官故未起,荷官暨女僕在此,熱蓮子湯使予飲也。此蓮子湯故昨夜所熟,備予今早食者,因予夜醒故,熱之,使予食而復睡也。"捷真曰:"當丈醒而復睡時,此房門曾加閉乎?"曰:"閉之,予今早醒後,知銀幣已失,披衣起呼人,猶拔關而出也。"曰:"曾開窗乎?"曰:"亦未,今早起時,窗閉如故也。"

衆大驚愕。

慧真繞行室中一周,亦絕不見有他異。

悠文又邀予等入荷官之室而告之曰:"予所失且不止此,此室箱中,有銀二千兩,並極要之信一封,今亦俱失之矣。"衆大驚。捷真曰:"丈儲二千兩現銀於此箱中,何用?"悠文曰:"此予經濟上之積習,家中必儲有現銀,以待不時之需,以常州錢肆,猝移巨款,頗屬爲難也。其實置母財於無用之地,猶木石耳。至此信之由來,則其源甚遠,請爲諸君略述之:敝族之聚居城北徐墅鎮者甚多,皆貧無賴,以予年老無子,而薄有財產,頗生覬覦之心。距今九年前,亡妾懷孕將產,族姪一才,因在鄉間訛言予將以他族子爲螟蛉,而託言側室所出。予頗惡之。諸君當知予性,於阿堵物素不甚重視。然苟穷不事生產,而惟覬覦他人之所有者,則予性最疾之,遇此等人,必不周以一錢。時敝族在鄉間有勢力者,惟一才及族從祖偉千。以昭穆言,一才與予爲近親,而偉千頗遠。故一才有覬覦鄙人財產之心,而偉千則無之。偉千曾青一衿,且輩行最尊,故在鄉間,其勢力視一才爲尤大。是年九秋,亡妾孕將彌月,予乃以舟迎偉千夫婦至,厚贈之。及十月,梅官生,乃送之歸鄉,聲言將責一才以訛言之罪。一才懼,求解於偉千,偉千乃使一才以一書致我,其書曰:

悠文三叔大人尊鑒:偉千太叔祖下鄉,知吾叔近生一弟,不勝欣賀。太叔祖母並云吾叔以長姊已嫁,次妹尚幼,家中乏人,故迎彼至城,以資照料。彼見庶叔母臨産時，極其平安，雖有醫生二人，預延在府，亦不必施其技，服其藥，此皆吾叔修德之報也，姪聞之，不勝歡喜。敬備鷄子一百個，以爲賀儀云云。

此信係鄉間一學究，爲彼起稿，而彼親筆書之者也。予自得此書後，珍藏之，以爲後日之憑證。及前年，偉千叔祖暨叔祖母，相繼下世。昨夜遂失此書，由此觀之，則鄉人覬覦予財産之心，不且日甚一日耶？將何策以處之？"

時予見室中一箱尚開，因指而問之曰："銀及信即貯此箱中耶？"悠文曰："然。此今早失去銀幣後，查驗始知之，在昨夜則絲毫未離原處，鎖閉如故，故猶未之知也。"鋤芰乃查驗箱中，見有一小匣藏函件多封，並田宅契據等。因問："一才信夾置此匣中耶？"曰："然。"又檢視他物，則有貂狐裘及名人字畫等。

鋤芰因問："後園曾往一勘乎？"悠文曰："昨夜已勘之，絕無所得，惟門關及鎖鑰，拋棄在近門處耳。今晨更勘之，則所得尚多，諸君同荷官往一檢視可也。"

予輩乃出尋荷官，七人同往園中，至則見井旁污泥中，有足印三四，趾著地重而跟輕。園北有桂樹二株，高俱丈許，西一株攀折一大枝，若人踰牆入時，攀之履地者。近墙並有一草履，泥污殆徧，知爲賊人踰牆出時所遺落者。其污泥，則踐井旁所致也。又觀荷官所居室外，見牆上固有一窗，穴牆爲之，外隔以木，兩端嵌牆中，及是悉爲斧斷，刀痕猶新。鋤芰問荷官曰："姊能確知此木爲昨夜所斷與？"曰："不知，以此窗常閉不開也。"

勘視既畢，相將入室，婢具朝食至，七人同食。鋤芰問荷官曰："姊前兩夜曾熟睡乎？"曰："未曾。予睡向不熟，小有聲，輒驚醒。前兩夜通夜靜謐，故予亦未醒也。且梅官睡亦易醒，家大人睡亦不熟，苟有聲，三人中必有一人醒者矣。"曰："昨夜何如？"曰："始亦未醒，及聞門震動聲，始驚醒也。"鋤芰且食且思，曰："予輩盍更至牆外一勘之？"衆稍善。

於是恖恖食畢，七人復相將至園牆外，至則絕無所見，惟八九家茅屋歷落分佈而已。

衆復入室，見悠文。悠文勞之曰："君輩亦有所得乎？"予搖首曰："亦無甚端緒。"鋤芰曰："然則丈現亦有所疑乎？"曰："有之。"鋤芰曰："請密以告我。"

衆復同入荷官室，悠文鍵戶語予曰："最可疑者，爲新遷來之江北人曹三。此人固居予宅之東，以其與宅後諸江北人不甚浹洽，故姪輩家每有事，輒召之來。予亦嘗備之，使給勞役，及今早以失竊故，將遍告各親友，使庖人往召之，則已杳矣。檢其室絕無長物，惟敝衣數襲，及日用舊器耳。且是人之蹤跡，尤有可異者。家無眷屬，惟攜一子居。子年十二，其父以勞力活，而子業讀書，亦不解何人教之。過其室，則書聲朗然，每召之來，使作事，入室必狼顧。初以爲其相如是也，迄今乃知爲有心，稍奇異之物，必僞爲不識者，問之，既以告，俄頃則又忘。稍相似之物，則相訛，今晨則父子俱爲黃鶴矣。不令人大可疑乎？"

鋤芟曰："然則是人何時遷來乎？"曰："去年九月。"曰："來自何方？"悠文沈思曰："吾不憶也，大約自江北來。"梅官曰："然，此人故居江北，以妻死故，售田宅營葬，在江北無立足地，乃攜子而來也。"曰："其所居，即吾輩前日所見之茅屋乎？"曰："然。當時裸裎而立於門首者，即此人也。"

鋤芟凝思半晌，起立，遽行，曰："此案似艱深而實淺近，予必爲丈破獲之，萬勿妄疑人。"言已，遽出室外，予亦相隨出，竟歸。

於路，吾問之，曰："妹於此案，已有端倪乎？"鋤芟曰："稍見之。"予曰："何如？"鋤芟曰："向固言之，似艱深而實淺近也。"予知鋤芟心有所得，必不肯先以語人，乃亦不復問。

是日午後，鋤芟出一行而歸，且又至郭宅一行。予問之曰："其更有所得乎？"鋤芟亦不答。

明日黎明，悠文忽又來速予及鋤芟往，門者入報，問以何事，不能答。時尚早，途間絕無行人，予與予妹，樂其空曠，乃各乘飛馬一頭，不朝食而馳之。

至則緊馬庭樹，相將而入。薇園、捷真已先在矣，方訝其早，回顧，則絳英亦至，曰："今日之事何如矣？"予曰："不知，適有使來速我耳。"乃共入。

悠文見予等而大笑，予訝之，悠文笑曰："予枉生七十四年矣，此等怪事，竟生平未嘗見也。"

鋤芟唶曰："得毋謂城隍廟中物乎？"衆不解所謂，鋤芟指牆隅曰："噫！非此物耶？"衆視之，則一泥塑小神也，高二尺餘。大驚曰："此物何來？"鋤芟曰："此城隍廟中物也。"悠文曰："子何以識之？"鋤芟曰："同處一城，安得不識？"悠文曰："抑且不止此。昨夜睡中絕無他異。及今晨起汲水灌花，則此物在牆隅叢草際矣。大異之，急徧燭室中，絕無他異，啓篋笥檢之，亦未失一物，而予枕畔有小棺，即此物是也。"言畢，手出一物示予輩，衆視之，則一木製小棺也，長四寸許，中藏一面人，猶新。

衆大駭異。

鋤芟曰："然則昨夜此室窗門曾閉乎？"悠文曰："如何勿閉，予向不開窗睡也。"曰："今早何如？"曰："關閉如故。"

鉏芟起曰："予輩盍至城隍廟一觀之?"捷真曰："請稍待予姊即至。"鉏芟曰："遲恐證據失。"捷真曰："然則姊請先行，予稍待予姊可也。"於是予與鉏芟同行，而捷真、薇園、絳英，留待慧真至。

至則見廟中方以失神大譁，蓋失去第十閻王殿中小卒也。審視，則殿柵已毀，無賴子七八人，群聚而噪，曰："此必僧人售神以爲酒食計耳。"僧曰："神可售錢邪?"無賴子曰："天下何物不可售錢?"僧曰："神誰則欲買之。"無賴子曰："此則當問汝。"僧大窘。

予乃爲之解圍曰："神已尋得矣。"衆問焉在，余備述其異，衆益譁曰："然則郭宅之物，亦必此輩僧人所竊耳。"予怒曰："此何預若事。"衆益譁曰："汝輩青年女子，庇僧何爲?"予大怒，喚侍者曰："速請董錫奎來!"衆聞請董錫奎，乃漸散。董錫奎者，廟中經董也，性嚴厲，最惡遊子棍徒，嘗助官懲辦之，此輩最畏之云。

予乃問僧人曰："此神之失，汝輩略知其影響乎?"僧人曰："安知之，行年六十餘，聞人家失物，不聞廟中失神，真千古奇事也。"予曰："汝輩昨夜豈未閉廟門乎?"僧曰："小姐真不知世事之言，安有廟門而不閉者?"予一笑。

時適有一梯，鉏芟階之，上陞屋際而窺之，指示予及僧人："賊必自此間下。"予亦陞梯觀之，見自屋之西北來，一路頗有碎瓦，自此而下，則爲廟中柴房，屋頗卑，與殿屋如階級然。僧人曰："自柴屋而下，適爲堆積木材處，爲廟中造屋用者，蓋由此歷級而陞也。"

鉏芟謂僧曰："汝欲知竊此物者之人乎?"僧曰："此等奇事，生平未見，安所得其人乎?"鉏芟曰："一月以內，予必能使汝知盜竊此物之人。"僧笑曰："小姐柔弱如花枝，能緝盜乎?"鉏芟曰："我是玉樹堅牢不病身，如上人，乃真槁如枯樹耳。"僧大笑。

予又問僧曰："汝知此神爲何人所塑乎?"僧曰："爲東門外一米姓者所塑，年亦六十餘矣。有二子，一女已嫁，尚有一老妻，其子皆遊蕩無行，故尚未娶也。"予頷之，作別而返。途間，予謂鉏芟曰："頗憶拿破侖像案乎?"鉏芟曰："如何勿憶?"予曰："此案得毋類是?"鉏芟曰："然則何爲置之郭宅?"予曰："或聞郭宅有怪異事，特以此掩其形跡耳。"鉏芟笑曰："遠矣。"

比至郭宅，見衆皆忻忻然有喜色，予頗怪之，絳英招予等入室而告之，曰："罪人已得矣!"予驚問何人? 捷真曰："即曹三也。"鉏芟曰："其人焉在?"捷真曰："人尚未獲。"鉏芟曰："然則何以知之?"絳英曰："姊等行後，予與捷真私議，以此案惟曹三爲可疑，何不往偵之。捷妹頗贊其議，乃同訪曹三之居。至則門尚鍵，乃踰垣入窺之。見室無長物，惟破衣數襲，及日用敝器耳，果如悠文所云。乃悉心搜檢之，見近門一舊案，其抽屜有鎖，予身畔固有百靈鑰，乃即啓之，見中有舊書數册，一爲《綱鑑易知錄》殘本，一《唐詩三百首》上册，一《古文觀止》中所選《左傳》及《國語》、《國策》，一《時務報》第三册，又有小兒所習之字多張，及筆硯等。翻至《古文觀止》中，則見有信一封，上書悠文姻伯大人惠啓嶠生緘上云云。大駭，急持歸，則果與一才信及銀兩同貯一箱中者也。昨早失物後，檢點偶未及覺耳。此人今尚在逃，宜設何法捕獲之，或謂當跡之於徐墅，姊以爲然否？”

鋤叟曰：“此案之終不能離徐墅而獲結，夫何待言。蓋舍郭氏族人外，雖獲一才書，如木石也，若以曹三爲盜，則予終弗之信。”

薇園曰：“始則予輩亦不甚疑之，今則贓證確鑿，安得不信？”

鋤叟曰：“雖然，予終不信此案之以如是而獲解決。”

正辯論間，予亦興發，密招薇園語之曰：“吾輩盍往東門外一探之乎？”薇園恍然曰：“即塑神之米福泉乎？此人予固識之，非善類也。”

於是予與薇園不謀於衆，逕赴東郊。將至，薇園詣一友人處易裝爲婢，並使予易服，亦僞爲婢也者。又同行半里許，至一陋室，叩門入，曰：“福泉在家乎？”内一嫗出應曰：“適出矣。”問歸將以何時，曰：“少待即歸，有客來，去市酒耳。”予聞有客，心動問之曰：“客從何處來？”嫗：“阿姊從何處來？”薇園曰：“自許家來，吾家主人喚福泉耳。”嫗聞言，怡聲曰：“上覆主人，俄頃即來也。”予又問曰：“福泉現有何客？”嫗曰：“自縣學場來者，姓曹。”予大驚，問曰：“彼令郎會攜來乎？”嫗曰：“亦在此。”予色大變。

乃曳薇園行丈許，坐一樹陰下，曰：“此曹非曹三乎？”薇園曰：“妹何不更問之？”予曰：“更問之，恐使之生疑，將遁。”薇園曰：“此亦誠是。但現在當何策以處之？”予曰：“頃姊何以託名於許家？”薇園曰：“此人固在許子遷家服役，子遷念其貧且老，所以資助之者甚厚，予故託言許家。”此老嫗即福泉妻，所以聞吾言而肅然起敬者，以彼恃子遷爲生活也。予曰：“此二人現在必更有一助力者，乃可捕之。”薇園曰：“此却不難，但現在亦不知其果爲盜與否？設非盜則捕之易，遣之難耳。”予亦大然之，躊躇無計。

少頃，薇園乃謂予曰：“予在此，守此兩人，勿俾遁。君疾往郭宅呼人來，視福泉家客，果曹三否？如不謬，然後設計擒之。何如？”予曰：“如此則彼或適以此時遁，且即係曹三，亦不能指爲福泉通謀之證據。予意何不如此以覘之。”即附耳語薇園，薇園拊掌曰：“此計大妙！”

予與薇園,乃更喬裝爲兩少女,向福泉家行。及門,予忽仆首觸門有聲,薇園驚哭,内一男子聞聲出啓門曰:"咄,何事?"薇園哭不顧,男子怒曰:"誰家召債鬼,在此聒噪人,阿翁門首豈容汝哭死人邪? 咄,速去;不去,我將踶汝出。"旁一男子過,停趾問何事,薇園惟恫哭而已。

啓門之男子,呵叱不絕於口,薇園益恫哭。道旁之男子見予臥地下,曰:"此必暴死者也。"以手探予額,覺温,又聽予呼吸,甚粗厲,乃告此啟門之男子曰:"此必驟患氣厥者也,救之可活,汝且勿促之。"於是問薇園曰:"咄,何事? 勿哭。"薇園哭不止,其人怒曰:"癡丫頭,性命不保,哭何爲?"薇園乃收淚謝之曰:"此予表妹也,予昨自無錫來,宿姨母家,姨母使予同之入城,今若此,姨母聞之謂予殺妹也。"後來之男子曰:"彼實病死,於汝何與,且是人未嘗死,救之可活也。"因問曰:"汝無錫人欤,奈何操常州語?"薇園曰:"予常州人,嫁無錫,以父病歸寧,順道往省姨母。姨母使予與表妹偕入城,不圖遭此橫禍。"其人曰:"勿憂,汝表妹非死疾也,救之可活。予爲汝代喚一人,負汝表妹與汝偕至姨母家,可乎?"薇園躊躇曰:"秋陽暴人,償表妹疾不愈,姨母必咎我。"曰:"然則覓一人家舍之,汝速歸報汝姨母,與醫偕來,可乎?"薇園撫予泣謝曰:"誠如是,再生不敢忘德。"

其人又躊躇曰:"然則現在何處可暫舍邪?"薇園曰:"果有仁人,肯捐一席地以舍表妹者,當出二金酬之。"啟門之男子聞言心動曰:"寒家雖局促,顧聊以相捨,亦省遠行。予當入告父也。"俄頃與一老人偕出,老人曰:"病者欲捨於是乎? 亦可特二金之約不可負也。"薇園矢之以曰。乃許之。薇園負予行,是人道之入,臥予一竹牀上。薇園喚予曰:"表妹,予行矣,少頃同姨母來也。"予瞑目不應。

薇園去,予覺左右無人,乃張目微窺見室僅五間,其三間東向,二爲卧室,一爲客座。又兩間西向,一爲竈,一則二男子對坐飲焉。其一鬚髮皓然,一則髭長而黑。予身處東向之卧室中,恰與此室相對。時天氣尚熱,而室中穢氣薰蒸,身又逼近日光,幾不可耐。

已而此黑鬚之男子起,入室爲予診脈,大詫曰:"凡氣厥者四支必冷,呼吸必逆,而是人四支獨温暖,脈來亦與常人無異,真可怪也。"白鬚者曰:"得毋其氣將復乎?"曰:"誠然,菜之當易愈耳。"

兩人復入坐痛飲,但聞其切切密語,殊不易了,乃竭耳力諦聽之,聞白鬚者曰:"此事究應如何處置?"黑鬚者附其耳語,甚微細不可辨。移時白鬚者高聲曰:"可乎? 勿惹橫禍。"黑鬚者曰:"有如此天緣湊合之事而不爲,後更從何處求之。夫時機難得而易失者也。現正值此有爲之時機，所關者我兩人之決心耳。"予默念兩人中必有一曹三無疑，彼輩現必有一機會，安置其所竊之財物也。入虎穴而果得虎子，不禁大樂。

正自思間，但聞白鬚者又與黑鬚者竊竊私語，久之曰："如此可乎？"黑鬚者曰："此即吾向者之所云也。"白鬚者復舉杯痛飲，曰："得者樂矣。"以下語益微且疾，不可辨。黑鬚者亦與之附耳疾語，似相爭辯。久之，白鬚者高聲曰："網羅四布，奈何？"黑鬚者曰："但達吾所云之目的，則萬事皆銷矣。"予念曰："兇哉此人，但不知其所籌畫者，果何計耳。"

已而聞一老嫗哭而至，入門，白鬚者呼之曰："汝來尋汝女者乎？"嫗曰："然。"手出二金置案上，曰："區區者聊以助翁酒資，非敢云報也。"白鬚者曰："急難之義，分所當然，又何緣煩費阿姥 。令媛在此室，可速入視之。"嫗揮涕入室，予心知爲薇園，方欲與語，黑鬚者突至室外，鍵戶而去。

予大驚，私念中計矣。入虎穴而反爲虎所吞噬，可奈何？ 嫗大呼曰："闔戶何爲？"白鬚者曰："少頃便知。"更叫號，皆置不理。

嫗無奈何，行近余榻，余曳其手曰："薇姊來邪？"嫗低應曰："然。"予耳語以向者之所見，薇園大驚曰："吾輩之行踪，已爲彼等所窺破，奈何？"已而曰："既入圍城，惟有死戰求出耳。"於是叩窗大呼曰："閉我何爲？ 我女病將負之出就醫，閉我何爲？"

外不應，自窗隙窺之，已寂然無一人。

薇園大驚曰："予輩中計矣！ 此二賊之財物，必已有安置處，明知予輩爲偵探，故誘入此室而鍵之，而彼輩則以此時遁也。"

予曰："然則何從蹤跡之。"

薇園曰："身且無計出此室，尚何言跡賊爲？"

於是曳開門，堅不可動。自窗隙窺之，則其外橫抵以巨木，而加鎖焉。又視窗，窗與荷官室中之窗相同，穴牆爲之，而從隔以木，兩端悉嵌牆中。手無斧柯，倉卒不得斷。

予與薇園徬徨無計，傾耳靜聽，寂無人聲，欲大聲呼號，則地甚荒僻，一二里外，始有人煙，縱疾呼，必無應者。

正躊躇間，薇園忽問予曰："先時啟門之男子，暨福泉之妻，均何往乎？"予曰："予自入室，即未見此二人。"薇園恍然曰："彼輩之定行計矣。福泉、曹三之所以暫留，特以封禁予輩故也。"

予等二人伏處一污穢不堪之室中，空氣惡劣，口鼻幾爲之塞，束手無策而已。越一時許，忽聞履聲橐橐自外至。

予與薇園自窗隙微窺之，則見黑鬚者與白鬚者，相踵入。

正不解所謂，則見黑鬚者忽來啟門。薇園急肘予，予乃復臥竹牀上。

戶闢，二人入手持一繩一刀，並一紙裹來，給嫗曰：“請即死。”

嫗大哭曰：“青天白日，汝何爲，予何罪死？”

黑鬚者曰：“予輩之意，汝亦知之。哭亦死，不哭亦死，同一死也，也不如慷慨。”

嫗哭曰：“涎吾女邪？殺其母，焉用其女。”

黑鬚者曰：“正惟用其女，是以殺其母。”

嫗哭不止，二人逼之。嫗乃斂聲曰：“君輩之意，予亦知之。雖然，此女殊難馴，若殺我，是並殺此女也。不如留我在，生死從二君，但獲小兒女勿虞凍餒，老身獲終天年以就木，則戴德罔既矣。殺二人而陷陷刑辟，豈如生之以獲利。”

黑鬚者曰：“如汝言亦大佳，但能從我言乎？”

嫗近予榻撫予，二人亦相隨近榻，嫗突起鍵戶，當門立曰：“我有一言欲奉訊，可乎？”

二人大驚曰：“汝有言，速相示。”

嫗曰：“既欲吾女，汝輩近日所發之財亦可分潤否？”

二人大驚曰：“吾輩發何財？”

嫗曰：“昨前兩夜所發之財，今何往邪？”

黑鬚者曰：“汝勿得誕語，今欲發財，將仗汝，昨前兩夜不遇汝，安所可發財？”

嫗笑曰：“汝輩所爲之事，勿欺我。”

黑鬚者曰：“今欲生則生，欲死則死，生死惟嫗所取耳，何多言爲？”

薇園默念是人頗有膽，予道破其隱事，尚敢如此。既默念彼既作是語，必已萌殺機，不可不謹備之。

乃從容向二人言曰：“汝輩欲殺我乎，欲死則同死。”

黑鬚者聞言頗駭，以目視白鬚者，白鬚者不語。

黑鬚者遽走近室戶，以手曳嫗，欲開門。

甫近嫗，嫗乘勢，推以肘仆地上。

白鬚者大驚，手提一椅，欲起鬭，嫗略一閃身，驟躍起，接其椅力送之，亦仆。

黑鬚者復起，嫗以左足觸之，又仆。

皆倒地不能起。

嫗坐椅上，呼曰：“孩兒，可速起取繩索縛賊。”予應聲蹶然起，二人益駭絶。

予起四顧無繩索。入廚中見有巨綆二，急取之至。

時久臥，目久瞑，久不言，甚疲。忽起躍，快甚，力百倍。

薇園曰：“縛之。”

予應聲縶二人手足。時二人皆已傷，雖有力，不能動。

薇園曰：“速往許家喚人來，予已爲彼言之矣。”

予乃疾奔至許子遷家，即向者易服之處也。主人出，問事何如？予答曰：“賊已就禽，但乞助力。”主人笑曰：“老嫗成功邪！”乃命健僕二人隨予往。

予牽僕復奔米氏宅，至則二人方乞哀，薇園不理，見予至，笑曰：“來邪！”乃去假面具，謂白鬚者曰：“米福泉，汝識我否？”福泉驚絶，手足皆顫，曰：“天乎！我夢邪？小姐何以至此？”

薇園指黑鬚者謂予曰：“此曹三也。”黑鬚者亦驚絶，曰：“小姐何以知我名？”

薇園指謂僕曰：“汝可釋此二人縛，各押一人赴縣學旁郭宅。”二人既至此，不得不行。既至郭宅，命將二人暫羈門房。予與薇園先入，見荷官與捷真、慧真、絳英等方共坐，論議是事，群研究曹三何往之問題。予與薇園突入，曰：“勿勞議論，曹三已在是矣。”荷官目予曰：“汝二人何往？使人苦尋不得。”予曰：“往禽曹三也。”

荷官曰：“勿妄言，飯未？”予曰：“飯却不曾，曹三已在是矣。”荷官曰：“勿妄言，速飯。”予曰：“何謂妄言，其人在此，可目覩也。”絳英曰：“信耶？且召之來。”薇園反身出，召曹三入立庭下，曰：“此何人？”荷官等視之，果然，大駭異，曰：“自何處禽來？”

時悠文、梅官亦聞聲至，見曹三，皆大驚曰：“汝輩從何處禽至？”予笑曰：“少待即相告。”

於是使許氏之僕歸謝其主，而使郭氏之僕守曹三及福泉，予與薇園乃屏僕從，爲家人詳述其所遇。

時慧眞、捷眞、絳英俱在，獨不見鋤芟，訊其何往，絳英曰：“午飯後即出，今尚未歸也。”

時天已昏黑，乃秉燭坐，予與薇園各述所經歷畢，悠文舌橋不得下，曰：“幸哉！薇姑娘之有體力耳，不然何堪設想哉！”

衆以巨寇既獲，咸勇氣百倍，如克大敵，乃命拘曹三、福泉入訊之。

至則面色如土，叩首無算，但乞宥死罪。

悠文曰："今且勿罪汝，汝第自述其所爲，則宥汝。"

於是曹三起而自言曰："予江北之鄙人也。去年以妻死故，鬻田宅爲葬具，在江北無以自立，乃攜一子奔常州。惟予少有一惡德，好盜竊。此由予自幼竊物時，予母常奬勵予使然也。故予入尊府服役時，每見物，必僞爲不識，實已懷盜竊之心矣。以無隙可乘，故終未遂其願。昨日攜子至東門米福泉表兄家暫住。今日旁午，忽有一過路女子，氣厥仆地，福泉之次子，適開門出見之。其同行之一女子，自稱病者爲其表妹，出二金，求暫舍其表妹，而己則歸告姨母。福泉之次子，見利心動，入告福泉，福泉許之。乃使女子入居其臥室中，而同行之女子遽去。已而予及福泉，視此病女，殊色也，議掠而賣之，以獲利。福泉初不敢，予慫恿之，乃乘其母之至也，而閉。而不圖病者之即芸姑娘，老嫗之即薇姑娘也。小人實萬罪當死，乞矜宥。"

予乃問福泉曰："汝子汝妻，今日果何往乎?"曰："吾子故好遊蕩，常不歸。吾妻則如母家也。"予又問曹三曰："汝云攜子在福泉家，何以不見?"曰："鄉間有人招其看戲，已下鄉矣。"

悠文促福泉曰："速自供其所爲。"

福泉自述曰：予故遊蕩無業者，少年時好博嗜飲，以故家赤貧，娶妻後投茶肆爲夥者三年，後亦不常所業，近更以年老不任力作，而子又好遊蕩，家益貧。今日適有過路病女來，予視之，絶美，戲謂曹三曰："盍刦而賣之乎?"曹三大贊之，勸予乘其母來時，殺而埋之，而刦其女如蘇州或上海，鬻之妓院，可獲厚利。予恐累妻子，曹三曰："是不妨，可給以資，使歸江北。"予又念蘇、滬去常咫尺耳，焉有殺其母刦其女，而獲逃法網者。曹三力持之，且曰："汝不可，我將獨行之，獲利則獨享，獲罪則誣汝，汝視我殺人於汝家，能自脫與?"予懼乃從之。時成敗未知，必先備一去路，乃往訊自常州往常熟之航船，包一艙，將使曹三僞爲病女父，攜之行。而予遣妻子回江北，身則星夜赴常熟，與曹三會，更定進止。計畫已定，女母適至，乃鍵之而出問航船，既定，歸遂欲殺嫗而取其女，以女時尚昏睡，不能知吾輩之殺其母也。已嫗言苟殺我，女必不馴，吾輩乃思更生之，意未定，嫗忽擊予輩踣地，遂就繫。姑娘之蹤跡用意，實小人所不解也，尚請明以示我。"

絳英擲一書下，給曹三曰："汝視此何物。"

曹三曰："小人不識字。"

絳英怒曰：“汝尚言不識字，誰教汝子讀書者？”

曹三曰：“吾子昔在江北會讀書，今不過將舊書溫習耳，我焉能教之？”

慧真曰：“然則汝此書自何處得之，速實言，宥汝罪。”

曹三諦視之，少頃曰：“是予在此門首所拾也，奈何以此獲罪邪？”

慧真冷笑曰：“真好口才！”

捷真曰：“吾爲汝言之，汝此信實自郭老爺家所竊也，尚有信一封銀二千兩，速交出，則免汝罪。”

曹三聞言，氣奪神癡，曰：“吾實未嘗竊物。”

薇園曰：“不竊物，則郭老爺之信，何以在汝家中？”

曹三曰：“吾以實告，此信我實在門首拾得者，以吾子好誦讀，而又無力買書，故以此畀之。姑娘既收予室，豈不知此信與各書卷同置一處乎？”

薇園曰：“然。然則尚有信一封，何不並留以貽汝子？”

曹三聞言，驚曰：“吾安得更有信，此一封實在門首拾得者。”

捷真笑曰：“此人真可謂善於堅持矣，若外交官如是，豈不蒼生咸被其福耶？”

言次，悠文謂予輩曰：“此人今日必不肯承，不如姑麾之去，明日再作區畫可也。”於是使僕押二人去。

悠文置酒與予輩共飲，適鋤芟自外至，共起迎之。鋤芟手持一照片，予取視之，問何人？鋤芟曰：“適自街上拾得者。”視之，一妙齡女子也，亦不甚美。

予與薇園又以捕獲曹三、福泉之事語鋤芟，鋤芟笑曰：“明日予當親鞫之，鼠輩雖狡，必不能逃我之手。”

是日歡飲至二鼓始散，及明日而怪異之事又起矣。

翌晨十點鐘，郭宅又使人來速予及鋤芟。時八月十八日也，予本擬早膳後，與鋤芟同赴郭宅，以家中言有一自京師歸之女友，預約於九點鐘來訪予，乃留待之。及十點鐘，尚不至，正擬與鋤芟偕行，而郭氏之使適至，乃即行。

至則郭氏又失物矣。荷官謂予曰：“予今日擬至戚串家道賀，梳洗畢，將事妝束，及啟篋，則所有珠寶金飾，已不翼而飛矣。不禁大驚，急以稟家父，家父沈思曰：‘昨日醉中似有一女子，身短而貌寢，問我以小姐各首飾之貯處，予當時聞之，頗驚異，然醉中亦不記如何處置矣。’”予聞言大駭。

鋤芟起立曰：“此賊有人奈何膽大妄爲至是，予誓必破獲之。”言已，起身即行。

予與荷官方研究失竊之問題，忽鏡花大聲疾呼，入報曰：“不好矣，老爺跌倒矣。"

予與荷官大驚，急趨出視之，見梅官與鏡花扶悠文臥牀上，齁聲大作，人事不知，手足搐動。予大驚曰："此中風也，速延醫視之。"而倉猝之間，女僕及庖人均不知所往。

荷官頓足大罵，無計可施。幸悠文之姪籌甫、純甫聞聲入，乃使之各延一醫。已而荷官忽憶及鋤芰解醫理，欲令診脈，使予尋之。予不知其何往，乃出問門者，則云見其東向而行。予忽憶鋤芰必至米福泉家檢勘也，乃追蹤以往。

出東門，至天寧寺左側，忽見鋤芰坐一石上。予急呼之，告以悠文之病，鋤芰大驚，急偕予奔歸。

比至郭宅，則一繆姓之醫已至，診脈後開一方云：

> 年高氣虛，猝然中風，脈來洪大而無根，痰塞上焦，手足搐動，此之謂內真寒而外假熱，宜固本原以防虛脫。
>
> 吉林參、五錢。上桂心、二錢。棗仁、五錢。烏藥、五錢。生縣耆、二兩。
>
> 陳皮、五錢。遠志、五錢。膽星、六錢。製香附、三錢。半夏、五錢。
>
> 杜仲，三錢。竹茹薑汁炒二錢。爲引。

繆醫開方畢，見予及鋤芰至，略一起立，撚鬚而言曰："此病甚劇，宜謹防之。此藥且服一劑，更覘其後。"荷官曰："先生病無妨否？"繆醫撚髭沈吟，半晌曰："亦所謂盡人事，以待天命耳。"言畢，見鋤芰爲悠文診脈，略一起立，曰："亦解醫理耶？"鋤芰起立致敬曰："不敢，略解一二耳。"繆醫曰："脈甚洪大。"鋤芰曰："此皆熱脈也，數亦甚，一分鐘至一百十餘至，病者身上溫度，必已高昇至百餘度矣。"繆醫曰："是也。此所謂內真寒而外假熱也。脈之洪數雖如此，苟投以涼劑，則立殆矣。"鋤芰曰："此則鄙意稍有異同。"繆醫曰："如何？"鋤芰曰："中風之證，鮮有不由於大熱者，非用寒涼清瀉之劑，必不足以清其營分之熱。營分之熱不清則不堪設想矣。"繆醫曰："然則尊見可用何藥？"鋤芰曰："西人遇此等病，率用巴豆油瀉之，今即不敢用，亦宜用大黃五錢，以瀉其熱。"繆醫大笑曰："此真殺人不用刀矣！大黃、巴豆，平人尚且忌之，何況病夫？少年且虞刻削，何況垂暮？"鋤芰曰："此則不然。凡瀉潤之藥，必有清補之力。西人治中風，大率如此，百不一誤。"繆醫曰："西人之體質，安能與華人比？且西人亦無真中風病。"鋤芰曰："何以知之？"繆醫身畔出旱煙吸之，曰："吾聞自上海回常之人言之。"鋤芰亦笑曰："自上海回常之人，豈盡知醫理者？"繆醫曰："汝說西人也，彼輩豈非親見西人者？"鋤芰曰："親見西人，豈能盡知西人之體質？"繆醫曰："親見者不知，豈我輩耳食者反知之？"鋤芰見其不足置辨，乃謂之曰："此姑勿論。但現在病者係大熱之證，而先生以參蓍補之，桂附溫之，系屬何意？"繆醫曰："此五行之精理也。"鋤芰不禁失笑，曰："病理與五行，有何干涉？"繆醫曰："猝難遍舉，請即就中風論之。腎生肝，肝其在天爲風，其變動爲握中。中風之症手足搖動，是爲握。故以溫劑補其腎，即所以裕肝臟之生機，若更以涼藥投之，則抱薪救火矣。"鋤芰曰："五行之說，本不足憑，以入醫理，更爲無據。即如腎屬水，水性潤下，何以腎能藏精？心屬火，火主炎上，何以血能循環，不直自口鼻而出？"聽者皆不禁大笑。繆醫曰："此則當起黃帝、歧伯於九原而問之，非吾之所知已。"言畢竟出籌甫送之，亦不顧。至門首，忽遇一顧姓之醫人，繆醫指天畫地曰："亦大可笑！悠翁患極虛之症，不知何處來一小姐，想敝見觀之，老兄亦以不參預爲是。"顧醫曰："且診脈再議。"於是繆醫仍與顧醫同入。顧醫診脈畢，繆醫曰："兄診此脈如何？虛弱否？"顧醫曰："其本原誠虛，但現在攻伐之劑，有病則病受之，鄙意亦當參用急則治標之法。"繆醫曰："然則尊見以爲可用何藥？"顧醫曰："鄙意當用羚羊、珠粉、石決、明竹瀝等。"繆醫曰："然則大黃可用否？"顧醫曰："五錢或太多，三錢亦無妨。"繆醫聞言，勃然而起曰："既尊意如是，即請斟酌用藥，一力主持，鄙人實不敢參贊。"言畢遽行，顧醫急挽之，不顧而去。於是鋤芰及顧醫參酌進藥，迄晚遂見清醒，荷官等心始稍安。

明日十一句鐘，忽郭氏之族人名財生者，自徐墅入城，云一才於今早爲人殺死矣。衆聞大驚。

是日捷真適有事，予乃約慧真、絳英、薇園、鋤芰同適徐墅，二句鐘而至。時官尚未往相驗也。

予輩往察一才屍，則見屍橫地上，適當往來道，過者皆越畔繞行焉。屍當胸有刃傷，長二寸許，最深處一寸有餘，漸近胃漸淺，血痕漸漬，左股上亦有刃傷。圍觀者如堵牆。其餘證據，渺不可得已。

正驗視間，適縣令至，予輩乃避於一旁。

縣令驗視畢後，有一幕賓姓吳，名次克者，瞥見予輩，突來問訊，蓋是人常至予家及薇園家也。談次，次克云："若輩今日來何事？"予笑云："專爲看屍來者。"次克亦笑曰："君輩頗有別趣。"予曰："亦未必然，死者郭氏，與寒宗稍有瓜葛耳。"次克曰："驗視之餘，亦有心得否？"鋤芰曰："有數端可決定。"次克曰："若何？"鋤芰曰："其一兇手謀害死者之心，蓄之已久。"次克曰："何以知之？"鋤芰曰："狹路相逢，未必身畔攜有兇器，今清晨相遇，而遽殺人以兵，是所謂讎不及兵者也。"次克曰："果其蓄謀已久,當尋而殺之於其家,何以在道旁爭鬬?"鋤芟曰："此更有一證。若出於猝然相遇,相爭相殺者,必先之以詈罵繼之以鬬毆。今死者身上,除刀傷外,絕無他傷痕,可知非猝然相殺也。"次克曰："如係積讎,猝然相逢,必相爭鬬,吾觀死者形狀,非絕無膂力者,豈束手待斃乎?"鋤芟曰："以吾意觀之,二人內相蓄讎,表面則甚爲和好,故凶手之猝然行凶,實非死者所意料也。"次克曰："尚有他證據否?"鋤芟曰："凶手所用之刀,非尋常樵採及烹調所用之刀也,其刀必甚長,且極鋒銳,但刃形亦不甚尖。"次克曰："何以知之?"鋤芟曰："觀死者傷痕可知也,如係尋常樵採烹調所用之刀,其刀必甚短,傷痕安能深至一寸有餘? 如刃形甚尖,則傷痕深而必不能闊。故知凶手所用之刀,其形式與近人所佩之腰刀畧相似,非預存殺人之心,攜之何爲?"次克擊掌曰："是矣! 今晨報請相驗者,本尚有潘墅來氏一寡婦,於清晨自縊死。傅聞死者與郭一才頗有往來,一才死處,適當潘墅與徐墅往來之孔道,是必因妬奸相殺也。"鋤芟曰："然則來氏又何爲自縊也?"次克曰："是必凶手逼之。"鋤芟曰："不然。"次克曰："何以言之?"鋤芟曰："迫人自縊,頗需時刻,凶手即已殺人,尚焉能從容爲此等事? 故以凶手與死者爲妬奸相殺,則凶手既殺死者,乘怒并殺寡婦,於情最近。若謂勒殺寡婦,已稍遠之。何則? 殺人者必手溜,未必更捨刀而用繩也,若謂逼令自縊,則於情益遠矣。"

次克聞言,大驚歎曰："君探案真精細哉! 吾輩盍同至潘墅一行。"鋤芟許之。

於是予與鋤芟、慧真、薇園、絳英,更偕次克至潘墅。

至則見屍已解下,惟尚未斂,手臂及背上,皆有青色傷痕,項上爪痕深入血出。兩眼合,口閉,牙關緊,齒致咬舌,喉間縊痕甚深。知其自縊之繩,必甚細緊,且自縊時作十字死結者。其所繫之繩在梁上,死者足踏案上,恰能及之,其縊痕甚紫赤。次克曰："觀此景象,得毋毆殺之而冒爲自縊乎?"鋤芟曰："不然。若被人毆死冒爲自縊者,其縊痕必不能如是之深,且亦無紫赤色。"

於是研問死者之家屬。來寡婦惟有一女,纔十餘齡,盤詰之曰："予母必以昨日五更後死,五更時,吾猶見其起烹茶也。"曰："汝母即爲人毆傷,汝豈絕未聞聲響乎?"曰："不聞也。""然則汝以何時起?"曰："太陽初出。"曰："斯時汝母已縊死乎?"曰："然。吾見吾母縊,急奔鄰家呼救,已無及矣。"於是搜檢其家屋,見其室僅兩間,內間爲竃及其女所居,外間則來寡婦寢室也。來寡婦寢室中,有案二張,椅四張,及妝具鍼綫衣箱等。又狀後有米斗餘。細檢室中,絕無他異,亦不見有爭鬬形迹,惟案上尚有龍牌紙煙一支。鋤芟問死者吸此物否,答不吸。

鋤茇乃盤詰其女曰:"汝果聞汝母與人爭鬬否? 致汝母自縊之人,汝果略知之否? 如知之,不妨直告我輩,今能爲汝母伸冤者,惟我輩耳。汝勿緘口而自誤也。"女云:"我實不知,若知之,何諱焉?"鋤茇曰:"吾不信,汝必略知之。"女曰:"果其知之,豈願諱飾? 君輩既能爲吾母雪不白之冤,吾何爲而不言? 但實不知耳。"鋤茇曰:"焉有相隔一室,汝母爲人毆擊,以致於死,而汝猶毫無知覺者? 此實虛飾之言,予不願聞也。"女怒曰:"既云不知,何苦詰爲?"

於是次克召鄉人而問之曰:"謀殺來寡婦之人,汝輩亦略知之乎?"鄉人曰:"惟余墅鎮之郭一才,與此婦素有往來。但今早一才亦爲人所殺矣,奸夫奸婦,同時畢命,真奇案也。"鋤茇曰:"此殺郭一才之人,汝輩意中,亦有所疑擬否?"鄉人曰:"絶無,徐墅與潘墅甚相近,向亦未聞一才與誰有冤。惟聞此處益北五里許,荒田中遺有一刀,刀上染有血痕,頗類殺人者,疑爲凶手所遺。據此度之,則凶手必已北行,或將入靖江界矣。"鋤茇曰:"此刀現在何處?"鄉人曰:"聞尚在鄉董處。"鋤茇曰:"可往一視之否?"鄉人曰:"此甚易耳,鄉董即居此村之徐夢痕者,亦一稟膳生也。"予輩乃謝鄉人,至鄉董家。

鄉董聞吳次克至,大驚,急整衣冠出迎。談次,詢以刀何在,鄉董曰:"今尚在此。"乃出以示次克,衆共觀之,則果如常佩之腰刀,血痕猶新。問以得自何處,答言自此益北五里許,一鄉人行道時拾得之也。次克遂攜其刀以行。

予等回城時,已五句鐘,忽聞烏衣橋畔之尤嫗,亦於今早自縊死。

鋤茇聞言,駭絶,曳余及薇園更至烏衣橋探之。至則死者絶非自縊,乃系爲人所殺。左肩下有傷痕,計深二寸餘,而不甚長闊,刃出時略帶旋形,自胸及腹,有長七寸餘之傷痕。最深處當胸,計一寸六七分,愈下愈淺,僅五分餘。死者倒於門首,頭在外,足在内。知凶手必自内出,而死者自外入。問以何時被殺,則無人知之,以死者家無他人也。據鄰右王廣榮云:"死者今早門閉不開,以其無事時嘗晏起,亦不爲意。及午後,門猶不開,衆皆以爲異。予恐其抱病,創議排闥入視之,則已被殺矣。時值官赴鄉驗屍,故報官後,迄今猶未來驗視也。"鋤茇曰:"此室中之物,亦未嘗移置乎?"廣榮曰:"皆與吾輩初見時同,絲毫未敢移易。"鋤茇喜,謂予曰:"此案較前兩案爲易於措手矣。蓋一才死於路旁,經多人圍觀。來氏則室中之物,已經移易位置,被伐及自盡時情事,已毫無可得也。"

死者居宅頗爲宏敞,雖家無僕婢,亦無子女,而居宅凡有四楹。其最東一間,爲死者誦經處,中懸佛像,陳設經卷,布置極其精潔。次東爲客坐,陳設亦清雅。西二間，則死者卧室也，兩室内皆有牀，外一間之牀上，衾枕尤華美，死者即横倒於客坐與卧室之間，其身皆在客坐，而足則尚在卧室以内。檢視外一間卧室，則見除妝具香爐花瓶等陳設齊整外，瓜子殼抛棄滿地，茗碗四五，散置案上，碗中尚有殘茶，極其清洌，紙煙數匣，亦經吸殘，尚有茶食等殘遺盤中。兩間之衾裯皆展散，未經摺疊。時長鐘一具，懸掛壁上，已停不行。據王廣榮云：死者平時，尚有錶一隻，常置身畔，今已不見矣。又啟視篋笥，絶無他異，衣服首飾等皆藏置完好，箱中並有洋四十元，惟死者平時有一手提之小籐籃，今不可見耳。

鋤芟勘視既畢，乃謂予曰："煩姊往西門一行，問昨日自蘇州鎮江來之輪船，何時始到埠。予輩在郭宅相會。"予聞言不解所謂，乃姑往。已而歸報曰："自蘇州來之輪船，抵埠甚晚，三句半鐘始到。"

時薇園、絳英、慧真亦咸在郭宅。鋤芟曰："此間失物案情，已洞如觀火矣，能助我往探之手。"衆聞言大欣躍曰："吾妹果已洞燭其底藴邪?"鋤芟曰："然。"曰："不誤否?"鋤芟曰："如誤，請抉我雙眸。"

衆大喜曰："若然，請立刻同往。"鋤芟曰："今日出兵，須分兩路，能聽我號令否?"衆曰："謹如命。"鋤芟曰："煩慧姊、絳姊、薇姊爲一路，出西門外，察視今日有無上流社會女子，附輪赴蘇州及鎮江。如有之，察視其所攜之僕，係此人否？如不謬，並其主僕擒以來。"言畢，手出一照片授薇園等，曰："如有儈衣帽之人，面目與此片相同者，亦擒以來。"衆審視之，則即鋤芟昨夜拾得之照片也。皆大怪。

薇園、慧真、絳英三人，即在郭宅晚膳後同往。鋤芟與予偕歸，將行，又謂薇園曰："此人頗有體力，且超越之技，一時無兩，姊宜以全力敵之。"言畢遂歸。

既晚膳，鋤芟與予易服如小家女者，同行至周綫巷中段，見一門外有柳樹二株。鋤芟謂予曰："我入此宅，約二三分鐘，姊叩門。内有一老嫗出應，問姊何來？姊但答言自烏衣橋許家來。彼問何事？姊但言許家阿姥使我來，告汝尤老太婆之事，將株連及汝，宜速爲計。彼必苦相研詰，姊可云事甚冗長，請入室詳述顛末。入室後，但略與支吾，予自至也。"予如其教。

鋤芟一躍登樹杪，約二分鐘，予遂叩門。久之，果有一老嫗出應，問何人？予答自烏衣橋許家來。嫗開門問何事？予見其軀甚短小，而步履頗輕健，低聲云："許家阿姥遣我來，以今日尤嫗之事，株連將及阿姥，宜速爲計。"嫗啃曰："許大姊乎？予適自彼處來，彼抱病甚篤，口且不能語，何緣使汝來告我?"予大窘，乃曰："彼雖病今已稍間矣。"嫗曰："尤婆之事，何與於我，而云株連?"

予云:"其原因甚複雜,請與姥入室一談。"嫗不可,曰:"此等詭言,予夙不信,不必來惑我。請轉謝大姊盛意可也,去休,我欲關門矣。"予此時進退維谷,乃徘徊曰:"此間桂花頗香。"嫗不應,已而推予出曰:"去矣,去矣,予亦欲關門矣。"予不得已,乃出,則鋤荄已立門外矣。

予以與嫗問答之語告之,鋤荄曰:"予已聞之,此間事不諧矣,可他往探之。"遂與予復歸郭宅。

二更後,薇園等亦歸,云西門亦無所得。

鋤荄聞言,躊躇曰:"此人必在鄉間矣。"正擬議間,忽聞自中堂通後園之門又響,駭甚。急往視之,則月明如水,雙扉洞開,遍燭園中,絕無所見。荷官等搜檢內室,予與鋤荄、薇園、慧真、絳英等,遂踰土牆出。

郭氏園後,計有空地數畝,除茅屋及土邱外,絕無他物。予輩乃鼓其勇氣,四散奔走以偵察之。

予行約四五百步,忽聞有哭聲,大驚,急尋聲而往。

則哭者非他,鏡花也,踣於地,形甚委頓。

予駭甚,急研詰之,衆亦聞聲畢集,鏡花哭曰:"予見一縊鬼。"衆大驚,詰以何在?鏡花西指曰:"在彼。"於是衆悉西奔。

鏡花不敢獨坐,予招與同行。時西奔歧路甚多,衆分投之。予與鋤荄隨鏡花行,轉過一土牆,見牆西有大木一章,果有一人縊於樹。

鏡花瑟縮不敢前,予見其驚懼,抱持之,順風大呼,衆聞聲復集。

薇園等上樹解之下,則見其人猶未死,從月光中諦辨之,不禁大驚,蓋此人非他,即悠文家所役之女僕也。昨日悠文中風時,尋庖人及女僕俱不見,後庖人旋歸,而女僕則直至此時始見之。

鋤荄大笑曰:"所失物咸在是矣。"衆問安在,鋤荄指樹下一枯井曰:"在此中。"

絳英曰:"刻薄鬼又誑人入井矣。前從汝言,我輩貪夜奔西門,絕無所得。今又誑人入井,偵探固如是乎?"

鋤荄大怒曰:"若入井無所得,予頭可斷!"

薇園笑曰:"亦何至斷頭。"

鋤荄返身奔去曰:"取繩索來,予將入井。"

予急呼之曰:"且勿爭,井中物終在,且救人。"

鋤荄不顧而去。

於是薇園與予共救殷氏,移時鋤荄已取繩索至,慧真奮身願入井,乃縋而

87

入之。

片時，復縋之上，慧真大驚異曰："井中有一死人，果鋤妹所給照上之人也，特改爲男裝耳。"

鋤芰曰："何如？"

慧真曰："郭氏所失之物，果咸在。"

鋤芰又曰："何如。"顧謂絳英曰："田舍翁，我豈妄哉！"

時郭氏之庖人已至，予與薇園縋慧真入井，盡出諸物。庖人與鏡花共負殷氏，鋤芰、絳英復助予等，分攜銀二千兩及金珠十七事入於郭氏，而奏中國女偵探之凱旋。方是時，悠文病已大減，能起坐稍談話，聞失物咸得，亦大驚。荷官檢視首飾，薇園檢點其銀悉如原數。惟少一才信一封，暨洋三百元而已。鋤芰曰："是問來氏女當知之。"黎明時，殷氏已更生，乃啜以薄粥而訊之。

殷氏曰："予貪極微之利，馴至今日釀成大憂，有一死而已，予亦不必自諱。予自服役郭宅，已八年矣，主人頗信任予。去年夏，有一馬勝財者來，亦徐墅人，其父主人舊僕也，故主人止而舍之。予窺之而美，遂通焉。然苦無樓息處，適鳥衣橋尤嫗家有精舍，常止癡男怨女宿，遂私會焉。嗣後習爲常，每半月或旬日，輒一敍。今年七月，郭氏一才，忽告勝財以將竊主人書一封，屬勝財苟爲之盡力者，當以四十金爲酬。勝財利之，以告我。我曰：'此信既關繫重要，主人必深藏之，是安可竊也？'勝財曰：'是不難。但先察其在何處耳？'予曰：'深藏之物，安從察其所在？'勝財曰：'嘻！其愚也。汝但察視主人藏物之處，以何所爲最重要，則得之矣。'予聞言，頗韙之，乃細察主人藏物之處，惟荷小姐室中有一箱，常不見其開，以爲是必最重要者矣。然此室中伺察最密，迄無隙可乘。及本月上旬，主人與荷小姐、梅少爺皆患小恙服藥，予乘此機，乃買安眠藥水一瓶，暗和入藥中，三人服之，悉安睡。予乃乘機入室啓箱，則見一才信固在焉。喜甚，取之而行。既念是箱既如是慎重，其中必更有貴重之物，何不更一搜檢之？乃加意翻檢，則果見有現銀二千兩，大喜，並取之，仍爲鎖閉如故。時喜極而狂，不復念及贓藏何處也。隔一句鐘，始計及之，不覺手足無措，汗發背沾衣。忽憶宅後有一枯井，何不且投之，徐圖長策。規畫已定，乃乘天甫明時，啟門出投之，而一才信則藏身畔。當時鬼神莫測也，已又念家中無故而失如許重要之物，主人必將執僮工而問之，是此事究未妥也。予之竊物也，爲八月十四夜，於是十五日晚餐後，又以安眠藥水和入三人藥中，皆飲訖熟睡。自中堂通後園之門，其鎖鑰固予司之，是夜予乃折桂樹之枝，斷後窗之木，以草履一隻，僞造足跡於污泥中，而拋棄之於牆邊，並後門之關鑰，亦均拋棄焉，以爲是可以眩人耳目矣。及四更時，有微風，後園門以未關故，遽震響。主人聞聲驚醒，呼予及鏡花往燭之，是時鏡花膽寒心怯，遂謂見一黑影，其實並無一人也。查驗既未失物，遂閉門復寢，予熱蓮子湯一碗飲主人，瞥見牀頭有銀二百元，又遽袖之。已乃大悔，蓋如是則主人必明知竊物者之爲我也。然因此而逃，則更不妥。乃姑靜以俟之，而心殊忐忑。及明早，主人查驗失物，初未疑及於予，心乃稍安，然終恐此案之以此事而敗露也。十六日午後，覓勝財商之。勝財沈吟曰：‘盍爲怪異之事，以惑其心乎?’乃夜入城隍廟，竊一泥塑神，負置後園中。予早起開門，又置之庭隅草際，並於隔夜取幼時遊戲之一小棺，實以一芻人，置之主人枕畔以惑之，冀主人之或不我疑也。不謂十七日，竟有一極佳之機會至。初予取一才信時，誤竊嶠生致主人信一封。嶠生者姓関，先時與主人同宦湖北者也。既出，始知之，不敢更入，欲焚之以滅迹，而未暇也。十五日黎明時，自大門出，投銀於枯井返，則一才信尚在身畔，而嶠生信遽失之。大疑，更出尋之，沿路亦無所得，心惴惴亦惟有任之而已。不圖是信適爲曹三所竊，遂以此成罪案，爲薇小姐所禽。予心乃大安，膽乃益肆，竊自疑天之佑我也。既得曹三及米福泉，主人大悦，置酒與諸位姑娘共飲，不覺大醉。始勝才嘗與予言，主人有一異性，每醉後，問以極機密之語，無不盡舉以告人者。因謂予如欲竊一才之信，何妨以此術一試之，予以其冒險而未敢爲。及是夜，荷小姐不以醉先睡，梅官寢故甚早。主人醉後，予遂以此術試之，主人果告我以小姐首飾之所在。二更後小姐醒，及梅官俱服藥，予又和以安眠藥水，睡既熟，又竊其首飾，投諸枯井中。小姐首飾，計值銀六七千圓，予與勝財自此坐擁厚資，儼然作富家翁、富家媼之想矣。明日小姐將至戚串家賀喜，啓篋，首飾悉亡，急告主人。主人一沈思，忽言昨夜似有一女子，問我以首飾之所在。予聞之，大懼，急奔告勝財。勝財曰：‘擁如許厚資，尚不足耶？又何傭工爲，不如相偕遁。’予心知其不妥，而又無計以自免也，遂從之。是日匿青果巷張氏表姊家，迨夜，與勝財仍宿尤嫗處。以是時有現銀二百元，頗足以奔廣東。議未定，爲尤嫗所聞，遽自内室出，求分贓。予等始則諱飾繼則口角，尤嫗絶不退讓。時一佩刀懸壁上，勝財見之，遽萌殺心，潛拔刀置身後，方及門，尤嫗曰：‘汝欲遁邪？’遽當門立，兩手據門以拒。勝才怒刺之，中脅而踣，又刺之殪。予覩此慘狀，心折骨驚，曳勝財曰：‘今殺人矣，奈何？’勝財曰：‘勿憂，會偕汝作行計耳。’計畫片時，予遂啓戶出，勝財入圉戶，復踰牆出，送予至張表姊家。勝財故青幫也。家中有秘密函件多封，棄之不可，乃夜歸取之。是夜輪船抵埠甚晏，勝財乘來客入城時，混迹而出。

天明已抵徐墅矣，至家中取書悉焚之。復出，適與一才遇。初一才使勝財竊書時，許以四十金。及得書，僅以四金相酬，勝財恨甚。是時與一才遇，忿火陡熾，直前索之。一才言甚游移，勝財一顧視，則佩刀尚在腰間，陰念今已殺人矣，予之行蹤，惟一才備知之，留之，是自求禍也。出不意又刺殺之。乃北行五里許，棄其刀，而逆走入城，告予。予大驚，事既已無可如何，乃相與定行計，約昨夜取物，今日啟行。及二更許，勝財來與予偕至井上，一路同行時，目動而言肆，予大疑之。既忽心動，念勝財既已殺人，於路挈一女子行，必大不便，是必棄我而取財以行也。心大忿，念與人負我，甯我負人。至井上，予以巨綆縋之下，及半遽斷之，恐其不死，又下石焉。當時寸心無主，遽然爲之。既下石，乃念我自此將如何？以我一人而死者三焉，既殺人矣，財亦不可得，身更無所歸。陽誅陰譴，兩不可逭，可若何？念至此，覺百脈震動，萬念皆灰，頃刻無以自主，遂至結帶自縊。嗟乎！予以一念之貪，釀成如是之大禍，迄今日而種種恐怖憂懼之念，交迫寸心，除速死外，無他途矣，尚何言哉！"

衆聞言，咸駭歎不置，乃問鋤芟曰："此案妹何以探得之？"

鋤芟曰："此所謂似艱深而實淺近也。當十六日早，悠文告予時，予即疑係家賊所爲。何則？枕畔二百元，頃刻不翼而飛，篋笥之位置如故，而銀信遽然失去，又絕無賊人入室之形迹，此非家賊，其誰爲之？然家賊之範圍頗廣，不獨現居此宅者，蓋人人可爲家賊也。迨履勘後園而益信，則以污泥中之足迹，雖與草履相符合，然足跡至如是之深，而履不陷落於污泥之中，其繫履之帶必甚緊，踰牆時又焉能墮落乎？窗木雖斷，而室中絕無生人自窗而下之形迹。且既能踰牆者，其身必輕健，必不藉桂枝爲攀援之具，即使偶一著手，亦決無斷折之理。凡此諸端，其出於僞爲者，形迹顯然。予初尚疑竊洋與竊銀信者爲二人，以竊銀幣之事，智慮太淺也。然捨此之外，亦絕無可疑之人。即外賊入室竊物，亦決無僞造自外而入之證據之理，於是知殷氏外無他人。殷氏與勝財之有往來，勝財之爲青幫，予夙知之，固已疑其通謀矣。是日午後，予出門一行，即往蹤跡彼等者也，然未能確知其寄迹處。迨明日有小棺泥神之異，予於是益知此事爲家賊所爲。及至城隍廟一行，則造後園中種種僞證據者之爲殷氏，而殷氏之與勝財內外通謀，亦於是乎益顯。蓋荷姊後窗之木，與城隍廟之殿柵，俱係斧斷。而荷姊後窗之木，斷之者會屢劈之，而後遂其願。城隍廟之殿柵則一斧而斷，極其爽利，以是知斷城隍廟之殿柵者，其力大。斷荷姊後窗之木者，其力微。一爲勝財所爲，一爲殷氏所爲，灼然可見。因思更探勝財棲止何處，念尤嫗家最靜僻，作奸犯科者，多以是爲逋逃藪。乃於傍晚時,偽爲一郵局之送信者,入其室覘之,見尤嫗手持一照片,宛似勝財,心大疑。乃至各照相館遍覓之,果得一女裝之男子,面目宛然勝財也,予於是知勝財、殷氏之必以尤嫗家爲棲止處。及傍晚,薇姊及予姊捕獲曹三及福泉,予乃疑此二人,與此案並有關係。然曹三既竊嶠生信,何以尚留之家中,露一破綻,實令人增疑,思之不能得。明日乃思自往福泉家一探之,至天寧寺傍,坐石上暫憩,一沈思而予姊適至,以悠文之病告矣。是日遂沈滯於醫藥中,未獲更從事偵探。及明日聞一才死,予臆測必爲殷氏等殺之以滅口者,觀其行凶之出於猝然可知也。及聞北方五里外有一刀,驗之,與行凶之刀符合,予乃決知此賊之尚在城中。蓋既已殺人,安有自遺其刀而示人以追襲之途者,其必遺刀於北,而南行入城可知也。迨尤嫗被殺,而頭緒益紛繁矣。是時所最宜注意者,凡有二端:一則殺尤嫗與殺一才者,果爲一人與否?一則此殺人之賊,果從何處遁逃。欲決定第一問題,則殺尤嫗之刀,即殺一才之刀,爲兩血案係一人所犯之確證。然此兩血案,一在城內,一在城外,使俟開城而後出,則自城至徐墅,須行三十里,爲時已非早,必不能於隴畔殺人。故予親至東南北三門,探聽有無貪夜出城之人,而西門尤宜注意。因託予姊問之,輪船到埠果甚遲,則知勝財必溷迹船客中出城可知矣。因此而第一問題,可暫假定。至第二問題,則殊難措手,因即第一問題偵探之結果,爲假定之前題,研究勝財之所以殺尤嫗者,將爲滅口計與,抑別有他故與。如謂爲滅口計,則於情太遠。尤嫗以其家爲奸夫淫婦藪,亦屬非義之事,安能更訐發人?則無寧謂爲有他故。既曰有他故,則又有一問題,相緣而生焉。即勝財與殷氏所竊之物,果藏何處是也。王廣榮謂死者曾失一表及一籐籃。予因疑贓物即藏尤嫗家籐籃中,特不知勝財殺尤嫗後,取其籐籃以行與,抑尤嫗未殺以前,將籐籃藏之他所,以致爭鬨而相殺也。如謂尤嫗之籐籃早藏他所,則以萬金之巨財,勝財等決不肯捨,必尚思踪跡之,是尚可從此著手也。因請薇姊、絳姊、慧姊等,出西門覘勝財,而身至與尤嫗交情最密之時嫗家探之,不圖兩處皆無所得。予以爲是必取財而去,伏匿鄉間矣,而不意其喪身於一枯井也。頃余遇此,見斷繩一截,遺井欄上,心竊異。因乘月光微窺之,則井故不深,見隱約中,其下有物纍然。而縋其上者之殷氏,適同時發見,於是恍然於物之在是中矣。"語畢,殷氏亦太息曰:"小姐之心思如此周密,我輩縱不自投羅網,亦終難逃法網矣,惡之不可爲也如此。"

於是釋曹三、福泉,送殷氏於官。翌日,扼吭自殺。官更研訊來寡婦之女,乃得其實情。蓋寡婦久與一才通,十八夜,一才宿寡婦處,示以竊得之書曰："吾將自此富矣。"寡婦因向索財，一才曰："今尚未富，何財之有？"寡婦乃乘其睡竊之，一才醒索之，寡婦不與，曰："欲得此書者，必以千金餉我，不然，我送此書於悠文，獲厚賞耳。"一才怒毆之，寡婦忿而自縊。其女初以讎人已被殺，恥母失節，故不言其實情也。官嗟歎，問以一才信之所在，則曰："吾母被毆後，已焚之矣。"

及重陽日，悠文病愈，城隍廟儈及吳次克等，相約攜酒來餉予等云。

（原署名：陽湖呂俠，商務印書館，一九〇七年七月初版）

蘇秦張儀

前　　言

　　《蘇秦張儀》是吕思勉先生早年在中華書局任編輯時撰寫的一種文史通俗讀物，一九一五年八月由上海中華書局收入"學生叢書"初版，一九二四年四月第六版，一九二八年十月印刷至第九版。二〇一〇年，此書曾收入上海古籍出版社"吕思勉文集"《吕著史地通俗讀物四種》①（二〇一〇年三月出版）。臺灣方面，也有臺中市文聽閣圖書出版公司的翻印本（二〇一〇年五月出版）。此次我們將《蘇秦張儀》收入《吕思勉全集》重印出版，按中華書局的初版本加以整理校訂，除訂正原書的錯字或勘誤外，其他如文字、術語等，均照原書刊印不改。

李永圻　張耕華

二〇一四年八月

---

①　即吕先生《蘇秦張儀》、《關岳合傳》、《中國地理大勢》和《三國史話》四種著述的合刊。

目　　錄

第一章　發　　端

後史氏曰：外交之關係於人國，顧不重哉！奧相梅特涅，能以其縱橫捭闔之手段，操縱歐洲之列强，則當梅特涅時代，奧嘗爲諸侯雄，雖以拿坡崙一世之雄略，不能害也。及梅特涅卒，奧之聲威，遂陵夷不振，德、法二國，迭起而雄長中原，而奧幾夷於魯、衛矣。德相俾斯麥，既以其沈謀深計，伐法人而深創之，又出其伐謀伐交之策，離法人使孤立。故當俾斯麥之時，法人懷深怒積怨而不敢報。及俾斯麥退隱，德今皇威廉二世用事，奮其凌厲無前之氣，東開罪於俄，西招忌於英，而南見嫉於意。英、俄、法之交合，意人亦袖手旁觀。而此次歐洲開釁，德遂陷於孤立之地位矣。抑且無庸遠引，吾觀諸中國，近古以降之歷史，蓋一外交失敗之歷史也。夫中國以强盛之國見稱於四夷也，其運迄於唐；五胡雖異族，然久居内地或邊塞，乘八王之亂而崛起，其事實與内亂無殊。而其屢弱不振，常受侮於北狄也，則其事始於宋。自宋以後之歷史，則一外交失敗之歷史也。石敬瑭、李從珂以自相殘賊故，不恤割北邊形勝之地，以求援於契丹，其爲失策，無庸論矣。宋興，席削平海内之餘威，雖當太宗之時，曾再舉事而不得其當，然當是時，精兵宿將，猶有在者。苟能君臣上下，發憤爲雄，固未始不足與契丹敵也，而徒懾於敵人一戰而勝之威，遽思爲屈膝請和之舉。澶淵之役，雖以寇萊公之雄略，猶不免歲輸繒幣，爲城下之盟，而其他更無論矣。自是以後，宋之君臣上下，惟惴惴於敵人之敗盟，乃至以遼人信天故，不恤造爲天書之說以誑之。愚人而適以自愚，亦可謂無具甚矣。天書之說，以遼人信天，思以是愚之，使不敢敗盟。見《宋史·真宗紀論》。西夏，蕞爾小邦也，婚姻於遼，用以猾夏，宋人熟視之而無如何也。迨仁宗之世，遼夏失和，遼以興師來告，宋人猶坐視其機會之逸去而不能乘，其失策爲何如哉？夫燕雲十六州，中國之地也，中更多故，失陷於遼，爲中國人者，枕戈待旦而思復之，義也。顧其自始即思復之可也，亦既與敵國結盟好、申信誓矣，一旦背百年之舊盟，結敵人朝貢之小邦，爲棄好尋仇之舉，寧得曰義？故約金攻遼之舉，宋人實當全負其責任者也。亦既藉金力以得燕山諸州矣，則金，吾與國也，且燕山諸州之克，金主實躬擐甲胄冒矢石以取之，而宋人實無寸功之可紀，則金之於宋，亦可謂無負矣。乃復信佞臣之奸謀，貪疆場之小利，以納敵之亡人。宋、金兵釁之啟，觀其迹，雖若金人之暴橫無道，然語其實，則宋人亦有不能辭其咎者在矣。夫城下之盟，古今所恥，況堂堂中國乎？靖康乙巳之役，宋人之不能甘心，亦何待言。然卧薪嘗膽以圖復讎，可也。敵兵一退，遽弁髦載書，視成言若無物，不可也。乃京城之圍朝解，而命三鎮固守之詔夕出矣，种師道、姚古等且出師以躪金人之後矣。衡以國際條約，國家當負遵守之義務之義，宋人之咎，又安得辭？南渡以後，韓侂胄之圖伐金也。章宗與宋方睦，邊臣有以宋將敗盟告者，皆不之信。使宋之臣，還以宋人備兵告，且杖而流之遠方。俱見《金史·章宗紀》。其信宋人，可謂甚矣。而棄好尋仇之舉，遂不得免。謂其曲非在宋人，又不可得也。自是以降，宋之外交，益奇謬百出，不可究詰。乘金人之敗於蒙古以罷歲幣，則非夫也。宣宗南侵，在宋人誠不得不為備禦之舉。然及哀宗即位，卑詞厚禮，以求修好，為宋人者，亦宜念唇齒輔車之誼，鑒約金攻遼之失矣，而孟珙江海之師，又出自陳、蔡，何其與徽宗時之得七空城似也。此猶可説也。而收復三京之師，其冒昧開釁於元，又與其開釁於金者無以異。自有外交以來，豈有善忘若宋人者哉？不特宋也，即遼、金自割據中國以來，其於外交亦頗染宋人之習，而亦即因此以招失敗。蓋嘗論之，金之初起，非必有意於滅遼也。金部落至寡弱，而遼則泱泱大風也。為金人者，背百年之宗主，而悍然以與遼開釁，亦既所謂不德而貪，以遇大敵矣。謂其自始即有滅遼之心，吾敢決其斷然無是奢望。金兵之强，遠過於遼，而與元初起時彷彿，觀《宋史·吳璘傳》璘所稱述可知。其所以終不克成大業者，其原因全由於部落之寡弱。女真初起時，兵不滿萬，即其後宗翰、宗弼等侵宋之軍，亦恒不過三四萬耳。《金史·兵志》咨嗟太息於金之征伐不能常用其本部族之人，由於人數之寡少，蓋實録矣。夫國之强，必由於土廣民衆。淺演之國，土地觀念甚薄，則民數之衆，尤為昌盛之惟一原因。以部落寡弱如是之女真，而謂其初起即有滅遼而代之之意，天下斷無是理。遼之亡，全由天祚之失政，而國內因之土崩瓦解耳。蓋遼之所以組織其國家之原素有三：奚、契丹，一也；所屬其他游牧部落，二也；得於中國之燕雲十六州，及招致漢民所立之漢城等，三也。累敗於金，聲威大挫，屬國盡叛，而遼人組織國家之原素去其一矣。耶律淳以漢地自擅，則去其二矣。并其本部族之奚、契丹人，亦起而擁戴梁王稚里，則天祚所有者，且不及三分之一矣，此則安足以自立？使無秦晉梁王之變，以遼之全力禦金，金雖强，豈足畏哉？故遼之亡，非金亡之，實一大遼帝國自分裂破壞耳。然此等內情，金人未必盡知之。故既取黄龍府後，尚沾沾於和議。迨耶律余睹降，盡洩遼內情於金，然後金人起僥幸之心，發偏師以襲天祚，天祚竟毫無抵抗之力，束手就俘，而遼亡矣。故耶律余睹之降，實遼亡之最近原因，而亦其一重大之原因也。金之初叛，蓋復苦遼政之苛暴，為救死之計，勝敗尚未敢預必。迨累戰皆捷，意乃大輕遼人。然余睹未降以前，苟以稍優越之條件議和，在金人必無不足也。又金初與宋交涉時，亦無利宋土地之念。故攻下遼地，多以歸宋。迨欽宗時第一次啓釁，所求者尚止於河北三鎮。及汴京破，徽、欽爲虜，乃欲得河東、河北，然河南、陝西尚非所欲。故始則以封張邦昌，繼則以封劉豫，終乃欲以歸宋。適會撻懶誅，兀朮執政權，兀朮爲金大臣中極端取侵略主義者。秦檜與撻懶所定和議，遂至不成。然兀朮所求者，亦止於河南、陝西耳。至南方，則一次渡江侵略後，遂宣言不必復取矣。夫金人對於宋、遼，其欲所以如是之儉者，固由其土地觀念之薄弱。其大原因則實由於部落寡弱，得廣土而不能守也。《宋史》最蕪穢，失實語亦最多，宋、遼、金、元四朝交涉之事，知其真相者蓋罕。偶一縱論，不自覺其詞之費也。遼人苟能以和議餌之，而徐圖自強，未必遂無挽回國勢之策也。乃信使往來，徒爭東懷大金等無謂之條件，及册書之形式，致和議亘五載而不成，敵益得以窺我虛實，爲成師之備。迨耶律余睹降金，内情盡洩，而遼之禍遂不可迢矣。元之初起也，亦未必遽有意於滅金，觀其既滅金後，猶欲墟中原之地以爲牧場，則其始全無土地觀念可知。當成吉思汗西征，僅留木華黎經略中原，而木華黎則暮氣不振時，苟能乘此機會，亟定和議，則休養生息，亦未嘗不可徐圖。而亦使命往還，一無成議。至哀宗時，國已岌岌待亡，猶縱飛虎衛卒，殺元使三十餘人以速禍。此與宋之賈似道言和於外而朝廷不知，其後乃多拘元之使臣，授以興師之口實者，又何異哉？要而言之，務虛名，喪實利，始則不審敵情，妄自尊大，終則稱臣割地，惟所欲爲，則可謂之宋以後之外交也已矣。明之於清，清之於今日東西洋諸國，固亦襲是迹以致敗者也。然則吾國其遂無外交可言乎？曰：惡，是何言！中古以前，吾國之外交固亦兔起鶻落，變化不可方物，一如今日之歐洲矣。謂予不信，請觀蘇秦、張儀。

第二章　外交與戰國時代

　　外交者，列國並立之世，然後有之者也。故必國人先自視爲列國之一，然後有外交之可言。秦、漢以降，吾人久以天朝自居，而鄙列國爲小蠻夷。其自視重，則其所以責人者，常過於其分，而有失國際上平衡之義。如五口通商以前，英人屢遣使求通好於吾，吾人概以朝貢目之，賜之敕諭，卻其所求。此等事無益實際，徒招惡感，最爲無謂。其視人輕，則平時常有藐視他邦之意，而慮患不免於甚疏。一旦與接爲構，實力弗如，乃張皇而莫知所措。甲午之役，吾國朝士多執舊圖，謂日本小於朝鮮，且先存成見，謂惟西洋諸國爲可畏，東洋之國何能爲？輕率開釁，以致於敗。吾國自宋以後，外交之失敗，皆坐此也。然則秦、漢以前，吾國列國並立之時代亦多矣，而子之言外交，必曰戰國。何也？曰是有故：

　　（一）戰國時代，海宇將統一之時代也。海宇未幾於統一，則列國之競爭不烈，而外交之事，即無甚足觀。夫夏之時曰萬國，商之時曰三千，周初猶有千八百國。而春秋之時，以國名見於經傳者，僅百有四十，猶且弑君三十六，亡國五十二。諸侯奔走，不得保其社稷者，不可勝數。其競爭寧得謂不烈，而子猶曰外交之事，無大足觀者，何也？《傳》不云乎"培塿無松栢"，又曰："其用物也弘矣，其取精也多矣。"能爲厲也，不亦宜乎。當春秋以前，覆宗絕祀者固多，然皆江、黃、道、柏等小國耳。其國小，則其爲存爲亡，無關大局，不足聳海內之視聽。國人雖力竭聲嘶，號呼求救，而聽者曾充耳不聞也。如紀侯之見逼於齊，頻年奔走，而終無救於亡是已。其國小，則其力薄，其君臣上下雖欲藉外交之力以自存，而其目的亦終不克達。如許之屢求庇於楚，而終不免見墟於鄭。蔡之日乞憐於吳，而終不免見亡於楚是已。若戰國之際，則列國之弱小者，既已夷滅無餘。其幸存者，若淮泗間諸小國，亦既無力以自存，而惟恃人之謷不亡我，已無復外交之可言。其敦槃玉帛，奔走於會盟之壇坫者，則皆地兼數圻之大國，一舉手搖足即足爲輕重於宇內者也。且春秋以前，去古未遠，列邦之交際，固猶有其禮存焉。夫有禮，則非專恃外交家之術策也。及戰國時代，世變益亟，競爭益烈，乃舉古代之所謂禮者而悉去之，而外交家之懷抱才略者，乃益獲發揮其所長矣。此其一也。

（二）戰國時代，學術最發達之時代也。吾國古者之於外交之事，講之詳矣。其設官之見諸《周禮》者，則有大行人，以掌大賓之禮，及大客之儀。有小行人，以掌邦國賓客之禮籍。有司儀，以詔儀容辭令揖讓之節。有行人，以達旌節。有環人，以掌迎送。有象胥，以傳王之言，以愉悦蠻夷閩貉戎狄之國。掌客，饎賓於館。掌訝，逆賓於疆。掌交，和諸侯之好，達萬民之説，以諭九税之利，九禮之親，九牧之維，九禁之難，九戎之威。其訓誡之見於經籍者，曰："柔遠人，則四方歸之；懷諸侯，則天下畏之。"曰："誦詩三百，使於四方，不能專對。雖多，亦奚以爲？"曰："言之無文，行而不遠。"而孔門言語，至列爲四科之一。子貢一出，則收存魯、亂齊、强晉、破吳、霸越之功。其於外交之事，講之可謂詳矣，然終未能成爲一家之學也。其成爲一家之學，而本其所學見諸實用者，實自戰國時始。故班固《藝文志》之列縱橫家，實始於蘇秦、張儀。蓋自周之衰，王官之學散在四方，各本其所官守之術以名家，而其學術之熾昌，則亦視乎其時。會戰國之世，則外交最重之時代也。此其二也。

（三）戰國時代，布衣卿相之局初啓之時代也。古者平民、貴族，階級極嚴。《堯典》曰：克明俊德，以親九族。九族既睦，平章百姓。百姓昭明，協和萬邦。黎民於變時雍。所謂九族者，則王之同姓懿親，若契丹之有耶律、蕭氏也。其所謂百姓者，則戰勝之國之民，若遼之奚、契丹人也。其所謂黎民者，則被征服之民，爲奴隸，若印度之有首陀矣。古代分民爲之級，予別有詳考。夫此三者，界別釐然，不可相混。公卿大夫，則選之於貴族者也。鄉舉里選，則撰之於平民者也。若夫奴隸，則終其身事農耕，服勞役，爲貴族之佃奴而已矣。故曰：士之子恒爲士，農之子恒爲農，工之子恒爲工，商之子恒爲商。夫一切官職，既皆貴族之人尸之，則其所謂學術者，自亦爲貴族所專有。東周以降，官失其職，王官之學，散在四方。而是時平民、貴族、奴隸之階級漸泯，風氣亦漸開，研究學術之士漸多。而以競爭劇烈故，非用才智之士，不足以自存，於是始有以布衣立譚而致卿相者。人情欣慕，自犖起而致力於學術之一途。又以其時賦斂之重，兵役之亟，才智之士思有所託，以爲避免之計者，亦莫不畢出於此。蘇子瞻曰："智、勇、辯、力，此四者，皆天民之秀異者也。類不能惡衣食以養人，皆役人以自養者也。四者雖異，先王因俗設法，使出於一。三代以上出於學，戰國至秦出於客。"可謂深得其情矣。夫外交則固當時社會相需最殷之學術，而取勢位富厚最易者也，其人才之蔚起也固宜。此其三也。

　　萃是三因，故吾國自戰國以前，雖皆爲列國並立之時代，而語外交界之人才，則必以戰國時代爲觀止也。謂予不信，請觀蘇秦、張儀。

第三章　合　從　連　衡

吾國戰國時代，外交之事，其重如此。而徧繙歷史，曾不見有外交之一名詞。當時所用外交二字，實爲人臣有二心於敵之義，若所謂人臣無越境之交者是也。此何故哉？蓋當時之所謂縱橫，即後世外交二字之意。此觀諸《漢書·藝文志》而可知也。

所謂縱橫者，南北曰縱，合南北之國爲一，西向以擯秦，時曰合從；東西爲橫，離山東之交，使皆西面以事秦，則曰連衡也。夫戰國時，海內並稱爲强國者七，外交之事，蓋亦紛紜變幻，不可究詰矣。而曷爲但以從衡二字代表之，一若對秦之外，無所謂政策者然，則以七國之中秦爲最强，或聯合以擯秦，或釋約以事秦，實爲外交政策中之最重要者也。夫如是，故《漢書》於當時之外交家，直稱之爲縱橫家也。

凡一政策之發生，必原因於時勢。而欲知其政策之得失者，亦必先知其時代大勢之如何。合從連衡之政策，則應於戰國時代之時勢而發生者也。則欲知從衡政策之真相及其得失者，不可不先知戰國時代之大勢明矣。今試鉤校歷史，述秦人獨强之原因及其情勢如下：

春秋以前，詳確之歷史，不可得而知矣。吾國之有詳確之歷史，蓋始於春秋之時。春秋以前之歷史，若太史公所作五帝及夏、殷本紀等，皆僅敍一王朝之事實，史文又甚簡略，故無由周知其時宇內大勢。及春秋時，孔子得百二十國之寶書，其弟子左丘明爲綜合之而成《左傳》及《國語》，列國之盛衰强弱始斐然可觀。蓋前此所傳者，皆僅一王朝之歷史，至此乃結合列國之史實，而成一當時之所謂世界史也。方是時，海內號稱强國者四：晉、楚、齊、秦是也。其後盛者則有吳、越，然吳、越後起而速亡。秦人僻處西垂，不甚與山東之事。齊則自孝公以後，聽命於晉，幾夷於魯、衛。始終持南北分霸之局者，晉、楚二國耳。而楚之勢力，實際尚略不及晉。長中原敦槃之會者，惟晉爲最久。蓋當春秋時，秦之所以不克逞志於山東，齊之所以不克稱霸於中原，與楚之所以不克大張其威力於北方者，皆晉人抑之也。及戰國時代，晉分爲韓、魏、趙三國,力分而弱,不足以禦秦,而秦人東下之勢力,遂沛乎莫之能禦矣。此戰國時代,秦人所以獨强之原因一也。

以春秋時代之情勢論,則晉室雖衰,有稱霸之資格者,正不獨一秦,齊與楚,皆泱泱大風也。顧夷考其實,則戰國時代,齊、楚二國皆有漸即於陵夷之勢。蓋齊與楚,其初封地雖近於夷狄,而其與中原之交通便,其國已久進於文明。觀戰國之初,山東諸國以夷狄遇秦,擯之使不得與於會盟之列。可知文明程度,六國略相等,惟秦爲最劣。且楚處沃地。齊則自太公、管子以來,屬行其經濟政策,豪富常爲天下最。史稱"太公望封於營丘,地瀉鹵,人民寡,太公於是勸其女紅,極技巧,通魚鹽,則人物歸之,繈至而輻湊,故齊冠帶衣履天下。海岱之間,斂袂而往朝焉。其後齊中衰,管子修之,設輕重九府,則桓公以霸,九合諸侯,一匡天下。而管氏亦有三歸,位在陪臣,富於列國之君"。蘇秦之説齊宣王,亦曰:"臨菑甚富而實,其民無不吹竽鼓瑟,彈琴擊筑,鬥雞走狗,六博蹋鞠者。臨菑之塗,車轂擊,人肩摩,連衽成帷,舉袂成幕,揮汗成雨,家殷人足,志高氣揚。"其繁富之狀,可以想見。而班固之論楚俗也,則曰:"楚有江漢川澤山林之饒,江南地廣,或火耕水耨,民食魚稻,以漁獵山伐謂伐取竹木於山。爲業。果蓏蠃蛤,食物常足,故呰窳偷生而無積聚,飲食還足,不憂凍餓,亦無千金之家。"其受天惠厚而寖流於怠惰之狀,亦可想見矣。夫國久進於開明,則不免文而寡實,民日流於侈逸,則將弱而弗克自强,其日即於陵夷,勢使然也。三晉、齊、楚而外,斯時以大國稱者,獨一燕耳。然國小新造,且僻居東北,其不能與晉、楚代興,又勢所必然也。獨秦乘莊、襄、文、穆之後,小戎馴鐵,人盡知兵。及商君,又一驅之於農戰,故斯時,六國之民尚武之俗無過秦者。張儀曰:"山東之士,被甲蒙胄以會戰,秦人捐甲徒裼以趨敵。"荀卿曰:"齊之技擊,不可以遇魏之武卒,魏之武卒,不可以直秦之鋭士。"其"四世有勝於天下",蓋有由矣。此秦人所以獨强之原因二也。

不特此也。欲求戰勝於諸侯者,不徒在其兵力之强悍,而尤在於其國力之充實。戰國時,山東諸侯,競於淫侈,其國力久已衰敝。獨秦僻處西陲,開化之程度較淺,其風氣實較樸實,故其國力亦最完厚。蓋嘗論之,斯時之國,其地大者,曾不逾今日之一省,其疆域較廣者,如楚之聲威及於長江下流,燕東北有遼東,然特爲名義上之屬地,於國力無大關係也。然其民所負擔租税之額,則實爲莫大而可驚。孟嘗、春申、平原、信陵,皆人臣也,而各養食客至數千人,則其宮廷費用之大,可想見矣。游説之士,接軫於列國,莫不高官厚禄,美宮室飲食以羈縻之,而平時外交費用之巨,可想見矣。斬首俘虜,動以萬計,甚者至數十萬,皆强壯生利之民也。其存者,則死敵之孤也。而斯時之民,所恃爲惟一之生計之農業,則暴君污吏,又從而層層侵削之,其顛連困苦之情形,殆非吾人生於後世者所能想見。故孟子曰:"民之憔悴於虐政,未有甚於此時者也。萬乘之國行仁政,民之悦之,猶解倒懸也。"豈好爲是危苦之詞哉!當日之情形,實有如是也。獨秦,經商君之廢井田,開阡陌,以塞豪彊兼并之患,而農困舒矣。商君之廢井田,所以塞豪强兼并之患,其事甚長,當別論之。欲知其略者,可一讀《文獻通考》之《田賦門》。爵軍功,刑私鬬,宗室非有戰功者,不得屬籍,庶人非有爵秩者,雖富無所紛華,而彊宗富人奢僭淫侈之風絶矣。即其宮廷之間,亦遠不如列邦之侈靡。李斯《諫逐客》之詞曰:"今陛下致崑山之玉,有隨和之寶,垂明月之珠,服太阿之劍,乘纖離之馬,建翠鳳之旗,樹靈鼉之鼓。此數寶者,秦不一生焉,而陛下説之,何也?必秦國之所生然後可,則是夜光之璧,不飾朝廷;犀象之器,不爲玩好;鄭衛之女,不充後宮;而駿馬駃騠,不實外廄,江南金錫不爲用,西蜀丹青不爲采。所以飾後宮、充下陳、娛心意、説耳目者,必出於秦然後可,則是宛珠之簪,傅璣之珥,阿縞之衣,錦繡之飾,不進於前,而隨俗雅化,佳冶窈窕,趙女不立於側也。"歷舉當時淫靡之事,而秦無一焉。其奢儉之程度,可想見矣。而國力之充實與否,亦即隨其奢儉之度以爲差。夫列國競争,不徒戰之以兵力,亦且戰之以生計。以國力充實之國,而驅一於農戰之民,以陵東諸侯,其猶猛虎入羣羊,勢固然也。此秦人所以獨强之原因三也。

　　兵事地理學家,恒謂用兵之形勢,南不如北。而在黃河流域,則又無逾於關中。此其言,凡讀史者幾皆奉爲金科玉律矣。然以吾觀之,則關中之地,其在兵事上,得失亦參半耳。自秦、漢以後,羣雄並起,階關中以成帝業者,漢高祖、唐太宗是也。當列國並立之時,以關中之地并吞他國者,北周是也。然更始據關中,則不能以敵光武;劉曜據關中,則不能以敵石勒;姚泓據關中,則不能以敵劉裕;李茂貞據岐西之地,則不强於梁晉。明末,李自成自關中北出大同,用能南窺居庸,附燕京之背而扼其吭,以成煤山之禍。然清兵既入,自成迎戰敗績,復走關中,亦曾不能以抗多鐸之師也。而文景之世,烽火通於甘泉;貞觀之初,胡馬逼於便橋;天寶以後,河西隴右,盡没於吐蕃,涇渭材官,曾不能稍戢戎虜之燄,更無論矣。然則關中之地,其於兵事上得失果何如哉?間嘗考之,關中之地,其西北兩面皆平夷無險,曾無名山大川以爲之限,故歷代胡虜自此入犯中原者,朝廷每爲之旰食。至東南二方,則有黃河、華山之阻,有褒斜、隴首之險,誠有一夫當關、萬夫莫開之勢,攻人易而人之攻之也難,非虛語也。當春秋戰國時,處秦人之西面者,實爲戎人,自穆公以來,既以大爲秦人所攘斥,不復能爲大患矣。其北方一道,則尚未開通。趙武靈王雖欲自此以窺咸陽，而享國不永，有志未遂，子孫又無能繼其志者。秦人之用關中，則獨用其東南兩方面耳。夫但以東南兩面論，則關中之形勢，誠非燕、趙、韓、魏、齊、楚之所能逮也。賈生曰："諸侯以十倍之地，百萬之衆，叩關而攻秦。秦人開關而延敵，九國之師，逡巡遁逃而不敢進。秦無亡矢遺鏃之費，而天下諸侯已困矣。"誠善狀其形勢也。此秦人所以獨強之原因四也。

　　自漢以降，關中之地，其於兵事，得失相半。而自秦以前，則成帝業者，必於關中。太史公嘗列舉其事矣，曰："東方物之所始生，西方物之所成熟。夫作事者必於東南，收功實者嘗於西北。故禹生於西羌，湯起於亳，周之王也，以豐鎬代殷。秦之帝用雍州興，漢之興自蜀漢。"夫所謂作事必於東南，收功常於西北者，誠爲古人術數之虛説，不足深信。然自禹迄秦，幾二千年，成敗之迹，若出一轍，此豈無故而然哉！近人嘗論其事而釋其故矣，曰：國以競爭而強，亦以無競爭而弱。春秋、戰國時，號稱大國者四，曰晉、楚、齊、秦。其後盛者，則北有燕、南有吳、越。其初封地，皆錯於異族。蓋晉逼赤、白狄，而秦逼於西戎，齊邊萊夷，燕被匈奴，而楚與吳越，則或迫苗蠻，或雜百粵，粵即越，與苗不同族。苗在長江流域，越在南嶺以南。珠江流域之南越，閩江流域之閩越，贛浙諸省之山越，皆是也。蓋古所謂雕題交趾之民，與今交趾支那人同族。少康之子以於越名國，蓋亦以其地名之，而其地則以種族名之也。皆蓽路藍縷，以啓山林，桃弧棘矢，以共禦王事，故其民俗以摩厲而浸強。若魯、衛、鄭、宋、陳、蔡等，處中原之地者，則競爭不烈，而其民俗亦寖流於弱矣。此其説，誠能抉三代以上列國盛衰強弱之原。而以吾觀之，則當時，漢族諸國與異族競爭劇烈者，尤莫如雍州一方面。蓋吾族之東徙，本自黃河上游，而漸進於其下游，然其既達於下游也，則上流之地不能兼顧，遂爲西戎、北狄所占據。古代人種分布時，沿黃河上游而東徙者，漢族也。沿長江上游東徙者，苗族也。自陰山之側東牧者，古所謂北狄，即後世之匈奴，其異譯亦曰獯粥、獫狁者也。逐漢族之後，自黃河上源東徙者西戎，即後世之西羌也。漢族既達青豫後，於秦隴一方面不甚注意，而日盡力於黃河下流及長江中游。故歷代皆南伐三苗，而泰山則爲古代封禪告成功之地，言殖民事業至此而告成功也。職是故，東夷、南蠻皆爲吾族所懾服，而據雍州之戎狄，則其勢轉張。殷、周二代，受封之初，皆爲所苦。自契至於成湯五遷，后稷之子不窋，即失官而自竄於戎狄，皆是物也。故唐、虞以降，東南二方，疆域日廓，而西北一面，則敵勢轉張。殷、周之初，莫不爲其所迫蹙。及湯始都亳，從先王居。契封於商，今陝西商縣。湯始都之亳，即契所封也。魏源辨之甚詳，《僞孔傳》之説不可從。大王荒高山，而王季克西落鬼戎，余無、始呼、翳徒之戎。文王伐密須，滅崇，其東下之勢力，遂沛乎其莫之能禦矣。蓋其民氣以摩厲而強也。夫周自滅商以還，既爲萬乘之國，其於戎狄，宜若無所懼。然《六月》諸詩，猶且侈陳功績，如臨大敵。不再傳，卒有驪山之禍。以赫赫宗周，天下共主，而見戕於夷狄，前此未之聞也。爲問燕、齊、晉、楚、吳、越之先，有若此之事乎？不特此也。如秦仲之見戕於戎狄者，曾有之乎？則當時雍州之地，西戎、北狄與漢族競爭之烈，可想見矣。蓋齊所與競爭者爲萊夷，萊夷地小迫海，非勁敵也。晉所與競爭者爲赤、白狄，雖强，然惟彼陶唐，有此冀方，河東一隅，漢族之聲威，曹慄之者久矣。非雍州之久淪於戎狄者比也。楚與吳、越，所與競爭者爲苗蠻及百越。苗人久爲漢族弱，百越則互相分攜，無大部落，百越之稱，即以其部落衆多而得。觀後世之山越，猶復彼此分攜，不相統一，則戰國以前之情形可以想見。蓋南嶺以南，地勢崎嶇，非如北方之平衍，故居其間之種族統一極難。後印度半島，除東京一隅外，緬甸、暹羅等，皆至近世始統一而成國家，亦此理也。且開化之程度太淺，亦決非漢族敵。燕所與競爭者爲山戎，山戎即後世之東胡，其根據地實在塞外，亦非切膚之痛也。山戎惟齊桓時曾據孤竹侵燕地，在今長城以內。此後殆皆在塞外。漢初東胡爲匈奴所破，保烏桓、鮮卑二山以自固。此二山當與山戎自戰國以後之根據地相近，地皆在今內蒙古，近東三省。然則以一附庸之國，崎嶇於虜燄方張之日，累世與戎狄爭一旦之命者，獨一秦耳。其競爭之劇烈，既迥非他國所可望；其民俗之强武，遂遠出於諸國之上，亦其宜也。此秦人所以獨强之原因五也。

萃是五因，故當戰國時代，海內之國莫强於秦者，秦人并吞六國之形勢已成。當時諸侯不講外交則已，欲講外交，則是時之政策固無大於合從連衡者。此從衡二字，所以竟成爲外交之代名詞也。

戰國時代，小別之，又可分爲三期：其第一期，則自秦厲共公至出子之時代也。方是時，河山以東彊國六，淮泗之間小國十餘，日騖於會盟征伐。而秦以僻在雍州，開化之程度最淺，東諸侯皆擯之，使不得與於會盟之列。且以屢遭內亂故，河西之地，復爲三晉所奪。蓋是時，六國中與秦接界者，惟楚及三晉。而魏自河西北有上郡，楚自漢中南有巴、黔中。秦人所有者，自邠、岐迄咸陽一隅之地而已。肘掖之間，悉爲人所臨制，一舉手搖足不得，形勢極弱，合從連衡之說，固無自而變生也。其第二期，則自獻公以後迄武王之時代也。獻公時，秦驟强，與晉戰於石門，斬首六萬，天子賀以黼黻之服。孝公復用商鞅，定變法之令，一民於農戰，一出而定河西之地，遷魏都於大梁。秦人之獨雄宇內，至是始章明較著，而合從連衡之說，亦即於是時發生，而寖至於大盛。其第三期，則爲昭、襄王迄始皇之時代。南出之軍，既拔鄢郢，燒夷陵，遷楚都於陳。東出之軍，復拔宜陽，定太原，夷上黨，坑趙舉國之精銳於長平。長江、黃河兩流域，皆爲秦人所臨制，諸侯惟岌岌待亡，幸秦兵之未至，則苟延旦夕之命耳。外交之事，亦幾無可言矣。蘇秦、張儀則於此第二期中，爲從衡家之魁首，而傾動一時者也。

第四章　合從前之蘇秦

蘇秦，字季子，東周洛陽人，蓋蘇忿生之後，己姓也。或曰：秦兄弟五人，秦最少。兄代，代弟厲，及辟、鵠，並爲游説之士。或曰：代與厲，皆秦弟也，未詳。東周承文勝之敝，故其俗巧僞趨利，貴財賤義，高富下貧，熹爲商賈，不好仕宦。而蘇秦獨以游説顯名諸侯間，致大位。其爲人雖不足取，然其始之刻苦自立，矢志不移，亦有足多者。景春曰：公孫衍、張儀，豈不誠大丈夫哉！而孟子鄙之爲妾婦之道。夫蘇秦則亦儀、衍之流耳，然欲爲蘇秦者，亦非刻苦自立、不爲流俗所移不能有成，則凡欲有所樹立者，可以知所鑒矣。

秦嘗東事師於齊，而習之於鬼谷先生。鬼谷，地名。司馬貞云：扶風、池陽、潁川、陽城，並有鬼谷墟。蓋其人所居，因以爲號。扶風，今陝西鳳翔。池陽，今涇陽。潁川，今河南許昌。陽城，今登封也。《風俗通義》云：鬼谷先生，六國時縱橫家。然樂臺《注》又云：蘇秦欲神秘其道，故假名鬼谷。案所謂鬼谷先生者，其姓名行事無可考。今世所傳《鬼谷子》，實爲僞書，觀班固《藝文志》縱橫家首列蘇子、張子可知也。果如史遷所傳，儀、秦同事鬼谷子，則縱橫家著書，焉有不遠祖鬼谷而轉近託儀、秦者哉？太史公曰：蘇秦被反間以死，天下共笑之，諱學其術。然世言蘇秦多異，異時事有類之者皆附之蘇秦，可見當時言縱橫之術者，實以蘇秦爲主，並非以其顯名諸侯而託之也。故所謂鬼谷子者，其人之有無，實不可知。然從衡之學出於古行人之官，與百家之學同，皆有所本，即無鬼谷子，蘇秦之學亦必有所受之。但自漢以後，斯學廢墜，傳受源流不可考耳。

蘇秦少時，蓋家貧無行之流，學既成，求事周顯王。顯王左右習知秦，皆少之，以故不見用，蓋不爲鄉里所信也。秦不得已，乃去而之秦。時值秦惠王初立，秦乃進説曰：

大王之國，西有巴蜀、漢中之利，北有胡貉、代馬之用，南有巫山、黔中之限，東有崤函之固，田肥美，民殷富，戰車百乘，奮擊百萬，沃野千里，畜積饒多，地勢形便，此所謂天府，天下之雄國也。願大王少留意，臣請秦其效。

蘇秦之説秦，純取侵略主義，教秦以用兵吞滅諸侯。蓋時值秦新敗魏，取河西地，魏遷都大梁以避之。蘇秦度秦之主義在於侵略，故爲是以揣摩時尚也。秦伐魏取河西事，在周顯王二十九年。惠文君之立，則在三十一年，中間相隔僅一年耳。而政策遽變，實非秦所及料也。然時惠文君初立，誅滅商鞅，屏棄遊士弗用。蘇秦之説，遂歸於無效。惠文君報秦曰："寡人聞之，毛羽不豐滿者，不可以高飛；文章不成者，不可以誅罰；道德不厚者，不可以使民；政教不順者，不可以煩大臣。今先生儼然不遠千里而庭教之，願以異日。"秦王之言，蓋極言侵略主義與己宗旨不合耳。然秦説既進，亦無由復反之，以迎合秦王之意矣，乃本前意，復進説曰：

> 臣固疑大王之不能用也。昔者神農伐補遂，黃帝伐涿鹿而禽蚩尤，堯伐驩兜，舜伐三苗，禹伐共工，湯伐有夏，文王伐崇，武王伐紂，齊桓任戰而伯天下。由此觀之，惡有不戰者乎？古者使車轂擊馳，言語相結，天下爲一，約從連衡，兵革不藏。文士並餝，諸侯亂惑，萬端俱起，不可勝理。科條既備，民多僞態，書策稠濁，百姓不足，上下相愁，民無所聊。明言章理，兵甲愈起，辯言偉服，戰攻不息。繁稱文辭，天下不治，舌敝耳聾，不見成功。行義約信，天下不親。於是乃廢文任武，厚養死士，綴甲厲兵，效勝於戰場。夫徒處而致利，安坐而廣地，雖古五帝、三王、五伯、明主賢君，常欲坐而致之，其勢不能。故以戰續之，寬則兩軍相攻，迫則杖戟相撞，然後可建大功。是故兵勝於外，義彊於內，威立於上，民服於下。今欲并天下，凌萬乘，詘敵國，制海內，子元元，臣諸侯，非兵不可。今之嗣主，忽於至道，皆惛於教，亂於治，迷於言，惑於語，沈於辯，溺於辭。以此論之，王固不能行也。

此書極言用兵之利，不用兵之害，可謂酣暢淋漓矣。然秦國是時，適直商君變法後之小反動力。蓋商君游士也，以游士而變秦法，守舊派恒不謂然。彼守舊派，固多秦之貴戚大臣，以惡變法，故而惡商鞅；以惡商鞅，故并惡遊士。其意殆欲舉凡游士而盡去之。其惡蘇秦，則以其爲游士耳，固非以其主義之合不合。而秦説之不行，則亦徒以其爲游士故，非以其詞之工不工也。故説秦王書十上，而説卒不行。

戰國時代，爲我國學術最盛之時。治諸家之學者，咸欲於時主以行其所學。然難進而易退者，惟一儒家。此外如法家，即不免有《説難》之篇，因景監以見，而其他更無論矣。夫挾一枉尺直尋之説，以游説於諸侯之間，即不免奔走於權門，結交其近習。諸家之學者且然，況於縱橫家之專以取勢位富厚爲事者哉！其雞鳴狗盜之爲將更甚於暮夜乞憐之輩可知也。觀於張儀之入秦，即由蘇秦厚資給之而後遂，其明證矣。蘇秦當日之西行，蓋亦如南宫敬叔之載寶。說既不行，則資用乏絶，黑貂之裘敝，黄金百斤盡。去秦而歸，羸縢履蹻，負書擔囊，形容枯槁，面目犁黑，狀有媿色。歸至家，妻不下紝，嫂不爲炊，父母不與言。蘇秦喟然歎曰：“妻不以我爲夫，嫂不以我爲叔，父母不以我爲子，是皆秦之罪也。”乃夜發書，陳篋數十，得太公《陰符》之篇，伏而誦之，簡練以爲揣摩。讀書欲睡，引錐自刺其股，血流至足。曰：“安有說人主不能出其金玉錦繡，取卿相之尊者乎？”期年，揣摩成，曰：“此真可以說當世之君矣。”於是復出而歷說六國，而合從擯秦之事以成。

第五章　合從時代之蘇秦

戰國時之外交，不外乎合從、連衡二策，吾既言之矣。蘇秦既不得志於秦，則其勢不得不舍連衡而言合從。顧欲言合從，則六國之君，孰爲易説，孰爲難動，亦不可以不知所擇。六國中，燕最褊小，於國際上不能爲人所引重。齊中隔三晉，患秦不深。其患秦最深，而於合從連衡之事利害關係最切者，則三晉與楚耳。此四國之君，唯趙肅侯語，頗以雄武著。蘇秦既不得志於秦，其再出，乃首游趙。

然是時，趙肅侯初立，方委政於其弟奉陽君成。奉陽君亦薄蘇秦，弗信。乃復去而遊燕，亦歲餘而後得見。蓋蘇秦是時，其顛連困苦甚矣。既得見，乃説燕文侯曰：

> 燕東有朝鮮、遼東，北有林胡、樓煩，西有雲中、九原，南有嘑沱、易水。地方二千餘里，帶甲數十萬，車六百乘，騎六千匹，粟支數年。南有碣石、雁門之饒，北有棗栗之利，民雖不佃作，而足於棗栗矣。此所謂天府之國也。夫安樂無事，不見覆軍殺將，無過燕者，大王知其所以然乎？夫燕之所以不犯寇被甲兵者，以趙爲之蔽其南也。秦、趙五戰，秦再勝而趙三勝。秦、趙相斃，而王以全燕制其後，此燕之所以不犯寇也。且夫秦之攻燕也，踰雲中、九原，過代、上谷，彌地數千里，雖得燕城，秦計固不能守也，秦之不能害燕亦明矣。今趙之攻燕也，發號出令，不至十日，而數十萬之軍軍於東垣矣，渡嘑沱，涉易水，不至四五日，而距國都矣。故曰秦之攻燕也，戰於千里之外；趙之攻燕也，戰於百里之內。夫不憂百里之患而重千里之外，計無過於此者。是故願大王與趙從親，天下爲一，則燕國必無患矣。

蘇秦之説燕文侯也，蓋挾一全趙之威以脅之，故不曰與五國從親，而曰與趙從親，蓋明知燕國小近趙，不敢不聽也。燕既聽，然後以燕爲資以説趙。趙

既聽,而列國聳動矣。此蓋其豫定之計畫邪？果也,燕文侯聞秦言,如響斯
應,曰:"吾國小,西迫趙,南近齊,齊、趙,強國也。子必欲合從以安燕,寡人請
以國從。"於是資蘇秦車馬金帛以至趙。

蘇秦之再至趙也,挾一燕國以爲資,其形勢既與前此之以游士進説者大
異,而奉陽君亦已前死,乃説趙肅侯曰:

> 天下卿相人臣及布衣之士,皆高賢君之行義,皆願奉教陳忠於前之
> 日久矣。雖然,奉陽君妒,大王不任事,是以賓客游士,莫敢自盡於前者。
> 今奉陽君捐館舍,君乃今復與士民相見也,臣故敢進其愚慮。竊爲君計
> 者,莫若安民無事,且無庸有事於民也。安民之本,在於擇交,擇交而得
> 則民安,擇交而不得則民不安。請言外患:齊、秦爲兩敵,而民不得安,倚
> 秦攻齊,而民不得安,倚齊攻秦,而民不得安。故夫謀人之主,伐人之國,
> 常苦出辭斷絕人之交。願大王慎無出於口也。請屏左右,白言所以異,
> 陰陽而已。

> 大王誠能聽臣,燕必致氈裘狗馬之地,齊必致海隅魚鹽之地,楚必致
> 橘柚雲夢之地,韓、魏皆可使致封地、湯沐之邑,貴戚父兄皆可以受封侯。
> 夫割地效實,五霸之所以覆軍禽將而求也;封侯貴戚,湯武之所以放弒而
> 爭也。今大王垂拱而兩有之,是臣之所以爲大王願也。

> 大王與秦,則秦必弱韓、魏;與齊,則齊必弱楚、魏。魏弱則割河外,
> 韓弱則效宜陽,宜陽效則上郡絕,河外割則道不通,楚弱則無援。此三策
> 者,不可不熟計也。

> 夫秦下軹道,則南陽動;劫韓包周,則趙自銷鑠;據衛取淇,則齊必入
> 朝。秦欲已得行於山東,則必舉甲而向趙。秦甲涉河踰漳,據番吾,則兵
> 必戰於邯鄲之下矣。此臣之所以爲大王患也。

> 當今之時,山東之建國,莫如趙強。趙地方三千里,帶甲數十萬,車
> 千乘,騎萬匹,粟支十年。西有常山,南有河、漳,東有清河,北有燕國。
> 燕固弱國,不足畏也。且秦之所畏害於天下者莫如趙,然而秦不敢舉兵
> 甲而伐趙者,何也？畏韓、魏之議其後也。然則韓、魏,趙之南蔽也。秦
> 之攻韓、魏也,則不然,無有名山大川之限,稍蠶食之,傅國都而止矣。
> 韓、魏不能支秦,必入臣於秦。秦無韓、魏之隔,禍必中於趙矣。此臣之
> 所以爲大王患也。

> 臣聞堯無三夫之分,舜無咫尺之地,以有天下;禹無百人之聚,以王
> 諸侯;湯武之卒,不過三千人,車不過三百乘,而爲天子,誠得其道也。是

故明主外料其敵國之强弱，內度其士卒之衆寡，賢與不肖，不待兩軍相當，而勝敗存亡之機固已見於胸中矣，豈揜於衆人之言而以冥冥決事哉！臣竊以天下地圖案之，諸侯之地五倍於秦，料諸侯之卒十倍於秦，六國幷力爲一，西面攻秦，秦破必矣。今西面而事之，見臣於秦。夫破人之與破於人也，臣人之與臣於人也，豈可同日而言之哉！夫衡人者，皆欲割諸侯之地以與秦成。與秦成，則高臺榭，美宮室，聽竽笙琴瑟之音，察五味之和，前有軒轅，後有長庭，美人巧笑，卒有秦患，而不與其憂。是故衡人日夜務以秦權恐愒諸侯，以求割地，願大王之熟計之也。臣聞明王絕疑去讒，屛流言之迹，塞朋黨之門。故尊主廣地强兵之計，臣得陳忠於前矣。

故竊爲大王計，莫如一韓、魏、齊、楚、燕、趙六國從親，以擯畔秦。令天下之將相相與會於洹水之上，通質，刑白馬以盟之。約曰：秦攻楚，齊、魏各出銳師以佐之，韓絕食道，趙涉河、漳，燕守常山之北。秦攻韓、魏，則楚絕其後，齊出銳師以佐之，趙涉河、漳，燕守雲中。秦攻齊，則楚絕其後，韓守成皋，魏塞午道，趙涉河、漳、博關，燕出銳師以佐之。秦攻燕，則趙守常山，楚軍武關，齊涉渤海，韓、魏出銳師以佐之。秦攻趙，則韓軍宜陽，楚軍武關，魏軍河外，齊涉渤海，燕出銳師以佐之。諸侯有先背約者，五國共伐之。六國從親以擯秦，秦必不敢出兵於函谷關以害山東矣。如是則霸業成矣。

蘇秦之說六國合從也，其成否之機，全在於趙。故其說趙肅侯之詞反覆辯難，曲盡利害，較諸說他國之君爲獨詳。此非特季子生平最得意之言論，抑亦戰國游士寡有之詞令也，其能使人聽之而願以國從也，宜哉。於是肅侯封秦爲武安君，飾車百乘，黃金千鎰，白璧百雙，錦繡千純，以約諸侯。

然蘇秦雖已說聽趙肅侯，猶慮秦人之出兵以攻諸侯而敗從約也。乃激怒張儀，入之於秦，使操秦權，以堅從約。甚矣！當時之游士，其視列國之君，直玩弄之於股掌之上也。張儀者，魏人，嘗與蘇秦俱事鬼谷先生，秦自以爲不及。儀已學，游說諸侯，嘗從楚相飲，已而楚相亡璧，門下意張儀，曰：儀貧無行，必此盜相君之璧。共執儀，掠笞數百，不服，釋之。其妻曰："嘻！子毋讀書游說，安得此辱乎？"張儀曰："視吾舌尚在否？"妻笑曰："舌在也。"儀曰："足矣。"蘇秦已說趙王，乃使人微感儀，曰："子始與蘇秦善，今秦已當路，子何不往游，以求通子之願乎？"張儀於是至趙，上謁，求見蘇秦。秦誠門下人不爲通，又使不得去者數日。已而見之，坐之堂下，賜僕妾之食，因而數讓之曰："以子之材能，乃自令困辱至此。吾寧不能言而富貴子，子不足收也。"謝去

113

之。儀之來也，自以爲故人，求益，反見辱，怒。念諸侯莫可事，獨秦能苦趙，乃遂入秦。蘇秦之謝去張儀也，已而告其舍人曰："張儀，天下賢士，吾殆弗如也。今吾幸先用，而能用秦柄者獨儀，然貧，無因以進。吾恐其樂小利而不遂，故召辱之，以激其意。子爲我陰奉之。"乃言於趙王，發金幣車馬，使人微隨張儀，與同宿舍，稍稍近就之，奉以車馬金錢，所欲用，爲取給，而弗告。儀遂得以見秦惠王，惠王以爲客卿，與謀伐諸侯。蘇秦之舍人乃辭去，張儀曰："賴子得顯，方且報德，何故去也?"舍人曰："臣非知君，知君乃蘇君。蘇君憂秦伐趙，敗從約，以爲非君莫能得秦柄，故感怒君，使臣陰奉給君資，盡蘇君之計謀。今君已用，請歸報。"儀曰："嗟乎! 此吾在術中而不悟，吾不及蘇君明矣。吾又新用，安能謀趙乎? 爲吾謝蘇君，蘇君之時，儀何敢言。且蘇君在，儀寧渠能乎!"於是蘇秦慮伐趙以敗從約之懼釋矣。夫蘇秦之合從也，不徒欲合六國以擯秦，并欲使秦不伐六國，以堅六國之從約。其深謀秘計，抑豈淺於外交之術者所能窺測哉。

燕、趙既從，秦患復釋。蘇秦之於從約，已有必成之勢。其說韓、魏、齊、楚四國，直迎刃而解耳。今更記其說詞如下。其說韓宣惠王曰：

> 韓北有鞏、洛、成皋之固，西有宜陽、商阪之塞，東有宛、穰、洧水，南有陘山，地方千里，帶甲數十萬，天下之彊弓勁弩，皆自韓出。谿子、少府時力、距來，皆射六百步之外。韓卒超足而射，百發不暇止，遠者達胸，近者掩心。韓卒之劍戟，皆出於冥山、棠谿、墨陽、合伯。鄧師、宛馮、龍淵、大阿，皆陸斷馬牛，水擊鵠雁，當敵即斬，堅甲鐵幕，革抉咙芮，無不畢具。以韓卒之勇，被堅甲，蹠勁弩，帶利劍，一人當百，不足言也。夫以韓之勁，與大王之賢，乃欲西面事秦，稱東藩，築帝宮，受冠帶，祠春秋，交臂而服焉，羞社稷而爲天下笑，無過此者矣。是故願大王之熟計之也。大王事秦，秦必求宜陽、成皋。今茲効之，明年又求割地。與之，即無地以給之，不與，則棄前功而後更受其禍。且夫大王之地有盡，而秦之求無已。夫以有盡之地而逐無已之求，此所謂市怨而賈禍者也，不戰而地已削矣。臣聞鄙語曰：寧爲雞口，無爲牛後。今大王西面交臂而臣事秦，何以異於牛後乎? 夫以大王之賢，挾彊韓之兵，而有牛後之名，臣竊爲大王羞之。

於是韓王勃然作色，攘臂瞋目，按劍仰天太息曰："寡人雖死，必不能事秦。今主君以趙王之教詔之，敬奉社稷以從。"蘇秦乃東說魏襄王，曰：

> 大王之地，南有鴻溝、陳、汝南、許、鄢、昆陽、邵陵、舞陽、新都，東有

淮、潁、沂、黄、煮棗、無胥，西有長城之界，北有河外、卷、衍、酸棗，地方千里。名雖小，然而廬田廡舍，曾無所芻牧牛馬之地。人民之衆，牛馬之多，日夜行不絶，輷輷殷殷，若有三軍之衆。臣竊料之，大王之國，不下於楚。然衡人訹王，外交强虎狼之秦以侵天下，卒有國患，不被其禍。夫挾强秦之勢，以内劫其主，罪無過此者。且魏天下之强國也，大王天下之賢王也。今乃有意西面而事秦，稱東藩，築帝宮，受冠帶，祠春秋，臣竊爲大王愧之。臣聞越王句踐，以散卒三千，禽夫差於干遂；武王卒三千人，革車三百乘，斬紂於牧之野，豈其士卒衆哉，誠能振其威也。今竊聞大王之卒，武士二十餘萬，蒼頭二十萬，奮擊二十萬，厮徒十萬，車六百乘，騎五千匹。此其過越王句踐、武王遠矣！今乃劫於羣臣之說，而欲臣事秦。夫事秦必割地効實，故兵未用而國已虧矣。凡羣臣之言事秦者，皆姦臣，非忠臣也。夫爲人臣，割其主之地以外交，偷取一旦之功而不顧其後，破公家而成私門，外挾彊秦之勢以内劫其主，以求割地，願大王之熟察之也。《周書》曰："緜緜不絶，蔓蔓若何？豪毛不拔，將尋斧柯。"前慮不定，後有大患，將奈之何？大王誠能聽臣，六國從親，專心并力，則必無彊秦之患。故敝邑趙王使臣獻愚計，奉明約，在大王詔之。

魏王曰："寡人不肖，未嘗得聞明教。今主君以趙王之詔詔之，敬以國從。"於是蘇秦乃東說齊宣王曰：

齊南有泰山，東有琅邪，西有清河，北有勃海，此所謂四塞之國也。齊地方二千里，帶甲數十萬，粟如丘山。齊車之良，五家之兵，疾如錐矢，戰如雷電，解如風雨。即有軍役，未嘗倍泰山，絶清河，涉勃海也。臨淄之中七萬戶，戶不下三男子，三七二十一萬，不待發於遠縣，而臨淄之卒，固已二十一萬矣。臨淄甚富而實，其民無不吹竽鼓瑟，擊筑彈琴，鬥雞走狗，六博蹋鞠者。臨淄之途，車轂擊，人肩摩，連衽成帷，舉袂成幕，揮汗成雨，家殷人足，志高氣揚。夫以大王之賢，與齊之强，天下不能當。今乃西面事秦，竊爲大王羞之。且夫韓、魏所以畏秦者，以與秦接界也。兵出而相當，不至十日而戰勝存亡之機決矣。韓、魏戰而勝秦，則兵半折，四境不守；戰而不勝，以亡隨其後。是故韓、魏之所以重與秦戰，而輕爲之臣也。今秦攻齊則不然。倍韓、魏之地，至衛陽晉之道，徑亢父之險，車不得方軌，馬不得並行，百人守險，千人不能過也。秦雖欲深入，則狼顧，恐韓、魏之議其後也。是故恫疑虛喝，高躍而不敢進，則秦不能害齊亦明矣。夫不料秦之不奈我何也，而欲西面事秦，是羣臣之計過。今無臣事秦之名，而有强國之實，臣故願大王之少留計。

齊王曰："寡人不敏，僻遠守海，窮道東境之國也。今主君以趙王之詔詔之，敬奉社稷以從。"蘇秦乃東南説楚威王曰：

楚，天下之强國也；王，天下之賢王也。西有黔中、巫郡，東有夏州、海陽，南有洞庭、蒼梧，北有陘塞、郇陽，地方五千餘里，帶甲百萬，車千乘，騎萬匹，粟支十年，此霸王之資也。夫以楚之强與王之賢，天下莫能當。今乃西面而事秦，則諸侯莫不朝於章臺之下矣。秦之所害莫如楚，楚强則秦弱，秦强則楚弱，其勢不兩立。故爲大王計，莫如從親以孤秦。大王不從秦，秦必起兩軍，一軍出武關，一軍下黔中，則鄢郢動矣。臣聞治之其未亂也，爲之其未有也。患至而後憂之，則無及已。故願大王早熟計之。大王誠能聽臣，臣請令山東之國，奉四時之獻，以承大王之明詔，委社稷，奉宗廟，練士厲兵，在大王之所用之。大王誠能用秦之愚計，則韓、魏、齊、燕、趙、衛之妙音美人必充後宮，燕、代橐駝良馬必實外廄。故從合則楚王，衡成則秦帝。今釋霸王之業，而有事人之名，臣竊爲大王不取也。夫秦，虎狼之國也，有吞天下之心。秦，天下之仇讎也。衡人皆欲割諸侯之地以事秦，此所謂養仇而奉讎者也。夫爲人臣，割其主之地以外交强虎狼之秦，以侵天下，卒有秦患，不顧其禍。夫外挾强秦之威，以内劫其主，以求割地，大逆不忠，無過此者。故從親，則諸侯割地以事楚；衡合，則楚割地以事秦。此兩策者相去遠矣，大王何居焉？故敝邑趙王使臣効愚計，奉明約，在大王詔之。

楚王曰："寡人之國西與秦接境，秦有舉巴蜀并漢中之心。秦，虎狼之國，不可親也。而韓、魏迫於秦患，不可與深謀，恐反人以入於秦，則謀未發而國已危矣。寡人自料以楚當秦，不見勝也；内與羣臣謀，不足恃也。寡人臥不安席，食不甘味，心搖搖然如懸旌而無所終薄。今主君欲一天下，收諸侯，存危國，寡人敬奉社稷以從。"於是六國從合而并力焉。蘇秦爲從約長，并相六國。時周顯王三十六年，入戰國後之百五十一年也。蘇秦既定從約，北報趙王。諸侯各發使送之，車騎輜重，擬於王者。行過雒陽，周顯王恐懼，使人郊勞。父母聞之，亦清宫除道，張樂設飲，郊迎三十里。妻側目而視，側耳而聽，嫂蛇行匍匐，四拜自跪而謝。蘇秦曰："嫂何前倨而後卑也？"嫂曰："以季子位尊而多金。"蘇秦曰："嗟乎！貧窮則父母不子，富貴則親戚畏懼。人生世上，勢位

富厚，蓋可以忽乎哉？"初，蘇秦之遊説窮而歸也，其兄弟嫂妹妻妾皆竊笑之，
曰："周人之俗，治産業，力工商，逐什二以爲務。今子釋本而事口舌，困不亦
宜乎！"及是而蘇秦曰："使我有洛陽負郭田二頃，吾豈能佩六國相印乎！"於是
散千金以賜宗族朋友。秦之之燕，貸百錢爲資，及是，以百金償之。徧報諸所
嘗見德者。從者有一人獨未得報，乃前自言。秦曰："我非忘子。子之與我至
燕，再三欲去我易水之上，方是時，我困，故望子深，是以後子。子今亦得矣。"
吾嘗論之，天下睚眦必報之士，必爲熱心富貴之徒。蓋惟其熱心富貴也，然後
當貧困之時，其望人之惠我也深，而其怨人之輕我也亦彌甚。若夫淡泊明志，
寧静致遠之士，一介不以與人，一介不以取諸人，無所於求，何有於德；無所於
望，何有於怨。不寧惟是，道之所在，死生以之，固有罵讓笑侮、困辱而不悔者
矣。蘇秦利禄之徒，何足以語此，以視夫受德不報之徒，則猶賢乎。

第六章　從約解散後之蘇秦

　　蘇秦既約六國從親，歸趙，趙肅侯封爲武安君，乃投從約書於秦，以宣布其事。蓋是時，眞有合六國爲一之觀矣。然從約之難成也久矣。張儀有言："今親昆弟，同父母，尚有爭錢財。而欲恃反復詐僞蘇秦之餘謀，其不可成亦明矣。"雖巧詆從人之詞，抑亦當時之情實也。夫疆場之役，唯利是視。聯二國之好尚難之，何況六國。聯六國之好於一時且難之，何況永久。蘇秦之謀，其終不可以有成，亦易見矣。果也，合從之明年，秦使公孫衍欺齊、魏，與共伐趙，以敗從約。趙王讓蘇秦，蘇秦恐，請使燕，必報齊。於是蘇秦去趙，而從約皆解。

　　從約之不可成，蘇秦未嘗不知之。知之而猶爲之者，其意特以偷取富貴於一時而已，非眞有爲六國禦秦之心也。彼其初入秦，教秦人以攻取天下之策，亦豈有忠於秦之心哉？夫其意既徒以偷取富貴，而非眞有爲六國禦秦之心，則當肅侯見讓之日，得脫身以至燕，已爲大幸矣，尚何心說責齊、魏以更尋舊盟乎？故蘇秦一去，而從約遂冰銷瓦解者，勢也。而蘇秦亦遂終其身，恃其才辯，以苟合取富貴於諸侯之間。

　　蘇秦之至燕也，適會燕文侯卒，太子立，是爲易王。易王，秦惠王壻也。齊宣王因喪伐燕，取十城。易王謂蘇秦曰："往日先生至燕，而先王資先生見趙，遂約六國從。今齊先伐趙，次至燕，以先生之故，爲天下笑。先生能爲燕得侵地乎？"蘇秦大慙，曰："請爲王取之。"於是東見齊王，再拜，俯而慶，仰而弔。齊王曰："是何慶弔相隨之速也？"蘇秦曰："臣聞饑人所以不食烏喙者，爲其愈充腹而與餓死同患也。今燕雖弱小，即秦王之少壻也。大王利其十城，而長與彊秦爲仇。今使弱燕爲雁行而彊秦敝其後，以招天下之精兵，是食烏喙之類也。"齊王愀然變色曰："然則奈何？"蘇秦曰："臣聞古之善制事者，因禍爲福，轉敗爲功。大王誠能聽臣計，即歸燕之十城。燕無故而得十城，必喜，秦王知以己之故而歸燕之十城，亦必喜。此所謂棄仇讐而得石交者也。夫燕、秦俱事齊，大王號令天下，莫敢不聽。是王以虛辭附秦，以十城取天下。此霸王之業也。”王曰：“善。”乃歸燕之十城。

　　蘇秦之之齊也，人或惡之燕易王，曰：“武安君，天下不信人也。王以萬乘下之，尊之於廷，示天下與小人羣也。”蘇秦歸燕，燕王不復官。秦乃見燕王曰：“臣，東周之鄙人也，見足下，身無咫尺之功，而足下迎臣于郊，顯臣於廷。今臣爲足下使，利得十城，功存危燕，宜以益親。今來而不官，人必有言臣不信，傷臣於王者。且臣之不信，是足下之福也。使臣信如尾生，廉如伯夷，孝如曾參，以事足下，可乎？”燕王曰：“可。”曰：“有此，臣亦不事足下矣。且夫孝如曾參，義不離其親，一夕宿於外，足下安得使之之齊？廉如伯夷，不取素飧，汙武王之義而不臣，辭孤竹之君而餓死，何肯步行數千里而事弱燕之危主乎？信如尾生，期而不來，抱梁柱而死，何肯揚燕秦之威於齊而取大功乎哉！且夫信行者，所以自爲也，非所以爲人也，皆自覆之術，非進取之道也。且夫三王代興，五霸迭盛，皆不自覆也。君以自覆爲可乎？則齊不益於營丘，足下不踰境，不窺於邊城之外矣。且臣有老母於周，離老母而事足下，去自覆之術，而謀進取之道。臣之趣，固不與足下合。足下，自覆之君也，僕，進取之臣也，所謂以忠信得罪於君者也。”燕王曰：“夫忠信何罪之有？”對曰：“足下不知也。臣鄰家有遠爲吏者，其妻私於人，其夫且歸。其私之者憂之，其妻曰：‘公勿憂也，吾已爲藥酒以待之矣。’後二日，夫至，妻使妾奉卮酒進之。妾知其爲藥酒也，進之則殺主父，言之則逐主母，乃佯僵棄酒。主父大怒而笞之。妾之棄酒，上以活主父，下以存主母也。忠至如此，然不免於笞，此以忠信得罪者也。臣之事，不幸而有類妾之棄酒也。且臣之事足下，亢義益國，今乃得罪，臣恐天下後事足下者，莫敢自必也。”燕王曰：“善，先生復就故官。”益厚遇之。反齊城，取燕官，若取諸宮中，而操左券以責負。以蘇秦之智，而爲身謀，固不虞其不足矣。

　　甚哉，無行之士之終不可以自立也，以蘇秦智而卒爲天下笑。秦之居燕也，與易王母文侯夫人私通。燕王知之，而事之加厚。秦恐誅，乃説易王曰：“臣居燕，不能使燕重。而在齊，則燕必重。”燕王曰：“唯先生之所爲。”於是秦佯得罪於燕，亡走齊。齊宣王以爲客卿。宣王卒，湣王即位。秦知湣王之可以淫侈中也，乃説湣王厚葬以明孝，高宮室大苑囿以明得意，欲以敝齊而爲燕。而齊大夫多與秦爭寵者。周慎靚王四年，使人刺蘇秦，不死，殊而走。齊王使人求賊，不得。秦且死，乃謂齊王曰：“臣即死，車裂臣以徇於市，曰‘蘇秦爲燕作亂於齊’，賊必得矣。”如其言，殺秦者果自出，齊王因而誅之。燕聞之，曰："甚矣，齊之爲蘇生報仇也。"後史氏曰：甚哉，以蘇秦之智，而不能自衛其身也。然豈智之咎哉！秦不得罪於燕，則無事適齊。且已内媿於燕也，而欲敝齊以報之。孟子之責禽滑釐曰："徒取諸彼以與此，然且仁者不爲，況於殺人以求之乎？"若秦之所爲，則豈特禽滑釐比？夫禽滑釐之取南陽，以爲魯也，而蘇秦之敝齊，則實以謀其身而謝罪塞媿結主知於燕。禽滑釐之殺人，止於攻城野戰時而已，而秦則導齊湣王於淫侈，以覆其宗，至於身走死於外，以全齊之大，所存者惟莒、即墨二城，民之斃於鋒鏑者何限，皆秦使之也。傾危之士之禍人國也，烈矣哉！夫立乎人之本朝，而懷二心以事其君，其勢固不能不與人爭寵，爭寵固與殺爲鄰。蘇秦之殺其身，則秦之自取之也，於人乎何尤？抑其傾危之行之取之也，於智乎何尤？

蘇秦既死，而蘇厲、蘇代復繼之以禍齊、燕。秦之死也，其爲燕謀齊之事大泄。齊聞之，恨怒燕，燕甚恐。時燕易王已卒，子噲在位。而齊湣王方勤兵於遠，南割楚之淮北，西侵三晉，欲以并周室爲天子，泗上諸侯鄒魯之君皆稱臣。於是蘇代欲襲秦故事，乃北見燕王，説以謀齊。燕王曰："夫齊者，固寡人之仇讎，所欲伐也，直患國敝，力不足耳。子能以燕謀齊，則寡人舉國而委子。"對曰："凡天下戰國七，燕處弱焉。獨戰則不能，有所附則無不重。南附楚，楚重；西附秦，秦重；中附韓、魏，韓、魏重。且苟所附之國重，此必使王重矣。今夫齊，長主而自用也。南攻楚五年，畜聚竭；西困秦三年，士卒罷敝；北與燕人戰，覆三軍，得二將。又以其餘兵南舉五千乘之大宋，言欲舉之也。而包十二諸侯。此其君欲得，其民力竭，惡足取乎！且臣聞之，數戰則民勞，久師則兵敝矣。"燕王曰："吾聞齊有清濟、濁河，可以爲固，長城、巨防，足以爲塞。誠有之乎？"對曰："天時不與，雖有清濟、濁河，惡足以爲固。民力罷敝，雖有長城、鉅防，惡足以爲塞。且異日濟西不師，所以備趙也；河北不師，所以備燕也。今濟西、河北盡已役矣，封内敝矣。夫驕君必好利，而亡國之臣必貪於財。王誠能毋羞寵子母弟以爲質，寶珠玉帛以事左右，彼將德燕而輕亡宋，則齊可亡已。"燕王曰："吾終以子受命於天矣。"於是燕使一子質於齊。而蘇厲因燕質子以求見。齊王怨蘇秦，欲囚厲。燕質子爲謝，乃已，遂委質爲齊臣。初，蘇秦之居燕也，婚於其相子之，蘇代因與子之交。及是，子之欲得燕權，乃使代侍質子於齊。齊使代報燕，燕王噲問曰："齊王其霸乎？"對曰："不能。"曰："何也？"曰："不信其臣。"於是燕王專任子之，已乃讓位，燕大亂。齊伐燕，殺王噲、子之。時周赧王元年，蘇秦被刺後之三年也。越二年，而燕人共立公子平爲昭王，蘇代、蘇厲遂不敢入燕，皆終歸齊，齊善待之。代過魏，魏爲燕執

代,齊使人說魏,魏乃出之。而代如宋,宋亦善待之。其後齊伐宋,宋急,代乃為宋遺燕昭王書,令毋助齊,曰:

　　夫列在萬乘,而寄質於齊,名卑而權輕;奉萬乘助齊伐宋,民勞而實費;夫破宋,殘楚淮北,肥大齊,讎强而國害,此三者皆國之大敗也,然王且行之者,將以取信於齊也。齊加不信於王,而忌燕愈甚,是王之計過矣。夫以宋加之淮北,强萬乘之國也,而齊并之,是益一齊也。北夷方七百里,加之以魯、衛,强萬乘之國也,而齊并之,是益二齊也。夫一齊之强,燕猶狼顧而不能支,今以三齊臨燕,禍必大矣。雖然,智者之舉事,因禍而為福,轉敗而為功。今王莫若遙霸齊而尊之,使使盟於周室,焚秦符,曰:夫上計破秦,其次必長賓之。秦挾賓以待破,秦王必患之。秦五世伐諸侯,今為齊下,秦王之志,苟得窮齊,不憚以國為功。王何不使辯士以此言說秦王曰:燕、趙破宋肥齊,尊之為之下者,非利之也。不利而勢為之者,以不信秦王也。王何不使可信者接收燕、趙,令涇陽君、高陵君先於燕、趙?秦有變,因以為質,則燕、趙信秦。秦為西帝,燕為北帝,趙為中帝,立三帝以令於天下。韓、魏不聽,則秦伐之。齊不聽,則燕、趙伐之,天下孰敢不聽?天下服聽,因驅韓、魏以伐齊,曰:必反宋地,歸楚淮北。反宋地,歸楚淮北,燕、趙之所利也;並立三帝,燕、趙之所願也。夫實得所利,尊得所願,燕、趙棄齊如脫躧矣。今不收燕、趙,齊霸必成。諸侯贊齊而王不從,是國伐也;諸侯贊齊而王從之,是名卑也。今收燕、趙,國安而名尊;不收燕、趙,國危而名卑。去尊安而就危卑,智者不為也。秦王聞若說,必若刺心。然則王何不使辯士以此若言說秦?秦必取,齊必伐矣。夫取秦,厚交也;伐齊,正利也。尊厚交,務正利,聖王之事也。

燕昭王得其書,善之。曰:“先人嘗有德蘇氏,子之之亂,而蘇氏去燕。燕欲報仇於齊,非蘇氏莫可。”乃召蘇代,復善待之,與謀伐齊。竟破齊,湣王出走。久之,秦召燕王,王欲往,代止之,乃不行。燕使約諸侯從親如蘇秦時,或從或否。而蘇代復重於燕,與厲皆以壽死,名顯諸侯。

蘇氏之破壞齊、燕,則蘇氏之最大罪惡也。孟子曰:“善戰者服上刑,連諸侯者次之。”其為是乎?今即置此勿論,而蘇氏之破壞齊、燕,亦與合從之旨大相背謬。夫合從之要,在六國能合力以擯秦。六國中,楚、趙、韓、魏皆與秦接界,易被秦患,為所脅。一國為所誘脅,而他皆從之矣,以莫為之援也。苟當

121

是時，而有齊、燕以爲之助，則晉雖爲秦所脅，而楚固自若；楚雖爲秦所脅，而晉亦自若也。故完齊、燕以爲楚、趙、韓、魏援，合從之要義也。而蘇氏反交搆而互攻之，使兩敗而俱仆，不亦諸稽郢所謂狐埋之而狐搰之乎？夫蘇氏之智，則豈不足以知此，知之而猶爲之者。吾固曰：蘇氏固未嘗有意爲六國合從以擯秦也。雖然，爲蘇氏計者亦左矣，以彼其才，能合諸侯於從約未成之先，而豈不能完之於既成之後？使當齊、魏受欺於秦之日，正言莊論以責之，亦安見二國之終不悔過者，而焉用是首鼠兩端之術爲也？首鼠兩端，自謂得計也，而秦終不保其身，代、厲亦幾皇皇無所歸，悲夫！

第七章　連衡前之張儀

張儀之連衡也，與蘇秦之合從異。秦初出，即以合從説諸侯，其後從約解散，計無復之，乃倘佯容與於諸侯之間，以没其身。張儀則自入秦以來，嘗蟄居於秦，以敗諸侯之從約。及從約既解，蘇秦亦死，然後出而説諸侯以連衡。蓋其所遭值之時勢不同也。蘇秦之初出也，值秦勢初張，諸侯汲汲思有以禦之，又得如趙肅侯雄略之主，以爲之後援，故其合從，若反掌之易。儀之初入秦，則正值蘇秦説六國以合從之時，從約雖不堅，然欲遽大反之，而合天下諸侯以爲衡，則其勢必不可得。故不得不先陰間諸侯之交，而後相機而徐圖之也。

楚王有言，韓、魏迫於秦患，不可與深謀，恐反人以入於秦。誠哉其然也。當戰國時，受秦患最深者，宜莫如韓、魏二國，故張儀之離間諸侯，亦必自韓、魏始。然儀，魏人也，魏國之情勢，蓋尤所深悉。故其謀諸侯也，乃發始於魏，引貪狼以覆宗國，是殆戰國策士之恒態矣。儀之相魏也，六年。與公子華共圍蒲陽，取之。蒲陽，今永濟，即古蒲津，與秦臨晉關相對，渡河之要道也。儀乃言於秦，復以與魏以市恩，而又使公子繇質於魏。儀因説魏王曰："秦王之遇魏甚厚，魏不可以無禮於秦。"於是魏入上郡、少梁以謝。上郡，今陝西榆林地。少梁，今韓城，亦黄河津要也。戰國初，魏自河西北有上郡。及是，河西已前入於秦，今又致少梁、上郡之地。今陝西一省，除漢中外，始盡爲秦有矣。秦惠王於是以張儀爲相，更名少梁曰夏陽。時周顯王四十一年，蘇秦合從後之五年也。儀相秦四歲，周顯王四十三年。而立秦惠王爲王。居一歲，爲秦將，築上郡塞。

周顯王四十六年，儀與齊、楚之將會齧桑。及還，免相，相魏，欲令魏先事秦，而諸侯效之。蓋秦人欲破壞從約，必先離諸侯之交。是時，魏雖若臣服，尚未敢顯背從約也。魏襄王不肯。儀乃使秦伐魏，取曲沃、平周，於是秦陰厚儀益甚。儀慙，無以歸報，仍留魏。周慎靚王三年，魏襄王卒，子哀王立。儀復説哀王，哀王不聽。儀復陰令秦伐魏，魏與秦戰，敗績。明年，齊又來敗魏於觀津。秦復欲攻魏，先敗韓將申差之軍於觀津，斬首八萬，諸侯震恐。於是張儀乃乘間説魏王曰：

魏地方不至千里，卒不過三十萬。地四平，諸侯四通輻湊，無名山大川之限。從鄭至梁二百餘里，車馳人走，不待力而至。梁南與楚境，西與韓境，北與趙境，東與齊境，卒戍四方，守亭障者不下十萬。魏之地勢，固戰場也。魏南與楚而不與齊，則齊攻其東；東與齊而不與趙，則趙攻其北；不合於韓，則韓攻其西；不親於楚，則楚攻其南，此所謂四分五裂之道也。且夫諸侯之爲從者，將以安社稷尊主彊兵顯名也。今從者一天下，約爲昆弟，刑白馬以盟洹水之上，以相堅也。而親昆弟同父母，尚有爭錢財，而欲恃詐僞反覆蘇秦之餘謀，其不可成亦明矣。大王不事秦，秦下兵攻河外，據卷、衍、酸棗，劫衛取陽晉，則趙不南，趙不南而魏不北，魏不北則從道絶，從道絶則大王之國欲毋危不可得也。秦折韓而攻梁，韓怯於秦，秦、韓爲一，魏之亡可立而須也。此臣之所以爲大王患也。爲大王計，莫如事秦。事秦則楚、韓必不敢動；無楚、韓之患，則大王高枕而卧，國必無憂矣。且夫秦之所欲弱者莫如楚，而能弱楚者莫如魏。楚雖有富大之名，而實空虛，其卒雖多，然而輕走易北，不能堅戰。南面而伐楚，勝之必矣。割楚而益魏，虧楚而適秦，嫁禍安國，此善事也。大王不聽臣，秦下甲士而東伐，雖欲事秦，不可得矣。且夫從人多奮詞而少可信，説一諸侯而成封侯，是故天下游談之士，莫不日夜搤腕瞋目切齒以言從之便，以説人主。人主賢其辯而牽其説，豈得無眩哉。臣聞之，積羽沈舟，羣輕折軸，衆口鑠金，積毀銷骨，故願大王審計定議，且賜骸骨辟魏。

此張儀第一次説諸侯連衡之詞也。蘇秦之説諸侯以合從也，其成否之機括在趙。張儀之説諸侯以連衡也，其成否之機括在魏。故其詞咸委曲詳盡，視説他國之詞爲獨詳。當時秦欲破壞諸侯之從約，其次於魏而當致力者，即爲楚。故以伐楚之利噉魏王。蓋既收服魏之利，而又可借其力以破楚也，計亦巧矣。

魏哀王是時，外迫强敵而無援國，乃背從約，因儀請成於秦。而儀亦還爲秦相。魏哀王之事秦，蓋雅非所願。三歲，復背秦爲從。秦伐魏，取曲沃。明年，魏乃復事秦，時周赧王之二年也。

魏既服從，則秦之所欲間者爲楚。蓋秦欲取諸侯，黃河流域韓、魏實當其衝，長江流域則楚爲之主也。楚大國，非如韓、魏之易與。然是時楚懷王在位，其爲人蓋蜀後主、晉惠帝之倫。故秦人因其昧而侮之也。魏復請成之年，張儀乃南出相楚。

楚懷王聞張儀來，則虛上舍自館之。曰："此僻陋之國，子何以教之？"儀乃説楚王曰："大王誠能聽臣，閉關絕約於齊，臣請獻商於之地六百里，使秦女得爲箕帚之妾，秦楚嫁女娶婦，長爲兄弟之國。此北弱齊而西益秦也。計無便於此者。"楚王大説，許之。羣臣皆賀，陳軫獨弔。陳軫者，亦游説之士，與張儀俱事秦惠王。貴重争寵，儀惡軫於惠王曰："重幣輕使秦楚之間，自爲厚而爲王薄，欲去秦而之楚。"王以問軫，軫曰："然。"王曰："儀之言果信矣。"軫曰："非獨儀知之也，行道之士，盡知之矣。昔者子胥忠於其君，而天子争以爲臣。曾參孝於其親，而天下願以爲子。故賣僕妾，不出閭巷而售者，良僕妾也。出婦嫁於鄉曲者，良婦也。今軫不忠其君，楚何以軫爲忠乎。忠且見棄，軫不之楚何歸乎？"惠王以其言爲然，善待之。居秦期年，秦惠王終相張儀，軫乃南奔楚。楚懷王怒曰："寡人不興師而得六百里之地，羣臣皆賀，子獨弔，何也？"軫對曰："以臣觀之，商於之地不可得而齊、秦合，齊、秦合，則患必至矣。"楚王曰："有説乎？"陳軫曰："夫秦之所以重楚者，以其有齊也。今絕齊則楚孤。秦奚貪夫孤國，而與之商於之地六百里哉？儀至秦，必負王，是北絕齊交，西生患於秦也。爲王計者，莫若陰告之而陽絕於齊，使人隨張儀。苟與吾地，絕齊未晚也；不與吾地，則可以陰合謀計。"王曰："願陳子閉口毋復言，以待寡人得地。"乃以相印授張儀，厚賂之。於是閉關絕約於齊，而使一將軍隨張儀入秦受地。儀至秦，佯失綏墮車，不朝三月。楚王聞之，曰："儀以寡人絕齊未甚邪？"乃使勇士至宋，借宋之符，北罵齊王。齊王大怒，折節而下秦。秦、齊之交合，張儀乃朝，謂楚使者曰："何不受地，自某之某，廣袤六里。"使者曰："臣受命於王，以商於之地六百里，不聞六里。"還報楚王，楚王大怒，發兵而攻秦。陳軫："軫可發口言乎？攻之，不如割地反以賂秦，與之并兵而攻齊，是我失地於秦，取償於齊也，王國尚可存。"楚王不聽，卒發兵，使將軍屈匄擊秦。秦、齊共攻楚，斬首八萬，殺屈匄，遂取丹陽、漢中。楚益發兵襲秦，至藍田，大戰，楚大敗，於是楚割兩城以與秦平。秦要楚欲得黔中地，以武關外易之。楚王曰："不願得地，願得張儀而獻黔中。"秦王欲遣之，口弗忍言。張儀乃請行。惠王曰："彼怒子之負，且甘心於子。"儀曰："秦彊楚弱，臣善靳尚，尚得事楚夫人鄭袖，袖所言皆從。且臣奉王之節使楚，楚何敢加誅。假令誅臣而爲秦得黔中地，儀之上願。"遂使楚。至則楚懷王囚欲殺之，靳尚謂鄭袖曰：“子亦知子之賤於楚乎？”鄭袖曰：“何也？”尚曰：“秦王甚愛張儀，欲必出之，今將以上庸之地六縣賂楚，以美人聘楚，宮中善歌謳者爲媵。王重地尊秦，秦女必貴，而夫人斥矣。”於是鄭袖日夜言懷王曰：“人臣各爲其主用。今地未入秦，秦使張儀來至，重王。王未有禮而殺張儀，秦必大怒攻楚。妾請子母俱遷江南，毋爲秦所魚肉也。”懷王後悔，赦張儀，厚禮之如故。張儀之於楚王，直玩弄之於股掌之上。千古交涉，未聞此等奇譚也。然木必先腐而後蟲生之。懷王不用靳尚信鄭袖，儀亦安敢輕入楚哉？然如張儀者，輕其身以蹈危機，若行所無事，其膽略誠可欽。而預善靳尚於平日，以爲緩急之用，其布置之周密，又可法也。必有此膽略，有此手腕，然後可爲外交家。

第八章　連衡時代及衡約
解散後之張儀

　　魏既服從,楚亦喪敗,齊、秦之交又合,則斯時連衡之機,幾於成熟矣。而
又有一事,與張儀以一大機會者,則蘇秦之死是也。秦於合從,雖不能大有所
成,然究爲合從之原動力,以彼其才,以彼其聲望,雖間居於齊、燕,其隱然之
勢力,究未嘗非連衡之一大敵也。故秦死而連衡之機乃益成熟矣。張儀聞
之,乃急起直追,說諸侯以連衡,而即始於楚。外交家之手腕,真敏捷矣哉!
其說楚懷王之詞曰:

　　　秦地半天下,兵敵四國,被險帶河,四塞以爲固。虎賁之士百餘萬,
　　車千乘,騎萬匹,粟如丘山。法令既明,士卒安難樂死,主明以嚴,將智以
　　武,雖無出甲,席卷常山之險,必折天下之脊,天下有後服者先亡。且夫
　　爲從者,無異驅羣羊而攻猛虎,虎之與羊,不格明矣。今王不與猛虎而與
　　羣羊,臣竊以爲大王之計過也。凡天下彊國,非秦而楚,非楚而秦,兩國
　　交爭,其勢不兩立。大王不與秦,秦下甲據宜陽,韓之上地不通。下河
　　東,取成皋,韓必入臣,梁則從風而靡。秦攻楚之西,韓、魏攻其北,社稷
　　安得無危? 且夫從者,聚羣弱而攻至彊,不料敵而輕戰,國貧而數舉兵,
　　危亡之術也。臣聞之,兵不如者勿與挑戰,粟不如者勿與持久。夫從人
　　飾辯虛辭,高王之節,言其利不言其害,卒有秦禍,無及爲已。是故願大
　　王之熟計之。秦西有巴蜀,大船積粟,越於汶山,浮江以下,至楚三千餘
　　里。舫船載卒,一舫載五十人與三月之食,下水而浮,一日行三百餘里,
　　里數雖多,然而不費牛馬之力,不至十日而距扞關。扞關驚,則從境以東
　　盡城守矣,黔中、巫郡非王之有。秦舉甲出武關,南面而伐,則北地絕。
　　秦兵之攻楚也,危難在三月之內,而楚待諸侯之救,在半歲之外。夫待弱
　　國之救,忘彊秦之禍,此臣所以爲大王患也。大王嘗與吳人戰,五戰而三
　　勝,陣卒盡矣;偏守新城,存民苦矣。臣聞功大者易危,而民敝者怨上。

守易危之功，而逆强秦之心，臣竊爲大王危之。且夫秦之所以不出兵函谷十五年以攻齊、趙者，陰謀有吞天下之心。楚嘗與秦搆難，戰於漢中，楚人不勝，列侯執珪死者七十餘人，遂亡漢中。楚王大怒，興兵襲秦，戰於藍田。此所謂兩虎相搏者也。夫秦、楚相敝，而韓、魏以全制其後，計無危於此者矣。願大王孰計之。秦下甲攻衛、陽晉，必大關天下之胸。大王悉起兵以攻宋，不至數月而宋可舉。舉宋而東指，則泗上十二諸侯，盡王之有也。天下以信約從親相堅者蘇秦，封武安君，相燕，即陰與燕王謀，伴有罪出走齊。齊王受而相之，居二年而覺，齊王大怒，車裂蘇秦於市。夫以一詐僞之蘇秦，而欲經營天下，混壹諸侯，其不可成亦明矣。今秦與楚接境壤界，固形親之國也。大王誠能聽臣，臣請使秦太子入質於楚，楚太子入質於秦，請以秦女爲大王箕帚之妾，效萬室之都以爲湯沐之邑，長爲昆弟之國，終身無相攻伐。臣以爲計無便於此者。

連衡之成否，楚亦爲其重要機括。故其詞恫喝備至，而又誘之以姻親，餌之以割地。真所謂幣重而言甘者也。懷王重出黔中地，許之。屈原諫，不聽。於是張儀乃北説韓，其詞曰：

韓地險惡，山居，五穀所生，非菽而麥，民之食大抵菽飯藿羹。一歲不收，民不饜糟糠。地不過九百里，無二歲之食。料大王之卒，悉之不過三十萬，而廝徒負養在其中矣。除守徼亭障塞，見卒不過二十萬而已。秦帶甲百餘萬，車千乘，騎萬匹，虎賁之士，跿跔科頭，貫頤奮戟者，不可勝計。秦兵之良，戎馬之衆，探前趹後，蹄間三尋騰者，不可勝數。山東之士被甲蒙冑以會戰，秦人捐甲徒裼以趨敵，左挈人頭，右挾生虜。夫秦卒與山東之卒，猶孟賁之與怯夫，以重力相壓，猶烏獲之與嬰兒。夫戰孟賁、烏獲之士，以攻不服之弱國，無異垂千鈞之重於鳥卵之上，必無幸矣。夫羣臣諸侯不料地之寡，而聽從人之甘言好詞，比周以相飾也，皆奮曰："聽吾計，可以彊霸天下。"夫不顧社稷之長利，而聽須臾之説，詿誤人主，無過此者。大王不事秦，秦下甲據宜陽，斷韓之上地，東取成皋、滎陽，則鴻臺之宮、桑林之苑非王之有也。夫塞成皋，絶上地，則王之國分矣。先事秦則安，不先事秦則危。夫造禍而求其福報，計淺而怨深，逆秦而順楚，雖欲無亡，不可得也。故爲大王計，莫如爲秦。秦之所欲莫如弱楚，而能弱楚者莫如韓。非以韓能强於楚也，其地勢然也。今王西面而事秦以攻楚，秦王必喜。夫攻楚以利其地，轉禍而説秦，計無便於此者。

韓王亦聽儀計。儀於是歸報，秦惠王封儀五邑，號曰武信君。而更使儀東説齊。儀説齊湣王曰：

> 天下彊國，無過齊者。大臣父兄，殷衆富樂。然而爲大王計者，皆爲一時之説，不顧百世之利。從人説大王者，必曰："齊西有强趙，南有韓與魏。齊，負海之國也，地廣民衆，兵强士勇，雖有百秦，將無奈齊何。"大王賢其説而不計其實。夫從人朋黨比周，莫不以從爲可。臣聞之，齊與魯戰，魯三勝，國以危亡隨其後，雖有戰勝之名，而有亡國之實。是何也？齊大而魯小也。今趙之於秦也，猶齊之於魯也。秦、趙戰於河漳之上，再戰而趙再勝，戰於番吾之下，再戰又勝秦。四戰之後，趙之亡卒數十萬，邯鄲僅存，雖有戰勝之名，而國已破矣。是何也？秦强而趙弱。今秦、楚嫁女娶婦，爲昆弟之國。韓獻宜陽，魏效河外，趙入朝澠池，割河間以事秦。大王不事秦，秦驅韓、魏攻齊之南地，悉趙兵渡清河，指博關，臨菑、即墨非王之有也。國一日見攻，雖欲事秦，不可得也。是故願大王孰計之也。

齊王曰："齊僻陋之國，隱居東海之上，未嘗聞社稷之長利也。"乃許張儀。儀於是去，西説趙曰：

> 敝邑秦王使使臣效愚計於大王。大王收率天下以賓秦，秦兵不敢出函谷關十五年。大王之威，行於山東。敝邑恐懼懾伏，繕甲厲兵，飾車騎，習馳射，力田積粟，守四封之内，愁居懾處，不敢動搖，惟大王有意督過之也。今以大王之力，舉巴蜀，并漢中，包兩周，遷九鼎，守白馬之津。秦雖僻遠，然而心忿含怒之日久矣。今秦有敝甲凋兵，軍於澠池，願渡河踰漳，據番吾，會邯鄲之下，願以甲子合戰，以正殷紂之事，敬使使臣先聞左右。凡大王之所信爲從者恃蘇秦。蘇秦熒惑諸侯，以是爲非，以非爲是，欲反齊國，而自令車裂於市。夫天下之不可一亦明矣。今楚與秦爲昆弟之國，而韓、魏稱東藩之臣，齊獻魚鹽之地，此斷趙之右臂也。夫斷右臂而與人鬬，失其黨而孤居，求欲無危，豈可得乎？今秦發三將軍：其一軍塞午道，告齊使興師渡清河，軍於邯鄲之東；一軍軍成臯，驅韓、魏於河外；一軍軍於澠池。約四國爲一以攻趙，趙服，必四分其地。是故不敢匿意隱情，先以聞於左右。臣竊爲大王計，莫如與秦王遇於澠池，面相見而口相結，請案兵無攻。願大王之定計。

趙王曰："先王之時，奉陽君專權擅勢，欺蔽先王，獨擅綰事，一從不事秦，寡人心固疑焉，以爲非國之長利也。乃且願變心易慮，割地謝前過以事秦。方將約車趨行，適奉使者之明詔。"於是趙王許張儀。趙從主也，趙許則衡事已大定矣。於是張儀北説燕昭王曰：

大王所親莫如趙。昔趙襄子嘗以其姊爲代王妻，欲并代，與代王遇於句注之塞。乃令工人作爲金斗，長其尾，令可以擊人。與代王飲，陰告廚人曰："即酒酣樂，進熱啜，反斗以擊之。"於是酒酣樂，進熱啜，廚人進斟，因反斗以擊代王，王腦塗地。其姊聞之，因摩笄以自刺，故至今有摩笄之山。代王之亡，天下莫不聞。夫趙王之狼戾無親，大王之所明見，且以趙王爲可親乎？趙興兵攻燕，再圍燕都而劫大王，大王割十城以謝。今趙王已入朝澠池，效河間以事秦。今大王不事秦，秦下甲雲中、九原，驅趙而攻燕，則易水、長城非大王之有也。且今時趙之於秦猶郡縣也，不敢妄舉師以攻伐。今王事秦，秦王必喜，趙不敢妄動，是西有强秦之援，南無齊、趙之患也，是故願大王熟計之。

燕王曰："寡人蠻夷僻處，雖大男子，裁如嬰兒。今上客幸教之，請西面而事秦，獻恒山之尾五城以和。"於是，六國皆聽，衡約大成矣。是歲周赧王四年，而蘇秦合六國從後之二十有二年也。

秦惠王苦心積慮，與張儀謀破壞諸侯之從約而成衡，蓋亦雄猜之主也。然終不克覩衡約之成，豈非天哉？燕王既聽張儀，儀歸報，未至咸陽，而秦惠王卒，子武王蕩立。武王自爲太子時，不説張儀，及即位，羣臣多讒張儀者，曰："無信，左右賣國以取容。秦必復用之，恐爲天下笑。"於是諸侯聞武王、張儀有卻，皆畔衡，復合從。張儀之連衡，其持久蓋尚不及蘇秦之合從矣。然秦之合從，尚不能持久，況於魏已內臣，楚又喪敗，連衡之機，既已成熟之後乎，此等合從其不可恃乃更明矣。蓋嘗論之，蘇秦之合從與張儀之連衡，俱無所成。然秦之取天下，所欲弱者，北莫如韓、魏，南莫如楚。合從以擯秦，則韓、魏之所最利也。楚尤大國，未易動搖。張儀之相秦，盡力以事楚、魏。三晉之折而入於秦，楚之不足以自立，蓋皆定於此時。則儀於衡約雖未有成，然其於秦之取天下爲有功，則不可没也。以蘇秦之有益於六國，與儀之有益於秦者較之，則儀之功爲遠勝矣。此豈儀之智過於秦哉？秦所用者六國，儀所用者一秦，六國勢分，不能一致，而用一秦則外交方針常相一貫也。世之合衆以謀寡而終不克有成者，固多由此。嗚乎，可不知所鑒哉！

張儀頗有功於秦，而其末路，乃殊可憐。秦真寡恩哉！亦可見當時之游士之不易爲也。儀連衡之明年，秦武王之元年也。羣臣日夜惡儀未已，儀懼誅，乃説武王曰："儀有愚計，願效之。"王曰："奈何？"對曰："爲秦計，東方有大變，然後王可以多得割地也。今聞齊王甚憎儀，儀之所在，必伐之。儀願乞大不肖之身之梁，齊必興師而伐梁。梁、齊之兵連於城下而不能相去，王以其間伐韓，入三川，出兵函谷而毋伐，以臨周，祭器必出。挾天子，案圖籍，此王業也。"秦王以爲然，乃具革車三十乘，入儀於梁。齊果興師伐之。梁王恐。儀曰："王勿患也，請令齊罷兵。"乃使其舍人馮喜之楚，借使之齊，謂齊王曰："王甚憎張儀。雖然，亦厚矣，王之託儀於秦也！"王曰："何也？"對曰："儀之出也，與秦王約，曰：'爲王計者，東方有大變，然後王可多得割地也。今齊王甚憎儀，儀之所在，必興師伐之，儀願乞其不肖之身之梁，齊必興師伐之，齊、梁之兵連於城下而不能相去，王以其間伐韓，入三川，出兵函谷而毋伐，以臨周，祭器必出，挾天子，案圖籍，此王業也。'秦王以爲然，故具革車三十乘，而入儀於梁。王果伐之，是王內罷國而外伐與國，廣鄰敵以內自臨，而信儀於秦王也。"齊王曰："善。"乃使解兵。罔齊以誑秦，而即以其所以誑秦者，罷齊而自託於魏，儀之計亦巧矣。於是儀復爲魏相，是歲卒，時周赧王五年也。距蘇秦之死蓋七年。

第九章　合從連衡政策之評論

吾國之言外交者，莫盛於戰國之時。而戰國時之所謂外交者，則可以合從、連衡二說概之。此其說，吾既詳言之矣。然夷考之，蘇秦之合從，不及朞年，張儀之連衡，則身未返秦而要約已解。終戰國之世，從衡之士紛紜於列國，然曾未有一國焉能久用其策，以收外交之效者。其策之果不善耶？抑策固善，而當時之諸侯不能用邪？間嘗論之：戰國時，秦人并吞天下之形勢已成，六國之必亡於秦，其勢已前定。初非合從與不合從所能變其局勢也。此其故。清魯一同嘗言之矣，曰：

> 秦之所以得志於天下也，我知之矣。（中略）天下諸侯皆好動，而秦人能靜。動而不已則疲，靜而不用故全。天下皆疲而秦獨全，故秦一動而不可止。方晉、楚之盛，出其獨力，足以制秦之死命。故以穆康之彊，不能踰焦瑕而有尺寸之土者。東諸侯未疲，秦力未全也。二百年來，冠帶之國無歲不會，無日不爭。小國困誅求，大國倦搜伐；小國困而滅，大國勸而分。八姓十二國之侯王，展轉蹂躪，卒至於不可用。秦人奮其百年不試之威，以無道行之。諸侯相顧錯愕，負十倍之彊，百萬之衆，而不足當秦之一怒。今有十人分曹而鬥，一人袖手而觀焉，及有困敗夷傷，則十人必就斃於一人之手。而後世之士，方咎六國不合力攟秦，不知攟亦滅，不攟亦滅。六國空有彊大之名，而不悟其實之不可用也。（下略）

此其說，最能得秦人所以并吞六國之真相。質而言之，則秦與六國之興亡，由其國力相差太遠而已。夫合衆弱不能成一強，秦與六國之國力，相差既如是其遠，則謂合六國爲一，遂足以當秦，恐未必然也。今即讓一步，謂合六國爲一，遂可以當秦。然試問合六國爲一之事，果能實行否乎？凡有國有家者，其利害未有不互相衝突者也。不特秦與六國利害互相衝突，即六國相互之間其利害亦未嘗不互相衝突也。以利害互相衝突之國六，而望其永久結合

爲一體，非謂絕對的永久也，謂相對的永久耳。其可得乎？今即更讓一步，謂六國之利
害關係，以對秦爲最大，以結合抗秦故，則其他小小之利害衝突，當互相調和，
而有交讓之精神也。然試問六國之君相，皆能有此遠謀否乎？即能有此遠謀
矣，然六國之於合從，其利害關係固不一致。其最利於合從者，則韓、魏也，次
之則趙也，又次之則楚也。若夫齊、燕二國，則其距秦也遠，而距楚、趙、韓、魏
也近，其受合從之利，固不若楚、趙、韓、魏之甚。豈惟受利不若楚、趙、韓、魏
之甚，自齊、燕言之，則秦爲遠國，而楚、趙、韓、魏爲近敵，削遠國以强近敵，蓋
有非齊、燕之所甚樂者矣。故蘇秦一合從，而首受秦欺以伐趙者，即爲齊、魏。
非必受欺於秦，魏近秦，爲所脅；齊遠秦，利害關係淺也。且終戰國之世，六國
中自相殘賊最甚者，厥惟齊、燕二國。其奮其淫威，陵轢東諸侯最甚者，亦一
齊湣王耳。齊湣王并秦亦擯之，田文合韓、魏伐秦，秦割河東三城以講，即湣王時事也。至楚、
趙、韓、魏四國，雖亦不免互相攻伐，然或因見脅於强秦，或出一時之過計。其
用兵也，不過偏師，且亦還踵而輒解。謂六國皆有關係存亡之戰役，傾國相
賭如兩虎之相持，而因授秦人以下莊子之利，亦未深考史實之談也。夫合衆
弱以禦一强，其事祇可行諸一時，而斷不宜持諸永久。蓋既各分立而爲國家，
則其利害斷不能無互相衝突之處，其利害之彼此相同者，必僅限於某程度以
下耳。結合於一時，則其利害關係常在某程度以下；欲持諸永久，則其關係終
必出於某程度以上。此希臘諸小國，所以能聯合以抗大流士之師，而其後終
不免受愚於波斯，互相攻伐也。故在當日，使秦人興師以伐六國，而六國聯合
以禦之，此最上也。即不然，而合六國以伐秦，猶其次。而蘇秦之約六國
也，曰："秦攻一國，則五國各出銳師以撓之，六國中有先背約者，則五國共伐
之。"其事雖不必持諸絕對的永久，而其盟約亦必於比較的長時間之內保守
之，則其事之成否，蓋有難言者矣。故合從之策，以純粹之學理衡之，非徒行
之而無效，抑亦必不能行也。至於連衡，則幾不成爲政策。爲秦人計邪？秦
之志在併吞六國，非特蘄六國西面而事秦也。爲六國計邪？怵於秦之强，而
事之以求一日之安。夫天下焉有終事人而可以爲安者？且既連衡，則必割地
以事秦。蘇秦有言："諸侯之地有盡，而秦之求無已，以有盡之地，逆無已之
求，此所謂市怨而買禍者也。"事秦求福，乃更得禍，策果安取？即曰師徒撓
敗，聊以救亡，爲目前計，勢不得不出於此也。然蘇子瞻亦有言："割地以賂
秦，曾未得一夕安寢，起視四境，而秦兵又至矣。"夫至於割地以賂人，以偷目
前之安，而其所謂目前者，又至短而有限如此，則亦何取乎此屈膝請和之舉爲
也。況天下焉有以五倍之地，十倍之衆，爲一致的行動，以決定外交方針，而

其策乃出於交臂而事人者。故曰：連衡之説，衡以純粹之學理，直是不成政策也。

　　然則當時六國之士，紛紛言合從者，皆安庸之徒乎？曰：是又不然。蓋如上所説，以純粹之學理論評之也，天下事固多變態，有一時之計，有權宜之計，有不能盡執純理以衡之者矣。謂合從、連衡非永久可用之政策則可，謂其非一時權宜之計，則不可也。夫謂合從之策之不可用者，謂其不可恃是以爲安耳，史論家偏主合從之説者，幾謂六國當永恃合從以爲安。然誰使汝既合從而遂恃是以爲安者。夫欲求有以禦秦，則必有自强之策；欲行自强之策，亦必先有閒暇之時；欲求閒暇之時以自强，則其策誠莫如合從矣。且非獨自理論上言之爲然也，即以事實論，戰國時六國藉合從之策以擯秦且自救者，亦不能盡謂爲無功。太史公述蘇秦之合從也，而曰："秦兵不敢出函谷關者十五年。"今以史實考之，則蘇秦合從之明年，公孫衍即欺齊、魏以伐趙，自是迄於張儀説諸侯連衡之歲，其間儀常相秦，屢苦楚、魏。謂秦兵不敢出函谷關，其誰信之。然夷考之，秦之滅六國，其軍蓋分爲三支：一軍出河南，以劫韓包周，而脅大梁。一軍出河北，首渡臨晉，以窺太原。太原定，則南下上黨、野王，由野王以窺韓，出上黨以攻趙，而即以滅趙之軍，北定燕，又轉東南而滅齊。三軍中，當以此軍之奏勳爲最偉矣。此皆出黄河流域者也。一軍出巫黔中，拔楚鄢郢，燒夷陵，於是楚東北徙都陳，後又南東徙壽春，秦人日踵而攻之，以至於滅亡。此則出長江流域者也。此其計畫，當爲秦國軍事學家所預定，非漫然而爲之。然其實行，則皆在從約解散以後。河南軍之出，始於甘茂之拔宜陽，事在赧王七年。河北軍之出，始於白起之伐趙，事在赧王五十三年。長江流域軍之出，始於白起之伐楚，事在赧王三十七年。其最早者，距蘇秦之合從亦二十有六年。前此雖小有侵軼，然皆疆場之事，一彼一此，非關係存亡之大戰役也。則謂蘇秦合從而秦人之威爲之一頓挫，亦實録矣。至六國之藉合從之力以攻秦且自救者，則周赧王十七年，齊孟嘗君用事，以韓、魏二國伐秦，入函谷關，秦人割河東三城以講，爲戰國時伐秦最勝利之役。五十七年，秦軍圍邯鄲，信陵君實合五國之師，以敗秦而存趙。周亡後九年，秦攻魏，信陵君又合五國之師，敗蒙驁於河外。後七年，楚春申君又合韓、魏、趙、衛之師以伐秦，皆其最著者也。夫蘇秦之從約，雖不能堅，而六國之所以自救或擯秦者，仍不外乎合從相并力，則合從之非盡無益於六國也審矣。而連衡之效，即可以反觀而自明。蓋六國之利，既在乎合力以擯秦，而徐圖自强，則秦人之利，即在離六國之交，而使之不能自立，此不待言而可知也。夷考秦之所以得天下者，實得力於遠交近攻一語。故其始則遠交齊、楚，近攻韓、魏。其後則并攻韓、魏、楚、趙四國，而置齊、燕爲緩圖。而遠交近攻一語，實與連衡之策相表裏。蓋惟連衡，然後可以離諸侯之交；惟諸侯之交離，然後秦得以擇肥而噬，擇其可交者而交之，可攻者而攻之也。蘇秦之從約，雖不能堅，然其勢力亦非不還踵而即滅。故張儀相秦十餘年，始則盡力以欺魏，繼則多方以誑楚。迨魏既受紿，楚亦戰敗，然後諸侯喪膽，而連衡之説，乃得乘之以進矣。猶且身未返秦，橫約遽解。可見合從固難，連衡亦非易易也。故自周赧王以後，爲秦人奮全力以取天下之期，自蘇秦合從至張儀説諸侯連衡之時，則爲秦人盡力以破壞從約之日。破壞從約，正所以爲遠交近攻之前驅也，則連衡之非無益於秦，又可見矣。夫世之執成見而謂合從、連衡之策爲無用者，多由責其效太過，謂六國徒恃此不能免於滅亡，秦人徒恃此亦不能以取天下耳。夫此安有專恃外交遂可以救亡而滅國者？操豚蹄而祝篝車，見金丸而求雀炙，不已過乎？若徒以外交論，則合從、連衡，固當時最重要之政策矣。

第十章　古代外交學之真相及蘇秦張儀之人物

　　合從、連衡之策，其重要既如上所述。然當時之諸侯，終無一人焉，能善用之，以收謀國之效者。六國無論矣，即秦人之獲成帝業，亦六國之自離自弱，以取滅亡耳。而豈秦人真能運用連衡之策，以離諸侯之交，而取天下哉？六國中如楚懷王之見給於張儀，直與童騃無異。此何故邪？是固由當時之諸侯，才質駑下。然吾謂儀、秦亦有罪焉。夫欲謀人之國家者，必先有忠於所事之心，然後其事業乃有成功之望。蓋有鞠躬盡瘁，而其事業終不克有成者矣。未有浮夸無實，反復無信，而其事業轉克有成者也。故商鞅變法以強秦，樂毅破齊以存燕，非幸致也。其忠於秦與燕之心，實使之成功。梅特涅結神聖同盟以強奧，俾斯麥離英、俄、法、意之交以強德，亦非幸致也。其忠於奧、德之心，實助之奏績。彼蘇秦、張儀何人也？蘇秦之說秦不成而歸，則發憤曰："安有說人主不能出其金玉錦繡，取卿相之尊者乎？"及其合六國從，復過洛陽，天子郊勞，親戚畏懼，則又志得意滿，曰："人生世上，勢位富厚，蓋可以忽乎哉？"張儀始見辱於蘇秦，則發憤欲用秦以苦趙，及知其得用於秦，皆爲蘇秦所推致，則又欣然改易其意曰："爲我謝蘇君，蘇君之時，儀何敢言。"其胸中所有，惟富貴利達四字耳。以惟知富貴利達之人，而與謀國是，此與謀國是於商賈者何異？且蘇秦、張儀，不特自始未嘗有忠於所事之國之心也，往往以一己之富貴利達故，即不恤以他人之家國爲其犧牲。觀夫蘇秦之敝齊，張儀之欺楚、魏，其明證矣。此等事，蓋凡稍守信義者所不屑爲。即曰外交無信義，亦安取此卑劣之策？其人格可知矣。夫人必先有一主義焉，不惜以身爲之徇，然後其事業可以有成。若蘇秦、張儀，則不但未嘗有一主義焉，而以身爲之徇也，而實時時以主義徇其身。惟其以主義徇其身也，故其主義可以瞬息百變，而終至於一無所成。蓋觀於從約之解，而謂蘇秦失敗矣，然秦固未嘗失敗也，其身固尊榮於燕。觀於衡約之不成，而謂張儀失敗矣，然儀又未嘗失敗也，其身固安居於魏。若是者，其謀人家國之事可以一無所成，而惟一身之安富尊榮，則必保守之勿使失墜。然則有國有家者，亦奚德於蘇秦、張儀，而必爲之實行其安富尊榮其身之政策，至以國家爲之犧牲而不恤哉！孔子曰："所謂大臣者，以道事君，不可則止。"道即主義之謂也。孟子曰："以順爲正者，妾婦之道也。"以順爲正，謂他無所知，而惟其身之知，苟可以求福而免禍，即無不爲也。衡以嚴格之論理學，儀、秦其能免於妾婦之譏乎？夫率妾婦之道，則何勳業之可成者。合從、連衡之政策之不克實行，以爲吾外交史光，夫豈盡七國諸侯之罪也。

然則蘇秦、張儀，其徒妄庸人，乘時以取富貴者乎？曰：是又不然。蘇秦、張儀，語其一人，則不足取耳，言其才則實爲戰國游士之冠，而亦爲吾國外交家第一流，蓋其學有所受之也。吾國外交之學，其起原蓋甚古，及後世遂失其傳。然其遺迹，猶有可考見者。蓋其爲學，以古之所謂陰謀者爲體，而以其所謂詞令者爲用。體以建策，用以行之，故其效往往能覆人家國，賢於十萬之師。而深得其術之蘇秦、張儀，遂得以操縱列國之君，使惟吾言之是從，其事蓋非偶然矣。夫陰謀二字，古籍中屢見之，苦不得其確解。史所傳：伊尹之於商，太公之於周，管夷吾之於齊，范蠡、文種之於越，皆嘗用陰謀以覆其敵。伊尹、太公，事不經見。夷吾、種、蠡之所爲，則略見於世所傳《管子》及《吳越春秋》。然是二書，固多僞雜，不可深信。即其非僞者，亦多局外人秉筆紀載之詞。局中之深謀秘計，尚不在是也。然則古代之所謂陰謀者，其真相終不可考見乎？曰：然。凡所謂陰謀者，其局中之深謀秘計，決不傳。既曰陰謀，即不可以告天下。非徒不可使敵國知，且不可聞於鄰國；非徒不可聞於鄰國，亦且不可以告國人。故凡陰謀之事例不傳，其見諸紀載者，皆局外推測之詞，決非局中之真相也。如《吳越春秋》紀越君臣之事，彼以爲奇權密機出入神鬼矣，然其事實甚粗淺耳。果僅如此，安足以欺吳國陰謀之事，漢初蓋尚有之，後此遂絕尠。蓋其學失傳也，然如陳平佐高帝七出奇計，世已莫得聞矣。後世之事有類乎陰謀者，惟隋文帝、長孫晟之於突厥，以所謀者爲突厥，故無所用其秘密。然其事亦至粗淺耳。司馬宣王之篡魏，陰謀蓋頗多，然世亦不傳。然據局外之所紀載，亦有可以推測其真相者。吾姑以意爲之說曰：陰謀者，謀覆人國本之學也。凡各種學術，皆可以謀人國。然特謀之於一時一事，惟陰謀家，則必舉其立國之大本而撥之，使之不復能立。其爲謀，蓋至慘毒矣。故陳平謂"吾多陰謀，道家所禁，吾世即廢，亦已矣。終不能復起，以多陰禍也。"如范蠡、文種之謀吳，不圖所以弱其兵，而轉使之耀兵於外，以敝其國。蓋兵之强，非國所以立，而窮兵黷武，淫佚無藝，則民力凋敝而立國之大本撥矣。陰謀之術，蓋仍出於道家，道家明自然，此自然二字，與今理學中之所謂自然者無以異。盈天地間之物，皆有其自然之理，非特物理有之，即人事亦然。萬物各循其自然之法則以運行，即爲一種之力。此種力可以利用，而不可以抵抗也。中國古人最明此理。夸父逐日，即自然力不可抵抗之喻。道家貴因因，即利用自然力之謂也。自始也，自然言自始而已然，即知其然而不知其所以然之謂。幾何學之公理，祇能由實驗知其不誤，而不能復加以證明，即此理也。此即斯賓塞所謂不可思議。佛家言所謂非此世界人心力所能受持。故其滅人國也，非滅其不可滅者，而實滅其當就滅者。所謂栽者培之，傾者覆之。所謂兼弱攻昧，取亂侮亡，皆此理也。然吾所欲滅之國，不必其爲當就滅之國，則設一法使之自趨於就滅之途焉，而後從而滅之，是則所謂陰謀也已矣。彼不可滅，而吾乃强欲滅之，是與天然力抵抗。彼當就滅，而吾從而滅之，則與利用自然力。陳平謂陰謀爲道家所禁，此別是一義。蓋道家明自然，則必知佛家之所謂因果。因果之理至確，而不可逃者也。造善因者獲善果，造惡因者獲惡果，如影隨形，不爽豪髮。用陰謀者，雖獲取快於一時，然其因陰謀所生之惡果，亦終不可逭。如越用陰謀以滅吳，其後即必受因滅吳所造之陰謀之果是也。所謂陰禍者，陰禍即陰謀之果也。故充道家之義而至於盡，即陰謀亦在所禁，而惟尚無爲。然則何以知從衡之學與陰謀之術有關係也。曰：觀蘇子之所爲可知也。蘇子之爲燕謀齊也，不務所以弱其兵，匱其財，而徒教以厚葬、高宮室、大苑囿，以撥其立國之本。此與古代之以陰謀覆人國者何異？深而論之，不徒齊湣王之淫侈爲蘇子所教，即其兵强於一時，亦必如蘇子者教之。蓋湣王亦一雄主，但教以高宮室、大苑囿，必不見聽也。此與范蠡、文種輩之疲吳兵於齊、晉，其策正同。夫欲覆人之國者，不謀叩之於弱，而轉導之於强，則其機真神鬼莫測矣。所謂將欲取之，必姑與之也。且蘇子之不得志於秦也，發憤，發篋陳書而讀之。而其所讀者，實爲太公之《陰符》。夫《陰符》，兵家言也，與游説之術何與？而蘇子讀之者，蓋古代兵家言，亦出於道家。吾國古代百家之學，皆出於道家。其所陳，固非徒攻城野戰之規，而兼有謀人國本之策，與縱橫家言實相表裏也。故《孫子》、《吳子》等，《漢書·藝文志》稱爲權謀家。此則縱橫之學以古代之所謂陰謀者爲之體之確證也。夫今世之所謂外交之術者，極其技，不過能離人之與國，而使之就我，使怒者喜，使親者疏，使列邦皆爲我用而不自覺耳。其奏效，固仍限於外交上也。而中國古代所謂外交術者，乃能舉人立國之大本而覆之，神州學術之深鷙，不亦深可畏哉！而惜乎能昌大之而利用之者，少也。

　　所謂以辭令之學爲之用者，何也？古代質樸，文字之用蓋少。觀《左氏傳》、《國語》、《國策》所載列國文書相往還之事絕尠可知，即有時以書牘相往還，亦仍以口之所説，筆之於書而已，非與語言相離也。列邦交際，多以使臣之口説爲憑。故其時，專對之才極重。子曰：“辭達而已矣。”又曰：“言之無文，行而不遠。”皆爲口説言，非爲筆札言也。惟其然也，故吾國古代辭令之美，乃至冠絕環球。後世文詞之美，實古代詞令之美有以使之然也。古代之文詞，即其辭令。後世之文詞，又皆自古代之文詞中來。而時至戰國，則其所研究者，又不徒詞氣之雍容，出言之大雅。蓋其所最致力者，游説之術也。游説之術，非徒欲求人之聞吾言而以爲美，并欲使其聽吾説而樂於從。質而言之，則欲人之服從吾之主義，而以一種言詞爲達其目的之手段而已矣。孟子曰："説大人則藐之,勿視其巍巍然。"韓非子曰："所説出於名高者也,而説之以厚利,則見下節而遇卑賤,必棄遠矣。所説出於厚利者也,而説之以名高,則見無心而遠事情,必不收矣。所説實爲厚利,而顯爲名高者也,而説之以名高,則陽收其身而實疏之,若説之以厚利,則陰用其言而顯棄其身。"其説俱極精審。夫儒家、法家,非專以游説爲務也,而其於進説之道,極深研幾尚如此,況於縱橫家之專藉詞令以售其術者哉!今觀蘇子,其説燕王也,則脅之以趙之可畏;其説齊王也,則告以秦之不能爲患;其説魏王也,則極言秦之不足爲患;其説楚王也,則悚之以事秦之患,更欣之以合從之利。此皆因國勢而異其説詞者也。趙肅侯,雄略之主也,則動之以割地包利封侯貴戚之效。韓宣惠王,蓋負恃氣力之主也,則激之以寧爲雞口、毋爲牛後之羞。此因人而異其説詞者也。張儀之説六國也亦然。趙從主也,則怵之以報仇;韓小國也,則脅之以勢力之不敵;楚新敗之國也,則懾之以諸侯之救之不可恃,又噉之以得泗上之地之利;齊遠於秦之國也,則脅以驅三晉而攻之,而又以趙脅燕,以楚及韓脅魏。蓋其所以噉人者,無不足以中人之所欲,而其所以脅人者,則無不適爲其人之所畏。此真韓非所謂"知所説之心,而以吾説當之"者也。其能使人入其玄中而不自覺也,宜哉!外交家體用兼備之才不易得,然徒嫺於辭令之人,則楚漢之際,蓋猶有之。如酈生、陸賈等是也。統一以後,無所用之,乃絶。

　　然則縱橫之學,其傳授源流不可考見。而自漢以後,且無聞焉者。何也?曰:即以其雜有陰謀故也。蓋各種學問,皆可以明目張膽,互相傳習,獨至陰謀家,則多深謀秘計,謀覆人國本之策,斷不容使世主知之。故其傳習爲獨秘也。夫孔子之作《春秋》,非有所沈謀陰計,謀覆人之宗社也,猶曰"刺譏褒貶,不可以書見",況於縱橫家乎?唐太宗使李靖教侯君集兵法,而君集告太宗曰:"李靖欲反。"上曰:"何以知之?"曰:"匿其所能,不以教臣。"他日,上問李靖,靖曰:"君集則欲反耳。今天下太平,臣之所以教君集者,足以制四夷。君集欲盡得臣法何爲?"夫傳習兵法,猶以爲忌,況於陰謀秘計,謀覆人宗社者哉?韓非子曰:"宋有富人,天雨牆壞。其子曰不築且有盜,其鄰人之父亦云。暮而果大亡其財。其家甚智其子,而疑鄰人之父。鄭武公欲伐胡,乃以其子妻之。因問羣臣曰:吾欲用兵,誰可伐者。關其思曰:胡可伐。廼戮關其思,曰:胡,兄弟之國也。子言伐之,何也?胡君聞之,以鄭爲親己而不備鄭。鄭人襲胡,取之。此二説者,其知皆當矣,而甚者爲戮,薄者見疑,非知之難也,處知則難矣。"此真事游説之士之殷鑒矣。然則若縱橫之學者,其傳習安得不秘。史所傳張良之遇圮上老父，其事甚怪，然安知非懼遭時主之忌，而因故詭異其蹤跡者哉？由此推之，則所謂鬼谷先生者，亦未必爲蘇秦神秘其術之詞也，特傳授常秘其源流，轉爲此等學術家之家法耳。東周百家之學，傳授最廣者惟儒、墨等數家，餘皆不取，亦必有故。陰謀之學，蓋亦絕於漢初。張良、陳平，蓋猶其人也。後此之傳授，所以遽絕者，蓋亦以天下已定，無所用之。而專制之嚴威，更甚於列國分立之日，其懼得禍且彌甚耳。然古代一種最高尚之學術，於此而遂失其傳，亦可惜也。

中國古代外交之學，其精深博大既如此。而蘇秦、張儀輩，曾不克運用之，稍有建樹，而徒以爲一身富貴利禄之資，則又何也？曰：莊子不云乎，"宋人有善爲不龜手之藥者，世世以洴澼絖爲事。客聞之，請買其方百金。聚族而謀曰：我世世爲洴澼絖，不過數金，今一朝而鬻技百金，請與之。客得之，以説吳王。越有難，吳王使之將，冬與越人水戰，大敗越人。裂地而封之。能不龜手一也，或以封，或不免於洴澼絖，則所用之異也。"夫學術之效，則亦視用之之人何如而已。蘇秦、張儀，游士也。游士者，固惟其身之富貴利達是謀，而置人家國之利害於不顧，且往往以他人之家國，爲其身富貴利達之犧牲者也。豈惟蘇秦、張儀，自戰國以迄楚漢之際，所謂游士者，蓋皆如此矣。秦散金三千斤，而天下之游士鬪。陳平用金四萬，而楚之君臣間疏。齊王建聽游士之言，不助五國攻秦，則松邪柏邪，民疾其用客之不詳。蓋當時亡國敗家之事，無不有游士焉參與其中者。游士真不祥之物哉，戰國時，用游士而收實效者，惟秦之於商君，燕之於樂毅，此外則楚曾一用吳起耳。然三人中惟樂毅奔趙獲全其身，商君、吳起皆爲秦、楚之貴戚所殺。蓋當時世臣與游士恒互不相容，非徒游士不能盡忠於所事之國，即用游士者，亦罕能深信而久任之也。然則何以至此？曰：游士者，世臣之對詞也。世臣，國所與立；游士，非國所與立也。夫世卿，不平等之惡制也。而子謂爲國所與立者何也？曰：制之善惡，無定評也，實視其用之之時與地而定。古代社會，必有貴族、平民、奴隸三種階級。貴族者，戰勝種族之主之同姓懿親也；平民者，戰勝之種族也；奴隸者，被征服之種族也。吾既言之矣。古代政體，皆爲專制，非徒被征服之奴隸，無參預國政之權利也，即戰勝之平民，於國事亦無所預。執國家之政權者，則少數之貴族而已。夫人於其所當爲之事，必使之常躬親焉，且自任其責，然後其於事務也，有處理之能，而其於責任也，亦有負荷之念。若使之久不親其事，且不負其責，則其處理此事之本能，將以積漸而消失，久之久之，將并不知其事之爲何事，亦不知其責任之何在矣。古代平民之於政權，即由是也。夫全國大多數之平民，既皆不知國事之爲何事，又不知其責任之何在,則國家之政治安得不由少數之貴族主之。而少數之貴族,又安得不爲一國之中堅。故古代之國家,其與貴族有密切之關係,勢使然也。春秋時,卿權最重者,莫如齊、魯、晉三國。齊之田氏,魯之三家,晉之六卿,其後皆至於奴視其君,或篡取其國,然在當時不能不謂爲國所與立。試觀晉之卿權强於楚,而晉遂較楚爲强可知。蓋楚之權在君,故非得如莊王之賢君,不能以霸北方。晉之權在卿,則所謂"其君雖不肖,然尚有老成人焉"。故雖以靈公之淫虐,而威靈不至大墜也。然法歷久而必敝。彼其爲貴族者,其始皆與其開國之主,披荆棘,斬草萊,以乂定此國土。其才能之卓越,譽望之隆重,足爲一國之楨幹,夫何待言。然數傳或十數傳後,子孫不能皆克肖其祖宗,而不免競務於淫佚,則"世禄之家,鮮克由禮"、"肉食者鄙,未能遠謀"等之譏評起矣。蓋觀春秋時,列國之才士,多出於公族之中。而至戰國時,則將相使才,出於公族者絕少。而欲世運之遷流,有非人力所能挽也。戰國時,任用公族最重者莫如楚,如懷王之於椒蘭是也。蓋猶墨守舊習,然其國卒以不競。貴族之衰弊,既已如此,安得不以游士代承其乏,而布衣卿相之局,遂自此開矣。然一政一俗之成,大抵積之者至深,而非倉猝所可致。彼貴族之所以常自視爲國家之楨幹者,豈其一旦拔諸草茅,升諸朝宁,而遂足以語此? 蓋其所由來漸矣。若平民則何有者? 彼其始,固不知國家之事爲何事,其與我之關係爲何若者也。一旦拔諸草茅,升諸朝宁,而遂望其自視爲國家之楨幹,一如前此之貴族,其安可得? 則亦偷合苟容,以取一時之富貴而已矣。故孟子謂齊宣王曰:"所謂故國者,非謂有喬木之謂也,有世臣之謂也。王無親臣矣,昔者所進,今日不知其亡也。"蓋深傷其國之所與立者已亡,而將不可以久也。夫游士固皆出於平民之中者也,其不顧國家之利害,而惟爲一身富貴利達之謀,甚至以他人之家國爲其身富貴利達之犧牲,亦何足怪。且此豈足爲游士咎哉!《書·泰誓》曰:"撫我則后,虐我則讎。"孟子亦曰:"君之視臣如草芥,則臣視君如寇讎。"時至戰國,爲平民者既無絲毫權利之可言,而賦斂之亟,兵役之重,則實爲曠古所未聞。見第三章。蓋當時之君,久以草芥視其民矣。民之以寇讎報之,亦何足怪? 若責以愛國家、愛種族之義耶,則所謂愛國者,以其爲國而愛之也;所謂國者,以其有以異於他國而名之也。愛種族之義亦然。戰國時,海宇漸幾於統一,所謂語言、風俗、宗教、文化,凡可指爲國性之物,列國蓋略已同化矣。當時之國家,實無分立之必要。而分裂愈甚,則殘民愈烈,爲救民於水火故,乃轉有統一之要求耳。若論種族,則嫣、姑、芊、嬴同是神明之遺胄,撫我則后,又何所擇。故當時之游士,其不忠於其所事之國,而惟其身之富貴利達是謀,固不能謂爲正當,然必欲責以應忠於某一國之義務,亦殊覺躇躇滿志而不能得其天經地義之所在也。吾國之民，素抱大一統、大無外之思想。故於國家觀念頗薄弱。此自其環境使然，不能執今日歐洲人之思想以病我國之古人也。後人譏孟子詩曰"朝中尚有周天子，何事忙忙走魏齊"，正是後人不識大義處。且公山不狃召，則欲往，佛肸召則欲往，自孔子已開其端矣。暮楚朝秦，又奚足病？但如樂毅等之明於去就之分，則終是高人一籌耳。

　　然吾觀於此而重有感焉，所感伊何？感夫革命之真因，必爲生計之憔悴也。戰國游士，不能律以愛國家、愛種族之義，斯固然矣，然彼豈真知此義然後爲之者哉？亦不過曰：迫於生計無可如何，乃不得已而出此耳。孟子曰："無恒産而有恒心者，惟士爲能。若民，則無恒産，因無恒心。苟無恒心，放僻邪侈，無不爲矣。"當時之游士，則皆無恒産因無恒心之凡民耳。蘇秦之既貴也，而曰："使我有洛陽負郭田二頃，吾安能佩六國相印乎？"情見乎詞矣。夫一國之中，凡民恒多，士君子恒少。然則一國中大多數人，皆憔悴無以聊其生者，國欲免於危亡，胡可得也。孟子言强國之本，在行仁政，當時皆以爲迂濶，而孰知夫欲救戰國時之國者，舍此終無他策哉。如吾前述，自戰國以迄楚漢，凡國家之覆亡，無不有游士厠其間者，而游士所以覆人家國之真因，乃在於生計之憔悴，則其他亡國敗家之事，其原因可以類推矣。

關岳合傳

前　言

　　《關岳合傳》也是呂思勉先生早年在中華書局任編輯時撰寫的文史通俗讀物之一，一九一六年八月由上海中華書局收入"學生叢書"初版，一九二九年四月印刷到第十版。二〇一〇年，《關岳合傳》曾收入上海古籍出版社"呂思勉文集"《呂著史地通俗讀物四種》①（二〇一〇年三月出版）。此次我們將此書收入《呂思勉全集》重印出版，按中華書局的初版本加以整理校訂，除訂正錯字或勘誤外，其他如文字、術語等，均照原書刊印不改。

李永圻　張耕華
二〇一四年八月

---

①　即呂先生《蘇秦張儀》、《關岳合傳》、《中國地理大勢》和《三國史話》四種著述的合刊。

目　　録

第一章　英雄與社會

後史氏曰：英雄之關係於社會，顧不重哉！言周之文治者，不稱他人，而必曰周、召；言漢之武功者，不言他人，而必曰衛、霍。一若此時代之功業，悉此一二人之所創者然。何哉？近世論者，乃謂惟未開或半開之社會，然後有賴於英雄。社會愈進化，則英雄愈少。又謂凡一有名之英雄，必有無數無名之英雄，盾乎其後，衡以分功協力之義，則此有名之英雄，其功亦與無名之英雄等耳。推斯義也，則英雄者，特不祥社會之產物，竊取他人之力以成其名者耳。其然，豈其然乎？聞之，《易大傳》："天下同歸而殊途，一致而百慮。"蓋社會進化其道萬端，固非一手一足之烈。而人之性，又各有所長。就其所長者而致力焉，而程功乃易爲力。推斯義也，則社會愈進化，而英雄乃愈多耳。今即以生計爲喻，凡欲求一國生計之發展，未有不跂望企業家之出現者也。夫生利之要素有三：一曰土地，二曰資本，三曰勞力。土地出於地主，資本出於資本家，勞力出於勞力者。彼企業家曾何有焉？然而欲靳經濟之發達，終不得不跂望企業家之出世。而企業家且於經濟社會，占一最重要之位置者，何也？社會愈進化，則事物愈複雜。地主、資本家、勞力者，雖亦有其土地、資本、勞力而不能用，必待企業家出，然後能從而結合之也。然則企業家者，生計界之樞機，而地主、資本家、勞力者，所相依爲命者也。英雄之於社會亦猶是矣。孟子曰："待文王而後興者，凡民也。若夫豪傑之士，雖無文王猶興。"信哉！

凡人類莫不有其向上心，又莫不有其模倣性，故其於社會也，人人思爲英雄，亦莫不各就其性之所近之英雄而崇拜之。惟崇拜英雄者多，故英雄日出而已也。雖然，欲崇拜英雄者，必不可以不知英雄之真相。崇拜英雄而不知英雄之真相，則其所崇拜者，已別爲一物，而非復英雄矣。今夫孔子聖人也，釋迦亦聖人也，爲人而崇拜釋迦與孔子，豈得曰誤？又豈敢謂其終不能肖釋迦、孔子？雖然，執村塾學究所誦之高頭講章以崇拜孔子，執鄉曲善士所刻之陰隲文感應篇以崇拜釋迦，釋迦、孔子不任受也。是何也？高頭講章，固非孔子；陰隲文感應篇，固非釋迦也。外人目我爲佛教國，而吾國自漢以後，國家號稱尊儒，夫尊儒則豈不以孔子爲歸，奉佛則豈不以釋迦爲鵠哉？《泰誓》曰：“民之所欲，天必從之。”西儒亦有言：人恒立於其所欲立之地位。然則我國似孔子、釋迦者宜最多，而何以自漢以後，儒學統一，而真儒愈少，自唐以降，宗風益暢，而高行反稀也？語曰：畫虎不成反類狗。夫人類固富於模倣性者也，果使得虎之真相而朝夕臨摹焉，亦豈慮其終不能肖？特恐虎居山林不能常見，因執其朝夕習見之犬，而誤以爲虎耳。如是則臨摹愈勤，去之愈遠矣。崇拜英雄而不知英雄之真相，其害如此。

　　英雄之種類不一，而惟長於爭戰之英雄，最易受人崇拜。非必人類之性質，尚帶有野蠻時代之遺傳，而特好殺戮也。蓋物莫不求所以自存，而欲求所以自存，則其事恒與競爭相伴。競爭之道雖多，而戰爭則其所以成終而成始也。凡一社會非其武力先足以自立，則將早爲他族所吞併，而凡百事業均無所附麗。即幸緣環境之不同，蹔獲自立以發舒其文化，終亦爲他人奉耳。北宋之末，汴京淪陷，而一切法物，遂無不隨徽、欽二宗以俱去，其實例也。故凡一軍略家之出世，實能爲全社會之人捍禦外敵，使克保守其前此之所有，又能爲此社會樹立聲威，鞏固基礎，使獲若干年之平和，益致力於他種之競爭，以圖自存之計，其功可謂大矣。其受人之崇拜也，亦宜。雖然，是亦可以誤其真相乎？則所謂畫虎不成非徒無益，且又有害者也。

　　庚子之役，我國民徒恃血氣之勇，輕挑强敵。致其結果，償款四萬萬，種種辱國之舉動，不一而足。問其何以至此？曰：崇拜英雄而誤其真相致之也。蓋當時之所謂義和拳者，其心目中各有其所謂英雄之一人，而從而崇拜之，而模效之。而其所謂英雄者，則非虎而狗，非鵠而鶩。致有此等求益反損、求榮反辱之舉也。今舉世認爲軍事上之英雄，而從而崇拜之者，莫如關壯繆及岳忠武。然其不執《三國演義》以崇關，挾《岳傳》以拜岳者，復幾何？吾懼夫崇拜英雄之效之終不可見也，作《關岳傳》。

第二章　曠世之君臣相與

後史氏曰：君臣相與之際，豈不難哉？篤信義，重然諾，生死不相背負，此在閭巷之間，布衣之交，蓋猶難之，而況於君臣相與之際乎？夫君臣相與之義之不明於世也久矣。孟子論周室之班爵祿也，而曰：“天子一位。”《白虎通》亦曰：“天了者，爵也。”可知君臣之間，等分初非殊絕。位曰天位，爵曰天爵，祿曰天祿。特以人之才分各有所宜，循分功協力之義，以共任天下事者耳。夫信義之爲重於世也久矣。閭巷之間，布衣之交，生死然諾，猶不可相背負，而況於分功協力共任天下事者乎？然此義之不明於世也久矣。有能行之者，其惟三國時代之劉先主與關壯繆。

蜀漢一朝，君臣相與之際，實曠三代後所無有也。趙翼《廿二史劄記》云：

> 人才莫盛於三國，亦惟三國之主，各能用人，故得衆力相扶，以成鼎足之勢。而其用人，亦各有不同：大概曹操以權術相馭，劉備以性情相契，孫氏兄弟以意氣相投，後世尚可推見其心迹也。（中略）劉備一起事，即爲人心所歸嚮。少時結交豪傑，已多附之。中山大商張世平、蘇雙等，早資以財，爲糾合徒衆之用。領平原相，劉平遣刺客刺之，客反以情告。救陶謙，謙即表爲豫州刺史。謙病篤，命以徐州與備，備不敢當，陳登、孔融俱敦勸受之。後爲呂布所攻，投奔於操，操亦表爲左將軍，禮之甚重。嗣以徐州之敗，奔袁譚，譚將步騎迎之。袁紹聞備至，出鄴二百里來迓。及紹敗，備奔劉表，表又郊迎，待以上賓之禮，荊州豪傑多歸之。曹兵來討，備奔江陵，荊州人士隨之者十餘萬。是時身無尺寸之柄，而所至使人傾倒如此。程昱謂備甚得人心，諸葛亮對孫權，亦謂豫州爲衆士所慕仰，若水之歸海。此當時實事也，乃其所以得人心之故，史策不見。第觀其三顧諸葛，咨以大計，獨有傅巖爰立之風。關、張、趙雲，自少結契，終身奉以周旋，即羈旅奔逃，寄人籬下，無寸土可以立業，而數人者，患難相隨，別無貳志。此固數人者之忠義，而備亦必有深結其隱微而不可解者

矣。其征吳也，黃權請先以身當寇，備不許，使駐江北以防魏師。及猇亭
敗退，道路隔絕，權無路可歸，乃降魏。有司請收權妻子，備曰："我負權，
權不負我也。"權在魏，或言蜀已收其孥，權亦不信。君臣之相與如此。
至託孤於亮，曰："嗣子可輔則輔之，不可輔，君自取之。"千載下猶見其肝
膈本懷，豈非真性情之流露。設使操得亮，肯如此委心相任乎？亮亦豈
肯爲操用乎！惜是時人才已爲魏、吳二國收盡，故得人較少。然亮第一
流人，二國俱不能得，備獨能得之，亦可見以誠待人之效矣。（下略）

　　吾又論之：自漢以後，開國之時，君臣相與之際，鮮或能善其終者。漢高
祖、宋太祖、明太祖無論矣。唐高祖化家爲國，半由太宗之力，而太宗將才天
挺，亦遠出羣臣之上，削平僭亂，無役不身在戎行，似無所用其猜忌矣。然劉
文靜、侯君集等，猶不能保其善終，房、魏大賢，曾不能蒙十世之宥，長孫無忌
懿親，李勣元勳，亦皆惴惴不自保，此何故哉？夫人之欲善，誰不如我。霸者
既怙其詐力，竊天下而有之，視爲一家之私產。當其時，與之並起於草野之
徒，其才智與登九五、傳子孫者，初不甚相遠也，則安能禁其不生覬覦之心，而
霸者亦安能漠然置之哉？惟後漢一代，功臣均獲保全。至蜀漢，則諸葛孔明
以一身任軍國之重，總宮府之職，而其主不疑；位絕於百僚之上，威行於貴近
之間，而其下不怨。孔明卒後，蔣琬、費禕蒙其遺緒，猶克保乂境內者十年。
方苞至以此稱後主，謂"太甲成王當之，猶有媿色"。而壯繆死後，劉曄至以壯
繆與先主，義爲君臣，恩猶父子，以其相與終始之分，而決其必爲復讎，此誠曠
古所未有也。其所以克致此者，抑又何哉？無他，其君臣相與之際，一以共濟
世業爲心，而未嘗有利天下之意也。何以言之？夫能支配人之思想者，莫歷
史若。世變不可測也，方來之事，寧必盡符乎往古？然當變態未著以前，其事
固無從豫測，一時之人心，有不能不受前此歷史之支配者矣。以一姓長有天
下，此在今日，人人知其不能。然在三國之際，思想則固異此。漢自高祖斬蛇
起義有天下，文景繼之，休養生息，恩德深入乎人心。即武昭時代之武功，亦
有以大揚國威，而永爲人民所思慕。人心之戴漢也久矣。新室衰亂，崛起草
野者，無一不託名漢後。平林諸將立更始，赤眉立劉盆子，無論矣。弓林之詐稱得孺子嬰，王郎
之詐稱得成帝子子輿，盧芳之自詭爲武帝曾孫，皆託漢後以動天下也。劉永無尺寸之柄，而董憲、張步
甘爲盡力；隗囂始臣更始，後聽命光武；即公孫初起時，亦託漢使者，假以益州牧，始克起兵；而竇融更
無論也。而卒戡大難，復舊物者，實爲光武。漢家之厄在三七之間，而隆準之子
孫必能戡定羣雄，救民水火，殆成爲是時一種歷史上之信仰矣。故先主始起，
顛連困苦，而其志不折。其告孔明曰："漢室傾頹，姦臣竊命，主上蒙塵。孤不

度德量力，欲伸大義於天下，而智術淺短，遂用猖獗，至於今日。然志猶未已。"惟此種歷史上之信仰，有以養成其自負心也，而其羣下之推戴之也，則亦以此。諸葛亮告孫權曰："田橫，齊之壯士耳，猶守義不辱，況劉豫州王室之冑，英才蓋世，衆士慕仰，若水之歸海。若事之不濟，此乃天也。安能復爲操下乎？"趙氏稱孔明爲三國時第一流人物，吾謂壯繆亦三國時第一流人物也。讀下文各章自見其將才，其忠義，三國時武將中無第二人也。其所以不歸他人，而獨委身先主者，蓋有由矣。君懷戡定天下之心，以使其臣；臣以救民水火爲心，以事其上，共以濟世安民爲心，焉有爾詐我虞之事。其君臣相與之際，獨能恩義周浹，曠百代而無倫，豈偶然哉！然則劉先主、諸葛孔明、關壯繆非徒歷史上過去之英雄，實乃共和時代國民之好模範也。

第三章　關壯繆之時代

　　自漢以後,歷朝所以傾覆之原因有四:一曰夷狄,二曰篡竊,三曰藩鎮,四曰流寇。夷狄之患,起自外國,當別論。篡竊則移威權於宮禁之內,改玉步於殿陛之間,班彪所謂危起自上,傷不及下。其能使禹縣分裂,生民大被荼毒者,則流寇、藩鎮而已。而二者之患,藩鎮較流寇尤深。蓋流寇多起於繩樞甕牖之徒,未嘗有尺土一民之藉,起勢雖若剽悍,根柢實非深固。至藩鎮,則分土自專之既久,甲兵既訓練有素,政治亦施設有方,人民習其煦嫗之恩,亦且樂爲之死,其事勢乃牢固不可猝拔。此兩漢、唐、明之初,所以易於統一,而東漢、晚唐所以終成三國、五代之分裂也。

　　後漢與唐,其亡實最相似。今試列舉之:唐自中葉以後,政權恒操於宦官,南北司如水火,而士大夫恒不勝。其後乃激成崔胤之召朱全忠,盡誅宦官,而唐以亡。後漢宦官與外戚,亦恒相誅,外戚多覆敗。其後乃激成何進之召涼州兵,盡誅十常侍,而漢亦以亡。一也。唐自昭宗以後,受制於邠、岐諸帥,而朱全忠移駕幸洛。漢則始受制於董卓,既見挾於李傕、郭汜,而曹操遷帝於許。二也。唐藩鎮雖跋扈,其初不奉朝廷命令者,特河北三鎮耳。黃巢亂後,朝廷之命令,始全不行於山東。後漢中央威力之失墜,亦由黃巾階之屬。三也。唐末勢力最強者,其初爲李克用,而其後見弱於朱全忠。漢末勢力最強者,其初爲袁紹,而其後見滅於曹操。四也。朱全忠盡併山東之地,而不能得志於淮南。曹操芟夷二袁、呂布、劉表,而不免敗績於赤壁。五也。唐室雖亡,而朱邪、李昪,猶假其名以自立。後漢雖亡,而蜀漢先主,亦艱難思紹其遺業。六也。朱梁雖弱河東,而不能剪滅沙陀,卒召後唐、石晉竊據中原之禍,燕雲割棄,實爲北宋一代不競之原。魏武雖破烏桓,分匈奴,亦未能絕其根株,且徙武都氏於秦川,卒爲五胡亂華之本。七也。世之相去若此其久也,事之不必相師,又大彰明較著也。而其結果之相類至於如此,豈不異哉?

　　後漢外權之重,始於靈帝中平五年,用宗室劉焉議,謂四方兵寇,由於刺史威輕，且任非其人。於是改刺史爲州牧，選列卿尚書，各以本秩居任。及黃巾亂，州牧兵權益重。適會董卓以武人入握政權，東諸侯藉口討伐，紛紛起兵，陰圖割據，而禹縣分裂之勢不可迴矣。今略表當時割據諸雄如下，以見關壯繆所處之時代焉。

袁紹，以渤海太守起兵討董卓，諸侯推爲盟主，後逐冀州牧韓馥，滅公孫瓚，有幽冀并青四州。

袁術，始據南陽，後徙壽春。

公孫瓚，始幽州將，後弑州牧劉虞，有其地。

呂布，以中郎將與王允誅董卓。李催之難，布奔袁紹。紹忌之，走河內，與張楊合。曹操攻陶謙，張邈迎之，襲取兗州，後爲操所敗。奔先主，又乘先主與袁術相拒，襲奪徐州。

劉表，靈帝崩，代王叡爲荆州牧，削平寇難，遂據有其州。

劉焉，中平五年，州牧初建，爲牧益州，卒，子璋立。

張魯，劉焉使取漢中，璋立，闇弱，魯遂自據之。

馬騰、韓遂，遂金城人，騰涼州司馬。靈帝末，俱舉兵反，朝廷不能討，因授以官，涼州遂爲所擅。後騰與遂不和，求徵，入爲衛尉。子超，領其部曲，復與遂合兵反。

公孫度，初平元年，爲遼東太守，據有其地。傳子康，康弟恭，及康子淵。延熙元年，始爲魏所滅。

孫堅，初以長沙太守起兵討董卓，後附袁術擊劉表，爲表軍射殺。子策，始依術，後以父部曲南定江東。

曹操，以驍騎校尉起兵討董卓，袁紹表爲東郡太守。初平三年，黃巾入兗州，殺刺史劉岱，州吏鮑信迎操代領其州。建安元年，獻帝還洛陽，操入衛，遷帝於許，自是大權悉歸於操。次第戡定二袁、呂布、劉表。東征，敗於赤壁，三分之局始定。

此所舉特其據土較廣、歷時較久者耳。其他暫時割據一郡、雄長一州者，尚不在此列。漢代去古未遠，封建思想，未全脫除。君權不如後世之進化，郡縣吏民於刺史太守皆有君臣之分，有爲之效忠之義務，當時州牧郡守皆稱君，仕於州郡者皆尊之曰本朝，其效忠牧守見稱當代者，史事不可一二舉。故其戡定之也倍難。先主起於此時，復欲如光武之東征西討，克集大勳，難矣。然如關壯繆等之奉以周旋，艱險不避，生死不渝者，其忠義之氣，固凜然不可得而没也。

第四章　先主初起時之關壯繆

　　關壯繆及張桓侯之從劉先主周旋也,蓋在先主尚未起兵之時,二人實先主最舊之臣也。趙雲至先主,與田楷拒袁紹時始相從。壯繆名羽,字雲長,一字長生,河東解人。解,今山西河東道屬縣也。亡命奔涿郡。先主,漢景帝子中山靖王勝之後,勝子貞,封涿縣陸城亭侯,坐酎金失侯,因家焉。先主少孤貧,與母販履織席爲業,然有大志,少語言,善下人,喜怒不形於色,好交結豪俠,年少争附之。天下方亂,而欲於宗室中求濟世安民之才,舍先主莫屬矣。壯繆遂與桓侯俱事之。桓侯,亦涿人也,少壯繆數歲,以兄事壯繆。

　　時有中山大商張世平、蘇雙者,貲累千金,販馬,周旋涿郡。見先主,異之,多與之財。先主由是得用合徒衆,而壯繆與桓侯爲之禦侮。靈帝末,黄巾起,州郡各舉義兵。先主率其屬從校尉鄒靖討賊,有功,除安喜尉。督郵以公事到縣,先主求謁,不通,直入,縛督郵,杖二百,解綬繋其頸,著馬柳上,棄官亡命。頃之,大將軍何進遣都尉毌丘毅詣丹陽募兵,先主與俱。行至下邳,遇賊,力戰有功,除下密丞。復去官,後爲高唐尉,遷爲令,爲賊所破。初先主與遼西公孫瓚俱事同郡故九江太守盧植,瓚與先主深相友。及是,瓚爲中郎將,屯幽州。先主往依之,瓚表爲別部司馬,使與青州刺史田楷共拒袁紹,有功,試守平原令。後領平原相,壯繆、桓侯俱爲別部司馬,分統部曲。先主與二人寢則同牀,恩若兄弟,而二人亦竭忠以事先主。稠人廣坐終日,隨先主周旋,不避艱險。君臣之際,誠有如趙氏所謂性情相契,而非其他智取術馭之流所敢比擬者矣。

　　興平元年,曹操攻徐州刺史陶謙。謙告急於田楷,楷與先主俱往救之,操兵退。時先主有兵千餘人,及幽州烏丸雜胡騎,又略得飢民數千人。謙益以丹陽兵四千,先主遂去楷歸謙,謙表爲豫州刺史,屯小沛。是歲,謙卒。謙疾篤時,謂別駕麋竺曰:非劉備不能安此州也。竺率州人迎先主,先主未敢當,下邳陳登、北海相孔融皆勸先主,先主遂領徐州。

第五章　先主初據徐州及入許都時代之關壯繆

　　先主前此，況瘁依人，及得徐州，陳登欲爲合步騎十萬，上之以匡主濟民，下之以割地守境，可以展其驥足矣。而卒無所就者，則呂布與袁術爲之也。先二歲，李傕、郭汜陷長安，呂布奔袁紹。紹忌之，布乃走河内，依張楊。明年，袁術進兵封邱，爲曹操所破，南據壽春。是歲，曹操攻陶謙，陳留太守張邈叛，迎布以拒操。明年，操還擊破之，布來奔。布性反復，先主非不知之也，然是時海内大亂，方值用人之際，而布有勇名，故納而厚禮之，程昱勸曹操圖先主，操曰：方今收英雄時也，殺一人而失天下之心，不可。呂範勸孫權留先主，而魯肅不從，亦此意。然禍機即肇於此矣。建安元年，袁術來攻，先主拒之盱眙、淮陰，相持經月。呂布乘虛襲下邳，守將曹豹叛迎布。布虜先主妻子，先主聞之，北還，至下邳，軍潰。收散卒，東取廣陵，飢餓困敗，吏士大小相啖食，乃求和於布。布還先主妻子，先主於是身還小沛，而使壯繆守下邳。

　　一代帝王之興，必有其根據之地。故曹操欲定徐州，而荀彧説之曰：“將軍本以兗州首事，河濟天下要地，是亦將軍之關中、河内也。”先主起下邳，用有徐州，則下邳又先主之兗州矣。乃不能守以腹心，爲深根固本之計，任令叛將得據爲資，雖由兵力寡弱，不得不盡其衆以南拒袁術，然亦不得不謂爲失計也。及再有下邳，即以壯繆當守禦之任，毋亦懲於前失邪？而惜乎兵弱敵彊，相迫太亟，終無復從容展布之餘地也。

　　先主既還小沛，復合兵，得萬餘。呂布惡之，身率兵攻先主，先主敗，走歸許。曹操厚遇之，表以爲豫州牧，益其兵，使還擊布。布遣高順來攻，操使夏侯惇助先主，惇師敗績，先主妻子復爲布所虜。三年九月，曹操自東征，與先主圍布下邳。月餘，擒布，殺之，先主復得妻子，從操還許。

　　先主之再入許也，曹操表爲左將軍，禮之愈重。出則同輿，坐則同席。然是時，朝廷之實權既全入操手。欲匡漢室，非誅操不可。先主與壯繆，蓋慮之

熟矣。先主在許,嘗與操共獵,衆散,壯繆勸先主圖操,先主不可。及至夏口,
壯繆曰:"往日若從羽言,可無今日之困。"夫天下事非倉卒所能濟也,殺一操
而朝右文武罔非操之黨徒,於事何濟? 裴松之謂"曹公腹心親戚,實繁有徒,
事不宿構,非造次可行"。可謂知言。然壯繆忠義之氣,則凜然可見矣。

第六章　關壯繆與曹操

　　時車騎將軍董承,稱受獻帝衣帶中密詔,誅曹操。先主及長水校尉种輯、將軍吳子蘭、王子服並與同謀。建安四年六月,袁術在壽春,窘乏不能自立,謀北走依紹。操使先主邀擊之,術還走,病死。而董承等謀亦洩,皆被殺。先主於是襲殺刺史車胄,復據徐州,仍使壯繆守下邳,行太守事,而身還小沛。

　　五年正月,曹操以先主據徐州,急攻之。時先主初起,兵力寡弱,焉能敵操?走冀州依袁紹,下邳亦陷,壯繆為操所得,與歸許,拜為偏將軍,禮之甚厚。壯繆之人許,其非降操,世皆知之,無待辯。吾國之論守節者,往往徒責人以一死,而不權其事之重輕。西人則以自殺為大戒,謂為志行薄弱之表徵,誠有見夫。死有重於泰山,有輕於鴻毛也。夫英雄之立志以救世,亦在勉為其難耳。事已萬無可為,而以一死明心迹,留忠義之氣於後世,猶之可也。天下事尚有可為,而惟恐一己處於嫌疑之地,為後世所訾議,亟亟以一死自表,是直重一己而輕天下,畏重任而逃之者耳。孟子曰:"可以無死,死傷勇。"此之謂也。若壯繆者,可以為世法矣。

　　"仗劍行千里,微軀敢一言。曾為大梁客,不負信陵恩。"受恩不報,此乃性情涼薄者所為,真英雄豈其如是。曹操於壯繆,壯其為人,而察其心神,終無久留之意。乃謂張遼曰:"卿試以情問之。"遼以問,壯繆歎曰:"吾極知曹公待我厚,然吾受劉將軍厚恩,誓以共死,不可背之。吾終不留,吾要當立效以報曹公,乃去耳。"遼以告,操曰:"事君不忘其本,天下義士也。"四月,袁紹將顏良攻東郡太守劉延於白馬,操使壯繆及張遼為先鋒擊之。良,河北名將也。壯繆望見其麾蓋,策馬刺良於萬衆之中,斬其首還,紹諸將莫能當者,遂解白馬之圍。操知壯繆必不留,表封為漢壽亭侯,重加賞賜。時汝南黃巾劉辟等叛曹操應袁紹,紹使先主將兵與辟等略許下。壯繆乃盡封所賜,拜書辭操,奔先主於袁軍。左右欲追之,操曰:彼各為其主,勿追也。操生平以驅策天下之英才自許,_{操與袁紹共起兵,紹問操曰:若事不輯,方面何所可據? 操曰:足下意以為何如? 紹曰:}

吾南據河北，阻燕代，兼戎狄之衆，南向以爭天下，庶可以濟乎？操曰：吾任天下之智力，以道御之，無所不可。知壯繆者，豈不欲收而用之，而顧聽其去者，壯繆之不忘本，固有以爲天下所共信也。夫壯繆不徒不背先主也，即曹操區區之恩，亦終不之負。嗚呼！可謂烈士也哉。

第七章　先主居荆州及赤壁戰時之關壯繆

　　先主之爲袁紹至汝南也,曹操使曹仁擊之。先主走歸紹軍,陰有離紹之志,説紹以南連劉表,紹乃使先主將本兵復至汝南,與賊龔都等合。操將蔡陽來伐,擊殺之,紹軍既敗。操自將而南,先主南走荆州,壯繆從。

　　先主之至荆州也,表自郊迎,待以上賓之禮,益其兵,使屯新野。荆州豪傑歸先主者日益多,表疑其心,陰禦之。故先主在荆州,復不能有所爲。建安十二年七月,操南征荆州,表卒,子琮嗣。九月,操兵至新野,琮降。先主時屯樊,操兵至宛,乃聞之,於是南走,而別遣壯繆以船數百艘會江陵。

　　方是時,樊既不可居,襄陽亦必不能守,所可暫避兵鋒者江陵耳。而操以江陵有軍實,恐先主據之,簡輕騎五千,一日夜行三百餘里,追先主,及於當陽之長阪。先主斜趨漢津,適與壯繆船直,得濟沔,遇表長子江夏太守琦,共至夏口。時操兵勢鋭甚,先主所能自隨者,諸葛亮、趙雲、張飛等數十騎耳。微壯繆水軍來會,事其殆矣。

　　時魯肅聞劉表卒,説孫權,奉命弔表二子。至南郡,琮已降,肅遂迎先主於當陽,説以結權,共濟世業。諸葛亮亦請先主,奉命求救於權。於是權遣周瑜、程普將三萬人,與先主并力逆操。十月,與操戰於赤壁,大破之。先主與吳軍水陸並進,追到南郡。時又疾疫,北軍多死,操乃引還。赤壁之戰,史不詳言其戰況。然是役之功,非專在吳,具如下文所引趙翼之説。而操軍之敗,實以北人不習水戰故。則南軍當得水師之力爲多,而是時將荆州水師者,實壯繆也。以理度之,壯繆之功,當冠諸將,無可疑。惜《三國志》文甚簡略,無由知其詳耳。《三國志》於敍戰事尤簡,諸葛亮南征四郡,不可謂非豐功偉烈,而亮本傳僅云“亮率衆南征,其秋悉平”而已。

第八章　壯繆守荆州

蜀漢諸將從先主最早者，爲關、張及趙雲。而三人中，惟壯繆嘗獨當一面。兩守下邳，別將水軍，自樊期會江陵，皆是也。赤壁戰後，鼎足之勢漸成，而壯繆之任亦益重。

先主既敗曹操，表劉琦爲荆州刺史，南征武陵、長沙、桂陽、零陵四郡，下之。於是封拜元勳，以壯繆爲襄陽太守盪寇將軍，屯江北。琦死，羣下推先主牧荆州，屯公安，孫權稍畏之，進妹固好。

建安十六年，益州牧劉璋聞曹操將遣鍾繇向漢中，懼，其下張松説以迎先主，使擊張魯。魯破，則益州彊，曹公雖來，無能爲也。璋從之，使法正將四千人迎先主。先主於是留諸葛亮及壯繆守荆州，而自率步卒數萬西。十七年，曹操攻孫權，權呼先主自救，先主從璋求萬兵及資寶，欲以東行。璋惟與兵四千，餘皆給半。張松書與先主曰："今大事垂立，如何釋此去乎?"事覺，璋收斬松。勑關戍諸將，文書勿復關通先主。先主怒，勒兵向璋，於是諸葛亮、趙雲、張飛皆泝江而上，與先主會。而荆州守備之責，遂集於壯繆一身。

十九年，蜀平，置酒大饗將士，取蜀城中金銀分賜之，壯繆與諸葛亮、張飛、法正同受金五百斤、銀一千斤、錢五千萬、錦一千匹之賜，蓋上賞也。二十年，孫權以先主既得益州，藉口荆州爲吳所借，求之。先主曰：須得涼州，當以荆州相與。案荆州本非吳地，先主自取之，無所謂借。孫權之求，特料是時先主新得蜀，無力更顧荆州，故爲是滑稽的手段，以試其要求耳。而先主不以正拒之，顧爲婉詞以復之者，實深念脣齒輔車之誼，不欲失好於權也。而權不察，遽怒。使吕蒙襲奪長沙、零陵、桂陽三郡，先主乃引兵五萬下公安，使壯繆入益陽爭之。會曹操破張魯，定漢中。先主聞之，乃與權連和，分荆州，江夏、長沙、桂陽東屬，南郡、零陵、武陵西屬。權使魯肅屯陸口，先主使壯繆守江陵。

吳蜀荆州之爭，爲三國時一大公案。南方之所以終不敵北者，吳蜀之交相爭爲之。而吳蜀之所以不和，則荆州爲之媒也。猇亭戰後，吳蜀雖復通好，貌和而已,欲望其互相提攜,以戡定北方,實已終不可致。蓋兩國根本上之感情已傷,無可挽救也。自來南方欲取北方者,其最形勝之地,莫如襄樊。蜀地太險,蘇轍所謂其守不可出,其出不可繼,兢兢焉足以自完而已。欲藉以進取,非所聞也。故雖以諸葛孔明之才用之,卒無成功。自淮徐入梁宋之郊,道非不坦易也,顧平原膴膴,利於車騎,又爲北兵所長,而非南人所素習。宇縣分裂之際,起巴蜀而成大事者,古未聞焉。漢高祖雖起南郡,所用者三秦,所守者滎陽、成皋也。自淮入河南,亦多喪敗。吳楚七國之兵,及宋文帝、韓侂冑北征之師是已。惟明太祖克集大勳,則以是時元室喪亂,絕無抵抗力故也。惟襄陽,南引江淮,西通關陝,捷出宛洛,近肘許昌,窺伺中原,莫此爲易。故諸葛亮始見先主,即言:"天下有變,令一上將,將荊州之兵,以向宛洛。"魯肅初見孫權,亦言:"漢室不可復興,曹操不可卒除。爲將軍計,惟有鼎足江東,以觀天下之釁。因北方多務,勦除黃祖,進伐劉表,竟長江所極,據而有之,此高帝之業也。"可以見是時天下大勢所在矣。而孫吳之立國也,其國情與蜀漢大異。孫策起江東,乘北方勢力之不及,竊據州郡,而孫權席父兄之餘業擁有之,得自保全,已出望外。非如先主以帝室之胄,夙有澄清海內之願,如吾所述之歷史的自負心也。故曹操之東下,先主雖流離奔走,棲託無所,而決策拒操,初無待於再計。江東則言拒操者,惟周瑜、魯肅兩人耳。其後,孫吳忽受王封,忽焉自帝,忽而和蜀,忽而臣魏,國是亦絕無一定。而蜀則雖當天下三分,益州疲敝之日,猶決然出兵以伐魏,非特孔明、姜維且然。蓋國情既異,而國是隨之矣。故荊州在蜀,則壯繆能用之以震動中原;荊州在吳,則不過藉以自保,爲下流之屏蔽也。故曰南方之終不敵北,吳蜀之爭爲之也。

然則吳蜀之爭荊州,曲果誰屬? 曰:屬吳。荊州本非吳有也,以先主入蜀,度其鞭長不及東顧,則造爲借地之說,以冒取之;冒取之而不能全得,則又不惜棄好事仇,忘立國百年之大計,以襲取之。其外交政策,卑劣極矣。今録趙翼《廿二史劄記》一節如下,以見其事實之真相焉。

借荊州之說,出自吳人。事後之論,而非當日情事也。《江表傳》謂,破曹操後,周瑜爲南郡太守,分南岸地以給劉備,而劉表舊吏士自北軍脱歸者,皆投備。備以所給地不足供,從孫權借荊州數郡焉。《魯肅傳》亦謂,備詣京見權,求都督荊州,肅勸權借之,共拒操。操聞權以地資備,方作書,落筆於地。後肅邀關羽索荊州,謂羽曰:"我國以土地借卿家者,卿家軍敗遠來,無以爲資故也。"權亦論肅有二長,惟勸吾借玄德地是其一短。此借荊州之說所由來,皆出吳人語也。夫借者,本我所有之物,而借與人也。荊州本劉表地,非孫氏故物。當操南下時,孫氏江東六郡方恐不能自保，諸將咸勸權迎操，權獨不願，會備遣諸葛亮來結好，權遂欲藉備共拒操，其時但求敵操，未敢冀得荆州也。亮之説權也，權即曰："非劉豫州莫可敵操者。"乃遣周瑜、程普等隨亮詣備，并力拒操。《亮傳》是且欲以備爲拒操之主，而己爲從矣。亮又曰："將軍能與豫州同心破操，則荆、吴之勢强，而鼎足之形成矣。"此時早有三分之説，而非乞權取荆州而借之也。赤壁之戰，瑜與備共破操。《吴志》華容之役，備獨追操。《山陽公載記》其後圍曹仁於南郡，備亦身在行間，《蜀志》未嘗獨出吴之力，而備坐享其成也。破曹後，備詣京見權，權以妹妻之。瑜密疏請留備於京，權不納，以爲正當提挈英雄，是權方惟恐備之不在荆州以爲屏蔽也。操走出華容之險，喜謂諸將曰："劉備吾儔也，但得計少晚耳。"《山陽公載記》是操所指數者惟備，未嘗及權也。程昱在魏，聞備入吴，論者多以爲權必殺備，昱曰："曹公無敵於天下，權不能當也，備有英名，權必資之以禦我。"《昱傳》是魏之人亦祇指數備，而未嘗及權也。即以兵力而論，亮初見權，曰："今戰士還者及關羽精甲共萬人，劉琦戰士亦不下萬人。"而權所遣周瑜等水軍亦不過三萬人，《亮傳》則亦非十倍於備也。且是時劉表之長子琦尚在江夏，破曹後，備即表琦爲荆州刺史，權未嘗有異詞，以荆州本琦地也。時又南征四郡，武陵、長沙、桂陽、零陵皆降。琦死，羣下推備爲荆州牧。《蜀先主傳》備即遣亮督零陵、桂陽、長沙三郡，收其租賦，以供軍實。《亮傳》又以關羽爲襄陽太守、盪寇將軍，駐江北。《羽傳》張飛爲宜都太守、征虜將軍，在南郡。《飛傳》趙雲爲偏將軍，領桂陽太守。《雲傳》遣將分駐，惟備所指揮，初不關白孫氏，以本非權地，故備不必白權，權亦不來阻備也。迨其後三分之勢已定，吴人追思赤壁之役，實藉吴兵力，遂謂荆州應爲吴有，而備據之，始有借荆州之説。抑思合力拒操時，備固有資於權，權不亦有資於備乎？權是時但自救危亡，豈早有取荆州之志乎？羽之對魯肅曰："烏林之役，左將軍寢不脱介，戮力破曹，豈得徒勞，無一塊土。"此不易之論也。其後吴、蜀爭三郡，旋即議和，以湘水爲界，分長沙、江夏、桂陽屬吴，南郡、零陵、武陵屬蜀，最爲平允。與吴君臣伺羽之北伐，襲荆州而有之，反捏一借荆州之説，以見其取所應得。此則吴君臣之狡詞，而借荆州之名，遂流傳至今，牢不可破，轉似其曲在蜀者，此耳食之論也。

此説於吴蜀當日，關於荆州事件之真相，言之最爲詳晰。吴人外交手段之狡詐之卑劣，概可見矣。抑吴人不僅造爲借荆州之説，指所不當取爲當取也。又重爲讕言，以誣衊壯繆，一若吴蜀之兵釁，非由吴之狡焉思啓者。然

《三國志》壯繆本傳：“權遣使爲子索羽女，羽罵辱其使，不許婚。”《典略》：“羽圍樊，權遣使求助之，勑使莫速進，又遣主簿先致命於羽。羽忿其淹遲，又自己得于禁等，乃罵曰：‘狢子敢爾，如使樊城拔，吾不能滅汝邪？’”因有此等譖言，而後世史家遂亦加壯繆以“剛而自矜”之名，誣以“善待卒伍，而驕於士大夫”之失。此尤不可以不辯也。夫求婚美意也，雖事出鄰國，未知其用意若何，而形式上固爲修好之事。壯繆即粗暴，何至遽罵辱其使。北伐圍樊，本未嘗東望鄰之助力，吳兵不來，於壯繆何損？何至發憤，罵以欲夷滅之。且壯繆生平果曾有灌夫、劉四之癖乎？請讀者一檢史乘，如其無之，何獨於吳使則一再罵之也。夫以壯繆之兵力，禽于禁，破曹仁，如摧枯拉朽，豈其有所懼於魯肅及呂蒙。權之論魯肅也，曰：“子敬答孤書云：帝王之起，皆有驅除，羽不足忌。此子敬内不能辦，外爲大言耳。”而蒙既襲奪三郡，先主又有漢中後顧之憂，權尚不敢進兵以取荆州，而甘從分割之議，則當壯繆進住益陽之日，肅與蒙兵力之不敵明矣。而壯繆初未嘗尅期攻取，顧從其相見之請，駐兵百步上，但諸將軍單刀相會者，何哉？誠深念吳蜀唇齒之誼，欲戮力以圖北，而不願輕啓釁於東也。《肅傳》云：“羽與肅鄰界，數生狐疑，疆場紛錯，肅常以歡好撫之。”此自吳人語，實則壯繆之能善待吳人，乃以此反證而益明也。而吳蜀之曲直不彌可見哉。

第九章 壯繆之北伐及其成仁

"出師未捷身先死,長使英雄泪滿襟。"杜工部傷諸葛武侯之詞也,吾更欲爲壯繆誦之。

二十四年夏,先主定有漢中。七月,壯繆與馬超、許靖、龐羲、射援、諸葛亮、張飛、黃忠、頴恭、法正、李嚴等百二十人,共表先主爲漢中王。於是先主拜壯繆爲前將軍,假節鉞。

北伐,壯繆之素志也。顧當時荆土荒殘,人物蕩盡。龐統説先主取益州語。未得益州時,斷無舉兵之力。及既得益州,而漢中復爲曹操所有。漢中,蜀門户,不得之,非徒不足以進取,抑亦不足自存也。曹操取漢中,蜀一日數驚,斬之不能止。見《劉曄傳》。則不得不并力以圖之,而又無暇及於宛洛。及漢中既定,先主既晉王號,有以維羣下之心,而蜀漢之基業乃粗定矣。故壯繆於是時,遂膺節鉞之錫。先主蓋專以北征事屬之,而壯繆之受命即發,則又足見其忠藎之心也。

時曹仁以征南將軍鎮荆州,與龐德俱屯樊,壯繆進攻之,操使于禁助仁。八月,大霖雨十餘日,漢水溢,平地五六丈,禁所督七軍皆没,禁與諸將乘高避水。壯繆以大船急攻之,禁降,禽龐德,不屈,斬之。於是,梁、郟、陸渾之間,有遥受壯繆印者。壯繆威震華夏,曹操至議徙許都以避之。以譎敵制勝、變化如神之曹操而狼狽失據如此,其聲威可想見矣,誠千古所罕有也。

吳之對於壯繆態度,凡三變:其始周瑜欲留先主於京,而身挾關、張,以事攻戰。其繼魯肅欲藉其力以拒曹操。至吕蒙,乃謂"征虜孫皎守南郡,潘璋住白帝,蔣欽將游兵萬人,循江上下,應敵所在,蒙爲國家前據襄陽,如此,何憂於操、何賴於羽"。且疑壯繆居上流,有兼併心,以上具見三人本傳。始一意以陰謀襲奪爲事,而孫權之宗旨適與相合,權謂吕蒙圖取關羽,勝於子敬。而變遂作矣。壯繆之攻樊,蒙自陸口上疏,言"羽討樊而多留備兵者,必恐蒙圖其後故也。蒙常有病,乞分士衆,還建業,以治疾爲名。羽聞之,必撤兵盡赴襄陽。大軍浮江,晝夜馳上,襲其空虛,南郡可下,羽可禽也"。權乃露檄召蒙還,代以陸遜。

壯繆聞之,稍撤兵赴樊。權遂行,先遣蒙在前。蒙至尋陽,盡伏精兵觸艫中,使白衣搖櫓,作商人服,晝夜兼行,江邊屯候,悉收縛之,遂至南郡。南郡太守麋芳在江陵,將軍士仁屯公安,以供給軍資不相及,懷懼不安,迎降,蒙遂入江陵。先是曹操使徐晃救樊城,曹仁突圍出,壯繆乃撤樊圍,然舟師猶據沔水。及聞南郡破,乃還,則孫權已入江陵矣。壯繆西保麥城,士衆皆散,權使潘璋斷其徑路。十二月,至今湖北當陽縣北之漳鄉,與子平俱被害。時民國紀元前千六百九十一年(二二一)也。權送其首於曹操,而以諸侯禮葬其屍骸。後主時追謚爲壯繆侯。

　　壯繆之敗,論者或疑其疏,然此不足爲壯繆咎也。夫國際之無信義也久矣。然欲啓釁端,亦終必有所藉口,絕無口實,而即舉兵以破壞鄰好,襲取與國之土地,此從古以來所未嘗有也。有之,惟孫權之襲荆州。此如今日俄方與德搆兵,而中國忽舉兵以襲取其西伯利亞,問其故,則捏造一史實曰:昔俄之得西伯利亞,吾嘗有力焉。此豈在人意計之中乎? 安能責人以預防,而其疏防亦豈足爲俄人咎哉? 用兵必有口實,古今中外皆然。惟孫權之襲江陵無之。故事後必造爲借地等説以自文也。孫權之襲荆州,何以異是。曹操用司馬懿、蔣濟計,使人勸孫權躡壯繆,許割江南以封權。權牋言將取江陵及公安。操又用董昭計,驛發權書,使徐晃射示壯繆,壯繆猶不退,非必如昭所言彊梁自恃也,實以吳蜀久相和好,荆州分畫之議又前定,此時斷無舉兵相攻之理耳。此正如歐戰時,告德人日本將舉兵以攻青島,德人必信之。告以中國將舉兵以攻德之非洲屬地,德必不見信。故孫權、呂蒙此舉,實爲國際上最不道德、不名譽之事,雖勝不足以掩其辱也。然孫權之於荆州,睥睨而思取之久矣。平時曾不敢一正視,必待壯繆北伐,然後敢乘其虛,而出此最不名譽、最不道德之手段以襲取之,而呂蒙之告陸遜猶曰:“羽素勇猛,既難爲敵,且已據荆州,恩信大行,兼始有功,膽勢益盛,未易圖也。”惴惴幸勝之狀,千古若揭焉,壯繆之威武彌可見矣。

第十章　關壯繆之生平

　　古今猛將多矣,然其威名遠播,未有若關壯繆者,此非蜀人阿私所好之詞,爲史家所甄錄也。觀敵國之傾服,其事自明。魏程昱稱:"關羽、張飛,萬人之敵。"劉曄勸曹操取蜀,曰:"若緩之,諸葛亮明於治國而爲相,關羽、張飛勇冠三軍而爲將,蜀民既定,據險守要,則不可犯矣。"可見魏邦所敬畏,惟關、張二人也。至吳人則忌之尤甚,周瑜勸孫權留先主疏曰:"劉備以梟雄之姿,而有關羽、張飛熊虎之將,必非久屈爲人用者。愚謂大計,宜徙備置吳,分此二人,各置一方,使如瑜者,挾與攻戰,大事可定也。今猥割土地,以資業之,聚此三人,俱在疆場,恐蛟龍得雲雨,終非池中物也。"其忌先主,蓋半以關、張故矣。其後魯肅則謂:"曹公尚存,禍難始搆,宜相輔翼,與之同仇。"至呂蒙,然後有圖取之計,然猶必以拒操之有藉於壯繆與否爲先決問題。可知是時能席荆襄之勢,以規許洛者,惟一壯繆。先主獨以東方之重任畀之,爲能知人矣。且吳之亟亟於圖壯繆,非特自謂力足拒操,而因思開拓境土以自利也,實且慮壯繆之吞吳。故魯肅貽孫權書,謂"帝王之興,皆有驅除,羽不足忌"。則當日吳國君臣上下,皆深忌壯繆可知。《呂蒙傳》謂"與關羽分土接境,知羽驍雄,有併兼心,且居國上流,其勢難久"。其密陳計策之詞曰:"今羽所以未便東向者,以至尊聖明,蒙等尚存也。今不於彊壯時圖之,一旦僵仆,欲復陳力,其可得邪?"則其圖壯繆,竟視爲救亡之計矣。夫當日壯繆之守荆土,未嘗絲毫藉蜀中接濟也。其攻襄樊及江陵、公安後路之防禦,均未得蜀中絲毫助力。論者至以是疑先主、孔明有意藉敵人殺之,此自不衷情實之論。然壯繆當日獨以荆土支持二寇,則皎然見矣。而魏人畏之如此,吳人忌之如此,嗚呼! 試更求之歷史上當一方兵馬之任者,其威略復有能如是者乎? 嗚呼! 真大勇也。

　　壯繆之威名,不徒在當世也,即後世猶稱道不衰。晉劉遐每擊賊,摧堅陷陣,則冀方比之關羽、張飛。《晉書·遐傳》。苻秦遣閭負殊使於張元靚,誇其本國將帥,有王飛、鄧羌者,關、張之流,萬人之敵。禿髮傉檀求人才於宋敞,敞曰:

梁崧、趙昌,武同飛、羽。李庠膂力過人。趙厩器之,曰:李元序,一時之關張也。皆《晉書·載記》。宋檀道濟有勇力,時以比關羽、張飛。《宋書·道濟傳》。薛安都攻魯爽,望見爽,即躍馬大呼直刺之,應手而倒。時人謂關羽之斬顏良不是過。《南史·安都傳》。齊垣歷生拳勇獨出,時人以比關羽、張飛。《齊書·文惠太子傳》。魏楊大眼驍果,世以爲關、張弗之過也。《魏書·大眼傳》。崔延伯討莫折念生,既勝,蕭寶寅曰:崔公古之關、張也。《魏書·延伯傳》。陳吳明徹北伐,高齊尉破胡等十萬衆來拒,有西域人,矢無虛發,明徹謂蕭摩訶曰:君有關、張之名,可斬顏良矣。摩訶即出陣、擲銑殺之。《陳書·摩訶傳》。其聲名爲後世所震敬若此,度其威猛,必有度越尋常萬萬者,雖書缺有間,口碑亦不能盡舉其事,然其名則猶稱道弗衰也。世人不察,有稱壯繆之勇者,輒曰此三國演義所造成也,何其誣哉!小說家常務迎合社會之心理,《三國演義》之崇敬壯繆,非作書者別有主義,實緣當時社會風氣如此耳。然則壯繆威名至有《三國演義》時尚流傳不衰也。此非《三國演義》造成壯繆之威名,實則壯繆之威名造成《三國演義》矣。

　　壯繆事迹,雖史文闕略,傳者甚少,然其爲曠古之名將,亦有可推測知之者。自隨先主,常獨將一軍,其後乃一身任方面之重。吳魏忌之,隱若一敵國。終三國之世,能以襄樊震動許洛者,固惟壯繆一人。即曠觀史乘,以一州之地,而爲二鄰所畏忌,至於如此,亦無第二人也。一也。北人自古不善用水軍,歷史上凡治舟師以入江者鮮不敗。惟後周嘗以是勝南唐,則南唐實孱弱,非必後周之強也。曹操稱善用兵,然劉表治水軍,蒙衝鬪艦乃以千數,操悉浮以沿江,《周瑜傳》。猶不能善用之,以取敗北。可見用其所短之難也。壯繆,解人,久居於涿,其從先主周旋,亦常在大河南北,而一入荊州,即能將水軍。漢津之濟,既收犄角之功;樊城之圍,彌昭因地之效。以此推之,赤壁一役,吾謂壯繆功冠諸將,非諛詞矣。二也。爲將之道,治戎奇謀,相資爲用,以孔明之才,猶難兼濟。壯繆戰勝攻取,固並世無倫,而其撫御之周,訓練之力,後世亦尚可想見。史稱其善待卒伍,又觀其甫受前將軍之命,即出兵攻樊,戎器芻糧,不待費時經畫,可想見其平時治軍之嚴整也。三也。壯繆敗後,魏文令羣臣料先主當爲報吳否,多謂"蜀小國,名將惟羽,羽死軍破,國內憂懼,無緣復出"。雖所料不中情實,然壯繆在蜀諸將中之位置,則可見矣。陳壽論諸葛亮之詞曰:"亮之器能政理,抑亦管蕭之亞匹也,而時之名將,無城父韓信,故使功業陵遲,大義不及邪。"夫謂諸葛亮理民之幹,優於將略,此良非承祚由衷之言。故下文即曰蓋天命有歸,不可以智力争也。然蜀自壯繆亡後,孔明而外更無專閫之才,則易見矣。《詩》曰:"人之云亡,邦國殄瘁。"君子觀於此,然後知英雄之關係於國家者大也。

壯繆不徒優於戎略也，其爲人亦深足爲後世模範。初出軍圍樊時，夢豬齧其足，語子平曰："吾年衰矣，然不得還！"是當日之成敗利鈍，非可逆覩，壯繆早自知之，其心猶諸葛武侯鞠躬盡瘁之心也。好《左氏傳》，諷誦略皆上口。與徐晃夙相愛，相拒時，遙共語，但説平生，不及軍事，私交公義，兩俱分明，儼然有庾公之斯子濯孺子之風焉，則敦詩説禮、雅歌投壺之儒將也。史轉稱其剛而自矜，幾視與灌夫、劉四等，不亦誣乎？

史稱壯繆聞馬超來降，舊非故人，書與諸葛亮，問超人才，誰可比倫。亮知其護前，答曰："孟起兼資文武，雄烈過人，一世之桀，黥、彭之徒，當與益德並驅爭先，猶未若髯之絕倫逸羣也。"壯繆美鬚髯，故亮謂之髯。壯繆得書，大悦，以示賓客。其意殆以是爲壯繆剛而自矜之證據也，然此特英雄自負之心耳。夫自負爲人類之公性，英雄志大才大，其自視自不同於衆人。若自視亦等於衆人，則不成爲英雄矣，未多上人，何足爲矜。壯繆受前將軍之職，同時張飛亦受拜爲右將軍，馬超爲左將軍，黃忠爲後將軍，諸葛亮謂忠之名望，素非關馬之倫，便令同列，馬張在近，親見其功，尚可喻指，關遙聞之，恐必不悦。先主曰：吾當自解之。蓋深信壯繆之志，別有所在，而不屑屑與人爭名位高下矣。費詩致命，壯繆聞忠將後軍，怒曰：大丈夫終不與老兵同列。詩曰：立王業者，所用非一。昔蕭曹與高祖，少小親舊，而陳、韓亡命後至，請其班列，韓最居上，未聞蕭曹，以此爲怨。今漢升以一時之功，隆崇於漢室，然意之輕重，豈當與君侯齊乎？且王與君侯，譬猶一體，同休等戚，禍福共之。愚謂君侯不宜計官號之高下，爵祿之多少爲意也。壯繆感悟，遽即受拜。由此觀之，壯繆之克己納諫，乃真不可及矣。史稱其驕於士大夫，其驕果安在哉？

摧鋒陷陣，斬將搴旗，此固偏裨事，然大將特不當專恃此耳，非謂遂可絕無勇力也。壯繆之斬顏良，出入於萬軍之中，視河北名將如無物，其神勇固無待論。又嘗爲流矢所中，貫其左臂，後創雖愈，每至陰雨，骨常疼痛。醫曰："矢鏃有毒，毒入於骨，當破臂作創，刮骨去毒，然後可除。"壯繆便伸臂，令醫割之。時適請諸將，飲食相對，臂血流離，盈於盤器，而壯繆割炙引酒，言笑自若。即此等小事，亦足見其壯烈之概矣。今之號稱武人而怯弱若婦人孺子者，聞此不重可媿乎！

第十一章　秦　檜

　　知關壯繆之真相者固少矣，知岳忠武之真相者則更少。今試執途人而問之曰：忠武何如人也？必曰忠臣也，良將也。又試問秦檜何如人也？必曰權奸也，誤國者也。使忠武而終用則如何？曰：兩河必復，女真必滅。明徐有功《精忠廟碑記》曰：當是時，女真幾滅，中原幾復。此外，史家之言論類此者甚多。然則秦檜曷爲必欲與金人議和也，曰檜權奸也，其歸，撻懶縱之歸也，其議和，其殺忠武，撻賴及兀朮實使之也。然則撻懶與兀朮，曷爲必欲議和，曰：不能當忠武之兵威也，當時若不議和，忠武必長驅直搗黃龍，而金亡矣。此皆全不考史實之譚也。君子之稱人之善也，不躋之於不可幾及之林；而其責人之惡也，不甚之以不衷情實之罪。蓋稱人之善而躋之於不可幾及之林，則是其人非人也，而神也。神終非人之所能幾及也，亦既終不可幾及矣。稱揚之何爲？崇拜之何爲？是欲崇拜英雄，而反令英雄失其可崇拜之價直也，是以宗教家崇拜神鬼之思想，崇拜英雄也。稱人之惡，而必附致之以不衷情實之罪，不過欲重其惡爾。夫君子之責人惡也，非有惡於其人，亦欲留爲後人之鑒戒焉爾。罪而不衷情實，則非普通人之所能犯，其人又何足責，是欲重其罪而反以掩其惡也，是以村嫗里婦罵人之口吻，斥責權奸也。故稱人之美，而必躋之於不可幾及之林，是則國民智識程度幼稚之表徵也。稱人之惡，而必重之以無可湔祓之罪，是又國民道德思想缺乏之表徵也。此等思想，充斥乎人人之胸中，則終古無能知英雄真相之一日，終不能知英雄之真相，則亦終不能崇拜英雄，模擬英雄，而真英雄終無由出世，吾爲此懼。

　　岳忠武之兵力，果足以恢復兩河，殄滅女真與否？岳忠武之價直，是否視其能恢復兩河，殄滅女真與否以爲衡？此其事自爲別一問題，吾將於下文論之。至謂秦檜爲大奸，爲私通敵國之人，其議和，其殺忠武，均係受金人之指使，此等不衷情實之小人口吻，斷不可以不辨。非先辨檜之誣，無以責檜之罪；非先定檜之罪，無以知忠武之忠。吾非欲爲秦檜作辨護人，吾甚恨夫以忠武之精忠之武勇，徒爲此等智識淺短、道德薄弱之人所尊，而轉掩其真相也。

　　今人所以稱忠武、責秦檜之詞，其源皆出於宋人。蓋當時人懷國恥，欲圖恢復，而檜則殺戮良將，一意主和，實爲人人所深惡，故詆之不覺甚其辭。而忠武爲南渡後第一良將，全國軍民所愛戴，其死也，實人人痛惜之，而美之遂轉以失其實也。此等不根情實之説，岳珂《籲天辨誣録》中備載之，今試録其序文之一節如左：

　　　　（上略）蓋先臣之禍，造端乎張俊，而秦檜實成之。俊之怨先臣不一也，而大者有三焉：淮西俊之分地，趙鼎命之，怯敵不行，迫先臣一戰而捷，俊則恥之。一也。視韓世忠軍，俊迎檜意，欲分其背嵬，先臣執義不可，比行楚州城，俊欲興版築，先臣又曰：吾曹當戮力圖剋復，豈可爲退保計耶？俊則怒之。二也。彊敵大寇，俊等不能制，而先臣談笑取之。主上眷寵加厚，逾於諸將，先臣於俊爲後輩，不十數年，爵位相垺，俊則嫉之。三也。檜之怨先臣亦不一也，而大者亦有三焉：全家南還，已莫捫於撻辣縱歸之迹，草檄辱國，復汗覥於室撚寄聲之間。以至二策之合，不得輒易大臣之盟。檜之私金如此，則主和之際，豈容有異議，然先臣一則曰恢復，二則曰恢復，犯其所甚諱。一也。昔先兄臣甫守鄞，會稽文惠王史浩謂之曰：方代邸侍燕間，嘗一及時事，檜怒之，輒損一月之俸，趙鼎以資善之議忤檜，卒以貶死，其謀危國本之意，非一日矣。然先臣誓衆出師，乃首進建儲之議，犯其所不欲。二也。韓世忠謀刼使者敗和議，得罪於檜。檜命先臣使山陽，以捃摭世忠軍事，且戒令備反側，托以上意。先臣曰：主上幸以世忠陞宥府，楚之軍，則朝廷軍也，公相命飛以自衛，果何爲哉？若使飛捃摭同列之私，尤非所望於公相者。及興耿著獄，將究分軍之説，連及世忠。先臣歎曰：飛與世忠同王事，而使之不辜被罪，吾爲負世忠，乃馳書告以檜意。世忠亟奏求見，上驚，諭之曰：安有是？既而以詰檜，且促具著獄，著得減死，犯其所深惡。三也。（中略）洪皓嘗奏事，而論及先臣，不覺爲慟，以爲金人所大畏服，不敢以名稱者惟先臣，至號之爲岳爺爺。及先臣之死，金之諸酋，莫不酌酒相賀，以爲和議自是可堅。而查籥嘗謂人曰：金自叛南之盟，先臣深入不已，檜私於金人，勸上班師，兀朮遺檜書曰：爾朝夕以和請，而岳飛方爲河北圖，且殺吾壻，不可以不報。必殺岳飛，而後和可成也。檜於是殺先臣以爲信，即皓之所奏而觀之，籥之言其不妄也。（下略）

如上所述，即後世（一）檜之歸也，金人實縱之。（二）其議和及殺忠武，金人實使之。（三）而金人之所以必欲議和，則以不能當忠武之兵威之說所由本也。考檜之自金歸也，事在建炎四年十月。是歲，金宗弼方破杭州，使阿里蒲盧渾陷明州，入海追高宗三百餘里，蓋金人侵略最深入之時代也。雖韓世忠有江中之捷，忠武有廣德、常鎮、建康之捷，僅能邀其歸軍，截其偏師耳。爲金人計，即使宗弼全軍覆没江南，隻輪不返，所失者僅數萬人，於金之大局無損也。況宗弼雖遭襲擊，仍全師以歸乎。何至撻懶皇懼，遽欲議和，且不敢顯然出之，而必縱一甘心賣國之秦檜歸，以徐圖而陰計之乎？且縱秦檜者撻懶也，與秦檜成和議者撻懶也，反謀敗露，欲南奔敵國者，又撻懶也。而手誅撻懶，敗其盟約，復開兵釁者，實爲宗弼。秦檜既與撻懶互相狼狽，則其與宗弼必爲深仇可知，何以忠武欲復河北，宗弼又能貽書秦檜令殺之？豈凡爲金人，檜皆與交通，又凡金人，皆得而指使檜耶？其情理之不通，概可見矣。請更以檜生平行實考之。金兵之圍汴京求三鎮也，檜實以職方員外郎借禮侍，與程瑀俱奉使，奉肅王以往。及金兵退，三鎮固守不下，王雲、李若水如金，議輸租賦以贖三鎮，宗翰、宗望不許。八月，雲還，集百官議延和殿，范宗尹等七十人請與之，持不可者三十六人，檜與焉。及京城陷，二帝如金營，金人欲立異姓，檜時爲臺長，實與臺臣共進狀爭之。金人不聽，其所署留守王時雍，且以兵脅羣臣署狀立張邦昌，檜抗不署，致爲金人所執。二帝北徙，檜與孫傅、張叔夜、何㮚、司馬朴從至燕山，又從徙韓州。上皇聞康王即位，作書貽粘罕，與約和議，檜爲潤色之，用厚賂達粘罕。及金太宗以檜賜撻懶，建炎四年十月，撻懶攻山陽軍，檜乃與妻王氏自軍中取漣水軍砦航海南歸。以此觀之，則檜不惟非姦臣，且爲靖康末之勞臣，建炎時之忠臣矣。雖人心難測，終始易節者，或有其人，然亦必有所圖。圖富貴邪？宋勢是時方岌岌不可保，宗社之存亡，未可知也。以檜之才能，取富貴於高宗，寧不能取富貴於撻懶？當時遼宋之臣仕金者多矣，《金史》列傳俱在，可覆按也。檜之歸，薦之者范宗尹、李回二人耳。其餘朝臣，皆以檜與何㮚、傅、朴同拘，不得獨歸，且自燕至楚二千八百里，踰河越海，豈得無譏察之者，就令從撻懶軍，亦必質其妻屬，安得與王氏偕而疑之，未有薦之者也。檜既自楚州南行，自無踰河入海二千餘里之事，至謂從軍必質妻屬，則金代並無此法也。且亦幸而高宗適主和議耳，使高宗而亦如孝宗，則雖有范宗尹、李回之薦，檜亦未必用也。棄撻懶已得之信任，而求南歸後不可知之寵榮，曾是圖富貴者而爲之乎？若云因夷險而變節耶，撻懶遥制之威，孰與宗翰、宗望、王時雍等之迫脅之近在眉睫。臨之以兵刃，困之以拘囚，檜猶未嘗屈節也。南歸以後，轉惴惴於撻懶、宗弼之餘威，曰汝其議和，則檜不敢不議和，曰汝其殺岳飛，即不敢不殺岳飛，其誰信之？且檜奉撻懶、兀朮命惟謹，將何所圖乎？圖宦達邪？檜在南朝既爲宰相矣，人臣之位，既不可加矣，豈北朝將奉爲可汗邪？謂其始爲免死計，受撻懶命，而後因爲所脅邪？以蕭仲恭之無能，猶能獻蠟書以明無罪，檜之慮乃不及此乎？此則檜之南歸，爲撻懶所縱，曁議和時兀朮貽以書令殺忠武之說，不攻自破矣。至謂檜之憾忠武，由其創議建儲，及不肯誣韓世忠，亦不可信。檜在當時，威權雖大，豈能謀作天子，忌人言建儲何爲？此蓋孝宗正位後，欲攻擊檜者之一手段耳。且抗章以爭和議可也，刦使者以敗和議不可也。果如《籲天錄》所言，置蘄王於何地，且忠武侃侃直節，不可干以私曲，檜又寧不知之，檜欲誣陷世忠，可使者多矣，何必使忠武？忌忠武而欲殺之，而又與謀機密，以自敗其事？檜之行事如此，則檜之昏愚甚矣，又焉得爲權姦。故知此等說皆不足信也，然則此等說何自來也，曰：皆秦檜死後宋人惡檜甚者，文致之以甚其惡云耳。大抵宋人之論事也，有二病：一曰論人之公罪，必兼及其私德。如論秦檜議和及殺岳忠武之非，則必誣爲私通金人。攻王荆公政策之誤，則必造爲《辨姦論》等著作以誣之是也。一曰不明事理，如欲甚忠武之功，則造爲忠武死，金酋酌酒相賀，以爲和議可堅之說是也。論事如此，不惟無以服有罪者之心，而英雄之真相，亦因之不顯。甚矣，其惑也。欲讀史者，必先將此等妄說掃去，然後可以讀史。欲崇拜英雄者，亦必先將此等妄念除去，然後可以崇拜英雄。

　　問者曰：如子言，則秦檜爲無罪，而忠武爲不足稱乎？曰：惡，是何言。秦檜之堅主和議及其殺岳忠武，是皆檜之罪也。而忠武者，則又所謂精忠報國，將才天挺，誠千古軍人之好模範也。特吾之罪秦檜也，但責其公罪，而不誣及其私德；吾之崇拜忠武也，以其爲歷史上偉大人物，爲愛國軍人之好模範而崇拜之，非如世之崇拜忠武者，雜以小說家及宗教家虛誕及神秘之思想耳。謂予不信，請一讀予所著之忠武傳。

第十二章　岳忠武之時代

　　吾國自嬴秦而降，巍然爲一大國，立於東亞，其閒開疆拓土，滅人之國而有其地者屢矣。本國之土地，爲他國所據，而視爲組成其國家之領土之一部分，未之有也，有之，自契丹之占據燕雲十六州始。五胡雖異族，居塞內久，已爲中國之編氓，其割據獨立，只能認爲內亂，不能認爲外患。又唐時河西、隴右，雖嘗爲吐蕃所據，此特如秦漢時之匈奴芻牧河南耳，彼國家未嘗視爲其領土之一部分也。稱天可汗，以上國自居，受人之朝貢者有之矣。以一國之元首，降而與人講平等之交際，甚至稱兒稱姪稱孫稱臣，歲納幣帛，以求一日之安，未之有也，有之，自石晉及北宋時始。唐高祖起兵時嘗一稱臣於突厥，以借其兵。然斯時之高祖與梁師都、劉武周等耳，非中國之主權者也。又中國歷代對於外夷，雖皆有贈遺，然皆取厚往薄來之義，以賞賜爲名。至北宋時之歲幣，乃以之列入條約，爲媾和條件之一，其與漢時之歲以金繒遺匈奴情事不同，至易見也。仁宗時之增歲幣，《宋史》云用“納”字，而《遼史》云作“貢”，亦無從質其是非。蓋二國各有文字，宋人尚聊以“納”字自慰，而遼人則久視爲“貢”矣。滅人之國而繫累其君者有之矣，首都淪陷，天子蒙塵，未之有也，有之，自宋徽、欽二宗之北狩始。懷、愍之青衣行酒，以五胡非內亂，故不得援以爲例。即周幽王驪山之役，申侯固中國諸侯，犬戎亦在疆理之內也。自是以降，遂至畫淮爲界，全國之疆土，喪失其半。馴至胡元入主，而漢族遂無尺寸之土可以自立。有明雖一恢復，而滿洲又入主之者三百年。蓋自秦迄唐，與夫自宋迄清，吾國之歷史截然不同，而其間則實以五代及北宋爲之轉捩。當五代及北宋時，蓋猶此等情勢將成而未成之時代也。自高宗用秦檜，一意與金人言和，割國家領土之半以與之，而中國之見弱於異族，始大定矣。然則當此等情勢將成未成之際，豈無豪傑之士，欲力挽頹流者乎？曰：有之，岳忠武則其最著者也。

　　北宋一代之歷史，可略分爲四期：太祖、太宗，席開國強盛之勢，兵力雖不足制契丹，而亦不至於甚弱；海內雖不可稱富庶，而亦未至於甚貧。太宗之再舉北伐而無成，以適直契丹全盛之時，而非中國之不可有爲也。此第一期也。澶淵盟後，中國遂日即於腐敗，不思整軍經武，爲自強之計，徒藉天書符瑞，愚惑敵人，冀堅盟約，外交上未必有效也。而汾陰泰岱，祠祀營建，所費無藝，致歲出驟增四倍，至道末歲入二千二百二十四萬五千八百緡。天禧末增至一萬五千有八十五萬一百緡。遂爲有宋一代入不敷出之原。仁宗承之，廢弛彌甚，兵日增而不可一戰，稅日廣而彌以患貧。宋兵數開寶時爲三十七萬八千，至道時六十六萬六千，天禧時九十一萬二千，慶曆時至百二十五萬九千，治平時稍減之尚百十六萬二千，而皆不可一戰。其腐敗情形，讀歐、蘇諸公議論即可見之，詞繁今不能備徵也。養兵及郊祀、冗禄，號稱北宋財政三大蠹。郊祀之費，至道末五百萬緡，景德時七百萬緡，仁宗時一千二百萬緡。宗室吏員冗祿，真宗時九百七十八萬五千緡，仁宗時一千五百四十四萬三千緡，治平視皇祐增十之三，元祐初則一倍，皇祐四倍景德矣。卒藉歲幣，以餌二敵，始克偷安於目前，而國中一切弊政，又皆根深蒂固，不可猝拔。宋當是時，既有積重難返之勢矣。此第二期也。荊公崛起，毅然變法，首汰冗兵，立置將保甲之法，以蒐軍實。嚴節浮費，多開稅源，以裕財政。至神宗末年，保甲技藝，或勝諸軍，而將兵無論矣。各州皆有數年之蓄，而中央不竢言矣。熙河之役，闢地萬里，跋扈不臣之夏人，至此遂首尾受敵，終至介遼人以乞和，此實宋勢最有起色之時也。此第三期也。元祐諸臣，固執成見，盡廢荊公之良法。向之各州皆有數年之畜者，至此則督責不加，散失不問。至紹聖初，遂復有入不敷出之患矣。向之保甲技藝，或勝諸軍者，至此則不徒舉保甲之制廢之，并將兵之制亦壞之矣。馴至蔡京、童貫出，舉一國之財，悉斂之於中央，以供一人之淫侈，而國與民悉成枯臘。即以養兵論，宋前此皆慮兵多而不可戰，至此則并不可戰之兵而亦無之。陝西號最多兵之地，种師道將以入援者，僅得萬五千人。蓋皆利其闕額，封椿其饟，以備上供也。其他事率類此。《宋史·食貨志》備載之，不可徧舉也。又不度德量力，而輕啟釁於敵，而政治之紊亂，官方之敗壞，外交施措之紕繆，又迥非元祐、紹聖時比。國事至此，雖無女真，宋亦必不能立，兩宋之際，羣盜如毛，即民窮財盡之結果也。宋當是時即無外患，亦必有內亂。況又有強敵乘之於外乎？此第四期也。綜而論之，太祖、太宗之時，尚未至於積弱，而必腐敗之以真、仁；熙寧、元豐之後，亦既可以圖強，而又敗壞之以崇寧、元祐。《詩》曰："其何能淑，載胥及溺"孟子曰："安其危而利其菑，樂其所以亡者。"君子觀於北宋之已事，未嘗不爲之痛哭流涕長太息也。

　　徽宗之時，宋事已無可爲，所可圖者，亂後救亡之策而已。而自高宗用秦檜，割淮北，與金定和議以前，宋與金之交涉又可分爲三期：徽宗重和元年，遣馬政如金求五代時陷入契丹漢地。《宋史》云：約夾攻遼。然《金史》云：宋使登州防禦使馬政以書來，曰："克遼之後，五代時陷入契丹漢地願畀下邑。"絶無一語及於夾攻，且宋苟本約夾攻，則金復書無從以與宋夾攻得者有之爲條件。大抵《宋史》多不可信。金復書，請與宋夾攻，得者有之。而宋攻燕雲竟不能克，卒藉金力取之。宋復使趙良嗣如金，求燕京及西京地，金人不可。宋乃許輸銀絹二十萬匹兩、綾二萬匹、代燕京租稅。宣和三年，和議成。金歸宋應、蔚、儒、易、奉聖、歸化六州。越二年，金太祖殂，太宗立,復以武、朔二州來歸。此第一期也。當是時,金人尚絕無土地思想,所欲得者,子女玉帛而已。故既得燕山州縣,盡掠所有,俘其人,而仍以空城歸宋。太祖議歸宋地時,左企弓獻詩曰:君王莫聽捐燕議,一寸山河一寸金。太祖不聽。太宗立,宗翰請勿歸武、朔二州,太宗曰:是違先帝之命也,其速與之。平州之入契丹,本在燕雲十六州之前,後唐時,周德威守幽州,恃勇,棄渝關之險,契丹由是得刢牧營、平間。且入契丹後,別爲一軍,故不在許還之列,建爲南京,以張覺守之。覺叛降宋,宋受之,事在宣和五年六月,是歲三月及四月,兩國已互換誓書,營、平、灤三州不歸宋之議已定矣。故受張覺之降,其曲在宋。金人以爲口實。見《金史·張覺傳》。宣和七年十月,宗翰、宗望兩道伐宋,宗望先至汴,宋許割太原、中山、河間三鎮,以宰相親王爲質,輸金五百萬、銀五千萬兩,牛馬萬頭,表段百萬匹,尊金主爲伯父《宋史·欽宗紀》作叔父,誤,《高宗紀》亦作伯父。以請和,宗望遂旋師,時靖康元年正月也。宗翰在太原,聞之亦使人來求賂,和議既定,復何賂之可求?故此事曲在宗翰。宋人拘之。宗翰怒,分兵趨京師,破隆德府、威勝軍。宋以爲叛盟,詔三鎮固守,且命种師道、姚古往援之,旋代以李綱。又以所留金使蕭仲恭母,道宗女也,而耶律余睹亦遼宗室,謂皆有故國之戚,貽蠟書余睹,因仲恭致之,然和議尚未絕也。六月以方議和,詔李綱止進兵。七月,蕭仲恭歸,獻宋蠟書於宗望,和議遂破裂。八月,金太宗詔宗翰、宗望伐宋。十一月,金使來,言欲盡得河北地。兼河東言之,故耿南仲、聶昌分使宗翰、宗望軍,許盡河爲界也。詔耿南仲使宗望,聶昌使宗翰軍,許之,兩使皆不達。南仲至衛,衛人不納,走相州。昌至絳,爲鈐轄趙子清所殺。明年正月,復遣耿南仲及陳過庭出割兩河地。民堅守不奉詔,凡累月,止得一石州。二月,金人立張邦昌,以二帝北還。是爲第二時期。始僅欲得三鎮,既乃欲盡得兩河也,自是以後,金人守其宗旨不變。張邦昌死,則復立劉豫。劉豫死,乃欲以其地還宋。蓋自宗弼奏請復取河南以前,金人之所欲得者,始終止於兩河而已。及撻懶誅,宗弼入執政,乃欲并得河南、陝西之地,其事始於紹興九年七月之執王倫、廢和約,而成於十一年十一月之和議。此則其第三時期也。紹興十一年以前和戰始末,宋金二史均不能見其全,茲兼綜二史敍述之。金人之思想如此,在宋人所以應之者,自亦當因時勢而異其宜。平心論之,在第一期中,金人之所志者,僅在子女玉帛,絕無土地思想。宣和和約,所得實多,宋所得之地,皆金所克。宋僅輸銀絹二十萬匹兩,綾二萬匹耳,其始本約協力攻遼,取得之地有之,今金以所得之地歸宋,自不能不償其兵費也。若云歸宋者僅空城,城中所有,金皆掠以去,則原約還宋本止土地,何嘗及其戰利品乎?要之,以銀絹二十萬匹兩、綾二萬匹購回八州之地,終不可謂不廉也。自當愼固封守,徐圖自強。乃貪疆場之微利,輕與強鄰啓釁,此最失計也。在第二期中,則當還守汴京,經略河北,然後徐圖議和。直抵

175

黃龍，此特一時快語，非必忠武之策略也。在當日事勢，至多能恢復兩河耳。兩河既復，故壤無缺，則亦可以議和矣。乃懾於金人累勝之餘威，揚州、臨安，節節退守，河南、山東，遂爲敵有。此又失計也。至第三期中，則有可戰之資，且有戰勝之實，而乃召還良將，自棄土地，則尤失策之甚者矣。宋之南也，宜哉。此三時期中，其第一時期，忠武尚未出世，至其第二時期及第三時期，則皆與忠武有甚深之關係者也。

第十三章　岳忠武初出時

　　有宋岳鄂忠武王，相州湯陰人。湯陰，今河南省河北道屬縣也。父和，母姚氏，以宋徽宗崇寧二年癸未二月十五日生，實民國紀元前八百有九年也。生時有大禽若鵠，自東南來，因名之曰飛，字鵬舉。未彌月，河決内黃西，水暴至，母抱之坐甕中，衝濤及岸，得免，人以爲異云。家世力農，父豪俠好義，能節食以濟饑者。有侵耕其地者，割而與之，貰其財者，不責償。忠武少時，嘗學射於其鄉人周同，同死，朔望設祭於其墓。父見而義之，曰："汝異日得爲時用，其殉國死義之臣乎?"忠武應聲曰："惟大人許飛，得以遺體報國家，何事不可爲。"和喜曰："有子如此，吾無憂矣。"及忠武從高宗渡河，河北淪陷，與母音問隔絶，紹興六年奏《乞終制劄子》云：國家平燕雲之初，臣方束髪，從事軍旅，誓期盡瘁，不知有家。自從陛下渡河以來，臣母淪陷河朔，凡遣人一十八次，始能般挈，得脱虜禍，驚悸致疾，遂以纏綿。則知姚太夫人受亂離之苦深矣。日夕求訪，數年不獲。俄有自母所來者，曰：而母寄余言，爲我語五郎，勉事聖天子，無以老嫗爲念也。嗚呼！雖王陵之母，何以尚兹，明德之後，必有達人。遺傳之理，昭昭不爽。芝草無根，醴泉無源，豈其然哉！豈其然哉！

　　忠武生有異禀，家貧力學，尤好《左氏春秋》、《孫吳兵法》，每誦習達旦，不能常得燭，則拾枯薪以爲代云。未冠，能挽弓三百斤，負弩八石，蓋少即兼資文武也。宣和四年，年二十，始應真定宣撫使劉韐募，從軍。時河北羣盜大起（是歲，童貫伐燕京，令天下並輸免夫錢，夫二十千，淮、浙、江、湖、嶺、蜀夫三十千。免夫錢者，黃河歲調夫修築埽岸，不即役者則輸以爲代，以爲普徧之稅，責全國人盡輸之，無名甚矣。凡得一千七百萬緡，而河北羣盜因之大起），忠武既應募，相有劇賊曰陶俊及賈進和者，負嵎肆虐，衆莫能平。忠武請百騎滅之。先使卒僞爲商人，入賊境，賊掠以充部伍，忠武遣百人伏山下，自率數十騎僞賊壘。賊出戰，陽北以誘之，賊來追，伏兵起，先所遣卒擒俊及進和以歸。其初出時用兵即如此。未幾父卒，還湯陰。

靖康元年閏十一月,宗翰、宗望先後至汴,汴圍合。_{宗望至以十一月二十五日,宗}_{翰至以十二月二日。}是月晦,帝如青城。先是十一月,使王雲副康王構使宗望軍爲質請和,至磁州,州人殺雲,王還相州。十二月,開大元帥府,有兵萬人,忠武因劉浩以見,王命招賊吉倩,倩以衆三百八十人降,補承信郎。以鐵騎三百往李固渡嘗敵,敗之。又從浩解東京圍。與敵相持於滑南,領百騎習兵河上,敵猝至,忠武麾其徒曰:敵雖衆,未知吾虛實,當及其未定擊之。乃獨馳迎敵,有梟將舞刀而前,手斬之,敵大敗。還爲秉義郎,隸宗澤。

宗澤,北宋第一名將也。方徽、欽已北,高宗未南之時,宋之大計實在於還據汴京,經略河北。然當時之人能言之者已寡,即能言之亦多徒作壯語耳,非真有措置之才也。惟澤以一身支柱其間者二年,無兵無餉,徒以恩信招誘羣盜用之,而汴京屹若丘山,真奇人哉!武穆事之,得其主矣。

靖康二年五月,康王即位南京,是爲高宗,改元建炎。忠武乃上書請還都汴京,恢復河北。略曰:

> 陛下已登大寶,黎元有歸,社稷有主,已足伐敵人之謀,而勤王御營之師日集,兵勢漸盛。彼方謂吾素弱,未必能敵,正宜乘其怠而擊之。而李綱、黃潛善、汪伯彥輩,不能承陛下之意,恢復故疆,迎還二聖。奉車駕日益南,又令長安、維揚、襄陽,準備巡幸,有苟安之漸,無遠大之略,恐不足以繫中原之望。雖使將帥之臣,戮力於外,終亡成功。爲今之計,莫若請車駕還京,罷三州巡幸之詔,乘二聖蒙塵未久,敵穴未固之際,親帥六軍,迤邐北渡,則天威斯臨,將帥一心,士卒作氣,中原之地,指期可復。

此忠武生平竭智盡忠,懇款言事之第一書也。即殷殷以恢復爲言,其後終身不變其志。英雄之志略,固非若常人之朝三暮四者哉。書上,忤汪、黃意,以越職奪官。是歲六月,李綱建言:今河北所失者,惟懷、衛、濬及真定;河東所失者,惟恒、代、太原、汾、晉、澤、潞,而兩路民兵,自相團結,多者數萬,少亦近萬人,宜宣布德意,激以爵賞,與之共守。此即忠武恢復兩河之策也。於是使張所招撫河北,傅亮經制河東。忠武已奪職,乃詣河北見所,所待以國士,借補修武郎,充中軍統領。忠武乃説所,極言國家根本在於河北,河北不復,終不能自立。_{詞見末章。}所喜,使從都統制王彥渡河。至新鄉,金兵盛,彥不敢進,忠武獨以所部鏖戰,奪其纛而舞,諸軍爭奮,遂拔新鄉。翌日,戰侯兆川,身被十餘創,士皆死戰,又敗之。夜屯石門山下,或傳金兵復至,一軍皆驚,忠武堅臥不動,金兵卒不來。其御軍之嚴整,可想見矣。未幾,食盡,走彦壁乞糧，彥不許。忠武乃引兵益北，戰於太行山，擒金將拓跋耶烏。居數日，復遇敵，忠武單騎持丈八黑槍刺殺黑風大王，敵衆敗走。以饑疲之衆，立此大功，忠武真神人哉！

高宗之始即位也，召李綱，以爲相，用其言，令傅亮、張所經略兩河，宗澤留守東京，似赫然有恢復之圖矣。乃任人不專，既用李綱，復信汪、黃，而又內怯金兵之强，不敢躬犯鋒鏑。不獨忠武所進親率六軍迤邐北渡之策不敢用，宗澤累進還都汴京之說不能聽也，即李綱所請之關中、襄、鄧，亦不敢巡幸，而徒日爲退守之計。七月，罷李綱，召傅亮還。九月，安置張所於嶺南。十月，車駕遂如揚州矣。此種舉動，吾無以名之，名之曰半年間之恢復政策。有嘉謨而不能聽，有良臣而不能用，可勝歎哉！忠武以九月從王彥破金，及與彥不合，欲復還，則張所已罷職安置矣。時崎嶇北方，與金人相持者，惟一宗澤耳。乃復歸澤於東京，澤以爲留守司統制。建炎二年七月，澤卒，代以杜充。充酷而無謀，既至，悉反澤所爲。於是豪傑離心，羣盜聚城下者，復去剽掠，澤於京城四壁各置使，以領招集之兵，又據形勢立堅壁二十四所於城外。而事不可爲矣。

忠武隸杜充一年，仍居故職。戰胙城，又戰黑龍潭，皆大捷。從閭勃保護陵寢，大戰汜水，射殪金將，大破其衆。駐軍竹蘆渡，與敵相持，選精銳三百伏前山下，令各以薪芻交縛兩束，夜半熱四端而舉之，金人疑援兵至，驚潰。建炎三年，賊黃善、曹成、孔彥舟等合衆五十萬薄南薰門，忠武所部僅八百，衆慮不敵，忠武曰：吾爲諸君破之。左挾弓，右運矛，橫衝其陣，賊亂，大敗之。又擒賊杜叔五、孫海於東明，於是借補莫州刺史。黃善圍陳州，戰清河，擒其將孫勝、孫清，即真。五月，充以糧盡欲還建康，忠武諫曰："中原之地，尺寸不可棄，今一舉足，他日欲復取之，非數十萬衆不可矣。"充不聽，乃與俱還。師次鐵路步，遇賊張用，至六合，遇李成，皆敗之。

南宋之初，非力圖恢復，決不足以自立。而恢復之事，初非必不可致，具如末章所論。欲圖恢復之功，要以高宗尚未南遷時爲最易，此忠武所以始請高宗親駕渡河，與金決戰，至杜充欲去汴京時，尚力爭，謂中原之地，尺寸不可棄也。然卒無一人能用其謀者，天不祚宋，謂之何哉。

第十四章　南渡初之岳忠武

　　自高宗棄汴，南走揚州，北方之事，遂益不可問。建炎元年七月，金宗望卒，以宗輔代之。十二月，復伐宋，徇地淄青，分遣銀朮可攻襄、鄧，拔离速入唐、蔡。二年正月，以高宗遠在揚州，而農時已屆，旋師。其宗翰一軍，於元年冬亦自河東入陝，陷同、華、京兆、鳳翔。是歲二月，以河東多寇，留婁室使屯守之，而自引軍還。初宗望之再圍汴也，分兵，使撻懶趨山東，敗宋援兵，撻懶遂留山東。及是，仍屯駐不返。蓋宗輔、宗翰以大軍經略兩河，而撻懶及婁室則以偏師綴河南、山東，使宋不暇北師，且可乘機進取，實金人是時之兵略也。是歲，宋使王師正請和於金，復密以書招誘契丹漢人。七月至金，金人獲其書。太宗詔宗輔、宗翰伐宋，於是宗翰使婁室、蒲察帥師，繩果婆盧火監戰，以取陝西，留銀朮可守太原，耶律余睹守西京，自與宗輔會於濮。十月，進軍。明年二月，前鋒拔离速、馬五等至揚州，高宗倉卒走鎮江。三月，金人焚揚州而去，高宗遂如杭州。五月，金宗弼、撻懶、拔离速、馬五等復分道南伐。

　　金諸將中，始終持進取主義者，惟一宗弼。當既得兩河後，宗翰及宗望、宗輔即留大兵駐守之，其經略河南、陝西者，皆不過偏師而已。即承太宗命南伐，亦不過至揚州而止，不遽深入也。而宗弼於是時，則首先主張渡江。陝西之役，相持數年，勝負未有決也。宗弼自渡江還，復北師以助婁室。於是張浚有富平之敗，而陝西遂不可守。婁室卒後，請兵以略定陝西者，又宗弼也。蓋金宗室中，惟此人為真有才，且有大志。使無以挫其鋒，則南宋之存亡，未可知也。然宗弼自一次渡江後，遂不復主張南伐，則當日還師時所受之懲創深矣，此則忠武與韓世忠之功也。

　　忠武南還後，仍隸杜充。建炎三年十月，宗弼師至和州，充閉門不出，忠武泣諫，請視師，充不聽。和州天險，易阻阨，後此虞允文之敗海陵庶人，即於此。使充當時能悉精兵以授忠武，使扼江而守，宗弼之能逞志與否，未可知也。乃畏怯不前，徒為嬰城自守之計，使江南數千里悉遭蹂躪，乘輿幾不可保,充之罪亦大矣。金既渡江,充乃遣兵迎戰,王瓊先遁,諸將皆潰,獨忠武力戰。會杜充兵亦潰散,走保真州。宗弼使人説之,充遂降金。諸將聞之,多縱兵剽掠,惟忠武軍秋豪無犯。平時䊷軍嚴整者,臨變自覺不同也。

宗弼既入建康,遂自廣德趨獨松關,以犯杭州。忠武兵少,自不能扼,然猶力躙之,至廣德境中,六戰皆捷,斬級千二百餘,擒其將王權等二十四人,又俘簽軍首領四十餘,察其可用者遣還,令夜斫營縱火,忠武自乘亂縱擊,大敗之,遂復溧陽,禽其偽知事李撒八,殺獲五百餘人。時軍無見糧,然將士皆忍饑,不敢擾民。金所籍兵相謂曰:"此岳爺爺軍也。"爭來附,固由人心未忘故國,亦可見忠武軍聲之遠播。當江南殘破之餘,屹然若一重鎮矣。十二月,宗弼入臨安,使阿里蒲盧渾追高宗於明州,帝入海,舟次昌國縣。明年正月朔,阿里蒲盧渾乘西風大作,攻明州,劉洪道、張俊擊敗之。越四日,金援兵至,俊及洪道皆遁去,帝走溫州。金兵入昌國,以舟師追帝三百餘里,不及,乃還。是役宗弼以三萬人縱橫江南,宋諸將莫敢攖其鋒者,使無忠武及韓世忠之邀襲,則必狃爲故常,再圖深入,後患不堪設想矣。

宗弼既破明州,自秀洲道平江而北,詔忠武移屯宜興。時有盜郭吉者,爲民患,聞忠武至,遁入太湖。忠武遣王貴、傅慶追破之,隨遣辯士馬皐、林聚盡降其衆。有張威武者不從,忠武單騎入其營斬之。避地者賴以免禍,圖忠武像,奉祠之焉。金兵至常州,忠武四戰皆捷,尾襲之於鎮江東,又捷。戰清水亭,橫屍十五里。於是宗弼欲濟江,韓世忠以舟師邀擊之江中,宗弼不得渡,乃鑿老鸛河故道通秦淮,以趨建康。忠武以騎兵三百、步兵二千馳至新城邀擊,大破之。烏珠乃復出江,會撻懶使孛堇太乙以兵來援,乘無風,世忠大舟不得動,敗其軍,乃得渡江走淮西。是役世忠以八千人拒宗弼數萬衆,相持凡四十八日,實爲南渡後第一次克捷。《宋史》稱金人自是不敢復渡江,論者或疑其夸大。然《金史·本紀》明載宗弼戰江中不利,《劉豫傳》亦言宗弼自江南還,遂不復主張深入,則此次戰役確能示之以南宋之尚不可侮,則非虛語矣。此固世忠力戰之功,抑亦忠武犄角之力也。

宗弼既退,忠武乘之,收復建康。奏言建康爲要害之地,宜選兵固守。仍益兵守淮,拱護腹心,高宗嘉納。時羣盜戚方方擾淮西,詔忠武進討之。方遁,俄益兵來,忠武自以千人接戰,數十合皆捷。會張俊兵至,方遂降。俊還,盛稱忠武可用於知樞密院事范宗尹,宗尹言之,遷通泰鎮撫使,兼知泰州。忠武辭,乞淮東一重難任使,收復本路州郡,乘機漸進。壯哉忠武! 是時江南新被寇,衆方汲汲懼亡,而忠武之主張進取也如故,豈好爲大言哉! 誠深惟立國之本，非進取終不足以有爲也。會撻懶攻楚州急，遂詔忠武援楚。

　　時張浚宣撫荊湖川陝，以金兵萃淮上，慮其復援東南，謀出兵牽制之。而金所得陝西州縣，亦叛服不常，宗弼遂引兵趨陝西，爲婁室援。然撻懶仍留淮上，淮東州郡，多半殘破，惟趙立據楚州與金人相拒。楚重鎮也，楚失則淮東不可守，淮東不可守則常鎮危，常鎮危則江南亦不可保矣。忠武之乞收淮東，誠願獨當其難也。然時初到泰州，芻茭糗糧，一一窘乏，士馬亦羸弊方甚，瘡痍尚新。欲從朝廷乞一二千之衆，十餘月之糧，且不可得。使他人處此，必且辭不肯往矣。而忠武仍聞命即行。至承州，三戰三捷，殺其將高太保，俘酋長七十餘人。時詔劉光世督軍援楚，光世素驕蹇，五奉手札不進，但遣王德、酈瓊等以偏師前往，德、瓊等復不用光世命，逗留不進。金人知楚援絕，并力急攻，楚遂陷。詔忠武退守泰州，有旨可守則守，不可守，但以沙洲保護百姓，伺便掩擊。忠武以泰無險可恃，退保柴墟，戰於南霸橋，金兵大敗。以精兵二百殿，渡百姓於沙上，金人不敢近。是役也，忠武雖以師孤力寡，未能援楚，然卒能保護百姓，全師而還，其用兵方略，蓋又非南渡他將之所能及矣。

　　宗弼既北，撻懶破楚州後，亦不復南。是歲九月，金人立劉豫爲齊帝，其南侵之事，至此作一小結束。是後三年間，北邊無大患，而宋人乃得專其力以靖内寇。

第十五章　岳忠武之削平內寇及經營襄漢

　　秦漢以後，我國歷史上有一特別之產物焉，則流寇是也。流寇之起，蓋起於民窮財盡，非爲盜則無以爲生。其始僅鼠竊狗偷，屯據山林，相嘯聚而已。然其後無以爲生者日多，則應之者日衆，而寇盜彌衆，則無以爲生者亦愈多，二者互相爲因，遂至如燎原之火不可撲滅。非流寇之果不可勝也，天下之人，皆將折而入於寇，而誅之不可勝誅也。故流寇不起則已，既起，則非擾亂數千里，殘殺數百萬衆，前後亘十餘年或數十年不能平。然此在閉關獨立，外無強敵之日則可耳，若彊鄰耽耽窺伺境外，則秋霜降者草花落，水搖動者萬物作。內亂不已，必有乘其弊者矣，若明清之已事是也。然內亂固足爲外寇之媒，而外寇實亦爲內亂之本，若東晉之初、女真之末造是也。而兩宋之間，則此患尤甚。試一翻《高宗本紀》，自建炎初元至紹興十一二年間，舉天下二十六路，無一路不有著名之寇盜數十人，往往擁衆十數萬或數十萬，殺掠十餘郡，次亦數萬或數千。而其鼠竊狗偷，爲患止於一郡或一縣者，尚不在內也。揆厥由來，蓋因北宋一代，乘五代衰弊之後，養民之政未克一舉，害民之政未克盡除。民困本已特甚，其後新舊黨爭，政令數變，而每變一次，則必擾民一次。馴至蔡京、王黼等出，明目張膽，以聚斂爲政策，視人民之離散凍餒，漠然無所動於其中。海內愁苦，皆不聊生，而奸宄遂乘之而起。蓋金兵未入寇前，而羣盜既已滿山矣，迨邊釁既起，北方數萬里之地，悉遭蹂躪，潰兵流民紛然並作。其未遭兵燹之地，則或因羣盜之流入，而脅從之，附和之，或爲所侵掠，無以自存，不得不起而爲盜。又有始相團結，欲以禦敵，而其後食盡，變而爲盜者。又有寄居官及鄉曲豪右，藉口勤王，招集潰兵，或召募人衆，後遂資之以爲盜者。要之，以亂機四伏之社會，一旦政治控制之力驟減於前，而又有他力以爲之驅迫而招誘，其煙塵潊洞，九州豺虎，固其所耳。然於大局，則甚危險也。

　　從來外患內憂交迫之際，謀國者每思招集內寇，藉以禦外。然其事恒無成功，不徒無成功也，且適以資外寇而益之餤。金之封九公，及宋之用李全、時青，其明證矣。酈生謀撓楚權，欲立六國後，而張良折之曰：夫楚惟無彊，六國復撓而從之，而安得而臣之。諸侯且然，況羣盜乎？建炎四年，范宗尹參知政事，建議：羣盜并力以抗官軍，莫若析地而處之，使盜有所歸，則可漸制。於是分淮南、京東西、湖南北諸路爲鎮，悉授降盜以鎮撫使之職，除鹽茶之利，悉以畀之，許以能捍外患立大功者，特與世襲。此實最危險之政策也，幸而金人無遠略耳，使其既定河南、山東後，長驅而前，收服羣盜，因而用之，不知將何以待之。其後諸鎮除一二戰死者外，非北降，即復叛以死，誠幸事哉！然即此，而羣盜之心懷反側者，彌有所據以爲資，其受害既不淺矣。當時羣臣論及羣盜，鮮有不主姑息之策者，即受命勦殺，亦多以招撫爲先，蓋皆未知治寇之本也。惟忠武不然，其奏《招曹成不服乞進兵劄子》有云：

臣竊惟内寇不除，何以攘外，近郊多壘，何以服遠。比年羣盜並作，朝廷務廣德意，多命招安。故盜亦玩威不畏，力强則肆暴，力屈則就招，苟不略加勦除，蠡起之衆，未可遽殄。

此數語於平寇方略，及安内即所以攘外之理，言之瞭然，可爲内憂外患交迫時，主姑息之策者鑒矣。

紹興元年，金兵雖退，而江淮以南，羣盜如麻。孔彦舟據武陵，張用據襄漢，李成據江淮湖湘十餘郡，尤悍强，連兵數萬，有席卷東南之意。甚至造作符讖，以幻惑中外，使不加勦除，則皆劉豫、張邦昌之徒也。李成將馬進圍江州，江東安撫制置大使吕頤浩救之，敗績，江州遂陷。朝以張俊爲江淮招討使討之，俊請與忠武同行，於是以忠武爲副使。

時馬進已復陷筠州，俊及忠武以豫章介江筠之間，疾趨據之。已而進犯洪州，連營西山。俊斂兵若無人者，賊以爲怯，遂怠，乃議戰。忠武曰："賊貪而不慮後，若以騎兵出上流絕生米渡，出其不意，破之必矣。"俊大喜，忠武因請爲先鋒，重鎧躍馬，潛出賊右，突其陣，所部從之，進大敗，走筠州。忠武進抵城東，賊出城，布陣長十五里。忠武設伏，以紅羅爲幟，上刺岳字，選騎二百，隨幟而前，賊易其少，薄之，伏發，賊敗走。忠武使人呼曰："不從賊者坐，吾不汝殺。"坐而降者八萬餘人，進以餘卒奔成於南康。忠武夜引兵至朱家山，又斬其將趙萬。於是忠武與俊連兵而前。成聞進敗，自引兵十餘萬來，遇於樓子莊，大破之。至江州，成勢迫，絕江而去，遂復江州。渡江追成至黄梅，斬馬進，成走蘄州降僞齊。張用復寇江州，用亦湘人，忠武以書招之曰："吾與汝同里、南薰門、鐵路步之戰,皆汝所悉。今吾在此,欲戰則出,不戰則降。”用得書曰:“果吾父也。”遂降,江淮平,俊奏忠武功第一,加神武右軍副統制,留洪州彈壓盜賊,旋授親衛大夫、建州觀察使。建寇范汝爲陷邵武,江西安撫李回檄忠武分兵保建昌軍及撫州,忠武使人以岳字幟植城門,賊望見,遂相戒勿犯,其先聲之奪人如此。未幾,賊黨姚達、饒青逼建昌,忠武命將討擒之,以功升神武副軍都統制。

二年,賊曹成復擁衆十餘萬,由江西歷湖湘,據道、賀二州。命忠武權知潭州,兼權荊湖東路安撫都總管,付金字牌及黃旗招之。成聞忠武將至,驚曰:“岳家軍來矣。”即分道遁。忠武至茶陵,奉詔招之,成不從。忠武乃奏請勦除,許之。四月,進兵賀州,得成諜者,縛之帳下。忠武出帳調兵食,吏曰:“糧盡矣,奈何?”忠武陽曰:“姑反茶陵。”已而顧諜若失意狀,頓足而入,陰令逸之。諜歸告,成大喜,期翌日來追。忠武命士蓐食,潛趨邀嶺。未明,至太平場,破其砦。成據險列拒,忠武麾兵掩擊潰之。成乃自桂嶺置砦至北藏嶺,連控隘道,而自以衆十餘萬守蓬頭嶺。桂嶺者,即古萌渚,五嶺之第四嶺。蓬頭、北藏皆其支脈。其間綿亘凡六十餘里,皆山谷河澗,路狹,人馬不並行,真天險也。忠武衆纔八千,一鼓登北藏嶺,奪據梧關。明日,敗其救兵萬五千人。越二日,克蓬頭嶺。又明日,進克桂嶺大寨,成奔連州。忠武謂張憲等曰:“成黨散去,追而殺之,則脅從者可憫,縱之,則復聚爲盜。今遣若等誅其酋而撫其衆,慎勿妄殺,累主上保民之仁也。”於是憲自賀、連,徐慶自邵、道,王貴自郴、桂,招降者二萬人,與忠武會連州,進兵追成。時韓世忠方駐兵豫章,成爲忠武所迫,乃率八萬衆詣世忠降。忠武是役,以盛夏行師,所將皆北人,戰馬又乏,而能出入山險之地,以寡制衆,克捷神速若此,且士無一人死瘴癘者,其撫循有方,概可見矣。

嶺表既平,詔授忠武武安軍承宣使,屯江州。甫入境,李回檄捕劇賊馬友、郝通、劉忠、李通、李宗亮、張式,皆平之。三年春,召赴行在,江西宣諭劉大中奏“忠武軍有紀律,人恃以安,今赴行在,恐盜復起”。於是不果行。時虔、吉盜連兵寇掠閩粵,高宗乃專命忠武平之。忠武至虔州,龍泉賊彭友、李動天悉衆來拒。戰雩都,友躍馬馳突,忠武麾兵即馬上擒之,并擒李動天,餘黨退保縣北之固石洞。洞高峻環水,止一徑可入,忠武列騎山下,令皆持滿,黎明,遣死士疾馳登山,賊衆亂,棄山而下,騎兵圍之。賊呼丐命,忠武令勿殺,受其降。進至興國,破山寨數百,禽賊王彥、鍾超、呂添、羅閑十、陳容、藍細禾、謝敵、鍾大牙、劉八大王、盧高等,賊黨悉平。初宗弼之南下也,分兵入江西，隆祐太后自南昌走虔州，爲土豪陳新所圍攻。高宗以此，密令忠武屠虔城，忠武請誅酋惡而赦脅從，不許，三四請，乃許之。虔人感其德，爲繪像祠焉。此可見忠武非好事殺戮者矣，其不加勦除，未可遽疵之論，正所以爲安民保國之計也。

虔寇既平，是秋，忠武入見。高宗手書“精忠岳飛”字，製旗以賜之，授鎮南軍承宣使、江南西路沿江制置使，朝意蓋仍使鎮攝江西也。未幾，復有李成、楊么相連合，欲助僞齊爲侵寇之舉。忠武乃復移軍而北。初，金人之立劉豫也，其年十一月，復畀以陝西之地。金人之意，欲其保守河南、陝西，爲己附庸而已。而豫以梟獍之心，行悖逆之舉，日思藉金人之力以覆宗國。既即僞位，乃請立其子麟爲太子，以覘金人之意。金人不許，曰：與我伐宋則取之。蓋以此覘豫之能自固否也。豫亦知其意，而其南侵乃愈亟，意殆非滅宋不止。故自僞齊之建，而宋之外患乃更甚於金人據河南之時。而羣盜李成、孔彥舟等，復從而附之，甘爲之倀，并湖寇楊么，亦與之連結。么欲自長江順流而下，而成則欲自江西陸行趨兩浙與之會。萬一王師撓敗，則僞齊必又大發兵繼之，宋勢之岌岌未有甚於此時者也。前此宗弼之渡江，剽掠主義耳。未嘗欲據其地也。是役也，非忠武，南宋幾殆。

襄陽形勢，具如《壯繆傳》中所論，宋既南渡，言恢復者，必以此爲根本，此稍知地勢者所能言也。顧前此呂頤浩亦嘗有意圖之矣，而卒無成功。及忠武一經營之，襄鄂遂屹爲上遊重鎮，則信乎欲圖恢復者，非訓練節制之師，不能爲功也。初張浚之西行也，承制授程千秋京西制置使。千秋招降劇盜曹端、桑仲，已而疑仲，使端圖之，仲叛，千秋奔襄陽，京西州縣，悉爲仲所據。朝廷不能討，因以襄鄧隨郢鎮撫使授之，仲言京師可復，乞出兵爲聲援。時呂頤浩爲相，方銳意恢復，信之。紹興二年四月，頤浩都督江淮荊浙諸軍事，開府鎮江。方圖出師，而仲已於三月爲知郢州霍明所襲殺。頤浩聞之，稱疾不進，北伐之議，遂無成功。仲將李橫攻霍明，走之，進擊金齊，頗敗其兵。三年正月，詔以橫繼仲職。橫軍本羣盜，無紀律，進兵欲復東京，爲金人所敗。而李成自降齊後，銳意南略，是歲遂以金人南侵。十月，橫糧盡，奔荊南，襄陽及唐、鄧、隨、郢諸州及信陽軍俱陷。楊么乃與之通。朝命忠武爲之備，忠武乃奏陳用兵先後曰：

臣竊觀楊么，雖近爲腹心之憂，其實外假李成，以爲唇齒之援。今日之計，正當進兵襄陽，先取六郡。李成不就繫縛，則亦喪師遠逃，於是加兵湖湘，以殄羣盜，要不爲難，而況襄陽六郡，地爲險要，恢復中原，此爲基本。

疏上，朝議是之。五月，除兼荆南鄂岳州制置使，尋授黃復州漢陽軍德安府制置使。忠武遂於是月進兵，渡江，顧幕屬曰：“飛不擒賊，不涉此江矣。”

師至郢州，僞將京超，號萬人敵，乘城來拒。忠武鼓衆而登，復其城，超投崖死。於是分遣諸將復唐、鄧、隨州及信陽軍，而自以衆直趨襄陽。李成迎戰，左臨襄江，忠武笑曰：“步兵利險阻，騎兵利平曠。成左列騎江岸，右列步平地，雖衆十萬，何能爲。”顧王貴以步卒擊其騎兵，牛皋以騎兵擊其步卒，賊馬爲槍所刺，輒斃，而後騎皆擁入江，大敗。成遁，遂復襄陽。是役，忠武所部軍合計不滿三萬人，成衆三四倍之，而自出兵至克捷，不及一月。善用兵者，固不在多也。

恢復，忠武之素志也，雖當國家多難，靖内不遑之日，而其志曾不少隳。既復襄陽，遂奏畫六郡屯田，以爲進取之計。其所志之堅毅，規畫之遠大，真可驚矣。其劄子有曰：

> 臣竊觀金人、劉豫，皆有可取之理。金人累年之間，貪婪橫逆，無所不至。今所愛惟金帛子女，志已驕墮。劉豫僭臣賊子，雖以儉約結民，而人心終不忘宋德。攻討之謀，正不宜緩。苟歲月遷延，使得修治城壁，添兵就糧，而後取之必倍費力。以臣自料，如及此時，以精兵二十萬，直擣中原，恢復故疆，民心効順，誠易爲力，此則國家長久之策也。若姑以目前論之，襄陽、隨、郢，地皆膏腴，民力不支，苟行營田之法，其利爲厚。（中略）營田就緒，軍儲既成，則朝廷無餽饟之憂，進攻退守，皆兼利也。

是爲南宋時創議營田之始。營田爲備邊良規，無待贅論。南宋初，外受金寇，内迫羣盜，田畝荒廢，人户凋殘，餽運既艱，守備益薄，屯墾兼資，尤爲重要。然諸將迄未有發之者，非無此遠略，即猶未能真憂國恤民也。自忠武首創此議，後頗踵而行之，淮西尤賴其力。名臣之規畫，其利固不僅在一時矣。

襄漢既復，忠武奏辭制置使，乞委重臣經畫荆襄，不許。時相趙鼎奏鄂兵最爲上流要害，乞令忠武屯駐，不惟江西藉其聲勢，湖、廣、江、浙亦獲安妥。乃以隨、郢、唐、鄧、信陽並爲襄陽府路，隸忠武，忠武移軍屯鄂，復授清遠軍節度使、湖北路荆襄潭州制置使，封武昌縣開國子。於是荆湖襄鄧内憂外寇之責，悉集於忠武一身矣。

李成既敗，劉豫使乞師於金，金太宗使撻懶等以兵五萬應之。九月，合寇淮西。時朝廷方使魏良臣如金申和議，邊報既至，知終無苟全之道，乃相趙鼎，起張浚視師，高宗自臨安幸平江。自劉豫僭逆，朝廷畏金，至稱爲大齊，其族屬在江南者，亦厚撫之，及是始暴其罪逆於六師。金、齊步兵入淮東，攻承州，韓世忠敗之於大儀。騎兵入淮西，攻廬州，帝手札令忠武應援。忠武遣牛皋、徐慶往擊敗之。會金太宗殂，十二月，金兵遂引還。是役，僞齊志存大舉，雖緣金太宗之殂自退，然淮東西未致糜爛者，亦忠武與韓世忠之力也。

紹興五年，忠武入覲，封母國夫人，進爵爲侯，除荊湖南北襄陽路制置使、神武後軍都統制，命招捕楊么。忠武所部多西北人，不習水戰，使他人處此，必將束手無策矣。忠武曰：“兵何常，顧用之何如耳。”於是定以水寇攻水寇之策。

夫以水寇攻水寇，非易事也。我欲用水寇，則必先望彼之攜，然欲望彼之攜，則必先有以懼彼。今我所部皆不習水戰，彼且還玩我於股掌之上耳，又安望其爲我用。然忠武顧處之裕如者，則以其先聲足以奪人也。既受命，先遣使招諭之，賊黨王佐曰：“岳節使號令如山，若與之敵，萬無生理，不如往降。節使誠信，必善遇我。”遂降。忠武表授佐武義大夫，單騎按其部，撫佐背曰：“子知遂順者，果能立功，封侯豈足道？欲復遣子至湖中，視其可乘者擒之，可勸者招之，如何？”佐感泣，誓以死報。於是忠武以水寇攻水寇之策，始有崇緒矣。

時張浚方以都督諸路軍馬，視師江上。至潭州，會朝旨召浚還防秋。忠武既有定畫，袖小圖示浚，浚欲竢來年議之。忠武曰：“都督能少留八日，即可破賊。”浚曰：“何言之易也。”忠武曰：“王四廂王瓊也，前此攻楊么敗衂者。以王師攻水寇則難，飛以水寇攻水寇則易，因敵將，用敵兵，奪其手足之助，離其腹心之託，而後以王師乘之。八日之內，當俘諸酋。”浚喜，許之。忠武遂如鼎州，王佐招楊欽來降，忠武喜曰：“楊欽賊驍將，既降，賊腹心潰矣。”表授欽武義大夫，禮遇甚厚，復遣歸湖中。兩日，欽説余端、劉銑等降，忠武詭罵之曰：“賊不盡降，何來也。”杖之，復令入湖。是夜，掩賊營，降其衆數萬。么負固不服，方浮舟湖中，以輪激水，其行如飛，旁置撞竿，官舟迎者輒碎。輪舟之制，惟唐曹王皋曾用之，史稱其鼓水疾進，駛於陣馬。而么更益之以撞竿，則其制更勝古人矣。以習於水戰之寇，而挾此利器，是誠不易破也。忠武乃復出策略以勝之，伐君山木爲巨筏，塞諸港汊，又以其腐木亂草，浮上流而下，擇水淺處，遣善罵者挑之，且罵且行。賊怒，來追，則草木壅積，舟輪礙不行。忠武亟遣兵擊之，賊奔港中，爲筏所拒。官軍乘筏，張牛革以蔽矢石，舉巨木撞其舟，盡壞。么技窮，赴水，牛皋禽斬之。忠武入賊壘，餘酋驚曰：“何神也！”俱降。忠武親行諸砦慰撫之，縱老弱歸田，籍少壯爲軍。果八日而賊平。浚歎曰："岳侯神算也。"是役也，獲賊舟千餘，鄂渚水軍，遂爲沿江之冠。

楊么既平，詔忠武兼蘄黄制置使。初忠武之平嶺表也，於夏日力疾行軍，遂得目疾，及是彌甚，乞解軍事，不許。加檢校少保，進封公，還軍鄂州，除荆湖南北襄陽路招討使。

忠武之平羣盜，蓋全恃其策略之勝人。凡盜賊所以能久據一方，負嵎自固者，非恃其地方情形爲官軍所不悉，則恃其長技爲官軍所不能也。然如忠武之攻曹成，列衆十餘萬守險數十里而不能拒，則地形不足恃矣。其攻楊么，以洞庭之險，益之以輪舟之用而不能抗，則長技不足用矣。使爲將者盡如此，何寇盜之足平，抑知策略果優，未嘗不可補器械之不足也。彼怯懦無謀，動致敗北，輒以形勢不善，軍器不精自諉者，觀此可以知所媿矣。

第十六章　岳忠武與僞齊

恢復,忠武之素志也。顧自高宗移駕南幸後,境土益蹙,敵勢日張,而又內亂蠭起,不徒不暇進取兩河,并河南、山東亦不及顧。忠武是時,其感慨可知矣。自楊么既平,李成既遁,襄鄧六郡,經略粗有就緒,而忠武假手以行其素志之機會乃復至。

自紹興四年十月,起用張浚後,朝廷舉措,頗有振作之機。六年二月,浚會諸將於鎮江,命張俊屯盱眙,韓世忠屯楚州。六月,視師淮上,使劉光世屯合肥,以招北軍;楊沂中領精騎,以爲後援;忠武移屯襄陽,以圖中原。謂忠武曰:此君素志也。於是忠武移軍京西,改武勝定國軍節度使,除宣撫副使,置軍襄陽。是歲,忠武年三十四也。

未幾,遭母姚太夫人喪,降制起復,忠武連表乞終喪,不許,累詔趣起,乃就軍。又命宣撫河東,節制河北路。當時,諸將分屯,皆僅能控扼江淮,以資捍蔽,其能席上游之勢,直衝劉豫之腹心,且牽引河東、河北者,惟忠武一人耳。恢復之圖,固當惟忠武是賴也。忠武既至軍,使王貴攻虢州,獲糧十五萬石。又使楊再興進復長水縣,牛臯攻克鎮汝軍,與李成、孔彥舟進戰,至蔡州,破之,焚其糧。九月,復盧氏縣。忠武軍已深入陝洛,使能更有勍兵爲之後援,則震動汴洛,至易事耳。惜乎孤軍無繼,且軍糧匱乏,在塞卒伍致有饑餓而死者,乃不得已還軍,時九月壬午也。

是歲八月,詔諭海內以將親征之意,豫聞之,告急於金,請先出師南侵,發兵救援,不許。豫乃自僉鄉兵三十萬,使子麟、姪猊將之,分道入寇。麟自壽春犯合肥,猊出渦口犯定遠,孔彥舟別以兵出光州犯六安,淮右大震。劉光世欲舍廬州,張俊欲棄盱眙,同奏召忠武兵東下。張浚持不可,謂忠武軍一動,則上流無復禁禦,力阻之。高宗慮俊、光世不足任,命忠武盡以其軍東援。忠武目疾方甚,聞詔即行。未至,楊沂忠敗劉猊兵于藕塘,麟聞之,自順昌解圍去,孔彥舟亦引還。高宗乃賜忠武札,言:"敵兵已去,卿不須進發,其或襄、鄧、陳、蔡，有機可乘，從長措置。"忠武乃還。則僞齊既屯兵窺唐州矣，使王貴、董先等攻破之，焚其營。

七年正月，忠武入覲，加太尉，繼除宣撫使，兼營田大使。三月，高宗幸建康，忠武從，數見，論恢復之略，旋又上疏極言之。此疏蓋自宋既南渡以後，圖恢復最善策略也。今錄其詞如左：

> 臣竊揣敵情，所以立劉豫於河南，而付之齊、秦之地，蓋欲荼毒中原，以中國而攻中國。粘罕因得休兵養馬，覬覦乘隙，包藏不淺。臣謂不以此時稟陛下睿算妙略以伐其謀，使劉豫父子隔絕，五路叛將還歸，兩河故地漸復，則金人之詭計日生，浸益難圖。然臣愚欲望陛下假臣日月，勿拘其淹速，使敵莫測。臣之舉措，萬一得便可入，則提兵直趨京、洛，據河陽、陝府、潼關，以號召五路之叛將。叛將既還，王師前進，彼必捨汴都而走河北，京畿、陝右可以盡復。至於京東諸郡，陛下付之韓世忠、張俊，亦可便下。臣然後分兵濬、滑，經略兩河。如此，則劉豫父子斷必成擒。汝、潁、陳、蔡，堅壁清野，商、於、虢、洛，分屯要害，進或無糧可因，攻或難於餽運，臣須斂兵還保上流，賊必追襲而南，臣俟其來，當率諸將或挫其銳，或待其疲。賊利速戰，不得所欲，勢必復還。臣當設伏，邀其歸路，小入則小勝，大入則大勝，然後徐圖再舉。設若賊見上流進兵，併力以侵淮上，或分兵犯四川，臣即長驅擣其巢穴。賊困於奔命，勢窮力殫，縱今年未能平殄，來歲必得所欲。陛下還歸舊京，或進都襄陽、關中，唯陛下所擇也。

此書不徒於恢復策略，言之委曲詳盡，即忠武生平志節，亦犖犖可見矣。而顧有以反側疑之，以不附和議爲懷姦，以不事家產爲萌異志者，忠不見諒，可勝慨哉！疏上，高宗答曰："有臣如此，朕復何憂，進止之機，朕不中制。"又召至寢閣，命之曰："中興之事，一以委卿。"於是忠武乃欲爲大舉之計矣。

恢復之事，甫有動機，而又有爲之阻力者，則酈瓊之叛是也。瓊與王德俱隸劉光世，素不相下。光世夙驕蹇，是時暮氣尤甚，沈酣酒色，軍無紀律，語以恢復，意氣怫然。張浚深惡之，因其引疾，罷之，以其軍隸都督府，命參軍事呂祉往節制之。祉有才而不知兵。時朝命以德、瓊軍隸忠武，已復罷之，而詔忠武詣浚議事。浚偏信呂祉，謂忠武曰："王德淮西軍所服，浚欲以爲都統，而命呂祉以督府參謀領之，何如？"忠武曰："德與瓊素不相下，一旦擢之在上，必爭。呂尚書不習軍旅，恐不足服眾。"浚曰："張俊何如？"忠武曰："暴而寡謀，尤瓊所不服。"浚曰："然則楊沂中爾。"忠武曰："沂中視德等耳,豈能御此軍。"浚艴然曰："固知非太尉不可。"忠武曰："都督以正問,飛不敢不盡其愚,豈以得軍爲念哉?"即日上章乞解兵柄,終喪服,以張憲攝軍事,步歸,廬母墓側。浚怒,奏以張宗元爲宣撫判官,監其軍。忠武此舉,或疑其有似執拗者,然欲圖恢復,本非一人所能爲力,南渡諸將,大都挾持私見,或忿爭意氣,真能和衷共濟者甚鮮。張浚既操都督軍馬之權,與忠武意見不協,欲望其如驂之靳,克成大功,難矣。豈悻悻然若小丈夫之爲哉?嗚呼!吾觀於此而知忠武之隱痛深矣,其於恢復之舉,殆亦所謂知其不可而爲之者歟。

忠武既歸,高宗累詔趣還職,力辭,詔幕屬造廬以死請。凡六日,忠武不得已,趣朝待罪,帝慰遣之。既至軍,遂奏乞以本軍進討劉豫,其詞曰:

> 賊豫逋誅,尚穴中土。陵寢乏祀,皇圖偏安。陛下六飛時巡,越在海際。天下之愚夫愚婦,莫不疾首痛心,願得伸鋤奮梃,以致死於敵。而陛下審重此舉,累年於茲,雖嘗分命將臣,鼎峙江漢,而皆僅令自守以待敵,不敢遠攻而求勝。是以天下忠憤之氣,日以沮喪;中原來蘇之望,日以衰息,歲月益久,污染漸深,趨向一背,不復可以轉移。此其利害,誠爲易見。比者寢閣之命,聖斷已堅,咸謂恢復之功,指日可冀。何至今日,尚未決策北向?臣願因此,上稟成算,不煩濟師,祇以本軍進討。順天之道,因民之情,以曲直爲壯老,以逆順爲强弱,萬全之効,茲焉可必。

旋又奏請建都上游,用漢光武故事,親勒六軍,往來督戰。忠武之志,蓋猶之初出時請高宗渡河決戰之志也。未及報,酈瓊叛,吕祉被殺,張浚引咎去,而朝局遂大變矣。

第十七章　和議之成及
岳忠武之成仁

　　宋自紹興八年以前，雖時遣使如金，然率且戰且和，未嘗專主和議也。其專主和議，不問可否，實自是年三月秦檜之再相始。金自紹興九年以前，雖時侵掠宋境，然特出偏師以佐僞齊而已。其所欲得者，始終止於兩河，未嘗有意於河南、山東也。其必欲得河南、山東，與宋畫淮爲境，實自是年宗弼之入掌政權始。此兩方政局之大變動也。有此變動，而北方遂盡入於金，恢復之業，遂無可望，而忠武亦賫志以去矣。

　　今欲知金人所以議和之故，則必先審金之國情。金，東北一小部落也。其初起時，甲兵未嘗滿千，穆宗襲節度使之九年，<small>宋嘉祐六年。</small>爲遼討蕭海里，募兵，始得甲千餘。太祖攻遼，諸路兵皆會來流水，亦二千五百人耳。出河店之戰，兵始滿萬。然護步答岡之役，仍不過以兵二萬，拒遼七十萬人。<small>七十萬或係虛數，然必不下三四十萬，當時遼調兵已久也。</small>衆寡懸殊，多而不整，遼人自取敗耳，非金人真有兵力能敗遼也。此後耶律余睹降金，引金深入，天祚遁逃無所。然太祖從都元帥杲之請，親臨前敵，衆亦不過萬人。其追天祚於大魚灤者，衆且止四千，蒲家奴、宗望爲之帥。入燕之役，宗望以七千人先。嗣後從河北、河東兩道伐宋，衆亦各不越三萬，已多雜有他部族及漢人。至論其本部族之兵，則雖謂終金之世，未嘗滿十萬人可也。此其故何哉？蓋由於其部落之寡弱。《金史·兵志》云："金興，用兵如神，戰勝攻取，無敵當世，曾未十年，遂定大業。原其成功之速，俗本勁鷙，人多沈雄，兄弟子姪，才皆良將，部落保伍，技皆銳兵。加之地狹產薄，無事苦耕，可給衣食，有事苦戰，可致俘獲，勞其筋骨，以能寒暑，徵發調遣，事同一家。是故將勇而志一，兵精而力齊，一旦奮起，變弱爲彊，以寡制衆，用是道也。及其得志中國，自顧其宗族國人尚少，乃割土地、崇位號，以假漢人，使爲効力而守之。猛安謀克雜厠內地，聽與契丹、漢人婚姻，以相固結。迨夫國勢寖盛，則歸土地、削位號，罷遼東渤海、漢人之襲猛安謀克者,漸以兵柄歸其内族。然樞府僉募,兼采漢制,伐宋之役,參用漢軍及諸部族,而統以國人,非不知制勝長策,在以志一之將,用力齊之兵也。土宇既廣,豈得盡任其所親哉!"此其言於金人部落寡弱之情狀,歷歷如繪矣。又金之部落,不惟寡弱,且亦甚貧。《金史·太祖本紀》:康宗七年,歲不登,民多流莩,强者轉而爲盜,歡都等欲重其法,爲盜者皆殺之。太祖曰:"以財殺人,不可。財者,人所致也。"遂減盜賊徵償法,爲徵三倍,民間多逋負,賣妻子不能償。康宗與官屬會議,太祖在外庭,以帛繫杖端,麾其衆,令曰:"骨肉之愛,人心所同。自今三年勿徵,過三年徐圖之。"衆皆聽令,聞者感泣焉。然粥身爲奴及粥賣妻子之事,《食貨志》及《本紀》中,嗣後尚屢見之,皆其本部族之人也,太祖收國二年詔曰:比以歲凶,庶民艱食,多依附豪族,因爲奴婢,及有犯法,徵償莫辦,折身爲奴者,或私約立限,以人對贖,過期則爲奴者,並聽以兩人贖一爲良。若元約以一人贖者,即從元約。天輔二年六月甲寅,詔有司禁民凌虐典雇良人,及倍取贖直者。太宗天會元年詔曰:比聞民乏食,至有粥子者,聽以丁力等者贖之。又詔字菫阿實賚曰:先皇帝以同姓之人舊有自粥及典質其身者,令官爲贖。今聞尚有未復者,其悉閱贖之。是宗室亦不免矣。此特舉其一二,其他類此者尚多。其貧窘可想矣。夫以金初風氣之質樸,人民之耐勞苦,何至如此? 則緣其開化之晚,所居之地之瘠也。金之初,穴居,至獻祖時,始築室,有棟宇。然昭祖時,尚不知歲月晦朔也。以如此寡弱貧窘之部落,而謂其自始即有滅遼吞宋之心,此猶謂今日之比利時、瑞士,有席捲歐洲之意,其誰信之。彼其始起,不過苦遼徵斂之繁數,鷹使之暴橫,姑出此以求紓一日之難耳。故雖寧江、黃龍屢戰屢捷,而仍斤斤於和議,且不恤受遼封冊,往返協議者凡五年。其後遼國自行分裂,天祚徜徉沙漠不歸,疑若可取者然。而余睹降附,又盡得遼内情,則姑發兵嘗之,嘗之而遼竟絶無抵抗之力,天祚獲,蕭后逃,則亦何樂而不亡之! 然其始願固不及此也。其既得燕山州郡,而復以歸宋,稍進焉,所求不過三鎮,即更進焉,而所欲仍不過兩河,亦此理矣。難者必曰:金人之寡弱及貧窘,其始起時則然耳,既滅遼,據兩河,因遼、宋之所有以爲資,何尚患此? 然試一翻《金史》,滅遼所得人户及土地,爲金富者幾何? 爲金服兵役者幾何? 遼之爲國,合三種原素組織而成:一契丹、奚,一諸部族,一漢人也。遼亡後,諸部族及奚、契丹大半瓦解,金人未能襲全遼之舊而有之也。燕、晉誠廣土衆民也,然郡縣叛服不常,山砦到處屯據,爲金人者,祇有歲屯重兵,以經略之耳。僉其民以爲兵,未必可信;徵其税以足用,未必能償其軍費之所失也。故金自太祖至海陵,拓地彌廣,而凋弊彌甚。及世宗時,乃稍收休養生息之效焉。《金史·世宗紀》贊曰:自太祖以來,海内用兵,寧歲無幾。重以海陵無道,賦役繁興,盜賊滿野,兵甲並起,萬姓盻盻,國内騷然,老無留養之丁,幼無顧復之愛,顛連愁困,待盡朝夕。宗弼自江南北還,即不主南伐,謂士馬困憊,糧儲未足,恐無成功,誠遠慮之語,非苟安也。彼其得河南、陝西之地,而始以之畀張邦昌,繼以之畀劉豫,終且願舉以還宋者,豈真有土地人民而不欲哉?毋亦自審其本族之力,實不足以撫而有之耶。此其所以願與宋議和之原因一也。

金自熙宗以前,君權不甚尊,而實權皆在諸宗室之手。蓋凡一國家,其始皆由家族之制,蟬蛻遞變,而家長之權力,恒不及君主之尊嚴。又淺演之羣,非有血統上之關係,則不能聯結。故吾國古代,夾輔王室者,必爲同姓若懿親。以女真之淺演,自亦不能免此。彼其受遼命而爲生女直部族節度使也,實始於景祖烏古迺。景祖卒,次子劾里鉢襲,是爲世祖。越其叔劾孫而傳其季蕭宗頗剌淑,蕭宗傳其弟穆宗盈謌,穆宗又傳世祖子康宗,名烏雅束。而以次及於太祖、世祖次子。太宗。世祖四子。世祖及蕭、穆二世之相傳,史云皆景祖意,而熙宗之立,亦以宗翰、宗幹、希尹等屢以爲言,義不可奪而然,則其皇位繼承之法,絕未確定可知矣。夫皇位繼承之法既未確定,則一宗族中,誰不可爲君者?謂太宗之位,受之太祖,故熙宗當立邪,熙宗,太祖子宗峻之子。則景祖嫡長子劾者,實爲金太伯,宗翰劾者孫,亦可立也;謂太祖有大勳勞於金,其子孫當世有天下邪,則宗幹、宗望、宗雋、宗弼,亦太祖子,皆可立也。其後海陵庶人之弒熙宗,即以此爲口實。海陵,太祖庶長子遼王宗幹子也。不寧惟是,援公羊君子大居正之義,前此之糾紛,既已極矣,一誤豈容再誤,則太宗之子孫,亦可立也。如是展轉推之,金宗室中殆無一人不可有君國子民之想,其後來之羣起覬覦,亦宜矣。而以言乎實力,則開創之際,惟掌握兵權者有之。金初用兵,恒分爲左右兩軍,而統以都元帥。都元帥之職,世祖子遼王杲始爲之,而左右副元帥,則爲宗翰與宗望。宗望卒,太祖子宗輔代之(即睿宗、熙宗父)。杲卒,宗翰以右副元帥監都元帥之職。其內幹國政者,則爲杲長子斜也,及太祖庶長子宗幹,亦皆宗室也。夫一民族崛起之初,其宗之中必皆出將入相,濟濟多賢,鮮卑慕容氏其適例也。豈果天之生才,萃於一姓哉?其部族固强,而帥之所向,無不如志。故謂金初兄弟子姪,才皆良將者,未必然也。汴京既克,兩河粗定,暮氣既已深矣,況復懷挾異志乎?其不能爲國家開拓疆土,更圖進取也亦宜。此其所以甘棄河南、陝西,與宋議和之原因二也。

金一方面情形既如此,而宋一方面適有秦檜及王倫助成之,而和議遂開始矣。紹興二年,即金太宗天會十年,劉豫既屢出師無功,撻懶時爲元帥、右監軍,經略南邊,始主和議。會宋使者王倫久羈於金,亦以和議說宗翰,金人乃縱之歸。王倫之歸,宋人亦謂金所使,詆爲漢奸,亦不根情實之談也。當時主戰、主和本分兩派,且往往以一人而時異其所主張,如趙鼎是矣。倫特當時主和者之一耳,謂其政見有誤則可,詆爲漢奸則不必也。紹興八年,倫偕張通古至,中丞句龍如淵以事嚴詰之,倫泣曰:“倫涉萬死一生往來虎口者數四,今日中丞乃責倫如此。”其志亦可哀矣,況既爲漢奸,則金人當優待之,何以兵釁復開時顧執之乎? 然時方議討劉豫,未暇及也。及七年二月,乃復遣倫如金,奉迎梓宮,且求河南之地,曰:“上國既不有,與其付劉豫,曷若見歸?”是歲十一月,金人襲劉豫,廢之。十二月,王倫還自金,言金許歸梓宮、太后及河南諸州。明年三月,秦檜相。檜之還也,即宣言當南人歸南,北人歸北,然後天下太平。蓋始終堅持和議者也。十月,王倫復自金來,與金使張通古、蕭哲偕,許先歸河南地,徐議餘事。時宰執入見,檜獨留身,言“臣僚多畏首尾,持兩端,不足與斷大事。若陛下決欲講和,乞顓與臣議之”。帝曰:“朕獨委卿。”檜曰:“臣亦恐未便,望陛下更思三日,容臣別奏。”又三日,檜復留身奏事,帝意欲和甚堅。檜曰:“臣恐別有未便,望陛下更思三日。”又三日,檜復留身奏事如初,知上意確不移,乃出文字,乞決和議。明年三月,使王倫受地於金。

平心論之,不煩一兵,不折一矢,而得河南千里之地,寧得曰非計。故當時論者,亦衹慮和議之不可恃,及論和議後不可忘戰耳。絕對反對之人,則甚少也。忠武《謝表》及奏《辭開府劄子》,亦即此意,其《謝表》云:

> 遞到赦書一道,臣已躬率統制統領將佐官屬等,望闕宣讀訖。觀時制變,仰聖哲之宏規;善勝不爭,實帝王之妙算。念此艱難之久,姑從和好之宜,睿澤誕敷,輿情胥悦。臣飛誠歡誠忭,頓首頓首。竊以妻欽獻言於漢帝,魏絳發策於晉公,皆明墨未乾,顧口血猶在,俄驅南牧之馬,旋興北伐之師。蓋夷虜不情,犬羊無信,莫守金石之約,難充谿壑之求。圖暫安而解倒垂,猶之可也;顧長慮而尊中國,豈其然乎! 恭維皇帝陛下,大德有容,神武不殺,體乾之健,行巽之權。務和衆以安民,迺講信而修睦。已漸還於境土,相喜見於威儀。臣幸遇明時,獲觀盛事,身居將閫,功無補於涓埃;口誦詔書,面有慚於軍請。尚作聰明而過慮,徒懷猶豫而致疑,謂無事而施和者謀,恐卑辭而益幣者進。臣願定謀于全勝,期收地於兩河,唾手燕雲,終欲復讎而報國,誓心天地,尚令稽首以稱藩。臣無任瞻天望聖激切屏營之至。

其《謝開府劄子貼黃》云:

> 夫虜情姦詐,臣於面對已嘗奏陳。切惟今日之事可危而不可安,可憂而不可賀,可以訓兵飭士,謹備不虞,而不可以行賞論功,取笑夷狄。

事關國政,不容不陳。初非立異於衆人,實欲盡忠於王室。欲望速行追寢,示四夷以不可測之意。萬一臣冒昧而受,將來虜寇叛盟,則似傷朝廷之體,仍望以此貼黃,留中不出,保全臣節。臣不勝至情。

旋又奏請往觀敵釁云:

北虜自靖康以來,以和款我者十餘年矣,不悟其姦,受禍至此。今復無事請和,殆必有肘腋之虞,未能攻犯邊境。又劉豫初廢,藩籬空虛,故詭爲此耳。名以地歸我,實寄之也。臣請量帶輕騎,隨二使祗謁陵寢,因以往觀敵釁。

嗚呼!若忠武者,真不媿謀國之臣矣。夫議和,可也;議和而必釋邊備,論功行賞,全忘讎恥,果何爲乎?豈真欲以小朝廷自安邪?忠武之言,深謀遠慮,而無一語越乎其分,公忠體國,小心寅畏,至矣。而檜反以此惡之,何哉?

受地之使未歸,而敵情已變矣。初金人之廢劉豫也,置行臺尚書省於汴,宗弼留守之,而撻懶獨入朝。時太祖子宗雋爲左相,而太宗子宗磐以太師領三省事,位在宗幹上。撻懶,太祖從父兄弟,於熙宗爲祖行,又握兵柄,在朝皆不能制也。而三人皆跋扈嗜利,且有異志。撻懶與宋交通,又頗受賂遺,其志皆不在國事也。於是合奏以齊與宋,宗幹等爭之,不能得。紹興九年正月,遂詔諭河南以割地歸宋之意。使撻懶等而長執政柄,固未始非宋之利也。而宗弼適自軍中入。宗弼故主拓土者,情勢遂一變。宗磐、宗雋等反謀,又適於此時敗露,詔誅之。以撻懶屬尊,釋爲行臺尚書右丞相。撻懶至燕京,復與太宗子翼王鶻懶謀反,詔置行臺於燕京,使宗弼領其事,往誅之,撻懶南走宋,至祁州,爲追兵所殺。於是宗弼兼領元帥府及行臺尚書省事,大閱於祁州,和議遂全破壞矣。

是歲七月,王倫至金,金人執之。明年五月,宗弼、撒离喝分兩道入寇。宗弼入河南,撒离喝入陝西。河南州郡無備,多降。宗弼遂迫順昌,劉錡敗之。時命忠武援錡,忠武令張憲、董先、姚政等赴之。閏六月,敗金兵于潁昌,進復淮寧。于是分令牛皋敗金人于京西,李寶敗金軍于曹州,楊成復鄭州,郝晸復西京,楊再興復長水,孟邦傑復永安軍及南城軍,梁興渡河,糾合忠義,以圖河北,而自以精兵駐郾城。

時諸將所向克捷,勢銳甚。宗弼懼,以精騎萬五千來。忠武遣背嵬、遊奕二軍逆擊,士皆提麻札刀、提刀、大斧入陣苦戰,自申至于昏黑,大破之。史稱兀尤有勁軍,皆重鎧,貫以韋索,三人爲聯,號"拐子馬",官軍不能當。是役以萬五千騎來,忠武戒步卒以麻札刀入陣，勿仰視，第斫馬足。拐子馬相連，一馬仆，二馬不能行，官軍奮擊，遂大敗之。案自來凡用騎兵，皆取輕捷，況馬力自有參差，焉能聯三爲一。蓋金人用兵，輒以三人爲一列，使之同時並進，無論騎步兵皆如此。宋人見其步伐整齊，遂誤謂三馬相聯耳。《吳玠傳》金人攻饒風關，簡士千取百，百取十，被重鎧，登山攻險，一人前，二人推其後，前死後被其甲以進。又《劉錡傳》亦言金人用拐子馬，而不言其三馬相聯可見也。《宋史本傳》所載自有誤會。茲從本集奏陳郾城捷狀。又案宋與金戰，多恃弓弩取勝，(見後)而此役獨以短兵相接克捷，可見實爲一大戰，亦可見忠武兵之彊。時七月初八日也。于是進軍朱仙鎮，距汴京四十五里。宗弼來拒，忠武遣驍將以背嵬騎五百奮擊，又破之。宗弼走還汴。于是梁興渡河，敗金人于垣曲，追至孟州，又戰濟源，再捷。磁、相、開、德、澤、潞、汾、隰、晉、絳皆期日與官軍會。其所揭旗，以“岳”爲號，父老百姓，爭挽車牽牛，載糗糧以饋義軍，頂盆焚香迎候者，充滿道路。自燕以南，金人號令不行。宗弼欲簽軍，河北無一人從者，乃嘆曰：“自我起北方以來，未有如今日之挫衄。”蓋金人自據兩河，多藉宋兵以爲用，然人心終不忘中國，特劫于勢，無可如何耳。官軍既累奏克捷，風聲所播，人思自奮，金人號令之不行，固其宜也。于是忠武大喜，語其下曰：“會當直抵黃龍府，與諸君痛飲耳。”方指日渡河，而班師之詔遽至。

忠武奏金人重兵盡聚東京，屢經敗衄，銳氣沮喪。聞之諜者，敵欲棄其輜重，疾走渡河。況今豪傑鄉風，士卒用命，天時人事，強弱已見，功及垂成，時不再來，機難輕失。臣日夜料之熟矣，惟陛下圖之。檜知忠武志銳不可回，乃先召張俊、楊沂中等歸，然後言忠武孤軍不可久留，乞令班師，一日奉十二金字牌。忠武憤惋泣下，東向再拜曰：“十年之力，廢於一旦。”遂班師，民遮馬慟哭訴曰：“我等戴香盆運糧草以迎官軍，金人悉知之。相公去，我輩無噍類矣。”忠武亦悲泣，取詔示之，曰：“吾不得擅留。”哭聲震野，於是留軍五日以待其徙，從而南者如市。奏以漢上六郡閒田處之。忠武既還師，力請解兵柄，不許，自廬入覲，高宗問之，但拜謝而已。十一年正月，金兵渡淮，陷廬州，詔張俊、楊存中、劉錡、王德等合兵救之，十七札趣忠武應援。忠武欲長驅京洛，以擣其虛。蓋金人是時兵力有限，忠武進取，則退集東京，還師則復擾淮上，批亢擣虛，實解圍之上策也。又恐帝急於破敵，乃奏臣如擣虛，勢必得利，若以爲敵方在近，未暇遠圖，欲乞親至蘄黃，以議攻卻。時忠武方苦寒嗽，力疾而行。高宗喜，賜札曰：“國爾忘身，誰如卿者？”至廬，楊沂中、劉錡等已敗金人於柘皋，廬已復矣，乃還軍於舒，以竢命。三月，金兵陷濠州，楊沂中遇伏敗績，詔忠武救之，不及，復還舒。

時和議既定，給事中范同獻策秦檜，請授忠武及韓世忠、張俊樞府，則兵柄自解。檜乃以柘皋之捷，召三將赴行在，論功行賞。世忠、俊皆至，忠武獨後。檜用王次翁計，竢之七日，既至，拜樞密副使，位參知政事上。五月，詔同張俊往楚州措置邊防。俊還，倡言忠武欲棄山陽，諫議大夫万俟卨與中丞何鑄、侍御史羅汝楫遂交章劾之，謂金人攻淮西，忠武逗遛舒蘄不進，按兵淮上，又欲棄山陽不守。忠武乃累章請罷樞柄，尋還兩鎮節，充萬壽觀使，奉朝請。

　　方是時，忠武之必見殺於秦檜，忠武已自知之，故其《乞解樞副第二劄子》云："竊念臣性識疏闇，昧於事機，立功無豪髮之微，論罪有邱山之積。加以望輕任重，德薄寵殊，荷聖眷之兼容，在孤忠而益畏。煩言沓至，私義奚安，欲免累於明恩，理合圖於亟去。伏望睿慈，察危情之難處，施天造之曲成，聽還印於樞庭，乞投身於散地。"其《第三劄子》又云："冀保全於終始，宜遠引於山林。"其詞亦可哀矣。而檜意殊未已也，乃與張俊謀，脅忠武軍統制王貴，又誘其統制王俊，使誣張憲以及忠武。俊時在鎮江，自爲狀付王俊，言張憲謀據襄陽，還忠武兵柄，令告王貴，使貴執憲，赴鎮江行樞密府，俊自鞫之。其實樞院無推鞫之權也，使憲自誣，謂忠武子雲與憲書，命憲營還兵計。獄成，械憲至臨安，下大理寺獄。於是秦檜奏召忠武父子以證其事，而冤獄成矣。時十月也。

　　使者至忠武第，忠武笑曰："皇天后土，可表此心。"遂與雲俱就獄。初令何鑄鞫之，忠武袒背示鑄，有"盡忠報國"四大字，深入膚理。鑄明其無罪，改命万俟卨。卨誣忠武與憲書，令虛申探報，以動朝廷，雲與憲書，令措置遠軍，而曰其書已焚。忠武坐繫兩月，無可證者，或教卨以臺章所指淮西事爲言，卨喜，白檜。然忠武從役淮西，有高宗所賜御札，往來道途日月皆可攷。乃簿錄其家，取御札送官藏之以滅迹。又使孫革等證忠武受詔逗留，命評事元龜年取行軍時日雜定之。歲暮，獄不成。一日，檜手書小紙付獄，即報忠武死矣。時十二月二十九日也，年三十有九。忠武之在獄也，大理寺丞李若樸、何彥猷、卿薛仁輔並言其無罪，万俟卨悉劾去之。宗正卿士㒟請以百口保忠武，卨亦劾之，竄死建州。布衣劉允升上書訟其冤，下大理獄死。凡傳成其獄者，皆遷轉有差。獄將上，韓世忠不平，詣檜詰其實，檜曰："飛子雲與張憲書，雖不明，其事莫須有。"世忠曰："莫須有三字，何以服天下也。"蓋司法之黑暗，至是而極矣。

　　忠武之死，雲亦棄市，妻楚國夫人李氏與子雷、霖、震、霆俱徙嶺南。孝宗即位，乃復其官，以禮改葬，賜錢百萬，求其後悉官之，建廟於鄂，號忠烈。淳熙二年，賜謐武穆。寧宗嘉定四年，追封鄂王。理宗寶慶元年，改謐忠武。景定二年，又改謐忠文。明太祖洪武九年，詔王仍稱武穆，從祀歷代帝王廟，配享宋太祖。穆宗隆慶四年，詔仍諡忠武。高宗所賜御札，孝宗時藏左藏南庫，霖請還之。霖子珂以淮西十五御札，辯驗彙次，出師應援之先後，皆可考。嘉定間，爲《籲天辯誣錄》五卷、《天定錄》二卷，上之。

忠武既死，和議遂成。紹興十一年，宋上誓表於金，稱臣，東以淮水，西以大散關爲界，割唐、鄧二州及陝西商、秦二州之半以與之，歲貢銀絹二十五萬兩匹，金主生辰及正旦，遣使稱賀，而金歸宋梓宮及太后。明年三月，金使劉筈以袞冕册高宗爲大宋皇帝。蓋至是，而吾所謂可圖恢復之時代去，而南宋偏安之局成矣。

秦檜之殺忠武，成和議，千古冤憤之。然其所以詆檜之辭，亦多不衷情實，此不足以服檜之心，而彰忠武之忠也。吾請得折衷史事，探索其隱，而一論評之。

檜之成和議也，蓋先存一不戰則已，戰則必敗之心；而又溺於北宋以來之舊習，不求所以禦敵，而專猜忌將帥，思減削其兵權。萃是二因，而稱臣割地納貢之和議成，而忠武死矣。何以言之？南渡時之主和議者，不自秦檜始也，然皆且戰且議和，未嘗專恃和爲謀國之策。一則以恢復猶有可冀，一則慮敵情或不可恃也。惟檜自北方還，即宣言當南人歸南，北人歸北。及再相，又堅以決意及專任要其君，其爲謀之堅決如是。此亦必有其所見者在矣。彼習居北方，知金人之沈酣於子女玉帛，無大志，可以和議餌也。又見夫靖康以來，和戰之策不定，遂至二帝蒙塵北方，乘輿播遷海嶠也。以爲前事之失，皆當國者不度己力，不審敵情而已矣。苟如吾意，暫以和議息民保境，而徐圖自强焉，恢復之圖，固未始不可以漸致。此檜之初意也。及相高宗後，與其猜忌將帥之心訢合無間，二政策者合而爲一。而削除諸將兵柄，及殘害忠武之事以萌，高宗猜忌性成者也。忠武往援淮西，聞命即行，則曰："劉麟敗北不足喜，諸將知尊朝廷爲可喜。"其援濠不及，還軍次舒，則賜之札，謂忠武小心恭謹，不專進退爲得體。其情概可見矣。而南渡後之兵權，則實以忠武及韓世忠、張俊三人爲特重。初北宋時，恃禁旅爲拱衛，廂兵雖多，給役而已。崇寧以來，利其闕額，取其餉以充上供，及靖康末，存者無幾。高宗初立，王旅寡弱，至招羣盜以補之。其後乃有所謂御前五軍者：楊沂中將中軍，張俊將前軍，韓世忠將後軍，忠武將左軍，劉光世將右軍。光世軍叛降齊後，則以四川吳玠之軍升號右軍。蜀距浙東遠，非下流指揮所能及，終南宋之世，嘗以帥臣總制之，未嘗行極端集權之制，蓋勢不可也。其餘四軍中，楊沂中夙居中宿衛，爲高宗所信任。張俊亦夙居中，從高宗謀畫之時多。世忠雖主恢復，而其屹然不可犯，尚不如忠武之甚。則其所欲除者，一忠武而已。郾城大捷之後，不務所以厲兵秣馬，激厲其進取，而轉汲汲召之班師，召張俊、揚沂中歸以脅之，一日發十二金牌以促之，皆是故也。嗟乎！當敵兵壓境之日，不務求所以對外，而轉汲汲欲剪除其將帥，以鞏固其一人之威權。此如與人鬬者，方亟而自斷其右臂，真可哀也。然自三宣撫司罷後，其所統部曲，遂正名爲某州駐劄御前諸軍，皆直達朝廷，帥臣不得節制，其中央集權之策，則至是而告成功矣。論者多謂高宗昏憒無知，其成和議，殺忠武皆爲秦檜所牽鼻，而孰知其雄猜陰鷙，與檜若出一轍哉？檜死後，多議和議之非者，高宗即下詔，謂講和之策，斷自朕心，秦檜但能贊朕而已，其志可以見矣。或曰：既如此，解忠武兵柄足矣，而何必殺之。曰：烏乎！專制之弊，有自來矣，豈特高宗、秦檜之罪。彼專制之世，一人爲剛，萬夫爲柔，嘗惡人之異夫己也，而思有以鋤而去之。不徒不許其有異事也，且不許其有異議；不徒不容其有異議也，且不容其有異意。彼其據天下之大，私爲一人之有，常懼人之睨而思奪之也。因畏生疑，以無爲有，豈有極哉！故其爲言曰："道一風同。"曰："不知不識。"驟聆之，若大同之極軌，太平之郅治也，而其中皆含有極不自由、極不平等之性質焉。夫欲天下之治，在於人人各能遵守一定之軌律，以發達其特殊之箇性而已，而豈在舉天下之人，整齊之，束縛之，使之盡出於一途，若一型之所鑄也。今以是爲治也，則見人之稍異於己者，必疑畏而思去之，而豈問其果足爲己害焉否也，而豈問其果欲爲己害焉否也。忠武死後，凡當時異和議、不附秦檜者，竄逐遷謫殆盡，豈亦有兵柄、能爲檜及高宗患哉？剗除異己之一念，發榮滋長，充類而至於盡，固勢有必至也，此忠武之所以死。然則使吾國是時而行共和政體，而司法獨立，忠武其何以死，而和議其何以成哉！不寧惟是，南宋之所行者，因襲北宋之政策而已，使非專制體政，則北宋之禍且無由成也！嗚呼，政體之關係於國家者大矣。

　　然則和議之成，其策之得失，果何如乎？讀史者固亦有謂忠武未必能恢復，秦檜有再造之勳者矣。若邱瓊山其最著者也。其說如何？曰：和議，失策也。向詆和議之非者，多摭拾宋人一二虛說，而又從而甚之。謂忠武兵一臨，金人即冰消瓦解，不徒燕雲可復，而且女真可亡。此吾所謂《岳傳》之思想耳，其不足服人固宜。今請以史事爲證，平情論之。如吾前所述，以金人部落之寡弱，財政之艱窘，其能久與宋持乎？宗弼之來，狃於宋人之無能爲，以爲河南、陝西唾手可得耳。得如忠武者屢挫之，未必不知難而退也。夫覘國難事也。秦檜久居金，自謂知金情矣，然其所知者，金之强耳，不可敵耳。如前所述，金人外强中乾，非甚足畏之情形，未之知也。宗弼金賢王，久於南邊，自謂知宋事矣，然其所知者，宋南渡初之兵旅寡弱，守備空虛耳。十餘年間，訓卒厲兵，已堪一戰，未之知也。其前軍攻順昌而敗也，宗弼責之，其下曰：“南朝今日用兵，非昔時可比，元帥至城下自知。”金人當日之心理可見矣。其攻河南，誠狃而來也，得忠武及韓世忠兩道並進而驅之，未有不退者也。然則河北可取乎？曰：可，特不能如言者之易耳。夫河北非河南比也，河南金人自始未嘗欲之，無戍兵，無守備，宗弼以數萬人輕掩襲之，冀據爲己有而已，其易驅也固宜。至兩河，則自靖康以降，常屯戍兵，視爲己有久矣。宋人欲取之，金人亦必竭全力以爭之。宗弼之攻河南，狃而無備，故敗耳。及其退守河北，則將敗而知奮，更以勇而志一之將，用精而力齊之兵，殆未可以旦夕克也。故謂郾城一勝，而金人遽欲捐燕以南盡棄之，無是理也。然是可以苦戰克、持久勝，蓋如前所述。以金人部落之寡弱，生計之艱窘，終不能與宋久持。而是時忠武及韓世忠、吳璘之兵力，極讓步言之，亦足以與金相抗，相持數年，金力不支，必求罷兵，而兩河可復矣。此尚爲極讓步言，進一步言之，以忠武之天挺將才，御百練之精兵，以與金人角逐，而又得名將如韓世忠、吳璘者以爲之輔，而兩河民心，未忘中國，一開戰，金人步步荊棘，宋人處處便利，其結果必當更善於是，殆可預決也。即讓至極步言之，宗弼竟不可敗，兩河竟不可復，然河南、山東亦必無恙，爾時更圖和議，其條件亦必較優於紹興十一年所定矣。何至師方大捷，遽召之還，以河南、陝西之地，拱手讓人乎？此殆較之撻懶之以地歸宋，更失策矣。吾論和議之失如此。自謂雖宋人言之，亦未必能如吾之親切也。

　　不寧惟是，和議權計也。此豈特忠武言之，即高宗、秦檜，當亦必承認是說矣。然試問以若所爲，欲求和議之不成爲永久，豈可得乎？畫淮和議，距海陵入寇，曾幾何時，而宋之兵疲將懦，岌岌不支，較諸郾城、順昌累致克捷之時，已大有昨是今非之感矣。蓋以議和爲餌敵之計，和議成後，更爲生聚教訓之圖，則讐恥可雪，越句踐是也。以議和爲專制之助，和議未成，已汲汲於芟除異己，則日益式微，宋高宗是也。古來北狄盛強，苟不得中國之土地者，必不能持久，匈奴、柔然、突厥、回紇皆然，遼、金、元、清皆據中國之土地而後久存者也。金自世宗以降，本族尚武之風氣既日衰，文化及經濟程度，又不能進步，使居北方，必無以自立，其猶得赫然稱爲大國垂百年者，和議之賜也。中國自失北方、成和議後，遂終無以自立，而馴至爲蒙古所盜，和議賊之也。作始也簡，將畢也鉅。涓涓勿塞，將成江河，可不懼哉！

第十八章　恢復政策之評論 及岳忠武之生平

　　南宋時，持恢復論者甚多，然真能始終堅持，且實行其主義者，惟岳忠武一人耳。李綱當汴京受圍時，以力主城守，見稱於世，然其後招撫河北，即不能有所爲，一入相，亦惟倡巡幸關中、襄、鄧之議耳，不能佐忠簡、忠武，力贊高宗還都汴京，恢復河北也。張浚，史稱其在北方備覩二帝播遷、百姓流離之苦，故終身不言和議，然紹興五年，何蘚使金，胡寅疏諫，浚即言使事兵家機權，將來終歸於和，未可遽絶。趙鼎再相，無所設施，人或詰之，鼎謂今日之事，如人患贏，當静以養之，若復攻伐，必傷元氣。則當時當國之臣，真不主和議者，殆無其人。而胡寅、陳同甫輩之專恃空言者，更不必論矣。惟忠武生平，未嘗一及和議二字，造次顛沛，無時不以恢復爲心。如宗弼方退，即請收復淮東，李成甫平，即乞進圖劉豫是也。豈特其忠義之性，生而過人哉！志大才疏，久之未有不并隳其志者。忠武之志之終始不渝，正忠武之有才以實行其志也。

　　汲黯云："爲治不尚空言，顧力行何如耳。"吾於外患亦云：南宋時之持恢復論者，非徒恃客氣。謂兩河不可不復，則不審敵情；謂兩河不難遽復耳，非真知恢復燕雲爲立國長久之計，然後從而主持之也。惟忠武則不然，其説張所之詞曰：

　　　昔人有言：河北視天下如珠璣，天下視河北猶四肢。言人之一身，珠璣可無，而四肢不可暫失。本朝都汴，非有秦關百二之險也，平川曠野，長河千里，首尾縣亘，不相應援，獨恃河北以爲固。苟以精甲健馬，憑據要衝，深溝高壘，峙列重鎮，使敵入吾境，一城之後，復困一城，一城受困，諸城或撓或救，猝不可犯。如此，則敵人不敢窺河南，而京師根本之地固矣。大率河南之有河北，猶燕雲之有金坡諸關。河北不歸，則河南未可守；諸關不獲，則燕雲未可有。嘗思及童貫取燕雲事爲失策。國家用兵争境土,有其尺寸之地,則得其尺寸之用,因糧以養其兵,因民以實其地,因其素習之人以爲鄉導,然後擇其要害而守之。乃貫不務以兵勝而以賄求,敵人既得重賄,陽諾其請,收其糧食,徙其人民,與其素習之士卒,席卷而去,付之以虛空無用之地。國家以爲燕雲真我有矣,則竭天下之財力以實之,不知要害之地,實彼所據,俟吾安定之後,一呼而入。故取燕雲而不得諸關,是以虛名受實禍也,河南、河北亦正類此。今朝廷命河北之使,而以招撫名,越河以往,半爲敵區,將何以爲招撫之地?爲招撫職事計,直有盡取河北之地,以爲京師援耳。不然天下之四肢絕,根本危矣。異時敵得河北,又侵河南,要險既失,莫可保守,幸江幸淮皆未可知也。招撫誠能許國以忠,稟命天子,提兵壓境,飛以偏師從麾下所向,惟招撫命耳。

忠武此言,於宋室前此之所以失計,及其後此致亡之由,言之瞭然,如指諸掌。其所以力持恢復之議,終始不渝者,誠有見夫此爲立國大計,非如此,國必無以自存也。蓋嘗論之,北宋之所以弱,全由於燕雲十六州之失,惟失燕雲十六州,故河北一方面無險可扼,遼人每入寇,輒長驅直抵大名,宋人以汴京之逼近大河也,乃不敢輕言戰守,而不得不歲捐金幣以羈縻之。《遼史·兵志》每南伐點兵,多在幽州北千里鴛鴦泊,取居庸關、曹王峪、白馬口、古北口、安達馬口、松亭關、榆關等路以入。若皇帝親征,至幽州留親王一人,權知軍國大事,而分兵爲三道:一由廣信軍,一由雄州,一由霸州入。車駕必由中道。各路軍馬遇縣鎮,即時攻擊。若大州軍,則先料其虛實而後進攻。沿途民居、苑囿、桑柘,必夷伐焚蕩。至宋北京,三路兵皆會,同議攻取。及退亦然。大氏出兵不過九月,還師不過十二月。若帝不親征,則以重臣統率往還,進以九月,退以十二月,其行事次第皆如之。若春以正月,秋以九月,則不命都統,只遣騎兵六萬於界外三百里內,耗蕩生聚,不令種養而已。觀此知遼人侵宋,殆視爲每歲常然之舉,利則進掠,不利則退去。澶淵未盟以前,宋北邊之所由凋弊也,而其所由來則全由於燕山已失,而河北一方面無險可阨。河東雖失雲州,尚有雁門內險,遼人之侵寇即極希。其後宗望、宗翰分軍南下,亦係宗望之軍先至,宗翰則攻一太原尚費兩年餘之歲月也。《遼史》云宋惟太宗征北漢,遼不能救,餘多敗衄,縱有所得亦不償失,良由石晉獻土,中國失五關故也,蓋亦慨乎其言之矣。和議既成,則腐敗不期而自至。其後雖藉金力,復取燕雲,然慎固封守,固非旦夕所能爲,糧械屯戍,一切未及措施,而宗望已長驅南下矣。向使平城燕薊故壤猶存,軍都雁門巖關可扼,何遽至此?則知二帝蒙塵之禍,其遠因乃在後唐石晉。鷸蚌相持之年,王公設險以守國之義大矣。夫以北宋之全盛,襲方興之勢,徒以失燕雲十六州故,猶不能禦已弱之契丹,況南宋已經破敗之後乎?不奮起以圖功,何以爲自立之地?忠武之所以主張恢復河北者,其論據實在此點,與夫不審利害、徒恃客氣者形式相似,精神則大不同也。然或有疑其不能實行者：（一）夫金人當日，非真有力能吞滅宋室，其取兩河，特宋之自弱耳。（二）而宋自南渡以後，韓、岳二吳之兵，皆精悍任戰，迥非北宋時比，既如前述。吾又觀夫（三）河北民氣之強悍。（四）汴京守禦之堅固，而知當日恢復之業，必非不可致也。何以言之？北宋民俗雖積弱，內亂之後，民必厭苦兵革，其風氣遂日趨柔弱，而北宋一代又無以獎厲而振起之，其結果遂至編戶之民無一任戰者。司馬光《論保甲疏》云：中國之民，在教場之中坐作進退有似嚴整，使與戎狄相遇，奔北可以前料。語雖紕繆，然當時風氣可見一斑矣。而河北、河東沿邊地方，迫於寇患，其民爲自衛計，常能互相團結，以禦外侮。其長技無一不與戎狄同，而其人自爲戰，奮勇效死，斷非隸名軍籍者所能及。朝廷每有兵事，禁、廂軍皆不足用，則恒藉其力以資捍蔽，甚且籍之爲兵，如仁宗時陝西之已事是也。蘇軾《乞存恤河北弓箭社疏》曰：寶元、慶曆中，趙元昊反，屯兵四十餘萬，招刺宣毅、保捷二十五萬人，皆不得其用，卒無成功。范仲淹、劉滬、种世衡等專務整輯番漢熟戶弓箭手，所以封殖其家、砥礪其人者非一道。藩籬既成，賊來無所得，故元昊服臣。今河朔西路被邊州軍，自澶淵講和以來，百姓自相團結，爲弓箭社，不論家業高下，戶出一人，又自相推擇家貲武藝衆所服者爲社頭、社副、錄事，帶弓而鋤，佩劍而樵，出入山阪，飲食長技與北虜同。私立賞罰，嚴於官府，分番巡邏，鋪屋相望。若透漏北賊，及本土強盜不獲，其當番人皆有重罰。遇其警急，擊鼓集衆，頃刻可致千人，器甲鞍馬，常若寇至。蓋親戚墳墓所在，人自爲戰，虜甚畏之。又曰，近日霸州文安縣及真定府北寨，皆有北賊驚刼人戶，捕盜官吏拱手相視，無如之何。向使州縣逐處皆有弓箭社，人戶致命盡力，北賊豈敢輕犯邊寨、如入無人之境？此其遺風，蓋至北宋之末而猶未沫。故金人侵掠北方，河南、山東皆束手就奴虜，絕無抵抗之力，獨兩河、陝西則久而後失。和議未定以前，其民能團結爲內應，或自拔來歸者，史不絕書，蓋有由也。果能專任名將，如忠武、忠簡輩，以經略其地，率我子弟，以禦寇敵，多助寡助，形勢迥殊，金人其能久留不去乎？即或兩河未能遽復，而汴京亦必非不可守。汴京既屹然山立，而恢復河北之基本立矣。持以歲月，得尺則尺，得寸進寸，金人未有不爲明代之也先者也，而安事屈膝請和爲哉？速不臺之攻汴也，凡十六晝夜而不能克，當時金人城守之資，皆因之宋人者也。金人發艮嶽石爲礮，蒙古人亦破大鎧或碌磚爲礮以擊之，每城一角置礮百餘枚，更迭上下，晝夜不息，數日石幾與城平。父老傳世宗築汴城時，取虎牢土爲之，堅密如鐵，受石之所，惟凹而已，內外死者百萬，城卒不下。宋是時兵力雖弱，何遽不如金哀宗時？金縱善攻，亦何以過蒙古初起時乎？故知恢復之業，必非不可致，忠武、忠簡皆非空言也。南宋時，始終持恢復之議，且能實行之者，惟一岳忠武。始終持和議，且能實行之者，惟一秦檜。吾論二人之是非，而判定其優劣，具如前章及此節所述。雖起忠武於九京，必許吾爲知言，而秦檜亦必無詞以自解也。

壯穆去今遠，書缺有間，其遺事可見者甚鮮。忠武則不然，其生平行實，卓然可見，爲千古軍人之模範，且足爲國民之模範者甚多。今皆摭拾論次，以爲讀此書者告焉。

爲將之道，貴智勇兼備，徒勇固不足用，智而不勇，亦祇可事小敵耳。韓信能驅市人而戰之，智矣；一遇項王，便爾敗北，則其勇尚有所不逮也。所謂勇者，非徒披堅執銳，身先士卒也，此匹夫之勇耳。必能訓練其衆，成爲天下至强之兵，然後可以言將帥之勇也。忠武之衆，實爲歷史上罕有之勁旅，試一觀當時金兵强盛之狀況，而其事可以反觀而明矣。

《宋史·吳璘傳》：玠死，胡世將問玠所以制勝於璘，璘曰："璘從先兄有事西夏，每戰不過一進却頃，勝負輒分。至金人，則更進迭退，忍耐堅久，令酷而下必死，每戰非累日不決，勝不遽追，敗不至亂。自昔用兵所未嘗見也，久與角逐，乃得其情。蓋金人弓矢，不若中國之勁利；中國士卒，不若金人之堅耐。吾常以長技洞重甲於數百步外，則其衝突固不能相及。於是選據形便，出銳卒，更迭撓之，與之爲無窮，使不得休暇，以沮其堅忍之勢。至決機兩陳之間，則璘有不能言者。"案：如此，則中國之勝，恃器械耳？恃衆耳？恃主客異形耳？以言乎兵力，則固有所不敵矣。璘又著兵法二篇，言金有四長，我有四短。當反我之短制彼之長，以分隊制其騎兵，以番休迭戰制其堅忍，以勁弓强弩制其重甲，弓矢則以遠制近，以强制弱，亦此意也。

《金史·酈瓊傳》：語同列曰："瓊常從大軍南伐，每見元帥國王，謂宗弼也。親臨陣督戰，矢石交集，而王免胄，指揮三軍，意氣自若，用兵制勝，皆合孫、吳，可謂命世雄才矣。至於親冒鋒鏑，進不避難，將士觀之，孰敢愛死，宜其所向無前，日闢國百里也。江南諸帥，材能不及中人，每當出兵，必身居數百里外，謂之持重。或習召軍旅，易置將校，僅以一介之士，持虛文諭之，謂之調發。制敵決勝，委之偏裨，是以智者解體，愚者喪師。幸一小捷，則露布飛馳，增加俘級，以爲己功，斂怨將帥。縱或親臨，亦必先遁。而又國政不綱，才有微功，已加厚賞，或有大罪，乃置不誅。不即覆亡，已爲天幸，何能振起邪？"衆以爲確論。按瓊是言，歷詆南渡諸將帥，或疑其過當，然諸將中善戰者實止韓、岳及吳玠兄弟耳，楊沂中、張俊皆庸才也，劉光世尤怯懦驕蹇，每戰輒北。瓊久隸光世麾下，宜其言之激也。

此外宋金二史中，足徵金兵之强者尚多，不暇悉引也。然即此，亦可見《金史》"將勇而志一，兵精而力齊"之說非虛譽矣。吾嘗謂民族之武德，各有其特長，而能以寡制衆，則未有如我五族中之滿族者。女真初起，兵不滿千，清太祖之興，以遺甲十三副，而皆陷堅城，克强敵，征伐徧天下，東西歷史莫與比倫也。以如此强悍之衆，而忠武顧每戰必捷，且更以以寡制衆，聞其勝，又皆以肉薄血戰得之，其兵力之强，又何如哉！我漢、滿二族，觀於此，皆可以興矣。凡戰役必以強遇強，然後可稱爲大戰，衆之多寡尚其次也。以弱遇弱，固不成爲戰，即以強遇弱，亦不能稱爲真戰，如淝水之役是已。以此爲衡，歷史上大戰乃寥寥耳，暇當別著中國戰史論之，今不暇詳也。

凡事皆不可幸致也，況戰乎？忠武之兵精如此，其訓練統御之術必有以異於人可知矣。《行實編年》載忠武御軍事頗詳，今錄二則如下：

> 王御軍之術，其大端有六：一曰重蒐選，貴精不貴多。背嵬所向，一皆當百。上初以韓京、吳錫二軍付王，皆不習戰鬭，且多老弱。王擇其可用者，不滿千人，餘皆罷歸，數月遂爲精卒。二曰謹訓習，止兵休舍，輒課其藝，暇日尤詳。至過門不入，視無事時如有事時，如注坡跳壕等藝，皆被重鎧，精熟安習，人望之以爲神。三曰公賞罰，待千萬人如待一人。張憲之部卒郭進，有功於莫邪關，頓解金束帶及所用銀器賞之，又補秉義郎。男雲，嘗以重鎧習注坡，馬躓而踣，王以其不素習，怒曰："前臨大敵，亦如此耶？"遽命斬之。諸將叩頭祈免，猶杖之百，乃釋之。餘如傅慶以夸功誅，辛太以違命免，任士安以慢令受杖，過無大小，必懲必戒。張俊嘗請問用兵之術，答曰："仁、信、智、勇、嚴。五者不可闕一。"請問嚴，曰："有功者重賞，無功者峻罰。"四曰明號令，授兵指畫，約束明簡，使人易從，違者必罰。五曰嚴紀律，行師用衆，秋毫不犯，有踐民稼，傷農功，市物售直不如民欲之類，其死不貸。卒有取民麻一縷以束芻者，詰其所自得，立斬之。六曰同甘苦，待人以恩，常與士卒最下者同食，樽酒臠肉，必均及其下，酒少不能遍，則益之以水，人受一啜。出師野次，士卒露宿，雖館舍甚備，不獨入。

> 諸將遠戍，王使妻至其家，問勞其妻妾，遺之金帛，申殷勤之歡。其有死事者，哭之盡哀，輟食數日。育其孤，或以子婚其女。士卒有疾，輒親造撫視，問所欲，至手爲調藥。

其御軍之術，一言以蔽之，法嚴而恩重而已矣。故其兵屹若山立，猝遇大敵，不可搖動。敵稱"撼山易，撼岳家軍難"。潁昌之戰，忠武語人曰："某之士卒，真可用矣，人爲血人，馬爲血馬，無一人肯回顧者。"嗚呼！今豈復有此軍哉。

然此猶平時訓練有素之士也，至倉猝之際，未經撫御之衆，則尤有難焉者。朱子嘗言："周亞夫軍亂而堅臥不起，善矣。然何以尚有亂，亦終是未盡善處。"語雖近刻，亦至理也。南宋初之兵，皆取之羣盜，故其撫御實爲倍難。如酈瓊、李成、孔彥舟等，雖甞受招撫，後皆叛去，更爲國患。獨爲忠武所撫御者,則皆傾心向化,爲國干城,亦必有術矣。録其《家傳》所載二事,可見一斑也。

　　建康之役,士卒乏食,乃全軍夜屯鍾山,遲明復出戰。諸將欲叛去,戚方首亡爲盜。王灑血厲衆曰:"我輩荷國家恩,當以忠義報國,立功名,書竹帛,死且不朽。若降而爲虜,潰而爲盜,偷生苟活,身死名滅,豈計之得耶? 建康江左,形勝之地,使敵人據之,何以立國? 今日之事,有死無貳,輒出此門者斬!"詞色慷慨,士皆感泣。又招餘將曰:"凡不爲紅頭巾者從我。"於是傅慶、劉經以軍從,充竟以金陵府庫與其家渡江降敵。餘兵皆西北人,素服王恩信,願請王爲帥。有密説以俱叛而北者,王陽許之,有頃,其首領各以行伍之籍來,王按籍呼之,曰:"以爾等之衆且强,爲朝廷立奇功,取中原,身受上賞,乃還故鄉,豈非榮耶? 必浄洗舊念,乃可相附,其或不聽,寧先殺我。"衆皆懽呼曰:"惟統制命。"遂盡納之。

　　叛將戚方掠扈成軍老稚,詐約成盟,還所掠,伏壯士殺之,屠其家。成死,其部曲相率歸于王。廣德守亦以書告急,會有詔討方,王以三千人行,營于苦嶺。時方發兵,斷官橋以自固。王矢著橋柱,方得之,大驚,遂遁。俄益兵來,王自領千人出,凡十數合,皆勝。方復遁去,王窮追不已,方困,知必不免。會張俊來會師,方巫降俊。俊置酒,令方出拜,號泣請罪,俊力爲懇免。王謂俊曰:"招討有命,某固當從。然某與方同在建康,方遽叛去,遣人以逆順諭之,不聽。屠戮生靈,騷動郡縣,又誘殺扈成,而屠其家,且拒命不降,比諸凶爲甚,安可貰?"俊再三請,王呼方謂之曰:"招討既赦爾死,宜思有以報國家。"方再拜謝立于左。當廣德之戰,方以手弩射王中鞍,王收矢於箙,曰:"他日擒此賊,必令手折之,以就戮。"至是取矢與方,方寸折之惟謹,流汗股栗,不敢仰視。

以上皆論忠武之所以訓練其士卒,使即于精强也。至論其智略,則尤有過人者。初見宗澤時,澤授以陣圖,忠武曰:"陣而後戰,兵法之常,運用之妙,存乎一心。"澤然其言。繼隷張所,所問曰:"汝能敵幾何?"忠武曰:"勇不足恃,用兵在先定謀,欒枝曳柴以敗荆,莫敖采樵以致楚,皆謀定也。"此可見其宗尚之所在矣。從古用兵,百戰百勝之將,無如忠武者(即以南渡諸將論,忠武而外,善戰者當首推韓世忠及吴玠、吴璘,世忠黄天蕩之戰,善矣,然大舟無風不能動,理至易見也,而不能預爲之備,終失之疏。使以忠武當之,必不至此。玠、璘與金,血戰雖烈,然亦時有勝負,且其地有險可恃,非如武穆日與金人角逐于平原之上也）。史稱忠武欲有所舉，必盡召諸統制與謀，謀定而後戰。《行實編年》亦云：兵雖常勝，無驕色，先計後戰，務出萬全。嗚呼！忠武所謂運用存乎一心之妙，雖已不可復見，然讀此數語，亦可想見其臨事而懼、好謀而成之概矣。

忠武不徒智勇足備也，且又深通治體，此實後世之軍人所當奉爲模範者也。夫治國行師，原是二事，豈容求備於一人？然吾國古者，兵家之言，實與權謀家言、縱橫家言相出入。又吳起、孫臏等長於用兵者，亦必長於治國。蓋戰有其本，制勝者戰，而所以制勝者，非戰。審如是，則知己知彼，亦非徒用之於決機兩陣之間，而爲將者非有治理之才，覘國之識，不足稱爲真將才矣。此諸葛孔明之所以不可及，而太史公所由歎美司馬法，謂三代征伐，且未能竟其義也。忠武與張所論復河北之語，實爲深明立國之本，而非當時漫持恢復論者之比。吾既言之矣。更觀其屢請出師之奏，亦皆知己知彼，料敵之可伐而後伐之。而其論行軍運饟，攻守備禦，又無一不洞中竅要，曲盡機宜。此豈如世之爲將者，徒能運籌決策，偶致一時之勝捷哉？故得如忠武其人者，使爲海陸軍司令官可也，使居參謀本部亦可，使爲海陸軍總長亦無不可。自有軍人以來，未見有若此之全才也。至其治理之長，則尤非常人所易及。襄陽甫復，即陳請設置監司州縣，以資撫御，其所行屯田之法，荊湖之民，久而賴之。行軍所至，無不以撫綏治理爲先務。陳壽稱諸葛亮治國之才，管蕭之亞，惜時之名將，無韓信城父，致使大義陵遲，功業不建。若忠武者則一身兼之矣，真曠古異人哉！

忠武之愛國肫摯出於天性，此凡我軍人所當永永奉爲模範者也。南渡後，始終不主和議者，實惟忠武一人，既如前述。《行實編年》稱其小心事上，畏威呎尺，聞大駕所幸，未嘗背其方而坐。常以國步多艱，主上春秋鼎盛，而皇嗣未育爲憂，至對家人私泣。此豈空言愛國者所能託哉！夫愛君非愛國也，然在專制之國，君主實所以代表其國家，況當外敵憑陵之時，君主一身，尤爲一國安危所繫，則愛君正不得謂之非愛國也。今者愛國之義，固與古殊矣，然有能移忠武愛君之心以愛國者乎？嗚呼，口愛國者日多，而心愛國者日少，此國之所以不振也。

忠武之愛民如子，此又今日之軍人所當奉爲模範者也。南渡後諸大將，率以軍爲樂，坐糜廩庚，漫不加恤。故當時國家雖貧，而諸將帥則異常豪侈，讀《郎潛記聞》諸書可見也。忠武獨常有憂色，每調軍食，必蹙額謂諸將曰："東南民力竭矣！國家恃民以立，爾曹徒耗之，大功未成，何以報國？"諸大將多養尊自肆，崇飾體貌。忠武獨以宣撫司官屬有冗員，蠹國害民，乞行裁減。其第三子霖官廣州，道出章貢，父老率子弟迎之，皆垂涕曰："不圖今日，復見相公之子。"嗚呼！甘棠之詠召公，鄭人之思子產，果何以得此於民哉！忠武題鄱陽龍居寺詩有云："我來屬龍語，爲雨濟民憂。"仁人之言藹如也，其爲民所思宜矣。

　　忠武之不貪爵賞，不慕榮利，此又今日之軍人所當奉爲模範者也。專制之世，視國猶家，視國事猶家事，每以爵賞利祿勸其下，而其下之應之者，亦輒以此爲動機，此非真能愛國者也。忠武則不然，生平從無慕愛榮利之思想，每升轉除授，輒具疏力辭，語多出自肺腑，非苟謙讓者比也。子雲，從忠武攻戰，多立奇功，忠武輒隱之，朝廷加以爵賞，又力辭不受。襄陽之役，詔劉光世爲援，六郡既復，光世始至，忠武奏先推賞光世軍，宰臣朱勝非，使諭以飲至日建節，忠武愕然曰：丞相待我何薄也。乃謝使者曰：岳某可以義責，不可以利驅。襄陽之役，君事也，訖事不授節，將坐視不爲乎？高宗嘗爲營第，辭曰："敵未滅，何以家爲？"家無姬侍，吳玠嘗飾盛姝遺之，忠武曰："主上宵旰，豈大將安樂時乎？"却不受。少時飲酒數斗不亂，高宗面戒之曰："卿異時到河朔，乃可飲酒。"自是絕口不復飲，諸將佐有欲飲者，輒怒之。愛燒香，亦惟以瓦爐燒柏香而已，曰："大丈夫欲立功業，豈可有所愛耶？"孔子曰："無欲則剛。"信哉！昔諸葛亮奏後主："臣成都有桑八百株，田五十頃，子孫衣食，自有餘饒，臣死之日，不使內有餘帛，外有餘粟，以負陛下。"卒如其言，史家稱之。忠武奏《辭太尉第四劄子》云：臣雖無他長，粗知義命，平居服食器用，安於敝陋。其題《新淦伏魔寺壁詩》云："斬除元惡還車駕，不問壇登萬戶侯。"觀其行，可謂能踐其言矣。

　　忠武不徒其公德足爲模範也，即私德亦足爲百世之師。《行實編年》稱忠武事母至孝，從高宗至河南時，母淪陷河北，凡十八遣使者迎之。母至，有痼疾，雖身服王事，仍以昏暮，竊暇至親所，嘗藥進餌，衣服器用，視燥濕寒暖之節，語欵行履，未嘗有聲。遇諸子嚴，平居不得近酒，爲學之暇，使操畚鍤，治農圃，曰：稼穡艱難，不可不知也。周同死，朔望設巵酒鼎肉泣奠其墓，即所遺弓發三矢，酹酒瘞肉，曰："周君所享，不忍食也。"張所以謫赴長沙，爲賊酋劉忠所害，子宗本尚幼，忠武訪求鞠育之。紹興七年，遇明堂恩，捨其子，請補宗本。九年，又申省，爲所乞褒贈，並奏請復所原職。嗚呼！何其知己之感，生死不忘也。黃元振謂忠武盛德懿行，夙夜小心，不以一物累其心。今老師宿儒所勉强而力行者，皆優爲之，可想見其律己之嚴矣。

　　名將如忠武，初不必以文學見長，然出其餘緒，亦自有非人所能及者。《家傳》稱忠武天資敏悟，爲文初不經意，人取而誦之，則辨是非，析義理，若精思而得之者。今遺集無多，清楊敬素稱其不加雕繪，不侈淹洽，忠孝奮發，一片血忱，非他人所能代。信矣！予尤愛其忠義之氣，高隱之志，時流露於文字而不自知。集中如御書屯田三事跋，五嶽祠盟記，廣德軍金沙寺、東松寺、永州祁陽縣大營題記諸篇，贈張完詩、《滿江紅》詞，《小重山》詞等，讀之不徒可以想見其文學，并可以涵養性靈，激發志氣也。

　　嗚呼！論者每謂三代下少完人，若忠武者，果何如哉！

國恥小史

前　言

　　《國恥小史》與《蘇秦張儀》、《關岳合傳》一樣,也是吕思勉先生早年在中華書局任編輯時撰寫的一種文史通俗讀物。《國恥小史》分上、下兩册,一九一七年二月收入中華書局“通俗教育”叢書初版發行,一九一九年四月再版,至一九三六年十二月已重印到第二十四版,一九四一年還有續印本。近年來,《國恥小史》先后收入上海古籍出版社“吕思勉文集”的《中國近代史八種》①(二〇〇八年八月出版)、華東師範大學出版社出版的吕思勉《中國近代史[一八四〇——一九四九]》②(二〇一二年一月新版)和北京金城出版社出版的吕思勉《中國近代史》③(二〇一三年三月出版)等。此次我們將《國恥小史》收入《吕思勉全集》重印出版,按中華書局的初版本加以整理校訂,除訂正錯字或勘誤外,其他如行文遣句、概念術語等,均照原書刊印不改。

李永圻　張耕華
二〇一四年八月

---

　　①　即吕先生的《中國近代史講義》、《中國近世史前篇》、《中國近百年史概説》、《中國近百年史補編》、《中國近代文化史補編》、《日俄戰爭》、《國恥小史》和《中國近代史表解》八種著述的合刊。

　　②　即吕先生的《中國近世史前篇》、《中國近百年史概説》、《中國近代史講義》、《日俄戰爭》、《國恥小史》和《中國近世文化史》的合刊。

　　③　即吕先生的《中國近代史講義》、《中國近世史前篇》、《中國近百年史概説》、《中國近百年史補編》、《中國近代文化史補編》、《日俄戰爭》、《國恥小史》和《中國近代史表解》的合刊。

目　　錄

第一章　現在對外情形

咳,諸君,我們中國人,現在受外國的欺侮,要算是受到極點了。你想和外國人交涉以來,款子一共賠掉多少? 地方一共割掉幾處? 條約一共訂結幾次? 有那一次訂結條約,不是我們吃虧的? 這許多事情,我們平時候不留意他,要是説起來才可怕呢! 諸君,現在不必從遠處説,就把眼前的事情,講幾件給諸位聽聽:明明是中國的地方,外國人要來通商,借給他住了,唤做租界,中國人就沒有管理的權柄了,這個世界上別一國有麼? 外國人在中國犯了罪,中國的官員不能審問他的,要歸他們的領事自行審問,這個世界上別一國有麼? 内河裏頭,准外國人來走船,這個世界上別一國有麼? 本國的鐵路,請外國人來管理,一切要憑他做主,我們本國人反而無權過問,這個世界上別一國有麼? 外國的銀圓,在市面上使用起來同本國的銀圓一樣,而且還可以發鈔票。有許多地方,本國的銀圓反而不能通行,這個世界上別一國有麼? 本國的軍港,租借給外國,自己的兵船反没有停泊的地方,這個世界上別一國有麼? 和外國人訂立條約,説是中國的某某等處地方,不准讓給別國的。咳,諸君。這割地原不是件好事,我們做國民的也決不希望把土地割讓給人家。然而要外國人來管這閑事做什麽呢? 譬如諸君家裏有了田地,有人來硬占諸君的,這個固然不行;要是有個人要挾諸君,説你這片土地,一定不准送給人家的,要送給人家,非得我應允不可。諸君肯受他這句話麽? 咳,諸君,現在有許多懵懵懂懂的人,還當我們中國是個完全無缺的大國,我們中國人是個泱泱大風的國民。要是把對外的情形看起來,我們這國家真是危險極了。我們中國的國民,離做人家奴才的時候,也不遠了。還不要警醒警醒麽? 古人説得好:"前車之覆,後車之鑒。"我且把中國自和外國交涉以來種種失敗的歷史,講幾件給諸君聽聽罷。

諸君聽著在下這話,一定估量著在下今天講演,是要痛罵外國人的。誰知道並不是如此,在下還只是怪著自己。爲什麽呢? 古人説得好:"木必自腐，而後蟲生之。"要是我們和外國人交涉以來，一件事情都没有弄錯，外國人又何從來欺侮我們呢？況且天下事情，本來只有强權，那裏有什麽公理？他們護衛著他們的國家，擴充他們國家的權力，推廣他們國家的利益，便是有幾件事情得罪了我們，也是怪他不得的。何況平心而論，我們中國弄錯的地方也很多，這"糊塗"兩個字，我們從政府起到百姓止，實在是辭不掉的呢。

第二章　歐洲各國之形勢及其東來之歷史

　　要講和外國交涉的歷史,先得把外國的形勢,大略講些給諸君聽聽。原來地球之上,水分五大洋,陸分五大洲。這五大洲,便是亞細亞洲、歐羅巴洲、阿非利加洲、大洋洲,這都在東半球;還有亞美利加洲,是在西半球。我們中國是在亞細亞洲的東南。亞細亞洲的西北,便是歐羅巴洲。這歐洲雖然地方很小,不過是亞洲四分之一,然而其中却有許多強盛的國度,什麼英吉利、法蘭西、德意志,都在這一洲裏頭。祇有俄羅斯,是地跨歐亞兩洲的,他的南方便同中國的北方接界。至於美利堅,却就在西半球上北亞美利加洲裏頭了。

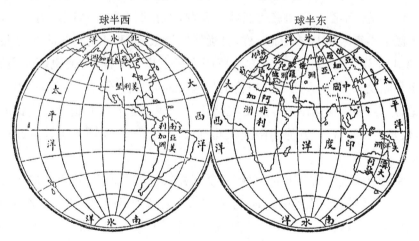

　　西洋各國,和中國通商最早的是歐洲西邊一個小國,叫做葡萄牙。起初同中國人做買賣,在明朝時候,是在海船上交易的,不准他上岸。到嘉靖四十二年(一五六三),方向地方官納了地租銀子,准他們在澳門住居。後來什麼西班牙人、荷蘭人、英國人、法國人、美國人都次第東來了,但是論起買賣的情形來,畢竟算葡萄牙人最爲發達。

　　英國人同中國人通商,起於明朝的崇禎十年(一六三七)。這時候,葡萄

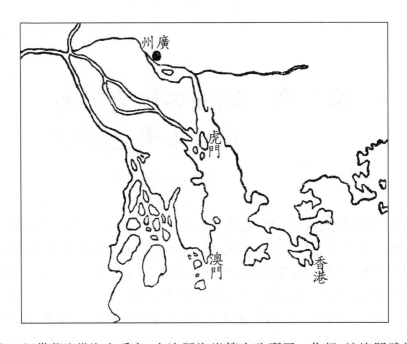

牙人已經借著防備海寇爲名，在澳門海岸築有砲臺了。你想，這澳門雖然租給葡萄牙人住居，依舊是中國的領土，如何能准葡萄牙人在這裏造起砲臺來呢？這不是奇事麼？誰知道這個還不算奇，還有更奇的事情呢。這一年，英國人派了幾隻船到中國來做買賣，打從澳門進來，葡萄牙人見了未免有些妬忌，便叫砲臺上開砲打他。誰知道英國人船上也是有砲的，便也開砲還擊。兩下打起仗來，英國人勝了。把葡萄牙人造的砲臺占了去。諸君，我們中國的地方，英、葡兩國竟在這裏打仗，這不是奇之又奇麼？誰知道還有出奇的事情，便是中國的官員，見他們兩國在此打仗，一毫不問，反而許英國人在廣東通商。

當時英國人雖然靠著兵力，硬到廣東去做了一次買賣，然而在廣東的商務，畢竟受了葡萄牙人的阻礙，興旺不起來。若說別處呢，當時中國又不准外國人來通商。這也無可如何了。到明末清初，中國經了一次大亂，商務的衰微自然更不必說。英國人和中國的商務，便中斷了有好幾年。到清朝的康熙二十四年（一六八五）大開海禁，在廣東的澳門、福建的漳州、浙江的定海、江蘇的雲臺山都設了稅關，准外國人來通商。這時候，中外的商務自然漸漸的興盛起來了。乾隆二十二年（一七五七），又改變了章程，外國人通商只准在廣東一處，其餘三處都停罷了。這時候，外國人在中國通商的，自然覺得不便，加之廣東官員又有種種不守法律的舉動，中英兩國的惡感，便日積日深了。

第三章　英國兩次遣使

　　然而這時候，外國人心上雖不以中國人的行爲爲然，却没有絲毫非禮的舉動，不過是迭次派人到中國政府裏去陳請，要想把通商的章程改變改變。要是這時候，中國的政府略知外情，便可以把這件事情措置得妥妥貼貼的，又何至於鬧出後來這許多事情呢？咳，可見天下事情是糊塗不得的。原來這時候，廣東的英國商人，最苦的便是兩件事：一件是中國的官員，向他們征收重税。這個税並不是税則上所定的。我們中國政府，向來守着孔聖人厚往薄來的教訓，對於外國人，金錢是不很計較的。歷來税則，外國的進口貨物，税是收得很輕。然而這許多貪官，往往於正税之外另行加征，反比正税重了好幾倍。這還是税則上有名目的東西。還有一種貨物，税則上並没有載明，他們的浮收，就更没有遮攔了。一件是當時的中國，設了許多無謂的章程去管束外國商人。這許多章程，如今説起來，真是可發一笑。我且説給你們諸位聽聽。第一件是當時的外國人，販了貨物到中國來，不准直接賣給中國商人，一定要從中國的商人組織的一種團體，喚做公行，買了下來，再從這公行手裏，賣給普通商人。你想這又何必呢？而且當時外國的商人除掉做買賣的時候，只准住在澳門，不准到廣東來。這做買賣的時節，一年只有四十天。到這時候雖然許到廣東，也並不許他自由上街，又不許他自由找房子住，一定要住在公行裏所代備的一種商館裏頭。一個月之中只有初八、十八、二十八三天，白天裏頭許帶了繙譯，到附近的花園裏去逛逛。這還是嘉慶年間特定的條例呢。以前是簡直硬關閉在商館裏的，一步也不許出來，要買些零用的物件，也得託公行裏代辦的。而且還有許多條例：外國商人不准攜帶家眷到商館裏頭來。在街上不准乘坐轎子。要是有什麼話和中國官員説，休説照如今的樣子可以託領事交涉，便是進個禀帖，也不能直接投遞，必得託公行代遞的。若是公行阻抑下情，也只許繕具禀單，到城門口託守城的人代遞，不許進城的。你想，這許多條例無謂不無謂呢？所以當時的英國人没一個不深以爲苦。然雖如此，還不敢有絲毫強硬的舉動，不過是派人來好好的陳請。你想這時候中國的威風，比現今要高了幾倍呢。

　　乾隆五十八年(一七九三)，英國派了一個大使到中國來，要求將廣東通商的章程改良，並且許他在舟山、寧波、天津三處通商，在北京也設立一個貨棧，消賣貨物。這一年正是乾隆皇帝的八旬萬壽，在朝諸大臣便硬算英國的大使是來慶祝萬壽的。大使從天津進京，又從京城裏到熱河，一路硬替他拽上了英吉利朝貢的旗子。到了京城裏，又爲著見了中國的皇帝屈膝不屈膝，爭論了許多時候。後來到底議定了屈一膝之禮。中國皇帝賞賜了他一席筵宴、許多東西。又賞賜了英國國王許多東西，下了兩道敕諭給英國的國王，說你雖遠在萬里之外，還派人來慶祝萬壽，足見向化之誠，朕心實深嘉許的話。至於英國人所要求的事情，却一概駁斥不准。到嘉慶二十一年(一八一六)，英國又派了一個大使來。到了京城裏，中國的官員要他即日朝見，英國大使說是國書還沒有到，不得不略遲幾天。中國官員便逼著他出京。這一次連皇帝都沒有見到，要求的事情更不必說了。因此中、英兩國的意見，有許多地方不能疏通，到後來便不得不出於爭戰。

　　京城裏頭既然如此，再說廣東一方面的情形。原來到廣東來的英國商人，都是東印度公司派來的。你道這東印度公司是個什麼東西呢？原來中國的西南有一個大國，喚做印度。這印度便是佛教起源的地方，我們所崇敬的釋迦牟尼佛，便是這印度國人。這印度本來也是個大國，祇因爲國裏頭四分五裂，心力不齊，便給英國人滅掉了。說起英國人滅印度的法子來，更是可怕得很。他滅掉這麼大一個國，並不要政府發一支兵、出一宗餉，就是靠著這個東印度公司，把賺到的錢，練了印度人做兵，去攻印度人，就把印度國滅掉了。你道現今世界，可怕不可怕呢？但是英國靠著這東印度公司去滅印度，還是乾隆時候的事情。到道光年間，偌大的一個印度國，將次滅完了。東印度公司也要解散了。道光十一年(一八三一)，中國的廣東總督便下了一道命令給公行，叫他知會東印度公司說，儻是公司解散了，也得派一個大班來，做個商人的主腦，以便一切事情易於接洽。那英國人本想要整頓東方的商務，聽了這話，便由英國的政府派了一個領事來。這個領事叫做拿皮樓，是英國海軍中人物，於交涉情形也極爲熟悉。然而英國人看了他是個政府任命的領事，中國人看了他依舊是個商人的主腦。一切事情還是不准他同官府直接，要得用稟帖從公行裏轉。這拿皮樓如何肯承認呢？彼此便不免爭論起來。到後來，拿皮樓坐了一隻船，硬闖進廣東的河裏，要面會廣東總督。廣東總督說他是不遵約束，便發了兵船把他圍困起來，又停止英國人通商，斷絕了他們的糧食飲水。英國商人沒法，只得婉勸拿皮樓暫回澳門，才把停止通商的命令收回。拿皮樓回了澳門，便害起病來，不多時死了。後任的兩個領事都很軟弱，不大敢同中國人開交涉，四五年之間，倒也平安無事。道光十七年（一八三七），英國政府派了義律做領事，交涉的情形就從此大變了。

第四章　鴉片之輸入

　　義律做領事的時候，中國的廣東總督叫做鄧廷楨。這位鄧廷楨却比以前的官員明白些。義律到了廣東要求進城，鄧廷楨知道他是英國的官員，和平常商人不同，便替他奏明了朝廷，說不妨准他進城，朝廷上也允准了。道光十八年(一八三八)，英國的領事才算是進了廣東省城。然而要求一切公事同中國官府直接，不經公行員之手，總是辦不到。這義律本是主張强硬的，便報告英國政府，說是要同中國人通商，非用兵力强迫不可了。剛剛這時候，又有了禁止鴉片煙的事情，便釀成了兩國的戰禍。

　　鴉片煙的害中國，也算是害到極點了。然而它的來源，怕諸君還不很明白。不要慌，等在下細細地講給諸君聽。

　　鴉片煙這件東西，本來可以做藥用的，拿它做了藥來醫病，世界上也是有的。至於把它裝在煙槍裏，同水煙、旱煙一般的吸，却是中國人想出來的，別國的人都沒有發明。這件事情的起源，大約在明朝的末年，至多離今不過四百年。清朝的雍正七年(一七二九)，朝廷上才定出法律來，禁止人民吸食。然而這時候，吃的人也還不多。到乾隆五十八年(一七九三)，英國的東印度公司得了印度的孟加拉等幾處地方鴉片煙的專賣權。從此以後，銷到中國來的鴉片，就一天多似一天了。雍正七年(一七二九)的時候，中國進口的鴉片每年不過二百箱，到道光元年(一八二一)，便有四千箱內外。道光八年(一八二八)，有九千箱內外。到道光十九年(一八三九)，已有三萬箱了。你想這增加的數目，可怕不可怕呢？這時候，中國已經到處有了鴉片煙，便是中國人，也有栽種的。吸煙的人，真是一天多似一天。當時的浙江巡撫，上了一本奏摺，說是黃巖一縣，地方很是偏僻，然而吸鴉片的人，已經到處都是。白天裏頭，街上幾於沒有人走路。一到晚上，便大家出來了，竟像是鬼世界一般。你想這還了得麼？還有一件，當時的中國年年買進這許多鴉片煙來，却並沒有這許多東西賣到英國去和他抵銷。所以一年裏頭，總得有幾百幾千萬兩的現銀子漏出去。道光三年(一八二三)以前，廣東一口每年便要漏到幾百萬兩銀子。道光十一年(一八三一)，漏到一千七八百萬兩。道光十八年(一八三八)，竟漏到三千萬兩了。内地的銀子，一天貴似一天。朝廷上的官員也看著這件事情不得結局了，便有許多人主張要禁。然而從中阻撓的人却還不少。直到道光十八年(一八三八)，才派了林則徐做欽差，到廣東去查禁。

第五章 鴉 片 戰 争

這位林則徐，便是大家知道的林文忠公了。這時候，廣東的總督是鄧廷楨，也是個公忠體國的大臣，便和林公兩人，商量定了禁煙的方法。他們的主意，以爲要禁止百姓吸鴉片，先要絕掉它的來源。於是下了一個命令給公行裏，叫他知照英國商人把所有私藏的鴉片，盡行繳出來。英國商人自然是不肯的。經不得林公恩威並濟，先下了一個命令，叫英國的商船不得擅自離開廣東，然後調齊了兵船，把他四面圍困起來，糧食接濟都斷絕了。這時候，義律剛剛因著事情到廣東去，便也給他軟禁在裏頭。英國人沒法，才應允把所藏的鴉片通統繳出來。一共繳出二萬零二百六十三箱，便都在本地方銷毀了。

諸君，這林文忠公的禁鴉片，不是件極爽快的事情麼？然而中國人作弊的本事，實在大得很。這鴉片煙本不是到道光時候才禁的，從雍正七年（一七二九）以來，早有了禁令。我方才已經説過了。你道他們怎樣買賣的呢？要是禁令奉行不力的時候，本來是明目張膽，就是上頭認真起來，也不過不在商館裏頭買賣，他們在船上還是做他們那交易的。這是從雍正七年以後，一向如此。到林則徐禁煙以來，自然是弊絕風清，不敢賣的了。然而在廣東一方面雖然不敢賣，他們却有本領在別一省做買賣。從鴉片煙燒掉以後不過三個月，福建的商人已經組織了一個極堅固極祕密的團體，和英國商人做買賣了。半年以後，便是廣東的沿海也不免有些鴉片煙了。你道中國人作弊的本領大不大呢？咳，古人説得好：“木必自腐，而後蟲生之。”這樣説起來，鴉片煙到中國來正不能全怪著英國人了。

話雖如此説，當時的私銷鴉片，乃是暗中的事情。表面上，二萬多箱鴉片煙已經燒掉了。林則徐本來允許英國人鴉片繳出之後，便依舊通商的。那不是漫天大霧一時銷散了麼？然而還沒有呢。當時林則徐要叫外國到中國來的商人，個個都要具結，説是船裏頭並沒有夾帶鴉片，儻是夾帶了，願意船貨充公，人即正法的。那別國本來不販運鴉片煙，自然沒有不答應的。獨有英國人，起初不肯允許，後來見林則徐持之甚堅，沒有法子想，便託葡萄牙人出來轉圓。儻然夾帶了鴉片煙，情願船貨充公，但是人即正法一語，却是要刪除掉的。林則徐依然不許。在林公的意思，無非要借這嚴刑警戒他們，叫他們不敢夾帶鴉片。原是好的。然而英國人看了人即正法四個字，説道無論犯了什麼罪名，總得審問明白了才好施刑，如何一拿到人，便去處斬呢？這個却也不能説他無理。因此兩面相持。林則徐雖許他們具了結，照舊通商。義律却禁止英國的船，不准他到廣東去。這一件事情依然是擱在淺灘上了。

通商的事情還沒有説妥，偏偏又起了一件事情。這一年秋天，有幾個英國的水兵到香港去，同中國人爭鬪起來，把一個中國人叫做林維喜的殺死了。這件事情出了，英國人説是要在英國船上審問，已經把殺害林維喜的人定了個監禁的罪。中國人不承認他，要他把犯人交出來。兩面又相持不下。中國人便又停止英國人的通商，逼著在澳門的英國人退居船上。中、英兩國的戰事，到此真不能免了。

咳，諸君，在下説起鴉片戰爭這件事情來，却不能不痛恨當時的當國大臣。爲什麼呢？諸君要知道同心協力這四個字，最爲可貴。譬如我們一家人家，要是父子同心，兄弟協力，那地方上的匪人自然就不敢來侵犯。要是父子兄弟離心離德的，自然外邊的人便要欺侮上來了。這個道理，在平常時候固然如此，到了打仗的時候就更爲緊要。在平常時候，固然不便蠻不講理、一味偏袒著自己人，已經開了戰，却不能再是如此説。總得同心協力，先把敵人打退了，再説別話的。這個道理，本來很容易明白。誰知道當時的大臣，却不是如此。平常時候，一味的趾高氣揚，幫著林則徐説話的也狠多。到開起仗來，便都畏縮不前，個個人都説林則徐的壞話了。況且還有一層，外交這件事情，不是單靠著口舌的，總得要有些兵力做個後勁。我們當時同英國人的交涉，既然嚴重到如此，雖不是要同他打仗，打仗這件事情却也不可不防。然而當時候，説交涉的人很多，講究兵備的却只有林則徐一個。這種交涉，自然不能不失敗了。如今且休説空話。當時英國宰相，叫做巴馬斯，也是個主張強硬的人，聽得同中國的交涉決裂了，便派義律做總司令，帶著兵船十六隻，水陸兵丁四千名，還帶了一封巴馬斯給中國宰相的信，叫他打了勝仗之後，便照這信上的話同中國人議和。這是道光十九年（一八三九）的事情。這年五月裏，義律到了廣東，先發兵攻擊澳門。這時節，林則徐早有了預備，便發兵迎敵，把英國的杉板船燒掉兩隻。義律見不是頭，便轉向東面去，攻擊福建的廈門。這時候的福建總督便是鄧廷楨，也是有防備的。義律又不得利，便轉到北方去，攻浙江的舟山。這舟山却毫無預備，英兵一到，就給他占去了。義律於是把巴馬斯的一封信，送到寧波城裏來，寧波的官員説要送到北洋去，才有人能收受呢。義律就逕到直隸。七月裏，見了直隸的總督，把這封信收了下來。又傳朝廷的命令，説這件事情本來在廣東鬧出來的，要解決也得仍舊在廣東。叫他回到廣東去，守候朝廷派人來議。義律於是申明暫時停戰，自己仍回南方去了。

這時候各省的疆臣，慮著兵釁開了，自己所守的地方毫無防備，英國的兵船打來一定要喪師失地的，都不以林則徐爲然。便造了許多謠言，説這一次的兵釁，其中另有別情的。這謠言漸漸的傳到道光皇帝耳朵裏，主意也中變了。這時候，林則徐已經補授了兩廣總督，便革了他的職。後來還把他充發到伊犁，另派琦善做兩廣總督。這琦善的性質最是懦弱的，一到廣東，便把林則徐在任時所設的防備通統撤掉了。和義律開起交涉來，真是小心翼翼，絲毫不敢得罪他。一開口便應允了賠償英國的損失二百萬兩。誰知道義律看得他好欺，反格外需索起來，要求中國把香港地方割讓給英國。你想，鴉片戰爭這件事情，雖説是其中委曲的情形很多，然而最大的原因畢竟是爲著英國人販鴉片到中國來，這個畢竟是英國人的不是，如何反要中國割起地來呢？你道琦善能應允麼？義律借此爲由，便開起兵釁來了。這時候，廣東的防備既然完全撤掉，自然是無從抵當。義律一進兵，虎門、沙角兩處緊要的砲臺已經失守了。琦善没法，就答應了英國人，割讓香港，還賠償英國的損失六百萬兩。英國人才應允退兵，繳還砲臺。這是道光二十年（一八四〇）十二月裏的事情。

這個消息給朝廷上聽見了，大不以爲然，便絕了和議，把琦善也革了職。派奕山做靖逆將軍，隆文、楊芳兩個做了參贊大臣，到廣東去剿辦。又派兩江總督裕謙到浙江視師。誰知道英國的政府得了義律同琦善所議的消息，也大不以爲然。你道爲什麼呢？他説是六百萬兩賠款，還不毅英國人鴉片煙的損失，況且這一次用兵的兵費也没有叫中國賠償。便要把義律調回，改派璞鼎查來。咳，諸君，我們的官員應允了人家割地賠款，不過是把他革掉職，人家的官員，已經割了別國的土地，得了人家的賠款，也要把他調回。即此一端，就可以見得人家辦理外交的強硬了。道光二十一年（一八四一）二月，義律聽得中國革掉了琦善的職，另派奕山到廣東去，便趁他還没有到，進兵去攻廣東。没幾天，虎門砲臺又失陷了。英國的兵船就進屯在廣東城外的河裏。到四月，奕山才到了。進攻英軍，又是不勝，大小戰船給英國人打壞了七十一隻。廣東省城的形勢，已經在敵人掌握之中。奕山也沒有法子了，只得聽了義律的要求。一星期以內，賠了他銀子六百萬兩，帶了手下的兵，到離開廣東六十英里的地方，駐紮去了。

這年七月裏，璞鼎查的兵到了。一到便攻破了廈門。八月裏頭，攻破了定海，又攻破了寧波。兩江總督裕謙手下的兵潰散了，沒法子，只得圖個自盡。朝廷又派了奕經到浙江去剿辦。誰知道也是無用。明年四月裏，英兵進取了乍浦，五月裏攻破了吳淞，六月裏攻破了鎮江。英國的兵船，便直逼南京。朝廷到這時候，也是沒有法子想了，只得派了耆英、伊里布、牛鑑三個做全權大臣，到南京去議和。七月裏和議定了。賠償英國軍費和商人的欠款、鴉片煙的損失，一共是二千一百萬兩銀子。開了廣州、廈門、福州、寧波、上海五處，做個通商口岸。還把香港地方割給英國。這一件事情，便叫做五口通商，又叫做鴉片戰爭。要算是中國同外國人交涉以來，第一次吃的大虧了。

第六章　廣　州　之　役

　　五口通商的事情，方才説過的，諒來諸君都明白了。這件事情中國吃虧不小，料來諸君也同深義憤的。誰知道這個虧，吃得還不算大。後來還有更大的事情呢。你道是什麼事情？咳，這便是我們同外國交涉以來，京城的第一次失陷了。這件事情却又是爲何而起的呢？不要慌，待在下再講給諸位聽。

　　從道光二十二年（一八四二），南京的條約定了。廣州、廈門、福州、寧波、上海都開做了通商港，其餘四處，英國人都已派了領事來了，獨有廣東的人民，却自己練起團練來，不准英國人進城。咳，諸君，這練了團練，以抵禦外侮，原是件極好的事情。然而用著他去把持外國的領事，不准他進城，却是用之不得其當了。這時候，廣東的總督，你道是什麼人？便是那在南京和英國講和的耆英。這個耆英本來是不負責任的，他明知道通商口岸駐紮領事是國家已經允許了的事情，不能反悔的。然而把這道理去同當時的廣東人説，又一定是説不明白。明知道此事爲難，便想個法兒，去運動內召。果然朝廷上把他召進去了。道光二十七年（一八四七），派了徐廣縉來做兩廣總督，葉名琛來做廣東巡撫。

　　這位徐廣縉本來是個好説大話、毫無實際的，剛剛遇著這位葉名琛，也是他一流人物，便又鬧出亂子來了。道光二十九年（一八四九），英國的領事坐了兵船，闖進內河裏頭來。廣東的人民不期然而然，大家動了公憤，便召集了四鄉義勇，同時排在兩岸去迫脅他，倒也有十幾萬人。當時只聽得兩邊岸上，團丁密布，喊聲震天。英國人倒也吃了一嚇。知道這廣東人的脾氣不是好惹的，便和總督婉商，另訂了幾條廣東通商的專約，把入城的事情展緩了幾年再議。咳，諸君，這民氣本來是最可貴的，外國人同中國交涉，所怕的也便是中國的民氣。然而這民氣，却要有個用它的法兒，而且要得用在正當的地方。迫脅英國領事不准他入城，這件事情本來是極無謂而且不大正當的。做官員的人，便該曉諭百姓，叫他們把這勇氣改在正當有益的地方用才好。誰知道當時的徐廣縉、葉名琛却不是如此,他見廣東的義勇把英國人嚇退了,便也自鳴得意,而且自以爲功,把這件事情張皇入奏。當時的朝廷上也是很糊塗的,便下了一道廷寄給兩廣總督,説什麼"朕覽奏之下,欣悦之情,難以言喻"。"難得我十萬有勇知方之衆,利不奪而勢不移"。"應如何分別嘉獎並賞給匾額之處,即著徐廣縉酌度情形辦理,毋任屯膏"的話。徐廣縉、葉名琛,奉到了這道廷寄,得意的情形,自然是不必説了。

到咸豐二年(一八五二),徐廣縉去了,葉名琛升任了總督。這位葉名琛本來是個浮誇無實、大言不慚的,從靠著團練的力量嚇退了英國人,更洋洋得意,自稱交涉能手了。朝廷上也很倚重他的。誰知他在任的時候,又出了一件事情。是什麼事情呢?當時廣東有一隻船,喚做阿羅號的,掛了英國的國旗,闖進內河裏來。這一隻船,本來是中國人的,船上坐著的也是中國人。這船主的行爲,却有些不正當。當時船上裝著幾名海賊,給中國的官員知道了,便到他船上去拘捕了來。這船上挂著的英國國旗,也便拆卸下來了。當時英國的領事叫做巴夏禮,便借此爲由,發出最後通牒來給葉名琛,限他二十四點鐘以內答覆。這位葉名琛,毫不在意,却又絶無防備。到二十四點鐘滿了,巴夏禮便發出兵來,攻廣東省城。這時候的廣東,毫無豫備,如何抵敵呢?竟被他攻破了。然而不多時候,英國的兵依舊自行退去。你道英國的兵爲什麼這樣退得快呢?原來有兩種道理:其一,這阿羅號本來是中國的船,船主也是中國人。雖然他在英國登記了,然而到中國官員上船去拿人的時候,登記期限已經過了十天。這隻船純粹是中國的船,便不能禁中國的官員上船拿人。其二,這巴夏禮不過是個領事,領事的職權不過是保護本國的商人,並沒有發兵去同外國打仗的權柄。所以這件事情,英國是全錯了的。要是當時的中國人知道交涉的公理,把這件事情去同英國政府交涉,這巴夏禮一定要得個處分,英國政府還要向中國謝罪呢。苦於當時的政府是個一點兒事情不懂得的,有了理不會説話,聽憑巴夏禮回去裝點成一面之詞。把阿羅號登記已經期滿的話抹掉了不提,單説中國人毀壞英國的國旗,便是侮辱英國國家,便是侮辱英國國民的話,去激動英國人。那英國人本來不知道事實的真相,加之以外國人的性質是最敬重他本國的國旗的,自然是全體激昂了。然而當時英國的議員,還有不以爲然的。説是我們英國雖然可以保護普通的商船,却不便去保護海賊。阿羅船上既然有了海賊,是天然應當拘捕的。要説是在英國登記了,中國官員就不便拘捕,那麼,隨便什麼海賊的船,只要是英國船舶所登記,便可以在中國海上橫行無忌了。諸君,你道這話不是公平得很麼?苦於當時的英國政府是個主張強硬的，見侵犯中國這件事情在議院裏通不過去，便把議院解散了，重行選舉起來。那時候，英國之民本是激昂不過，自然是主張開戰的占了多數了。剛剛這時候，廣西省裏又殺掉了兩個法國教士，於是法國人也同英國合起兵來。

咸豐六年(一八五六)十二月，英、法兩國的兵到了廣東了。這時候，大家都知道要發兵防備的。雖然當時的兵力不很充足，然而四鄉的團練，一共就有好幾十萬。有人倡議召集了四鄉的團丁來護衛省城，便是四鄉的團丁也自願帶糧入衛。這不是很好的事情麼？這位葉總督偏偏不要，他說是外國人不過虛張聲勢，一定沒有事情的，依舊安坐在衙門裏，讀他的書，辦他的公事。四鄉的團練一個也不許進城，城裏頭也絲毫不做準備。英、法的兵一到，竟把省城攻破了，把葉總督擄了去。後來竟死在印度。這種志大才疏的人，也算得又可恨又可憐了。你道當時的葉名琛爲什麽這樣膽大呢？原來他生平是最相信扶乩的，每同外國人打交涉，一定要去請示乩仙。這一次，也曾去請示乩仙的。乩仙對他說，一定沒有事情。所以他不作準備。誰知道堂堂的廣東總督，就送在一個乩仙的手裏呢！這也可以做個迷信的前車了。

從這一次以後，廣東的省城便給英、法兩國人占據了三年，到和議成了，方才交還。

第七章 京師初陷

英、法兩國既把廣州城占據了，便想趁這機會擴張他們的權利，俄、美兩國也想趁這機會把通商的條約改訂，便四國各派了使臣，寫了一封信給中國的宰相，到上海來託兩江總督轉達。朝廷上得了這封信，便叫兩江總督回覆他道：英、法、美三國的交涉，交給兩廣總督辦理；俄國的交涉，交給黑龍江將軍辦理。四國的使臣不聽，依然直望北邊走。咸豐七年（一八五七）二月，到了天津。朝廷沒法，便叫直隸總督傅恆同他開議，卻又並沒有派傅恆做全權，遇事總要奏請，那事情自然遲滯了。議了兩個月，議不下來。英、法兩國道是中國有心延宕了，便下令軍艦打破了大沽砲臺。中國政府沒法，只得派了大學士桂良、花沙納兩個做了全權大臣，重到天津同他兩國開議。一共議定了新約英國五十六條，法國四十二條。其中最緊要的是開牛莊、登州、臺灣、潮州、瓊州五處做個通商港。這時候，正是洪、楊起兵的時候，條約中又言明，洪、楊平後，從漢口到上海長江沿岸，聽憑英、法兩國選擇再開三處做通商港。賠英國商虧、軍費各二百萬兩，法國人各一百萬兩。允許英、法兩國的商船在長江裏頭航行。英、法兩國各派公使駐紮在中國京城裏。中國也派公使駐紮在英、法兩國的京城裏。

這一次的條約，言明一年之後到中國的天津來彼此交換。這時候，英國的政府頗有些有意挑釁，當時派了使臣來，便吩咐他一定要從白河裏走到天津，中國人不准他走也得硬走的。這件事情，當時英國公平的人也頗不以為然。然而他的政府決計如此主張，這奉派到中國來的使臣自然是遵令而行的。咸豐八年（一八五八）五月，到了大沽口，便要硬走白河口到天津。這時候，正值中國的僧格林沁在天津設防，便照會他們改從北塘口，走薊運河裏進去。英、法的使臣不聽，帶了兵艦硬從白河裏闖進來，中國的砲臺上便開砲打他，把英、法兩國的兵船打壞了四隻。兩國上岸的兵士，不是打死，便給中國人擒住了，一個也沒有回去。英、法兩國的公使，只得退出去逃到上海。

這一次的事情,本是英、法兩國錯的。要是當時的政府據著理同他們交涉,英、法兩國也未必有什麼説。誰知道當時的中國政府又是糊塗的,見打了一個小勝仗,便得意非常。下了一道上諭,説什麼"英夷狂悖無禮,此次痛加勦殺,應知中國兵威,未可輕犯"的話。把去年所訂的條約廢掉了,叫他們另外派人來,到上海重議。這麼一來,把有理又變做無理了。咸豐十年(一八六〇),英、法兩國又派了兵船來。六月裏頭,從北塘口攻進來,遶出大沽砲臺的後面,大沽砲臺又失陷了。朝廷派僧格林沁同勝保兩個先後出兵,都打得大敗。八月,咸豐皇帝逃到熱河,英、法兩國的聯軍先把圓明園占住了,然後進據京城,後來又放一把火把圓明園燒掉了。這便是中國同外國交涉以來,京城的第一次失陷。

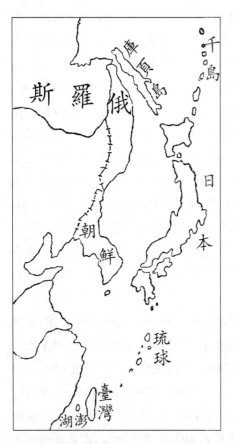

這時候,朝廷没法了,只得派留守京城的恭親王再同外國人議和。除掉去年所訂的條約照舊承認外,又把賠款的數目改做了八百萬,添開了天津做個通商港。香港對面的九龍半島也讓給英國人。還允准外國人到内地來游歷。

諸君看這咸豐十年(一八六〇)同英、法兩國人訂結的條約,吃虧大了麼?誰知這還不算大,還有更大的呢。你道是什麼事情呢?咳,從古以來,打敗了仗失掉土地也是有的。至於一仗都没有打,糊糊塗塗的訂結條約,把幾百萬方里的土地送給人家,這真是從古所未有了。我們中國的東北兩面是同俄國接界,料來諸君也知道的。現在東三省同俄國的疆界,北邊是黑龍江,東邊的界水便是烏蘇里江。咳,諸君,你道向來的疆界就是如此麼?原來黑龍江的北邊還有一支大山脈,叫做外興安嶺。康熙年間,同俄國人訂定的界約,本是把這外興安嶺做疆界的。那時候,黑龍江、烏蘇里江兩岸完全是中國地方。到後來,俄國人知道這個條約訂得吃虧了,便派人到東方來,暗地裏侵占中國的地方。中國的官吏，本來於疆界一事不大注意的。這時候的東三省，又全是派滿人做官，比了漢人更其昏憒。聽憑他在黑龍江沿岸造城堡、開港灣，一概置諸不問。俄國人見中國糊塗，落得趁此要求。咸豐八年（一八五八），在天津訂定條約，把黑龍江以北的地方通統送給俄國人。到咸豐十年（一八六〇），同英、法兩國講和，俄國的公使頗調停其間，便自以爲功，要求中國在北京再訂條約。又把烏蘇里江以東的地方，通統送給俄國人了。這兩次條約送掉的地方，一共有二百八十多萬方里。俄國人取去便建立了阿穆爾、東海濱兩省。這地方既有森林狩獵之利，又有黃金鑛産之饒。俄國人得了真是無盡的寶藏了。只可惜我中國白白的把幾百萬方里的土地送給人家，謝也不曾聽得人家謝一聲，倒還替後來種下了一個禍根呢。

第八章　中俄伊犁交涉

　　道光(一八二一——一八五〇)以前,中國政府是全不知道外國情形的,看了西洋各國人,就同古時候遇見的小蠻夷一樣。從五口通商同咸豐八年(一八五八)京城失陷,打了兩次敗仗,才略有些知道現今外國人的勢力了。這時候,正值洪、楊起兵,占據了東南。洪、楊平後,北方又有捻匪之亂,中國足足打了二十年仗,那兵力自然比承平時候好些。這班平亂的將帥都是身歷兵間,確有閱歷的,且知道中國的兵力,平定內亂雖然有餘,抵禦外侮還是不足。所以亂定之後,就急急於練兵。不但陸軍改練新操,就是海軍也到外洋去定買了許多鐵甲戰船,剋期興辦。還設了船政局製造軍艦,製造局製造槍砲。這樣說來,中國要變做強國了,何以後來還要吃外國人的虧呢?咳,諸君有所不知,強國的這件事,其中有許多的曲折呢。不單是練了兵就有用了。況且當時這一班人,連兵也沒有真練得好,自然是沒用的了。閒話休題,如今且把同治以後外交的情形,講給諸位聽聽。

　　要說同治以後的外交,第一件就要說到俄國人。咳,諸君,俄國人曾經要挾我們,割了我們東北邊幾百萬方里的地方。這話,我先前不是說過的麼。誰知道他心猶未足,還要割據我們的西北邊呢。原來中國的西北邊,有一個新疆省份。這新疆省,有一支大山脈叫做天山,橫亙在裏頭把這一省分成兩路。南邊叫做天山南路,北邊叫做天山北路。這天山南、北路地方,設立行省,還是光緒十年(一八八四)的事情。以前天山北路叫做新疆,天山南路叫做回疆。這天山北路,原是一種人叫做衛拉特人的地方。天山南路卻是回部的地方,都是清朝乾隆年間打定了,把它收進來的。這時候,新疆省的西北,回族的部落還多著呢,也都到中國來進貢,算是中國的屬國了。要是這時候,中國政府有些識見,把這地方早些經營經營,中國的疆土,比如今還要大得多呢。卻通統置諸度外,不去管它。到後來便都給俄國人占了去。這個好比下棋的人,第一著棋子已經走差了。

236

　　到同治年間（一八六二──一八七四），新疆西北的回部，已經通統失完了。剛剛新疆又有了亂事，俄國人便趁此把伊犁占據起來，那交涉就弄得很棘手了。你道是什麼亂事呢？原來新疆一省回人是住得很多的，便陝西、甘肅兩省，回族也是不少。當洪、楊同捻匪起兵的時候，回族裏頭的壞人，也便乘機起來擾亂了。陝、甘兩省畢竟是個內地，雖然擾亂，還做不出什麼大事情來。至於新疆，這時候還沒有改設行省，兵備是很單薄的，一擾亂自然是更不得了。有一個回部裏頭的宿將叫做阿古柏帕夏的，便占據了天山南路，竟自立了，算是一個國。這天山南路，本來西邊和俄國，西南邊和英國人所滅掉的印度接界的。英、俄兩國竟承認他做個獨立國，同他使命往來。你道這事情不是很難收拾的麼？何況俄國又趁此機會，占據伊犁呢。

　　中國當時，雖然內地多事，一時顧不到西北邊，然而俄國人占據了伊犁，是不能不問的。你道俄國人回答什麼話呢？他說伊犁也是個通商的地方，現在中國兵力顧不到西北邊，怕是俄國的商務因此受了損害，所以暫時占據了，不過是替中國保守保守的，要是中國的力量能彀顧得到新疆，俄國就立刻退還。咳！你道他真有這種好心麼？原來這時候，中國的內亂還沒有平定，阿古柏的兵勢卻又很大，他料道中國沒有兵力顧到新疆的，落得說得大方。這句話，却不是在下栽誣他的，便外國人的議論，也都説是如此。誰知道中國把洪、楊的兵同捻匪削平了，又平定了陝、甘的回亂。到光緒元年（一八七五），左宗棠便帶兵出關，三年（一八七七）年底，竟把新疆收復了。這時候中國照著前此的話，要求俄國人退還伊犁，俄國人倒没得説了，便又節外生枝起來，道是要我退還伊犁，中國須得辦到兩件事。是怎麽兩件呢？一件是以後要中國能保得新疆一方面從此安穩；一件是俄國人替中國保守伊犁，款子已經花得多了，中國人應得算還他。你道這話豈不可笑麽？當時中國就派了一個使臣，喚做崇厚，到俄國去議。誰知道這崇厚是個没用的東西，受了俄國的迫脅，到光緒五年（一八七九），把草約議定了。照這草約，要賠俄國人五百萬盧布的銀子；准俄國人在新疆的吐魯番、甘肅的嘉峪關設立領事；天山南、北路都要准俄國人通商，概不收稅；還要在直隸北邊的張家口設立行棧，准俄國人從張家口到天津，天津到其餘各通商口岸，販賣貨物。然而中國得到什麽呢？却不過還我一個伊犁空城。伊犁四面的險要，俄國都占去了。你想這還成個什麽條約呢。中國自然是不承認了。便革了崇厚的職，召他回國治罪，改派了曾紀澤到俄國去議。這位曾紀澤便是曾國藩的兒子，却有些外交手段的。恰好這時候，左宗棠在新疆兵事也預備得很嚴，俄國人不敢冒昧和中國開戰，便也退讓些了。到光緒七年（一八八一）條約訂定，多賠了俄國四百萬盧布的銀子，把伊犁旁邊的地方多爭回了些。中國同外國的交涉，這一次要算是辦得較好的。然而伊犁的西邊，究竟還失掉些地方，這個却不能全怪辦交涉的人。當時的中國兵力實在不足，要同俄國人開戰，不過是虛張聲勢的話。要是真個開起戰來，就未必靠得住了，因此也只得放鬆了些。

第九章　法　據　安　南

伊犂這件事情，中國的吃虧還算是小些。從此以後，外交上失敗的事情，又一件一件來了。你道是什麼事情呢？便是近幾十年來，把從前的屬國通統失完了。現在且先從南邊說起。原來中國的南邊，有三個屬國：東南的一國叫做安南，在廣西、雲南兩省的邊外。西南的一國叫做緬甸，在雲南省的邊外。中間的一國叫做暹羅，在安南國的西邊，緬甸國的東邊。這安南國本來是中國的地方，到宋朝以後才獨立做一國的。清朝初年，安南的國王姓黎，他手下的臣子有兩家：一家姓鄭，一家姓阮，都很有權勢的。安南的國王卻沒有什麼權柄。這姓鄭的一家，世世代代盤據在安南的都城裏，權柄是很大。姓阮的臣子占據了安南國南邊一處地方，叫做順化，兵力也很強。後來姓阮的又把他旁支的子弟，分封在順化附近的西貢，兵力比順化的阮氏更強了。人家便稱這順化的阮氏做舊阮，西貢的阮氏做新阮。乾隆時候，新阮的首領叫做阮文惠，竟把舊阮滅掉了，又殺進安南國的京城，把姓鄭的也打敗了，廢掉安南國王，自己稱起國王來。這安南國的舊臣，自然有不服他的，便逃到中國來求救。當時乾隆皇帝，為著他發了一支兵，到安南國裏去打這阮文惠。起初打了個大勝仗，後來因為統兵的人自不小心，沒有防備，反被阮文惠打敗了。這阮文惠也怕的中國再發兵去打他，便進來稱臣奉貢，乾隆皇帝也就模模糊糊的過去了。然而當時逃出去的這一支舊阮，心上很是不服的。有一個人名阮福映，逃奔在海島上，遇見了一個法國教士。這法國教士便游說他起兵恢復，自己願意到法國去運動政府，發兵船來助他。阮福映自然是一力拜託。法國的政府本想要來侵略東方，正苦的沒有機會，聽得法教士的話，也欣然應允，便發了兵來幫阮福映的忙。恰好這時候，阮文惠死了。新阮的族裏又起了內亂，自然是敵不住法兵了，阮福映便復了國。這是嘉慶七年（一八○二）的事情。

俗話說得好，如此得來如此去。不論什麼基業，總要是自己辛勤手創的，才得安安穩穩，享用幾世。要是靠著人家的力量，總是靠不住的，何況一國之

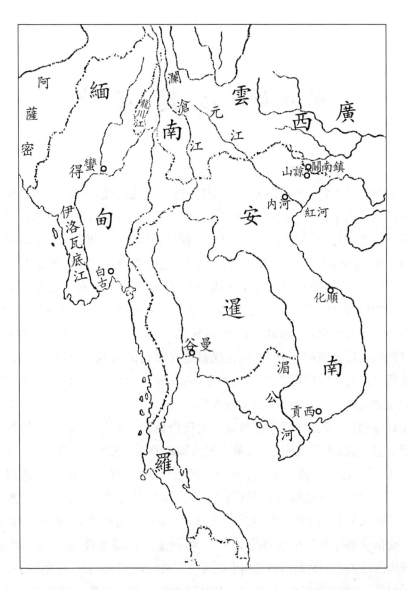

大呢？當時阮福映既然靠著法國人的力量得了國，自然要優待法國人。然而
法國人的幫助他，其實不懷好意。阮福映也知道的，臨死的時候，便吩咐他的
兒子道：待法國人表面上要和好，暗中却要謹防他，切莫把土地割讓給法國
人。這幾句話，便法國人也稱許他，是個辦外交的金科玉律。要是他的子孫
能謹守著這幾句話，也未必就至於滅亡。苦於他的子孫又是眼光很近的。從
阮福映死後，一連換了幾個國王，都是很惡法國人，時時要殺害法國的教士。
你想，殺掉這幾個教士，於法國何損？反而給人家做個話柄，借此要求，這不是失算得很麼？到道光三十年（一八五〇），便給法國借此爲由把個西貢占去了。

到後來，還有一件事情，卻是中國人害了安南人。你道是什麼事情呢？原來中國的雲南省裏有一條河，叫做元江。這條河，上半截在中國，下半截卻在安南，叫做紅河。咳，你道法國人的取安南，是單想安南麼？原來是想從安南國來侵略雲南的。那法國人久有此心了。剛剛中國人又有一件開門揖盜的事情，自然要乘機進取了。當陝、甘、新疆回亂的時候，雲南的回人也同時擾亂起來。當時中國有一位提督名馬如龍，帶著兵在雲南同回子打仗，苦於軍械無出，便請一位法國的商人名久辟酉的，替他借道安南運輸軍械。久辟酉得了這件差使，卻是正中下懷，便從元江裏坐了船，航行到越南，到海外去采辦了軍裝，從紅河裏運進來。幾次一走，元江的航路走得熟了，知道這條路通航雲南是最好的。便把這條計策獻上法國政府。法國政府得了這個消息，真是喜不自勝。從此以後，對於安南就格外注意了。同治十三年（一八七四），安南人又因著事情和法國人衝突起來，法國便用兵力去迫脅他，安南人自然不能抵抗，便同法國人訂結了條約，准他在紅河裏航船。條約上還聲明，安南是個獨立自主之國。咳，諸君。這安南是中國的屬國，照萬國公法，本來沒有權力同人家訂結條約的。這一次，法國人偏要同他獨自訂結條約，還要在條約上聲明，道安南是個獨立自主之國。這個條約傳到中國來，中國自然是不承認的。安南也依舊以中國的屬國自居，照例進貢。法國人便說他違背條約，兩國之間又起衝突了。

當洪、楊敗亡的時候，洪、楊的部下有一位將官叫做劉永福的，逃到安南，占據了紅河的上流，在那裏買馬招兵，並且招人屯墾。幾年之間，居然開闢了七百多里的地方。他的部下一共有二十萬人。安南人屢次派兵攻他，總不能取勝，便也由他去了。這位劉永福卻很是義氣的，見安南人受法國的欺侮，心抱不平，便時時幫助安南人。到光緒八年（一八八二），法國人同安南人又開起戰端來了，安南人大敗，京城也給法國人占去了。中國政府便叫雲貴總督岑毓英，幫著劉永福去打法國人。究竟法國人兵勢盛，一時未能得利。到光緒十年（一八八四），李鴻章便同法國人在天津訂立條約，承認安南做法國的保護國，彼此講和息兵。條約已經訂定了，當時中國的兵，還有駐紮在安南國裏諒山地方的。講和的信息還沒有傳遞到，法國倒要來收管諒山了。中國兵士自然不答應他，便彼此衝突起來，法國人死了很多，便借此爲由，要中國人賠他一千萬金鎊。你想哪有這種道理呢？中國不答應，便又開起仗來。這時候，正值中國新練了海軍，停泊在福州城外閩江裏頭的馬尾地方。可憐砲也不曾放得一聲，給法國的兵船乘其不備闖進來，通統打沉了。然而這時候，中國的統兵大員馮子材，在廣西帶著陸軍和黑旗軍合力，鎮南關一戰，大破法人，一直追到諒山。法國的兵死傷無算，又添了陸軍來，接連打了幾次仗，總不得勝。法國的人心很爲驚慌，議院裏質問政府的人也很多，法國政府也爲難起來了。便託英國出來轉圜，又派了使臣來同李鴻章議和，在天津訂立條約。中國依舊承認安南算法國的保護國。不過從來和外國人打仗，中國人總是要賠兵費的，這一次却不要賠，在李鴻章已經算是得意之筆了。然而這一次，法國的陸軍已是大敗了，海軍雖然打了一個勝仗，不過是乘人不備。攻臺灣就不很得利，海軍提督孤拔又死了，也未必再能取勝。要是中國再同他堅持幾時，一定安南不至於失掉的。安南不失掉，其餘的屬國也不至於動搖了。這個機會，實在是可惜的。

第十章　英滅緬甸及暹羅獨立

　　安南的事情方才説過了，現在便要説到緬甸。原來這緬甸國是在印度東邊的，英國人滅掉了印度，便同緬甸接界了。既然疆界相接，自然不免有些小小衝突的事情。要是强弱相等的國度，彼此不敢輕動，便也互相退讓講和息兵了。然而這緬甸也是個積弱不振之國，不是英國的對手。英國人也就落得借此尋些釁隙好去吞併他。這就是現今世界上，弱肉强食，慣用的外交手段了。印度的東邊，有一個國叫做阿薩密的，和緬甸是緊鄰。有一次國裏頭亂了，便到緬甸來求救，緬甸人便借此爲由發了兵，把阿薩密的地方占據了起來。咳，你想，弱肉强食，緬甸人尚且如此，何況更强的國呢。這阿薩密人，因爲求救於緬甸，反而被他吞滅了，自然心不甘服，便又去求救於英國人。道光四年(一八二四)，英緬便開起戰來。料緬甸如何能敵英國，自然大敗，不但阿薩密沒有占到，反而還割掉了好幾處地方，方才罷兵講和。從此以後，緬甸人深恨英國人，便時時把英國人殺害。咳，吃了人家的虧，要想報復，是要改良政治，積粟强兵，從根本上想法子的。單殺掉人家幾個過往的客商，傳教的教士，有什麼益處呢？這不是同安南人見識一樣麼？果然又給英國人做了藉口。咸豐三年(一八五三)，便發兵把緬甸的白古地方占去了。這白古，你道是個什麼地方，原來緬甸國裏有一條大水，叫做伊洛瓦底江。這一條水上源也是出在中國的，叫做龍川江，從雲南省裏流入緬甸。這條水的上流，是既不能灌田，又不能行船的，並沒有什麼大用處，到了下流，卻是河身寬闊，河裏頭的水也是很深，船隻出入很是便利的。緬甸國的商務，就靠這一條江。這白古便在伊洛瓦底江的下流，如今給英國占去，緬甸便沒有南出的海口了。如何不想恢復呢？從此以後，屢次同英國人搆兵，可憐小不敵大，總是敗北。我們中國枉做了緬甸幾百年的上國，受了人家許多次的朝貢，也並不能出一支兵去援助他。到光緒十一年(一八八五)，竟給英國人滅掉了。從此中國的屬國，便又少掉一國。

　　再說暹羅呢,他本來在南安、緬甸兩國的中間的,這兩國滅掉了,一邊是英,一邊是法,自然是岌岌可危的了。這暹羅國裏也有一條河,叫做湄公河。這一條河,下流是在安南,上流却是暹羅同安南的界水。後來暹羅强了,湄公河東的地方也給暹羅占據了許多。到法國人滅掉了安南,便藉口湄公河以東的地方本來屬於安南,要求暹羅人割給他。你想,列國的疆界,要以現在爲憑的,如何能説起歷史上的話來。要是説歷史上的話,安南本是中國的郡縣,不更該還給中國麽? 然而天下事,是只有强權,本無公理的。暹羅人見法國人强横,不敢同他爭執,便把湄公河以東的地方割給他了。要是照這樣子下去,暹羅也是保不住的。幸而英國人怕法國吞併了暹羅,於他的緬甸權利有損,便同法國人訂立條約,畫出湄公河上流五十英里地方,作爲中立之地,彼此不得侵犯。這暹羅靠著英法兩國互相猜忌,没有滅亡。然而從此以後,也算做獨立自主之國,不是中國的屬國了。

第十一章　中　日　之　戰

　　以前所說的，都是西洋各國同中國的交涉，現在要說到日本。這日本本是太平洋中一個島國，從前也曾稱臣奉貢於中國的，現在他們是賴掉了。然而在中國歷史上是確有證據的。這樣看來，這日本也不過和朝鮮差不多。誰知道從西洋各國的勢力擴充到東洋來，他知道現今的世界和從前不同，不是變法自強，一定不能自存的，便維新立憲，不過三十年，竟被他變成一個強國了。從此看來，要是不肯振作，地方再大些，也是沒有用。要是肯振作，便地方再小些，也不能看他不起。閑話休提，且說日本同我們中國的交涉。

日本和中國的交涉,起於同治十三年(一八七四)。這一年,有一隻日本商船,在海裏頭遇著了大風,飄流到臺灣南邊,便上岸去求救於生番。這生番本是個毫無教化而且性喜殺人的,全船中六十六個人,倒給他殺掉了五十四個,其餘十二人幸而遇見中國的官員,把他們救出來了。這時候,中國已經設立了一個總理各國事務衙門,專辦交涉事情,簡稱總署。日本人爲了這件事情,便到總署裏去交涉。你道總署裏答他什麼話呢。他回答的話真是奇極,道這生番是個化外之民,生番的事情我們向來不問的。日本人得了這句話,正中下懷,便道:生番的事情你們既然不問,我們便要自己去問了。總署裏的人道,這是很好。你道這話奇不奇呢? 日本人得了這個把柄,便發兵到臺灣去攻擊生番。把日本人的兵力,去同生番打仗,自然是沒有不勝的。然而日本兵到了臺灣,却是不服水土,不多時候便害起病來。這時候,中國又在福建預備發兵渡海。這一次,日本的攻擊臺灣,原是政府裏頭一派人的主張。全國中人,大都不以爲然的。聽見中國要出兵的話,直是人心皇皇,舉國震動。要是中國同他堅持一堅持,日本一定屈伏的。惜乎中國的辦交涉,向來是得過且過、不求勝利,見日本人軟了些,便也含糊了結。撫卹了他被難的人五十萬兩銀子,就算是罷休了。從此以後,日本就有些夜郎自大起來。

日本的南邊,還有一個島國,叫做琉球。這琉球國的地方,却比日本小得許多,一共不過三十六個小島。然而從明朝以後,却也受中國的册封,算做中國的屬國。光緒五年(一八七九),日本竟把他滅掉了。這不是藐視中國的舉動麼? 當時中國的政府也曾和他交涉幾次,日本人置之不理,中國政府也就算了。

古人説得好:"涓涓不塞,將成江河。"到後來,果然鬧出朝鮮的事情來。這朝鮮也是個中國的屬國。同治年間(一八六二——一八七四),他的國王名李熙,年紀尚小,一切政事還是他的父親李應昰管理。這就是中國所謂太上皇,在朝鮮却稱做大院君。這位大院君是很頑固的,西洋人來求通商,一概拒絕不許,還要殺害外國的教士。西洋人認朝鮮是中國的屬國,便來同中國人交涉。你道中國人答他什麼話呢? 他説是朝鮮的事情,我們中國向來不管的。咳! 這話就錯了。照萬國公法,做了人家的屬國,便沒有外交的權柄。朝鮮既然是中國的屬國,他的外交事務自然應當由中國主持的,如何回絕不管呢? 這個話不又是授人以柄麼? 況日本人是本來覬覦朝鮮的,得了這個消息,便趁此機會和朝鮮人訂立了條約。約中的第一條便明言朝鮮是個獨立自主之邦。這不又是法國人對待安南的手段麼? 中國人當這時候,便應當同日本人力爭。誰知道又不是如此。當時辦外交的是李鴻章，反而引了美國人去同朝鮮人訂結條約，要想借此抵制日本人。這不是明告天下說朝鮮人不是中國的屬國麽？從此以後，英、德兩國也就接續同朝鮮訂約。朝鮮是中國的屬國這句話，世界各國更沒有人承認了。

　　朝鮮國的政治，是很腐敗的。這時候，日本人已經變法維新，事事改觀了。朝鮮國裏便也有一派人，想學日本的樣子變法自強。這個固然不錯。然而變法自強是件好事，要想倚賴日本幫他變法，却是不行的。這個道理也很容易明白。誰知道朝鮮人，偏又起了個倚賴日本的思想，這便是朝鮮人的壞性質了。當時朝鮮的人便分做兩黨：一派人叫做事大黨，要想靠著中國，件件事情都受中國保護的。一派人叫做開化黨，要想仿效日本變法維新的。這事大黨固然仰人鼻息，不是好的，開化黨的名目雖然好聽，其實也脫不了倚賴他人的念頭。總而言之，是不想自立，這便是朝鮮人滅亡的原因了。這位大院君是個主張守舊的。大院君柄政的時候，開化黨自然不能說什麼話。到光緒八年（一八八二），朝鮮國王已經親政了，開化黨便也想要出起頭來。誰知這大院君頑固的脾氣發作了，便出來用兵力平定了開化黨，還要排斥日本人，發兵去攻日本的公使館。鬧得國中大亂，朝鮮國王只得到中國來求救。中國便發了海、陸軍兵到朝鮮去，把大院君拘捕了來，囚在中國的保定，才算把這亂事鎮壓下來。這一次的事情，日本也想干預的。幸而中國的兵到得早，日本兵到，亂事早已平定了，日本人才無言而去。然而中國人不能趁這機會，在朝鮮切切實實的擴張權力，杜絕了別國的覬覦，這個又是失計了。這位朝鮮國王本來是個庸懦無能的人，從大院君去後又受制於他的王妃閔氏一族的人。政治更加腐敗，國裏頭的人心也格外忿恨。光緒十年（一八八四），日本的公使竹添進一郎便和朝鮮的亂黨金玉均通謀，舉兵侵犯王宮，把王妃閔氏殺死了。這時候，中國的吳長慶還帶著兵駐紮在朝鮮。朝鮮國王便逃到吳長慶營裏，吳長慶發兵，替他把亂事削平了。這件事情傳到外國，衆論沸騰，都不以日本爲然。說一個公使駐紮在外國，是主於輯睦邦交的，如何可和人家的亂黨同謀，去謀害人家的王妃呢。日本人雖想抵賴，苦於各國的報紙都是這樣說，只得召了竹添進一郎回去，薄薄的治了他一個罪名，就算把這件事情敷衍過去了。

　　日本公使和朝鮮亂黨通謀的事情，中國本應當和日本嚴重交涉的，誰知道又是有理不會說話。明年三月裏，日本派了伊藤博文來商量朝鮮的事情，便又給人家占了先著去了。這時候，總理衙門裏王大臣雖多，都是吃糧不管事的，把一切事情都推在李鴻章身上。伊藤博文交涉了幾次，不得主腦，便走到天津去，找到了李鴻章，訂結了幾條條約。約定了中國與日本彼此撤兵，將來如有事情要派兵到朝鮮去，須得彼此互相照會，事定之後即行撤退，不得久留。這幾條條約訂定下來，中國同日本在朝鮮的權力，便是彼此一樣的了。

到光緒二十年（一八九四），朝鮮國裏頭，又有什麼叫做東學黨的，作起亂來。朝鮮人又到中國來求救，中國便遵照了前此的條約，一面派兵去救朝鮮，一面照會日本。兵還沒有到，亂事已經平定了。中國的兵，照條約就應當撤退，日本更不必派兵來了。誰知道日本反而派了許多海、陸軍來，要求會同中國改革朝鮮的內政。中國人不答應，責令日本人撤兵。兩國的交涉決裂了，便開起戰來。中國在朝鮮的陸軍，先被日本人殺得大敗，隨後海軍又在大東溝大敗。陸軍退到遼東，又大敗。遼東的地方失掉了許多。日本人又派兵去攻遼西，中國的兵也是抵擋不住。旅順、大連灣都失守了。光緒二十一年（一八九五），日本又分了海軍去攻山東、臺灣的沿海。這時候，中國的海軍已經伏匿在威海衛不敢出來，給日本人四面圍攻，更是無法抵禦。海軍提督丁汝昌只得把全軍投降了日本，自己便伏毒圖個自盡。日本又派了陸軍并力去攻遼西，遼西又失了好幾處地方。這時候，中國的兵只守住了一個山海關，奉天省城孤懸在日本兵的中間，岌岌不可保了。要是日本兵來攻擊起來，便山海關也是靠不住的。山海關一有危險，便連京城都要吃驚了。中國政府沒有法子，只得託美國出來調停，派人到日本去議和。

第一次派去的是張蔭桓、邵友濂兩個，日本人說他官階太小，而且不是全權大臣，拒絕不受。中國沒法了，只得請李鴻章這位老頭子親自一行。到了日本，議了許多時候議不下來，後來日本忽然有個刺客，趁李鴻章出來的時候，伏在路旁邊，一洋槍把他彈傷了。這件事情傳到外國去，又沸沸揚揚的，都不以日本爲然。日本人也覺得難以爲情了。那交涉倒容易就緒了些，才議定了幾條草約。承認朝鮮的獨立，賠償日本軍費二萬萬兩，割掉遼東半島和臺灣、澎湖，開重慶、沙市、蘇州、杭州做個商埠，還允許日本人在內河裏通行輪船。

這個草約，中國的吃虧真是吃得大了。中國這時候，兵敗將亡，還有什麼法子想呢？却有個旁人說起話來，你道是什麼人呢？咳，諸君，還記得麼，割掉中國東三省北邊三百萬方里的土地的，是哪一國呢？這一國本來也想占據東三省的，如今把一個遼東半島給日本占了去，他如何肯心服呢？便約了德、法兩國，同時警告日本，說你們欺中國，欺得太甚了，遼東半島是要還了中國人的。日本吃這一嚇，倒是非同小可。當時日本的兵力，打敗中國自然有餘，如何敵得俄、法、德三國呢？只得忍氣吞聲，把已經到口的一塊肉吐了出來，却又乘機多要了中國三千萬兩銀子。

　　和日本打仗的一年，是前清光緒二十年（一八九四），這一年的干支，是甲午，所以這一次的戰事，叫做中日之戰，也叫做甲午之役。從此一戰以後，日本人便算是世界上頭的強國，中國沒用的情形，却通統給人家看透了，瓜分的議論就大盛起來。

第十二章　中俄密約及各國
租借軍港

甲午一次的戰事，起初李鴻章靠著英、俄兩國調停，説是決不至於開戰的。到後來事急了，才倉卒備戰，件件事情，都落在人家後面，以致於一敗塗地。這樣説起來，李鴻章這個人，是可惡極了。誰知道也怪不得他。當時朝廷上頭，没有一個人是明知外情，曉得要力圖自强的。略爲知道一點的，還只有李鴻章一個。他要練一支兵，舉行一件新政，都要費盡了無數心機，才得成功的。還是左支右絀，件件事情不能放手去辦，這樣的孤立無助，如何能抵敵全國上下一心一力切實整頓的日本呢？別的事情且不必説他，當時中國雖然有個海軍衙門，却是只有個名目，其實所有的海軍經費，都送在頤和園裏，給慈禧太后一個人用掉了。到打仗的時候，日本最快的船，一點鐘要走二十三海里，中國最快的船，一點鐘只走十七海里。不要説打勝仗，就是逃也逃不掉的。咳！你道這許多海軍兵士的性命，是哪一個送掉的呢？還能專怪李鴻章麽？然而後來李鴻章到俄國去，同俄國人訂立了幾條密約，這件事情却是誤國的，我也不能不怪他。

光緒二十二年（一八九六），李鴻章到俄國去賀俄皇加冕。這加冕是奉基督教的國，皇帝即位之後的一種大典禮，且不必去説他。當時甲午之戰，全國的人只怪著李鴻章一個，李鴻章心中正没好氣，恰好俄國有個外務大臣名喀希尼的，外交手段是高妙不過，明知道李鴻章有這意思，便把許多甘言去誘惑他，説些中俄兩國合力排斥日本人的話，李鴻章便上他的鈎了，同他訂結了幾條密約。其中最緊要的，是允准俄國人在東三省造一條鐵路，西接俄國的西伯利亞鐵路，東達中國已經割給俄國的海參崴。還准俄國人租借膠州灣做個軍港。這便是中國有租借地的第一次。這個條約是祕密的，並没有宣布，誰知又出了一件事情。

諸君，你們也喜歡打麻雀牌麽？快些戒絶罷！我們一個膠州灣，就是送在這上頭的。光緒二十三年(一八九七)冬天，山東殺掉了兩個德國教士。德國人便藉此爲由，發了兵船把中國的膠州灣占據起來。中國的膠州鎮總兵名章高元，本來是軍功出身，也有些本領的，然而粗疏得很。德國兵初來的時候，他正在那裏打麻雀，有人來告訴他，他便嗔目大喝道：胡説，那裏有這種事情，就有這種事，咱老子還怕德國人麽？告訴他的人不敢開口了。他依舊打他的麻雀牌，及至牌打完，街上已經站滿了德國兵了。

德國這件事情，世界各國都罵他是海盜的行爲。然而中國這時候，真是個驚弓之鳥，方才給日本人打敗了，如何敢向德國人抵抗呢？明年春天，便把膠州灣租給德國，租借的期限是九十九年。但是俄國要租借的話怎麽樣呢？況且這個密約是没有宣布出來的，不能拿這個話向德國人説。橫竪中國人是好欺的，俄國人也不怕什麼，便又改租了中國的旅順、大連灣，還准他從東清鐵路上另造一條支路，從哈爾濱起通到旅順，這條路便叫做東清鐵路支線。

西洋各國在東洋競爭權利，本來是大家不肯落後的。中國從前同各國訂結條約，又都有什麽最惠國的條款。怎麽叫做最惠國呢？譬如我們和英國訂結條約，除掉現在奉送了他許多權利之外，再添上一款，説英國是中國最優待的國。要是將來中國和別一國訂結條約，別國所得的利益，更比英國這一次所得的優厚，這種利益也得要給英國人享受的。這便叫做最惠國條款，也叫做利益均霑。這一次，德國得了膠州灣，俄國得了旅順、大連灣，英、法兩國如何肯落後，便也援例要求。英國人租了威海衛，租期同旅順、大連灣一樣。法國人租借了廣州灣，租期同膠州灣一樣。這幾處地方，都是中國著名軍港，通統給外國人占去了。

第十三章　京　師　再　陷

咳！諸君，以前所説的中國外交失敗的歷史，也算多了。然而最傷心的，是庚子這一年(一九○○)拳匪的事情，爲著慈禧太后一個人，同朝廷上頭幾個昏憒糊塗的大臣的私心，同一班匪徒的瞎鬧，把個中國鬧得京城失陷，皇帝出奔，幾乎大不得了。後來幸而講和，還賠掉了四萬五千萬兩的銀子。咳，這個算件什麼事情呢？然而當時糊塗瞎鬧的人，究竟不過這幾個，我們中國一共有四萬萬人，誰叫你容這幾個人去瞎鬧的呢？這樣説來，又不能專怪這少數的人了。

這一件事情的來由，説起來很長的。第一，中國的大多數人本來有一種排外的心理，總想把外國人打退了，叫他不來。這一種念頭，初通商的時候最盛，到庚子年間，還有一班人不知道這件事情是萬萬辦不到的。第二，中國人喜歡看小説，小説上頭的話本來是怪誕不經的，有許多愚民偏相信他是個實事。第三，中國下等社會裏本來有一種邪教，像什麼白蓮教之類。這種教，本是毫無道理的。有一種愚民，偏也要去迷信他。有這三種原因，便種成了拳匪的根源了。然而朝廷上沒有人扶助他，張他的氣燄，也不至鬧出什麼事情來。偏這時候，慈禧太后同皇帝又弄得意見不合，因著可惡皇帝，並且可惡起外國人來，便想要借著拳匪的力量，去排斥外國人。這便鬧出天下古今的大笑柄來了。

你道這慈禧太后爲什麼同光緒皇帝不對呢？原來這慈禧太后是咸豐皇帝的妃子，同治皇帝便是他親生的。咸豐皇帝死的時候，同治皇帝年紀還小，慈禧太后就垂簾聽政。後來同治皇帝死了，沒有兒子，照例本當立同治皇帝的姪輩。這光緒皇帝的母親，却是慈禧太后的妹子。這時候年紀又小，慈禧太后所貪的是專權，便立了光緒皇帝，去繼承咸豐，慈禧太后依舊垂簾聽政。到光緒十六年(一八九○)，皇帝才親政的。然而一切大權，依舊在慈禧太后手裏。這位光緒皇帝，却是個英明的君主，從中東一戰之後，早知道中國非變法維新不能自立了。光緒二十四年(一八九八)，便用了康有爲等一班人，變起法來。當時一班守舊黨，不以爲然。慈禧太后便趁此機會，奪掉皇帝的政權,依舊垂簾聽政。康有為等一班人都逃到海外去了,慈禧太后又要去捕拿他們。然而這一種為著改革政治為政府所不容的人,萬國公法上叫做國事犯,是應當保護他的。所以各國都不肯交出來。慈禧太后疑心各國有意庇護康有為,心上就因此懷恨。又想要廢掉光緒皇帝,疑心各國的公使不答應,便更加疑忌起來。恰好光緒二十六年(一九〇〇),直隸、山東拳匪大盛,拽了扶清滅洋的旗幟,還說是有一種神術,可以槍彈不入的。當時朝廷上,昏憒糊塗的大臣便很相信他。把他請進京城,設壇傳教,還慫恿著慈禧太后獎勵拳民,去和外國人開釁。這件事情便不可收拾了。

中國的舊人物本有一種謬想,道西洋人的強,就是靠著槍砲;要是不怕槍砲,便把西洋各國人打退,也是不難的。這種思想本來極為可笑,要是出於愚民,也還可以寬恕他,如今竟出於堂堂當國大臣的口裏,這話便無從說起了。閑話休題。當時這班大臣,便慫恿了慈禧太后,捏造了光緒皇帝的上諭,和西洋各國同時開戰。還叫全國的督撫都殺掉境內的外國人。幸而兩江總督劉坤一、湖廣總督張之洞是個有識見的,聯合了東南各督撫,不奉偽詔。同各國領事訂立了條約,保護東南各省。所以南方不曾牽入這亂事裏。然而北邊幾省,已經鬧得不成個樣子了。燒教堂,殺教士,拆鐵路,斷電線,還叫京城裏頭的兵和著拳匪去攻外國使館。幸而內中也有明白的人,暗屬手下的兵丁不要認真攻擊。所以接連攻了許多天,使館還沒有打破。然而德國的公使克林德、日本公使館裏的書記杉山彬已經給這班亂民殺掉了。到七月裏頭,英吉利、法蘭西、德意志、俄羅斯、奧地利、意大利、美利堅、日本八國的聯軍來了。料道這班拳匪,如何能認真打仗,到這時候,都逃得無影無蹤了。倒害了認真的兵士,安分的百姓,死掉了許多。京城便又失陷了,慈禧太后同光緒皇帝逃到西安。

到這個時候,排外的迷夢醒了。只得再派了李鴻章、王文韶去同八國議和。到光緒二十七年(一九〇一),和約才議定了。賠了各國的兵費一共是四萬五千萬兩,還要派親王大臣到德國、日本去謝罪,准各國駐兵在京城裏保護使館,天津的城垣、大沽口的砲臺都拆毀了,不得再建。庇匪的王大臣還要從重治罪。這便是這一次排外的結局了。當時主張排外的人,現在大都死得骨已腐朽了,只苦的我們國民,把這四萬五千萬兩的銀子負擔在身上,到如今還沒有賠償得完。

第十四章　日俄之戰及朝鮮滅亡

　　庚子這件事情，你道到這樣子就算完結了麼？當李鴻章和俄國人訂結密約，准他建造東省鐵路的時候，還准他沿路駐兵，保護鐵路。到庚子這一年，俄人便藉此爲名，發兵把黑龍江省城攻破了，又占據了奉天、吉林兩省的省城，挾制了奉天將軍和吉林將軍，藉著他的名目去號令他手下的屬員。這時候的東三省，竟同俄國的地方一樣，中國人自然是沒有法子想。然而日本人却是蓄意要侵占東三省的。甲午這一年，奉天省的一半已經到手了，無端給俄國人約會法、德兩國，逼脅他退還了中國，心上如何不恨？便全國上下，一心一力，預備同俄國打仗。到這時候，自然是不能默爾了，便西洋各國也都不以俄國爲然，説他是破壞東洋的平和。俄國人迫於公議，光緒二十八年（一九〇二），只得和中國人訂立了幾條條約。約定了俄國駐紮在東三省的兵，分做三期撤退，每半年爲一期。第一期是照約撤退的，到第二期，便不但没有撤退，反把第一期撤掉的兵調了回來。以後還陸續增加，到第三期撤兵的時候，俄國在東三省的兵，反而更多於前了。日本人到這時候，真是萬難坐視。光緒二十九年（一九〇三），便同俄國開起戰來，中國却宣告了一個中立。有人説笑話，道日本和俄國像是兩個強壯的男人，中國像是一個柔弱的女人。兩個男人爲了這一個柔弱的女人，打起架來，這女人自然只好袖手旁觀了。然而自己的地方，聽憑人家在這裏打仗，自己反而宣告中立，這件事情畢竟是從來没有的。打仗的結果，日本人勝了。俄國人便把東省鐵路的支綫，從長春以下割給日本，這便是現今日本人稱他做南滿洲鐵路的了。還把旅順、大連灣，都轉租給日本人。從前中國置諸度外的庫頁島，本來是日本、俄國兩國人占據了，後來俄國人把日本北邊的千島同他互換，算是全島歸了俄國。到這時候，又把這島的南半邊讓給日本了，在俄國始終是懷他人之慨，也算不得什麼吃虧。然而中國從此以後，一個東三省便算是北半個送給俄國人，南半個送給日本人。到如今，雖説東三省是中國的土地，不過是名目罷了。諸位的

254

親戚朋友,總也有到過東三省的。諸位且問問他看,現在的情形究竟如何?在下也無從細説了。

　　還有朝鮮呢,中國同日本打仗以後,倒也算做獨立國了,便把國號改做一個韓字,還到太廟裏宣誓,立起憲來。然而天下事,總得是要有真心,單是口裏頭説自强、説立憲,總是没有用的。所以名爲獨立,其實實權仍舊在日、俄兩國人手裏。日俄戰後,俄國人也承認日本獨力經營朝鮮了。光緒三十一年(一九〇五),日本人便在韓國設立了一個統監府,把韓國的實權通統收到手裏。韓國人到這時候,才知道靠著日本替自己維新變法,是没有用的。光緒三十三年(一九〇七),便派了兩個人到西洋的萬國和平會裏去,要求現今各强國幫他的忙。然而交涉的事情是勢利不過的,有那一國來幫你的忙呢?這件事情發覺出來,反而被日本人更加束縛得緊了。到宣統二年(一九一〇),就由韓國的皇帝出名下了一道上諭,把韓國合併於日本國。從此以後,世界各國的地圖上,就没有韓國這兩個字了。然而我們却笑不得他,古語道:"兔死狐悲,物傷其類。"我們中國做了朝鮮幾千年的上國,眼睜睜看他滅亡了,不曾能彀救助他,如何還好笑他呢?

第十五章　英兵入西藏

清朝交涉失敗的事情，還有一件便是西藏的事情。這西藏，是在中國的西南邊的，南邊同印度接界。這西藏，地勢最高，四邊都是高山，同人家往來是很不容易的。西藏的人，最信奉的是喇嘛教。這喇嘛教也有新、舊兩派。舊派的衣裳是紅色，所以又叫做紅教；新派的衣裳是黃色，所以又叫做黃教。明朝中葉以前，西藏本是盛行紅教的。到後來黃教得勢，紅教就漸漸的衰微了。西藏地方本是沒有國王的，就是黃教裏頭的兩個高僧，一個叫做達賴喇嘛的，統治前藏的事務；一個叫做班禪喇嘛的，管理後藏的事務。到清朝康熙年間，平定了西藏，便也一仍其舊，不過派一個駐藏大臣駐紮在西藏，監督達賴喇嘛罷了。英國人既得了印度，便想要窺伺西藏。然而清朝初年的舊制，是不許西藏人同別國交接的。英國人也沒有法子想。後來千方百計，要求中國的政府。到光緒十六年（一八九○），到底開了西藏南邊的亞東關，做了商埠。這亞東關，離前藏的首府拉薩，後藏的首府日喀則都很近的。既然開做商埠，英國人就有了一條入藏的路了。然而，俄國人從占據了中央亞細亞之後，他的地方也同西藏很近，也想要窺伺西藏的，便屢次派人到西藏去，誘惑達賴喇嘛。這達賴喇嘛，果然爲其所惑。光緒二十八年（一九○二），派了一個使臣到俄國去，上了俄皇一個護法大皇帝的尊號。英國人聽得大不放心，便趁俄國同日本打仗的時候，發兵逕入西藏，攻破了拉薩。達賴喇嘛逃掉了，英國人逕同西藏的官吏訂結了幾條條約。要賠償英國的兵費二百五十萬盧布，還要添開亞東北邊的江孜，後藏西北方的噶大克做個商埠。這麼一來，又要做日本和朝鮮、法國和安南的故事了。中國政府聽得這個消息，便再三派人去同英國交涉。後來總算是另訂了幾條中英的條約。西藏依舊算是中國的屬土，西藏的官員和英國人訂結的條約也沒有廢掉，不過算是中英的條約承認他才發生効力的。這件事情，雖然沒有大決裂，然而總有些合著俗話所說的掩耳盜鈴。從此以後,西藏人信仰中國的心便日益淡薄。到後來,西藏的達賴喇嘛竟逃到印度去,還費了中國政府許多交涉的手續呢。這是民國時代的話,且待將來再慢慢地講他。

中國地理大勢

前　　言

　　《中國地理大勢》是一九一四至一九一八年間呂思勉先生在中華書局任編輯時撰寫的史地通俗讀物之一,分上、下兩冊,一九一七年二月由中華書局收入"通俗教育叢書"初版發行,至一九二八年二月已印刷到第七版。《中國地理大勢》曾又收入上海古籍出版社"呂思勉文集"《呂著史地通俗讀物四種》(二〇一〇年三月出版),但原書所附的地圖沒有刊印,文字上也有删節。

　　此次我們將《中國地理大勢》收入《呂思勉全集》重印出版,按中華書局的初版本整理校訂。除改正錯字外,行文遣句、概念術語等,均未作改動;地圖按初版本刊印在相關的文字内,删節處也恢復補全。原書的年號紀年仍沿用不改,僅在括弧中標出公元年份,以方便讀者的閱讀。

李永圻　張耕華

二〇一四年八月

目　　録

第一章　總　論

　　諸君，我們不都是中國的國民麼？現今世界上，有一句話説得好，道："國民者，國家之主人翁。"這樣説來，我們便都是中國的主人了。我倒有一句話，請問諸位。譬如諸位家裏有了很大的房屋，很多的田地，這個自然是很好的產業了。然而這一所房屋，究竟坐落在什麼地方？一共有多少間？有些什麼用處？這許多田地，究竟在住宅的哪一面？一共有多少畝？好種些什麼東西？諸位却茫然不知。這個還好算得這產業的主人麼？這產業，還保守得住麼？咳！我們做了中國的國民，然而中國的地理却茫然不知，就有些像那不知產業的主人了。現今世界和從前不同，件件事情，都要靠自己挣扎的，不能單靠著政府裏頭幾位官員。我們大多數的國民，都這樣模模糊糊的，這國家還保守得住麼？

第二章　本部十八省

我們中國人向來有句口頭話，道是"天下十八省"。這句話，實在是弄錯了的。單是中國的地方，固然不能算得天下，就中國也不止十八省。照現在的制度說起來，行直省制度的地方，十八省之外，還有四省，都是一省裏頭，分做好幾道，一道裏頭，再分做許多縣的。還有那不用直省制度的地方呢。然而十八省這三個字，也不能算錯。爲什麼呢？行直省制度的，本來是十八省最早，其餘地方，都是後來纔改的。況且這十八省的地方，入中國的版圖也最早。所以就講地理的人，也把十八省地方提出來，另外算做一區，喚做本部十八省。這本部兩個字，卻比天下兩個字通得多了。

本部十八省的名字，諒來諸位都知道的，也不必在下一一背出來了。但是要講本部十八省的形勢，就先要知道十八省裏的山脈、河流。什麼叫做山脈、河流呢？山脈，便是許多的山相連不斷，像是有個脈絡貫穿在裏頭的。河流，便是我們眼前常看見的河了。大而至於黃河、長江，一瀉千里，小而至於眼前看見的小水，都可以叫做河流的。這小山脈、小河流，在地理上固然沒有什麼影響。至於大山脈、大河流，卻是很有關係的。山脈的兩面，氣候可以不同，物產也就各異。而且山脈多的地方，一定是崎嶇險阻，同別處地方往來，很是不便的。這地方的百姓，就多終身住在家裏，看守田園，不大出門。至於河流多的地方，要到別處去，只銷駕著一葉扁舟。有一個人掌了舵，幾個人搖搖櫓，或是拉拉縴，撐撐篙子。就幾十個人，幾千斤重的東西，都載在上頭了，真是毫不費力的。所以這種地方的人，一定同別處地方，往來得很是親密。我們一個人的性質，本來沒有一定的，都是跟著所處的境遇改變。山地的人，同水鄉的人，境遇既種種不同，性質自然也是各別的了。所以深通地理的人，不必各處地方都要親到，只須看看地圖上頭所畫的形勢，就知道那一處地方的情形是怎樣的了。這個確不是騙人的。咳！諸君，地理的學問大得很呢！固然不止這一點。然而即此一端，也就見得講究地理，是件極有趣味的事情了。

　　本部十八省的山脈，一共可以分做三支：北邊一支，叫做陰山。中間一支，叫做北嶺。南邊一支，叫做南嶺。都是從本部十八省的西邊起，到東邊靠近海岸纔住的。算起來，都有好幾千里長。古人説得好："兩山之間必有水，兩水之間必有山。"我們中國既然有這種大的山脈，一定是有大的河流。果然，陰山和北嶺的中間，就有了黄河。南北二嶺的中間，就有了長江。南嶺的南邊，還有一條大水，叫做粤江。

　　諸君，這山脈是個阻礙交通的東西，河流是個幫助交通的東西。在下方纔不是説過的麽。所以一個國裏，要是山脈河流，是向横裏頭走的，這一國的國民，一定是東西的交通很爲熱鬧，南北的交通很是冷落。要是山脈河流是向豎裏頭走的，這一國的國民，一定東西的交通很爲冷落，南北的交通很爲熱鬧。爲什麼呢？河流同山脈的方向，總是相同的。順著河流走，就是順著山脈走。既可以坐著船，不必定要走旱路。就走旱路，也不過是在平地上走，不消得爬山越嶺。要是山脈河流的方向是横的，我們却要從南向北；山脈河流的方向是豎的，我們偏要從東向西，就非但没有船坐，而且還要爬山了。

　　我們中國的山脈河流，都是横走的。我們中國的國民，就一定東西的往來熱鬧，南北的往來冷落了。地理的形勢，百姓的性質，都是横裏頭説起來就相像，豎裏頭説起來就不同的。所以講地理的人，就順著黄河、長江、粤江三條大水經流的地方，把本部十八省，分做三個流域：北邊六省叫做黄河流域，中間七省叫做長江流域，南邊五省叫做粤江流域。

第三章　黃河流域

我現在便先從黃河流域説起。這黃河流域一共是六省。最東北邊的一省，叫做直隸省。直隸省的南邊，就是山東省。西邊就是山西省。直隸、山西兩省的南邊，山東省的西邊，是河南省。河南、山西兩省的西邊，是陝西省。陝西省的西邊，是甘肅省。

我們中國的京城，喚做京兆。京兆尹所管轄的，一共有二十縣，是獨立在各直省之外的。京兆地方，北邊靠近長城，東西南三面都同直隸省接界。

中國的京城，就是北方六省鐵路的中心點。有一支鐵路，西南向河南走的，造一座很大的鐵橋渡過黃河，經過河南省城西邊的鄭縣，從鄭縣再向南，一直到湖北省的漢口，這個叫做京漢鐵路。又有一條鐵路，從京城裏，望東南到天津，從天津再向東北，到山海關，出了山海關，一直向東北去，便到奉天省城了，這一條叫做關內外鐵路。還有一條從京城裏向西北去的，出居庸關，到張家口，叫做京張鐵路。這京城本是七百多年的舊都，金朝、元朝、明朝、清朝都建都在這裏的，現在又有許多鐵路聚集於此，四面八方的人，都聚攏到這裏來，這繁華熱鬧，自然是不必説了。

京城東南的天津（從前是個府城，現在府和直隸州散州的制度，都廢掉了。道以下，一概叫做縣。下文同從前府名相同的地方，都是如此），便是現在的直隸省城，也是個很緊要的地方。這直隸省裏，有一條大河，總名叫做白河。他的上源，有好幾支，也有從長城外邊來的，也有從山西省裏來的，還有山東省裏的運河，合著河南省裏的衛河，都聚會到天津城的北邊來。從這地方，流向東南入海。入海的口子，便叫做大沽口。所以天津這地方，無論到海裏去，到京城東邊的通縣去（從前叫做通州，我們因爲江蘇省裏也有個通州，大家都叫他做北通州的），到從前直隸的省城清苑縣去（從前的保定府），到直隸西邊的正定縣去（從前的正定府），到山東的德縣（從前的德州）同臨清縣去（從前的臨清州），到河南的道口鎮去，都是走得通船的。這許多地方的貨物，都要沿著水,聚集到天津來,不必說了,就是北方六省的貨物,要是運出海口,也總得到天津來的。我們中國,本來是東西的交通容易,南北的交通困難。不但和外國人通商,要從海口裏出進,便是黄河流域的貨物,搬運到長江同粵江流域去,長江和粵江流域的貨物,搬運到黄河流域來,也得從海口裏出進的。而且還不止此。就是蒙古同新疆、青海的貨物,要是銷到外國和長江、粵江兩流域去,長江、粵江兩流域和外國的貨物,要銷到蒙古、新疆、青海來,也得從天津出進的。你想,這天津進出口的貨物還了得麼!所以每一年間,總算起來他的價值總得在幾千萬兩左右。這地方上的繁華富庶,自然也不銷說得了。只有一件事情,却是很傷心的。你道是什麼事情呢?便是天津這個地方是沒有城的。諸君聽了這話,一定要好笑,道這城,是從前沒有礮火的時候,借他來防土匪的。到了現在,世界各國的礮火,一天精似一天,要是打起仗來,就有了城也是沒有用處,徒然阻礙著交通不便,市面振興不起來,還要他做什麼呢?這話固然不錯。然而要是我們自己爲了振興市面起見,折掉了城,這件事情固然是好的。要是給人家把城打掉了,還要禁止我們不許再造,這件事情,就很難以爲情了。我們天津的城,你道是怎麼沒有了的?就是清朝光緒二十六年(一九〇〇)給八國聯軍打掉的。事後講和,便把這天津城垣不許再造的話,列入於條約之中了。還有大沽口的礮臺,也是如此的。你道難以爲情不難以爲情呢?

　　天津這地方也有一條鐵路,可以走到南邊去的。這條鐵路,是從天津向南經過山東省,到江蘇的浦口去的,所以叫做津浦鐵路。沿著這一條鐵路,熱鬧的地方多得很呢。從天津向南,第一便是山東省城(歷城縣從前的濟南府)。從山東省城再向南,便是泰安縣(從前是府)。我們常說的東嶽泰山,就在這一縣北邊。從泰安縣再向南,便是滋陽縣(從前的兗州府)。滋陽縣的東邊,有一縣叫做曲阜,就是孔夫子的家鄉。城裏有個闕里,是孔夫子住的地方。城外有個孔林,就是孔夫子的墳墓。歷代的古蹟是很多的,諸君要是喜歡遊玩,很可以去瞻仰瞻仰。

　　咳!諸君,說起山東來,傷心的事情多得很呢。山東省的東北邊,有一個軍港叫做威海衛。從前本是經營得很好的,同奉天省的旅順,都算是北洋著名的軍港。南岸還有一個膠州灣,雖然並沒有去經營他,論起形勢來也是很好的。如今膠州灣給德國人租借去了,威海衛給英國人租借去了。德國人還造了一條鐵路,從膠州灣直達山東省城,叫做膠濟鐵路。這膠州灣在我們手裏的時候,是荒涼得很的。從德國人租借之後,件件事情都竭力經營,把灣裏頭一處地方，叫做青島的，開做一個商埠，他的商務便蒸蒸日上。威海衛的西邊，還有一個商埠叫做煙臺，商務本來很盛的，從青島興旺以後，煙臺就漸漸的衰微了。前年西洋各國開戰，日本人藉口同英國人是同盟，也同德國宣戰，把個膠州灣硬占了去，這件事情究竟如何，到如今還未曾有個下落。

直隸省的西邊，便是山西省。這山西省，地勢是很高的。他的東邊，有一支山脈叫做太行山脈，乃是個陰山山脈的分支，就把這山脈來同直隸省分界。諸君！山脈這樣東西，是同地方上下雨的多少很有關係的。為什麼呢？古人說得好："雲騰致雨。"這雨，原是雲變的。為什麼雲會變雨呢？咳！諸君，你們不看那鍋蓋上頭的水滴麼？水這樣東西，把他煮熱了，便可以變做汽。做了汽之後，再冷掉了，還可以變做水的。下雨的道理，就同這個道理是一樣。地面上的水，給太陽曬熱了，變做汽，升到空中去就是雲，雲再冷掉了，變做水滴落下來，就是雨。所以下雨多的地方，他的空氣一定很濕潤的。然而濕潤的空氣，却從什麼地方來呢？那一定要從有水的地方來了。諸君，你們看這直隸、山西兩省。一省是沿海的，那西邊却有很高的山脈，從東邊海裏頭來的濕潤的空氣都給他遮住了，不得到西邊去，變做雨，便都要落在山脈的東邊。你道這直隸省還能不多雨麼？山西省呢，他的西南北三面也都是陸地，而且這陸地上水是很少的。要是望雨，也只望他從東邊一面來。然而他的東邊，却給這一支太行山脈障住了。海裏頭濕潤的空氣，都不得過來，這還能不少雨麼？所以直隸一省，時常要鬧水荒。山西一省，時常要鬧旱荒。但這個，也不是什麼沒有法子想的事情。總怪我們的治水，不得其法。要是治水得了法，水旱都可以不怕的。

山西省城叫做陽曲縣（從前的太原府），有一條鐵路通到直隸省的正定縣（從前是府），同京漢鐵路相接，叫做正太鐵路。這一種鐵路，便是所謂支路了。像京漢鐵路這樣子的路，就叫做幹路。從陽曲縣向北，過了雁門關，就可以到大同縣的。從大同再向北，就到蒙古了。山西省的西南，有一縣叫做永濟（從前的蒲州府），是個黃河過渡之處，古來就很有名的。渡過河，便是陝西地界。現在山西人打算造一條鐵路，從大同到陽曲，再沿著汾水到永濟，叫做同蒲鐵路，還沒有造成。

山西人的性質是很勤儉的，而且很長於經商。你看中國各處，要是熱鬧一點的地方，哪一處不有山西的票號？銀行、錢莊這一類的生意，本來是最難做的，山西人竟做得穩穩當當，二三百年來，沒有出過什麼亂子，就可以見得他經商的才具是不壞了。而且還不止此。就是蒙古、新疆、東三省這許多地方,做買賣的也是山西人最多。從正定縣坐了火車,一直往南,就可以到河南省的。這河南省的省城叫做開封縣(從前是府),是個著名的帝王之都,從前宋朝的趙匡胤,就是建都在這裏的。從開封向東,已經有鐵路可以通到江蘇的銅山縣(從前的徐州府)。向西,也將近通到潼關。將來還打算向西造到甘肅省,向東造到江蘇省東海縣(從前的海州)的海口呢。這條鐵路,叫做隴秦豫海鐵路。要是造成了,倒也是貫通東西的一條大幹綫。開封縣的南邊,還有一條河,叫做賈魯河。從這河裏坐船,可以到周家口。從周家口再走潁水,便可以到安徽去的。這開封同他西邊的鄭縣,以及周家口,都算是熱鬧的地方。

從開封坐火車往西,經過洛陽,再往西,進了潼關,便是陝西省了。陝西省的省城叫做長安(從前的西安府),是漢唐兩朝的都城。他東邊的潼關,一邊是黃河,一邊是華山,形勢是很險峻的。從長安向南,到南鄭縣(從前的漢中府)。再向南,便到四川。這條路又是很難走的,往往山路不通之處,還要架著木頭,把他聯接起來,這個便叫做棧道。所以陝西省古來算個最險的地方。然而現今世界,最要緊的是交通便利。一定要交通便利了,產業纔能彀發達,文化纔能彀進步。這許多險峻的形勢,都用不著的了。這種地方,我們總要希望他通統造成了鐵路纔好。

從陝西向西去,便到甘肅省。甘肅省的省城叫做皋蘭縣(從前的蘭州府),是個很緊要的地方。從皋蘭縣向西北,出嘉峪關,到安西縣(從前是直隸州)。再西北出猩猩峽,便是新疆省了。從皋蘭向西,到西寧。再往西南,就是青海。這新疆是同俄國接界的。青海的南邊,便是西藏,是同英國接界的。這許多沿邊的地方,兵備財賦,比不得內地的充足,形勢却很關緊要。同這種沿邊地方接界,可以做他後援的地方,那形勢自然也是緊要的了。

黃河流域六省百姓的性質,是很勇敢而且很樸實的,所以古人說:"燕趙多慷慨悲歌之士。"從歷史上論起來,黃河流域的文化,也開得最早。只因爲中國向來不知道造鐵路的法子,這交通是全靠著天然的水路的,而且中國大多數人,都是以農爲業,農田這樣東西,也是要靠水來灌溉的,黃河流域的水利,却不如長江流域,所以千年以來,黃河流域的富庶同文化,也不如長江流域了。然而這黃河流域的大利,却是無窮的。他們種植的是高粱、粟、麥,蓄養的是驢、馬、牛、羊,不必說他了。就是煤、鐵這兩種礦,已經足以叫將來的中國,變做第一等富國。咳!諸君,你道現在的外國人爲什麼發財?中國人爲什麼窮苦呢?這個大原因,就在這煤、鐵上頭。爲什麼呢?現在製造東西,不都要講究用機器麼？機器製造出來的東西，快而且好，而且成本輕。人工製造的東西，壞而且慢，而且成本重。還有許多人工做不來的事情，非得機器不能做的。現在外國的東西，差不多都是用機器做。中國的東西，還都是用人工做。所以有許多東西，價錢既大，而且還不很適用。洋貨一進來，本國貨就沒有生意了。然而機器這樣東西，却是拿鐵做的，而且還得有了煤，纔能彀叫他動，所以煤鐵這兩樣東西，又是機器的根本。現今世界上，講究財政的人，有一句公共的話。說道有煤鐵的國，就有做富國的資格，沒有煤鐵的國，就沒有做富國的資格。那英吉利同德意志，所以發財，就是靠著這兩樣東西了。那麼，我們中國的煤鐵礦，是怎麼樣呢？這個不必說全國，就單說黃河流域，還不必說黃河流域六省，就單說山西一省所出的煤，已經足够全世界上二千年的用了。所出的鐵，也配他得過的。你道我們中國，有做富國的資格、沒有做富國的資格呢？只可惜家產雖多，都是埋藏在地下的，不能彀拿出來使用，就和窮人一樣。

第四章　長江流域

　　黃河流域的地方，已經大略說過了。如今便要說到長江流域。這長江流域，一共是七省。最東邊的一省，是江蘇省。往西，是安徽省。再往西，是湖北省。再往西，是四川省。湖北省的南邊，是湖南省。湖南省的東邊，是江西省。江西省再往東，便是浙江省。這四川、湖南、湖北、江西、安徽、江蘇六省，長江都是經流過的。只有浙江，長江却沒有經過。然而浙江省裏有一條大水，就叫做浙江，也叫做錢塘江的。因爲中間有一條運河，可以同長江相通，浙江同江蘇，往來得很是親密，地方上頭的情形，也很相像的，所以就把他合著其餘六省，都算做長江流域。

　　長江流域的情形，和黃河流域大不相同。黃河流域是個平原曠莽，走了幾百里路，可以不看見水路的。就有水路，可以走船的也很少。至於長江流域，却差不多處處都有水路。小的水路且不論，這一支長江，從江蘇省的上海，到四川省的宜賓（從前的敍州府），水路就有六千三百里長。從湖北的宜昌縣以下，三千六百三十里，可以走大輪船的。長江兩岸支流，大的都有一千多里長，走得通船的，也總在一千里左右。這交通的便利，比起黃河流域來，不是大相懸殊了麽。加之氣候又好，土性又肥，所以長江流域的繁華，就遠非黃河流域所及了。現在且從這長江的下流上海地方說起。

　　這上海，是江蘇省的一個屬縣。在長江的南邊，黃浦江沿岸的，是全國第一個通商港。別處地方的商務，總沒有及得上海的。爲什麼呢？就是我起先說天津的這個道理了。黃河流域進出口的貨物，都要到天津會集，長江流域進出口的貨物，自然都要到上海聚集。長江流域的富庶，既然是全國第一，進出口的貨物，自然比別處多得許多了。上海地方，是個著名繁華的。但是我們的意思，是要明白中國地理的大勢，不是要注重玩耍，這許多繁華的情形，可以不必細說他。

　　從上海向西，坐長江輪船可以一直到江寧（江寧是明朝的南京，所以現在大家都還稱他做南京。其實現在中國的京城，只有一個，並沒有南北之分的）。還有一條鐵路叫做滬寧鐵路，也是從上海到江寧的。這江寧，便是個江蘇的省城，地方也很熱鬧。對岸的浦口，便是津浦鐵路的起點了。從江寧坐了長江輪船，就可以到安徽省。安徽省裏，最熱鬧的地方，叫做蕪湖，是個沿江著名的米市。從蕪湖再上去，便到安徽的省城懷寧縣（從前的安慶府）。懷寧雖然是個省城，商務却是有限的，所以也比不上蕪湖那麼熱鬧。從懷寧再向西，便是江西省的九江縣了（從前是府）。

九江地方，靠近鄱陽湖入江的口子。這鄱陽湖，是個聚集了江西全省的水，去入長江的。其中最大的一支水叫做贛江，從江西省的南邊，直流到江西省的北邊。他的兩岸，還有許多支流。江西省裏的貨物，要到長江裏頭去的，便都沿著這些水路聚攏到九江來，所以這九江地方也很熱鬧。從九江再往南，就是江西的省城南昌縣了。南昌縣的南邊，有一個大鎮叫做樟樹鎮，是個藥材聚集的地方，北邊也有個大鎮叫做吳城鎮，是個木材聚集的地方，都很熱鬧的。從南昌沿著贛江上去，要走過峽江縣、廬陵縣（從前的吉安府）、萬安縣才得到贛縣。這裏頭，贛江的水路很是難走的，然而風景却是很好。從贛縣向西南，到大庾縣（從前的南安府）。走過大庾嶺，就到廣東省了。

江西省裏，還有兩處著名的地方。一處是浮梁縣屬的景德鎮，是出產瓷器的。瓷色之好，世界上頭推爲第一。現在全鎮上頭燒瓷的窰，有九十九座，所用的工人有三十萬人。一處是萍鄉縣，有個著名的煤鑛，已經開採了。和湖北漢陽的鐵廠，大冶的煤鑛，合攏了組織了一個公司，就叫做漢冶萍煤鐵鑛廠公司。中國人自鍊鋼鐵的機關，就只這一處。這兩處地方，要算是新舊工業的兩個都會了。還有貴溪縣的龍虎山，便是大家說他會拿妖捉怪的張真人住的。

從九江坐了長江輪船，再上去，就到湖北的漢口。漢口的對面，便是湖北的省城武昌了（從前是府）。這武昌漢口，剛剛在本部十八省的中心。東西的水路，南北的旱路，都聚會到這地方的。論起他的形勢來，是全國莫與倫比的了。所以漢口地方，就做了全國貿易聚會之處。不但中國人自己的買賣，要聚會到這地方來，就同外國人做的交易也不少。那銷入俄國的茶，就是大宗了。漢口這個名字，因著此地是漢水入江之口得的。這漢水，便是長江北岸的大支流。他的航路也很長。從漢口坐了船，可以直到襄陽（從前是府）西北的老河口。老河口以上，換了小船，還可以到陝西的漢中縣呢。陝西一帶的貨物，沿著這條路來的不少，所以這襄陽地方，也很熱鬧。要是從漢口坐了長江輪船，再上去，就可以到湖南的岳陽縣的（從前的岳州府）。

　　岳陽的形勢，同九江很爲相像。九江是近鄱陽湖的口子，岳陽是近洞庭湖的口子。這洞庭湖，周圍有八百里，也是聚集湖南全省的水入江的。所以岳陽的形勢，也是個湖南全省的門戶。

　　入洞庭湖的水，大的有好幾支，最大的是湘江和沅江。湖南省城長沙（從前是府），就在這湘江沿岸。長沙的形勢，也和南昌很相像。他的南邊，有個湘潭縣，是個著名的藥市。北邊有個蘆陵潭，是湖南木材所聚。也很像江西的吳城鎮同樟樹鎮。從湘潭沿著湘江上去，可以到衡陽縣（從前的衡州府）。南嶽衡山，就在這一縣北邊。再上去，水路可以到廣西，旱路可以到廣東，這便是粵漢鐵路的路綫了。沅水沿岸，最熱鬧的是常德縣（從前是府）。沿著沅水，便可以到貴州去。

　　從岳陽坐了長江輪船，再上去，就到湖北的宜昌（從前是府）。宜昌以上，大輪船走不通了。從宜昌到四川的奉節縣（從前的夔州府），這一段江路，叫做三峽。兩岸都是高山，除掉子時同午時，看不見太陽同月亮的。江裏頭處處都是險灘，江水的勢頭，極其洶涌。從上水走下水，要是順風，一天工夫，就可以從奉節到宜昌。從下水走上水，要用許多人拉縴，還是一天走不過幾十里。在這一段江裏行走的船，通扯計算起來，十隻裏頭，每年總有一隻要沈没的。也可以算得一條險路了。現在幸而有一種吃水很淺的輪船，在這一段江裏航行，然而運費畢竟很貴。所以川漢這一條鐵路，是很緊要的。

　　從奉節以上，長江沿岸還有三處熱鬧的地方：一處是巴縣（從前的重慶府），一處是瀘縣（從前是直隸州），一處是宜賓縣（從前的敍州府）。原來四川省中有兩條大水，東邊的叫做嘉陵江，西邊的叫做岷江。岷江在四川省城附近，又分洩出許多支渠來。這許多支渠，又合併做一支叫做沱江。岷江是在宜賓縣入長江的，沱江在瀘縣入長江，嘉陵江在巴縣入長江。所以這三處地方，都是個商務聚集之處。其中要算巴縣最爲繁華，四川全省和雲南、甘肅的一部分，遠而至於西藏地方的貨物，都聚集於此的，所以商務很爲興盛。除掉上海、漢口之外，沿江的商埠是没有比得上巴縣的了。

　　四川是個多山的省份，省裏頭不論什麼地方，抬起頭來，總看得見山的。只有四川的省城成都縣（從前是府）附近，却很爲平坦。這一帶正是岷江分流做沱江的地方，水路一共有幾十條，田土的肥沃，是全國第一。從前成都府屬十八州縣，户口的稠密，是世界上號爲人口最稠密的比利時國，也勝不得他。

　　嘉陵江流域，還有一處緊要的地方叫做閬中（從前的保寧府）。從此北出劍閣（從前的劍州），走廣元縣，就可以走棧道，到漢中去。所以閬中這地方就是川東的門户。

諸君，我現在已經把一條長江，從靠近海口的上海，到他航路盡頭的宜賓，沿岸緊要的地方，同他這許多大支流沿岸緊要的地方，大略説過了。這長江流域七省的形勢，可以算得明白了麽？還没有呢，還有一條運河，要同諸位講講。

這一條運河，是把人力來開成的河。同長江、黄河天然生成的不同。所以長江黄河都是横行的，這一條運河却是貫通南北。從直隸省的天津起，到浙江省的杭縣止（從前的杭州府），一共有二千五百里長，也可以算得一件有名的工程。惜乎從淮河以北，已經淤塞許多，只有從山東省的臨清縣，到直隸省的天津縣，航行還是通暢的。其餘的地方，就都不大通暢。淮河以南，情形却又不同。從江蘇省的淮陰縣（從前的清河縣，大家都叫他做清江浦的），可以一直到江都縣（從前的揚州府）。渡過江，從丹徒起（從前的鎮江府），經過武進（從前的常州府）、無錫、吴縣（從前的蘇州府），到浙江的嘉興縣（從前是府）。再向南，便到杭縣，同錢塘江相接了。從丹徒到杭縣，水路一共八百里，真是波平如鏡。這一帶地方，又靠近太湖，地勢平坦，兩岸都是些平疇綠野，所以又叫做八百里平江。這吴縣，從前也是江蘇省的省城。杭縣，就是現今的浙江省城。俗話説，上有天堂，下有蘇杭。聽這八個字，那一種繁華富庶的情形，就不問可知了。錢塘江的下流，潮勢最大。八月十八觀潮，相傳算個勝景。然而因此之故，錢塘江下流，就不能行船。一切貨物，都是到了杭縣，再從水路，運到上海去出口的。所以浙江這一省，也可以算在長江流域裏。

浙江省裏沿海的口岸，最興盛的，就要推鄞縣（從前的寧波府）。鄞縣的附近，海岸綫最爲灣曲，港灣是很多的。而且他的附近，就是舟山羣島，島嶼也是很多。從這地方航海，是很容易的。所以鄞縣地方的人，冒險性質最爲發達，經商的才具也很長的。我們中國人的商才，陸路要推山西人，沿海就要推鄞縣人同廣東人了。紹興地方，同鄞縣相近，所以紹興人的性質，也同鄞縣人相像。從天台以南，沿海一帶的風氣，就很强悍了。然而這種人，募他來當海軍，却是好的。

長江、黄河兩條大水的中間，還有一條淮水。這淮水，本來也是入海的。後來黄河改道南流，奪了他的路入海。到清朝咸豐五年（一八五五），黄河又決了口，到山東去入海了。這淮河入海的路，却給他帶來的泥沙淤塞了。從此以後，淮河全河的水，就通統注入洪澤湖，從洪澤湖再入運河。所以這一條運河，淮以北雖然淤塞，淮以南是依然通暢的。然而這一條淮河的水，本來很大，加之兩岸又有許多支流，一個洪澤湖，畢竟容納不下，往往要泛溢出來，所以沿淮州縣，時時要鬧水荒。然而這一條淮河，在交通上頭，利益却是不小。從清江浦到五河縣，進洪澤湖。出了湖，再沿淮水而上，到壽縣（從前的壽州）西邊的正陽關。從正陽關再走潁水，到河南的周家口。一共一千三百六十五里，都是走得通船的。河南的貨物，從這條路到江蘇、安徽來的不少，所以正陽關、五河縣、清江浦，也都是個熱鬧的地方。要是能把淮河的下流疏通了，那用處還要大呢。

　　長江流域七省緊要的地方，大略都已講過了。今再講講長江流域的氣候。這長江流域的氣候，却和黃河流域不同。黃河流域乾燥，長江流域却雨澤均調。黃河流域有時苦於寒冷，長江流域却終歲溫和。所以長江流域的物產，也就很爲豐富。所產的稻米，不是我們靠著他養命的第一件東西麼？這長江流域就出產得很多。還有茶呢、蠶絲呢、棉花呢、麻呢，都是日用很緊要的東西，長江流域也出產不少。所以什麼紬緞、棉布、夏布，也是長江流域所出的最爲著名。我們和外國通商，向來把絲茶兩種算做大宗貿易，也大半是出在長江流域的了。至於礦產，也是各種都有的，豐富的情形，也不讓黃河流域。所以外國人都說長江是中國的功德水。這句話，却也不是過譽了。長江流域的百姓，性質是很溫和的。論起中國現在的文化來，也要算長江流域最爲發達。

第五章　粵江流域

　　粵江流域一共五省，是廣東、廣西、雲南、貴州、福建。這一支粵江，說起來算有東江、北江、西江三支上源。然而東江、北江，比西江小得許多。西江又有黔江、鬱江、桂江三支上源。桂江又比黔、鬱二江小得許多。真正的上源，不過是黔、鬱二江罷了。黔、鬱二江，都發源在雲南省。黔江經過貴州到廣西，鬱江是直到廣西的，會合了到廣東去入海。福建一省，是粵江沒有經過的。然而他的情形，很同廣東相像，所以也把他算在粵江流域裏。

　　福建省裏有一條閩江，閩江下流是在福建省城閩侯縣（從前的福州府）南邊入海的。閩江的北岸，有一處地方叫做馬尾。馬尾地方，有一個船政局。閩江的兩岸，還有很險固的礮臺。中國從前所經營的軍港，沒有給人家占去的，只有這一處了。從閩侯沿海向北，就是浙江省的永嘉縣（從前的溫州府）。再北，就是鄞縣了。從閩侯向南，就到福建省裏的廈門。這廈門，在圍頭灣裏的小島上，縣名叫做思明。地方雖然小，商務倒很大呢。原來這廈門，東南和臺灣，西南和南洋羣島，相去都很近的。南洋羣島的華僑，也是很多的。有許多飲食服用的東西，還是要用中國貨，就都從廈門販運出去。這一筆生意，倒也不小呢。然而廈門這一個口岸出口的中國貨，畢竟敵不過進口的洋貨。算起來，每年總要差一千多萬兩呢。不但廈門，就是廈門西邊，廣東省裏的汕頭，也是如此的。照這樣說來，廈門、汕頭兩處，每年就要匯一千多萬兩銀子出去了。然而福建、廣東兩省，出洋謀生的同胞很多，有到臺灣的，有到南洋羣島的。他們在外邊，或是做工，或是做商，辛辛苦苦賺了許多錢，真是一文也不肯浪費的，都積聚了匯到中國來。這數目，一年也總要千多萬。所以廈門、汕頭兩口，雖然進口貨多出口貨少，中國人應給外國人的貨價，比外國人應給中國人的多，然而並不至於匯劃不轉，就是這個道理。

　　從汕頭再往西，就是廣東省城番禺縣了（從前的廣州府）。這番禺，就是個粵江入海的口子。粵江流域的貨物，都要聚集於此，自然是不消說。然而說起廣東沿海的情形來，又是傷心得很呢！番禺的南邊，有兩個半島。東邊的叫做九龍半島，西邊的叫做香山半島。九龍半島的南邊，還有一個島叫做香港。這香港，因爲道光二十二年（一八四二），中國人要禁鴉片煙，英國人不答應，便開起戰來，中國人打了敗仗，割給英國了。九龍半島，後來也就租給英國人。香山半島的南邊，就是澳門，是明朝嘉靖四十二年（一五六三），租給葡萄牙人的。當時不過是租給他居住，就同現在的租界是差不多的性質。到光緒十三年（一八八七），就立約割讓給葡國人了。西南還有一個廣州灣，是德國人租借了膠州灣之後，法國人也援例租借去的。

從番禺坐了大輪船，從粵江裏頭，向西航去，便可以到廣西的蒼梧（從前的梧州府）。這蒼梧，是個廣西、雲、貴貨物聚集的地方，商務興盛，自不必說。從蒼梧沿著桂江上去，坐帆船可以到從前省城桂林縣的（從前是府）。這桂林，是個廣西省裏陸路通湖南省的地方。從前沒有輪船的時候，海裏頭的交通不大便利，從北邊到南邊，總得要走旱路的。所以把個省城設在桂林，取其呼應靈通的意思。現在的情形，却不是這麼樣了。現在廣西最重要的，就是邊防。邊防最吃緊的，就是邕寧（從前的南寧府）、龍州（從前是散州）一帶。原來廣西的西南邊，是同安南國接界的。這安南，本來也是中國的屬國，後來給法國人滅掉了。中國同安南界上有一座關，叫做鎮南關。從鎮南關進來，便是龍州。從龍州再向東，就是邕寧縣了。從前安南國進來朝貢，就是走一條路的。所以這邕寧、龍州，都是個邊防緊要的去處。這邕寧，又在鬱江沿岸，從此順流而下，到黔、鬱二江會流的桂平縣（從前的潯州府），再下去，到蒼梧縣，都能通輪船的，要算是個呼應靈通的地方了，所以現在就把省會，移設在邕寧。

本部十八省和外國接界的，是雲南、廣西兩省。廣西省接界的，是越南國。雲南省所界的，是越南、緬甸兩國。雲南的省城，叫做昆明縣（從前的雲南府）。有一條鐵路，直通到越南去的，叫做滇越鐵路。這一條鐵路，本是法國人代中國造的。若說是爲商務起見，沿鐵路就用不著駐兵，然而法國人却沿著這一條鐵路，造了許多兵房，還造了一種什麼碉樓，在上頭可以施放槍礮的。你道這是什麼意思呢？沿著這條鐵路，有兩處陸路的通商埠，一處叫做蒙自，一處叫做河口。這河口，就是中國同法國的交界了。

從雲南省城向西去，就可以到大理。這大理，也是個很著名的地方。從前雲南省裏有一個大理國，就建都在此地的。從大理再向西南，就可以到騰衝（從前的騰越廳）。從騰衝再向西南，就可以到緬甸國了。現在英國人，也打算造一條鐵路，從緬甸通到雲南省裏來，經過騰衝、大理，直達昆明，叫做滇緬鐵路。却還没有動工呢。雲南的西南邊，還有一縣叫做思茅，也是個同緬甸國陸路通商的地方。

咳！諸君，儻使法國人要來侵犯雲南，從越南發兵，沿著滇越鐵路來，只消三天就可以到昆明城外了。我們内地同雲南的交通却是怎樣呢？從腹地到雲南，走湖南、貴州，算是一條大路。我且把貴州省的情形，講給諸位聽聽。這貴州，是個偏僻的省份。全省都是山地，同别一省交通，很是不便的。貴州的省城叫做貴陽縣（從前是府），大略在全省的中間。從貴陽向東到鎮遠（從前是府），向西到昆明，都是要走旱路的。從鎮遠以下，却可以走水路到湖南。然而這一條沅江，是個灘多路險，航行起來很不方便的。從鎮遠到貴陽，更其一路是山。從前走這條路的人，有兩句話形容得他好，道"上山譬如升天，下山就是入井"。這一種險阻的情形，也就可以見得了。從貴陽到鎮遠，旱路就有四百五十里。到昆明，是一千零九十里。從鎮遠到湖南的常德縣，水路還有一千二百多里。走起來，非得一兩個月不行。你想雲南要是有事情，我們内地還能呼應得靈麼？

以上所説的，是從雲南、貴州到長江流域的旱路。若説廣東、廣西兩省，到北邊幾省去，著名的旱路，也有好幾條。一條便是我先前説的，從廣東的南雄縣，過大庾嶺，到江西的大庾縣去的這一條路了。一條是從廣東的曲江縣（從前的韶州府），到湖南的郴縣去的。這一條路，便是現在粵漢鐵路的路綫。還有一條路，就是從廣西省城到湘南的零陵縣去的（從前的永州府）。這一支南嶺山脈，從廣西省城北邊起，到江西大庾縣的南邊止，本來有個名目，叫做五嶺。這五嶺，便是從嶺南到嶺北去的五條大路了。方才所説的三條路，就都是要穿過這五嶺的。還有福建一省，也在這南嶺山脈的南邊，從福建省到嶺北去的路，最著名的有兩條。一條是從光澤縣，過杉嶺，到江西的南城縣去的（從前的建昌府）。一條是從浦城縣，過楓嶺，到浙江的江山縣去的。從江山縣穿過仙霞嶺，又可以到江西的上饒縣去（從前的廣信府）。這都是南嶺山脈上的山路，很不好走的，所以南幾省同北方諸省的交通，就不很發達。黄河、長江、粵江三個流域，要算是粵江流域開化得最遲了。

然而粵江流域的地理，却也是很爲有望的。長江流域，同黄河流域，都是一年分爲春、夏、秋、冬四季。至於粵江流域，却和熱帶相去最近。而且他的南邊，有一小部分已入於熱帶之中。春、夏、秋、冬四季，就有些不大分明。即如廣東地方，就是終年不看見雪的。穿件薄棉衣裳，就可以過冬。比起江河兩流域來,只算是没有冬季。至於雨水,却是很多的。大概每年從四月裏到九月裏,算是個下雨的時候,雨水是非常之多。諸君,這植物的生長,就是靠著兩件東西。你道是那兩件呢? 一件是濕,一件便是熱。這兩種東西,熱帶地方是最充足的。這粵江流域雖然在熱帶裏頭的不過一小部分,然而有這一支南嶺山脈屏障在北邊,就做了個温熱雨帶氣候的界綫。一到嶺南,那氣候便有熱帶性質了。所以粵江流域各省,物産非常之豐富,米穀不必説,其餘的植物,還多著呢。譬如榕樹、樟腦、芭蕉、甘蔗、橘子、橙子、龍眼、荔支,這許多東西,就是粵江流域的特産了。鹽絲、棉麻等等,也是有的。至於鑛産,雲南的銅,廣東、廣西的銀,還有那水銀、硃砂、硫黄,也都很著名的。粵江流域的百姓,沿海各省,極其勇敢活潑,而且富於冒險性質。我先前所説的廣東、福建兩省出洋謀食的同胞,就可以見得一斑了。内地諸省,也很爲勇敢樸實的。現今的世界陸路的交通,一天天發達起來。粵江流域各省,同北方各省交接,就不像從前那麼困難。而且海上的交通,也大非昔日之比了,還可以同海外各國來往呢。從今以後,粵江流域的文化和産業,一天天發達起來,那就未可限量了。

第六章　東　三　省

　　本部十八省的地方，都已經講過了。現在便要説東三省。咳！諸君，説起東三省來，更是傷心了。本部十八省，雖然有許多權利，給人家攘奪了去，究竟還不過是喪失了些權利。至於東三省，現在除掉一個空名之外，差不多全不是中國的地方了。這是爲什麽道理，弄到這步田地呢？咳！這話説起來就遠了。

　　東三省的疆域，本來是很爲廣大的，如今俄國的阿穆爾、東海濱兩省，和那日俄兩國分據的庫頁島，都包括在裏頭，比現在的東三省要大到一倍呢。然而清朝初年，看了這地方，就像是滿洲人的私産，不准漢人出關開墾的。就是設官，也只有將軍副都統，都是帶兵的官，不是個治民的官。這種官員，自然都是滿缺，比那漢人做官的更加昏憒，不但不懂得治理，便是自己所管轄的地方，一共有多少也不知道的。道光八年（一八八二）、十年（一八八四），兩次同俄國人畫界，俄國人説是要把黑龍江做兩國的界水，就應允了他，俄國人説是要把烏蘇里江做兩國的界水，又依允了他。那麽兩次條約，就把東三省的土地割掉一半了。到後來，又應允俄國人在東三省造兩條鐵路，租借兩處港灣，鬧出許多事情來，就把一個東三省，弄成現在名存實亡的樣子。

　　我們現在要明白東三省的情形，却得先把東三省的地理來講講明白。舊時候的東三省，暫時不必説他了，就説現在的東三省。最北邊的一省，叫做黑龍江省，黑龍江省的南邊，是吉林省。吉林省的南邊，是奉天省。黑龍江、吉林兩省，是同俄國接界的。吉林省，又同朝鮮接界。奉天省也同朝鮮接界，還有一部分是界海的。

　　黑龍江的南邊，有一支大山脈，叫做興安嶺。這一支山脈，依舊是陰山的餘脈。渡過了松花江，便是長白山，是清朝發祥之處。這長白山脈，走向南邊，還造成了三個大半島：一個便是朝鮮，一個是奉天省的東半邊，叫做遼東半島，一個便是山東省的東半邊。遼東、山東這兩個半島，還環抱了海水，成功一個渤海灣，就是直隸、奉天、山東三省的沿海了。東三省的河流，最大的是黑龍江。黑龍江的支流，最大的是松花江。松花江的支流，最大的是嫩江。向南流的，還有一支遼河。這遼河、松花江、嫩江的流域，土性既然肥沃，交通又很便利，真是東三省的寶藏。黑龍江同烏蘇里江，雖然也走得通輪船，已是同俄國人公共的。南邊還有圖們江同鴨綠江，從前和朝鮮人公共的，現在就是和日本人公共的了。

東三省的氣候，比起內地來要冷得許多。營口地方，是八月裏就下雪，九月裏就結冰，到明年春分才融解的。黑龍江省的北邊，就是六月裏頭，地底下的堅冰也還有三尺，不能融解，這氣候也就算得寒冷了。然而東三省的土地，却很爲肥沃。所以氣候雖冷，那各種植物，依然出産得很多，高粱、玉蜀黍，都可以種植的。其中最著名的，就是大豆。豆油、豆餅每年運到南方來的很多。還有黑龍江、松花江裏頭的魚，長白山同興安嶺裏頭的各種毛皮獸，遮天蔽日的大森林，和那黑龍江、吉林兩省的金礦，奉天省裏頭的鐵礦、煤礦，真是取之無盡，用之不竭。我們內地，現在正苦人滿的時候，得了這麼一片豐腴的土地，真是天賜的樂土。惜乎許多權利，已經給人家攘奪去了。

東三省地方，要是照清朝的主意，真個封鎖起來，那就更不得了。幸而我們內地的同胞，冒險性質是很充足的。政府雖有禁令，那直隸、山東兩省人，依舊陸續不絕，移殖到東三省去。他們初出去的時候，苦得很呢。大概是從直隸的大沽口、山東的登州府（那時候，烟臺還沒有開港，山東沿岸出入的船隻，都聚集在登州府，就是如今的蓬萊縣）附了航海的帆船出去的。身邊所有，至多不過十幾兩銀子。男的肩著耕田的器具，女的背著一個衣包，帶著小孩子，就這麼趁了帆船出去，把全家的性命，交託在一片未來的荒地上了。一到營口，便上了岸，各人揀著那大路旁邊的荒地，去開墾起來。一年之中，一人之力，也總得開墾出十幾畝。起初一個赤貧的人，到了東三省，不幾十年，便變成一個廣有田地的富翁了。後來的人，見其如此，接續而來的，便一天多一天。到乾隆年間，從營口到奉天省城，奉天省城到吉林的大路，兩旁幾十里的地方，已都開墾成功熟田了。清朝政府見其如此，便也把這禁令，無形之中解除掉了。幸虧得這一點，現在東三省裏還有許多中國人。要是照滿清政府的主意，就真要留著一片空地，送給日、俄兩國了。

滿人和漢人，本來同是黃種，種族上沒有什麼大分別。從東三省的漢人住得多了，這一種滿人，也漸漸的同漢人同化起來。現在奉天、吉林兩省的滿人，差不多都會說內地的話，高等的人，也能讀漢文的書，同漢人竟沒有什麼兩樣了。只有黑龍江省裏，漢人最少，那滿人還有不曾同漢族同化的，然而已是極少數了。從此以後，真個五族一心，那外侮也是不足懼的。

奉天省的省城，叫做瀋陽縣，是個鐵路聚集的地方，所以很爲熱鬧。然而說起東三省的鐵路來，又是傷心得很呢。從直隸出山海關，直達奉天省城的，這一條路從前是借英國人的款造的，現在已經贖回了。不必説他。從奉天省向東北，經過吉林的長春縣（從前是府），再向東北，就到濱江（就是哈爾濱）。從奉天省城往西南，一直到旅順。這一條路，叫做東清鐵路的支綫。他的幹綫，就是西北從黑龍江省的臚濱縣起（從前是府。這地方就是土名叫做滿洲里的），同俄國的西伯利亞鐵路相接，東南穿過吉林省，一直到中國割給俄國的海參崴去。因爲中國應允俄國人造這兩條路，又把旅順、大連灣租給他，還許他沿路駐兵，到庚子這一年（一九〇〇），俄人便把三省的地方都占據起來，還駐紮了許多兵，不肯撤退。日、俄兩國，就爲這一件事情開戰的。俄國人打了敗仗，就把這東清鐵路的支綫，從長春以下割給日本了。日本人替他改了一個名目，叫做南滿洲鐵道，還組織了一個南滿洲鐵道會社，來經營他。這許多事情，一時也無從細説。中華書局有兩本書，叫做《國恥小史》，那上頭説得很詳細的。諸君若要考究，也買一本看看就知道了。日本同俄國打仗的時候，還從奉天到安東，造一條軍用鐵道。當時申明，事後即行拆卸的。誰知道事後，忽然又變起卦來，要把他改做普通的鐵路。同中國人商議得還沒有妥貼，日本人竟不問中國的信，做起他的事情來。這一種行爲，在國際上叫做自由行動，是很瞧不起人的。中國當時既然沒有力量同他抵抗，也就只得由他了。這一條鐵路，叫做安奉鐵路。

從奉天省城，趁了安奉鐵路的火車，便可以到安東縣去。這安東縣，是個同朝鮮交通的孔道。隔著鴨綠江，同朝鮮的義州相對。從前中國派到朝鮮去的使臣，朝鮮人稱爲天使，就是從這一條路上走的。這許多事情，都是今非昔比的了。安東縣的西南，還有一處通商口岸，叫做大東溝，靠近鴨綠江口，鴨綠江上流的木材，便是從這裏出口的。

從奉天省城向東，便可以到興京縣。這興京，是清朝的太祖最初建都的地方。到後來，才遷都在瀋陽縣的。從興京再向東，便是長白縣。長白縣的境內，有座長白山。清朝的部落，最初就住在這山裏頭的。這許多地方，就都是個滿族的紀念地了。

從山海關趁關外火車，到溝幫子分路，也可以到營口的。這營口，便是遼河入海的口。從此坐了帆船上去，可以到昌圖縣裏的通江子，水路也很長。

遼河沿岸所出產的大豆，便都沿著這條路，聚集到營口來。所以營口地方，在從前算是東三省裏第一個口岸。近來遼河下流淤塞了，大船出入不很方便，加之一切布置，都不如大連灣的完全，那商務就漸漸的移到大連灣去了。

從奉天坐了火車到長春（從前是府），換坐吉長鐵路的火車，就可到吉林省城（從前的吉林府）。這長春，便是奉天、吉林兩省貨物聚集的地方，其熱鬧還在吉林省城之上。然而從吉林省城以下，松花江就走得通船了。所以這吉林省城，土名又叫做船廠，地方也很熱鬧的。從吉林向東，旱路便到寧安縣（從前的寧古塔）。再向東南，便到延吉、琿春兩縣，都是邊防緊要的地方。

要是在長春不換車，就一直可以到濱江。從吉林省城坐船走松花江裏也可以到此地的。這哈爾濱，從前本也是個荒邨。從俄國人把他經營，做個東清鐵路幹支線分歧之處，造房屋，修街道，便成了一處熱鬧的市場了。從此沿松花江下去，便到從前的三姓副都統城，現在叫做依蘭縣，是個沿江商務聚集的地方。從此以東，江邊還有一種人，專以捕魚為業的，不但是以魚為糧，就穿的也是魚皮，人家就叫他做魚皮韃子。即此一端，也就可以見得東三省漁利之厚了。

從松花江裏走嫩江，或是從哈爾濱走東清鐵路，都可以到黑龍江的省城龍江縣的（從前的齊齊哈爾）。這龍江省城，雖不及奉天吉林，卻也還算得熱鬧。從此沿著嫩江上去，到嫩江縣（從前的墨爾根），就是嫩江航路的盡頭了。黑龍江的沿岸，還有一處地方叫做璦琿，是個邊防緊要的地方。璦琿的西北，有個漠河縣，東南有個蘿北縣，都有著名的金鑛。

總而言之，東三省裏頭，奉天一省要算是最熱鬧，已經開闢的地方，大約有十分之六。吉林省就不到一半。黑龍江更不滿十分之一了。這種大利所在，從古沒有開闢的地方，我們卻如此荒廢，如何叫人家不要垂涎呢？照現在的情形論起來，無論什麼議論，總是空的。只要有實力經營，那利權自然逃不到什麼地方去。這件事情，卻也不能專責望政府。要是各位同胞有志經營實業的，多一位到東三省去，那東三省就多受一分的好處了。

第七章　蒙　　古

　　以前所講的地方,都是有山有水的,現在却就要同諸位講講沙漠地方了。這沙漠地方,你道是個什麼所在呢? 就是蒙古和新疆。

　　蒙古和新疆,政治上的制度,是大不相同的。地理上的形勢,却是彼此一樣。我們中國,一共有三支大山系。在北邊的,叫做阿爾泰山系。在中間的,叫做崑崙山系。在南邊的,叫做喜馬拉雅山系。這山系,你道又是個什麼東西呢? 就是聚集了許多山脈的總名。好比聚集了許多河流,叫他做個河系了。以前所說的陰山山脈、北嶺山脈、南嶺山脈,都是崑崙山系。蒙古、新疆北邊的山脈,就是阿爾泰山系了。這阿爾泰山系同崑崙山系的中間,就包括了一個大沙漠。東邊從蒙古起,西邊到新疆才止的。所以蒙古、新疆地理上的形勢,很是相像。我如今且先說蒙古。

　　蒙古地方的沙漠,約略算起來,橫裏頭有三千里長。通扯算起來,比海面要高到三四千尺。不但不能種植穀類,就樹木也是沒有的。其間所生的,只有一種剛草,却長得比人還要長。沙漠裏頭,氣候是變得很快的。往往白天裏頭,熱到華氏寒暑表上一百三四十度,到晚上就降到零度以下了。還有一種颶風,吹起來飛沙走石,天日也可以遮得暗,人馬也可以吹得倒的。所以蒙古地方,溫暖的氣候很少,要過了四月半,草才透青。一過了八月半,天就下雪了。極冷的時候,牲畜都可以凍死的。

　　照這樣子說來,這蒙古地方,是住不得的了。如何還會有人呢? 咳,諸君。須知道蒙古地方,並不全是沙漠。蒙古的面積,一共有九百萬方里呢。沙漠的面積,不過占了他三分之一。況且就沙漠裏頭,也並非全不能住人的。其中也有有水的地方,這個便叫做泉地。既然有水,自然有些樹木,那氣候也自然好些,人畜都可以住得了。所以講地理的人,就把沙漠比做大海,沙漠裏頭的泉地,比做大海裏的島嶼。那走沙漠的駱駝,就是航海的船了。至於蒙古不是沙漠的地方,氣候儘有很好的,不過比起本部同東三省來,總覺得不如罷了。

蒙古地方，既然有這麼大一個沙漠，自然是宜於畜牧，而不宜於耕種的。所以住在蒙古地方的人，從古以來，都是以游牧爲生計。現在的蒙古人，也是如此的。他們所畜養的，最多的是馬和羊，次之，便是牛和騾子、駱駝了。見了人，倒先問他畜養的牲畜安否，然後問及於人的。他們的性質是很爲勇敢，而且很爲誠樸的。那馬術，尤其精良。無論如何劣馬，總是駕馭得下。騎了馬，是不論什麼險路，都會走的。所以蒙古人的兵力，從前是最强。元朝的初年，曾經打到歐洲，如今的俄羅斯、匈牙利，都是給他征服的。現在雖然迷信了喇嘛教，不像從前那麼强悍，然而勇敢的性質，究竟還在。

這喇嘛教，又是怎樣的一種教呢？也得同諸位講講。喇嘛教本來是佛教的分支，同佛教的宗旨，是差不多的。起初從印度傳到西藏，後來又從西藏傳到蒙古。其中也分新舊兩派。舊派的袈裟是紅色，人家就稱他爲紅教。新派的袈裟是黃色，人家就稱他爲黃教。這紅教，本來很有勢力的。到明朝的永樂年間，黃教的始祖宗喀巴出來，另創了一種新說。那紅教就漸漸的衰微了。現在青海、西藏、蒙古所盛行的，都是黃教。這宗喀巴有三位大門徒：第一位叫做達賴喇嘛，第二位叫做班禪額爾德尼，第三位叫做哲布尊丹巴。宗喀巴說他這幾位門徒，都是死了之後依舊一靈不昧，還要轉生在世，濟度衆生的。每到臨終的時候，便自己指明將來轉生的地方。手下的人便依了他的話，把他迎接回來，同他生前一樣的崇奉。所以這達賴、班禪和哲布尊丹巴，已經轉生了十幾次。那蒙古、西藏人，依舊是當他第一次的達賴、班禪、哲布尊丹巴的。這許多事情，到底靠得住靠不住，我們也不必去管他，總之他們相信罷了。這達賴，是住在前藏的拉薩。班禪，是住在後藏的札什倫布。哲布尊丹巴，住在蒙古的庫倫，便是蒙古人叫他做活佛的。

蒙古人民，既然以畜牧爲生，自然要隨著水草遷徙，同我們從事耕種，定住在一處地方的人不同。所以他的政治，也不是照我們這樣子，分道分縣的，是把所有的百姓，來分做若干旗。每一旗裏頭，有一個首領，叫做札薩克。合了許多旗，就設一盟。每一盟裏頭，有一個盟長的。内蒙古地方，從前一共分爲六盟。最東邊的，是哲里木盟。哲里木盟的西邊，是昭烏達盟同卓索圖盟。再西邊，便是錫林郭勒盟。這個總稱東四盟。東四盟的西邊，便是烏蘭察布盟同伊克昭盟，叫做西二盟。還有直隷省北邊的察哈爾，山西省北邊的土默特，是不設札薩克，直隷於清朝所設的將軍副都統的。現在哲里木盟的地方，已經畫入於東三省之中，改設了道縣。昭烏達、卓索圖兩盟的地方，改設了熱河道。察哈爾的地方，改設了興和道。土默特的地方，改設了綏遠道。錫林郭勒盟，便屬興和道管轄，叫做察哈爾特別區域。烏蘭察布盟同伊克昭盟，歸綏遠道管轄，叫做綏遠特別區域。還有甘肅邊外的西套蒙古，是歸寧夏護軍使管轄的。

外蒙古地方，一共四盟。他的酋長，是依舊有汗的稱號的。最東邊的，叫做車臣汗。車臣汗的西邊，是土謝圖汗。土謝圖汗的西邊，是三音諾顏汗。再西，是札薩克圖汗。從前清朝駐防蒙古的官，叫做定邊左副將軍。他的手下，有兩位參贊大臣，一個是同定邊左副將軍，駐紮在烏里雅臺的；一個是駐紮在科布多城，他所管轄的地方，就稱爲科布多。科布多的北邊，便是唐努烏梁海（烏梁海，是一種部族的名字。唐努是山名。這種人，住在唐努山地方的，所以稱爲唐努烏梁海。），也是歸定邊左副將軍節制。清朝的末年，還把科布多大臣，移駐在科布多西邊的丞化寺，現在就把他改做阿爾泰辦事長官，他所管轄的地方，是還在科布多西邊的。至於科布多大臣，舊時候所管的地方，和那唐努烏梁海、漠北四汗的境界。民國二年（一九一三），中國同俄國訂約，已經承認他的自治權了。什麼叫做自治權呢？這話又很難明白。不要慌，待在下再講給諸位聽。

原來蒙古人民，所知道的只有畜牧，別種事業，程度是很淺的。所有一切器用，無不仰給於內地。其中磚茶一種，蒙古人看著他，同性命一般。因此上山陝各省的人，到蒙古去經商的就很多。那蒙古雖然有一個大沙漠，然而除此之外，可以耕種的地方，也就不少。我方才已經說過了。這一班出去的人，也有定住下來，兼營耕種的。俄國人見了，便很爲疑忌。道這是中國政府，有意把內地的人，遷移到蒙古去的。現在的蒙古人不足懼，要是漢人遷移去的多了，蒙古地方一定要富強起來，西伯利亞的南邊，幾千里地方都不得安穩了。就用些陰謀秘計，煽動了外蒙古人，鬧起獨立來。這還是清朝末年的事情。民國時代，同俄國人屢次交涉，真是說得舌敝脣焦，直到二年（一九一三）十一月裏，才訂定了幾條條約。俄國人承認外蒙古是中國的土地，中國也承認外蒙古的自治權，不得照清朝的樣了，再在外蒙古地方設官駐兵，而且不得派送殖民。中國人在外蒙古的權利，已經剝削掉許多了。然而我方纔有一句話，道實力所到的地方，權利自然逃不到那裏去。這句話，畢竟不錯的。我們內地的人，到蒙古去經商開墾，已經有這許多年，本來何曾要政府派送呢？要是有這志願，自己去經營實業，就替國家保守境土。這種條約，又絕不足以限制我們了。

　　外蒙古最緊要的地方，便是庫倫，不但是活佛所在，就清朝所設的辦事大臣，也是駐紮在此地的。從庫倫望北走九百里，便到中俄界上的賣買城，是個兩國互市的地方。從庫倫望南走，却要度過沙漠，一共是一千三百里，才得到張家口呢。從張家口到烏里雅蘇臺的路，也是從這一條路上分出來的，一共有三千里。再向西一千三百里，便到科布多城了。沙漠地方，人烟斷絕，水草缺乏，很是難走的。看來非有鐵路，交通不能便利。然而鐵路是一時不容易造成。有人説，不如把路修平，先走起摩托車來（就是俗話叫做汽車的）。這個主意，到也不錯的。

　　內蒙古熱鬧地方，都在本部十八省和東三省沿邊一帶。第一，便是興和道的首縣張北縣（就是張家口），是個蒙古同內地賣買、貨物出進的總關門。每天進口的騾子，扯算起來，就有好幾千匹。第二，是甘肅北邊的寧夏縣（從前是府），是個羊毛聚集的地方。這一條黃河，一共有八千八百里長，好走船的地方，是很少的。獨有從寧夏到綏遠道裏的包頭鎮，却是水勢平穩，可以行船。聚集在寧夏的貨物，便沿著這一條路來。再望東，便到綏遠道的首縣歸綏縣（從前的歸化城），趁著新造的張綏鐵路的火車，就可以到張北縣了。我們所穿的羊皮，大家稱他爲西口貨的，便是從寧夏一路販來。所謂北口貨，就是走張家口一路來的。此外還有興和道裏的多倫縣（從前的多倫諾爾廳），奉天省裏的法庫縣（從前的法庫門），吉林省裏的長春縣，黑龍江省裏的呼倫縣（從前的呼倫貝爾），也都是個漢蒙互市著名的地方。

第八章　新　疆　省

　　新疆省的形勢同蒙古很是相像，方才已經説過了。這新疆省裏有一支山脈，橫貫在裏頭，叫做天山。因此把全省分做南北兩路。天山北路，有一支大水，叫做伊犂河。這一條水，本來全在中國境内的。現在是下流的一大段，割給俄國人了。天山南路，也有一條大水，叫做塔里木河。塔里木河的南邊，便是一個大沙漠，同蒙古地方的沙漠，是互相連接的。

　　新疆地方，有一種特別的情形。便是别一省，可以耕種的地方，總在平坦之處，這新疆省，却獨在山麓之下。你道這是什麽原故呢？原來新疆省裏，不但天山南路，有一個極大的沙漠，就天山北路，沙漠也是很多的。這沙漠地方，固然是没有水，不能耕種。伊犂河流域，已經十分裏的七八分，割給人家了。塔里木河雖長，他的南岸就是一個大沙漠，兩岸可以耕種的地方是很窄的。這麽，新疆省裏可以耕種的地方，如何能不靠這一支天山呢？諸君聽了這話，一定疑惑。道這山脚下的地方，是很爲瘠薄的，如何在新疆省裏，做了個肥沃之地呢？這也有個原故。原來這新疆省裏，氣候是很冷的。這天山山脈，却是很高。一年裏頭，山上的雪，倒有大半年是凍結的。他這凍結起來，倒也頗有次序，一定要從高處到低處，分爲好幾層。從第一層先凍起，再凍第二層，再凍第三層的。融解起來，便先融第三層，再融第二層，再融第一層。倒像把一年裏頭的水，分做好幾次，慢慢裏供給你用的。要是没有這一種作用，凍的時候，便從地面上一齊凍起，融的時候，便從山頂上全然融解。那就凍結的時候，要滴水俱無，融解的時候，要滿山大水，同時瀉下，衝没田廬了。你道這天然的作用，奇妙不奇妙呢？這也不但新疆如此，蒙古、青海、西藏，也都是如此的。這許多地方，地勢都很高，降雨都很少，河流的水勢也很急的。没有這一種作用，那就一年之中，不下雨的時候，一定滴水俱無，連河流都要乾掉了。

　　新疆省裏沙漠地方的氣候，也是同蒙古彷彿。至於深山裏頭，同大河兩

288

岸,却很有氣候温和的地方。這個就因爲新疆省裏,沙漠的面積比蒙古小些,河流又比蒙古多些的原故了。所以新疆省的產業,也比蒙古要興盛些。天山南麓,和塔里木河流域,很有以耕農爲業的人。至於牧畜,自然也是興盛的了。新疆省裏所住的人,本來分爲兩種。天山北路,是一種叫做衞拉特人住的。這種人和蒙古人是同族。天山南路,是回族住的。内地的漢人,在新疆省裏的也不少。

新疆省城,叫做迪化縣(從前是府,番名叫做烏魯木齊)。從甘肅的安西縣出去,經過哈密、吐魯番兩縣(從前都是直隸廳),就到迪化了。這迪化,是個天山北路適中之處,算是嘉峪關以西,最爲熱鬧的地方。從此向西北,便到伊犁(從前是府),是個西北邊防,最爲吃緊之處。向西南,到焉耆縣(從前是府),就可以到天山南路去了。天山南路,最熱鬧的地方有兩處。一處是疏勒(從前是府,番名叫做喀什噶爾),靠近烏赤別里山口。這烏赤別里山,便是古時候的葱嶺,是個從新疆省到西域去的一條大路。西域各國人,都到這裏來交易,繁盛的情形,要推爲全省第一。然而以邊防論,也是緊要的。一處是温宿(從前是府),是回部的一個大城,俄國人在此經商的最多。

新疆一省,孤懸在西北邊,同英俄兩國接界。無兵無餉,情形是很危險的。幸得回族的同胞,素來勇敢善戰。從前的大食國,便是現在的阿剌伯,他的兵力,是西洋各國人都見他怕的。現在的土耳其,西洋各國都笑他是個病夫。然而這一次打起仗來,支持了一年多,並不曾聽得敗北,可見我們回族同胞的勇力,確是不錯的。現在儻得有個英雄,把西北的回族,練成三十萬精兵,也就不怕英俄兩國人了。

第九章　西藏　青海

　　蒙古、新疆地方，又已經講明白了。現在便要說到中國的西南邊。

　　中國的西南邊，有一個大高原。這個高原，比蒙古、新疆還要高得多呢。蒙古沙漠，通扯算起來，比海面不過高到三四千尺。天山南路，不過高到一千五六百尺。至於這西藏地方，通扯著算起來，比海面就要高到一萬二三千尺，有人說是要高到一萬五千尺。你道這地勢高不高呢？所以講地理的人，都推這西藏，是全世界上第一個高原。

　　這一個高原，四面都有山脈包圍。住在南邊，就是世界上最高的山脈，叫做喜馬拉雅。這一支山脈，通扯算起來，有二萬五千尺高。最高的山峯，有二萬九千尺。山頂上是終年積雪的。釋迦牟尼佛修苦行的雪山，就在這山脈裏頭。他的北邊，便是崑崙山脈的正脊，是個新疆同後藏的界山。向東走，又分爲兩支：一支斜貫在青海的中間，就是長江同黃河上源地方的界限，叫做巴顏哈喇山脈。一支在長江的南邊，是個青海同西藏的界山，叫做唐古剌山脈。唐古剌、巴顏哈拉的東邊，山勢斜向東南，一共有好幾支，總稱叫做橫斷山脈。橫斷山脈的中間，就是長江、鴉龍江、瀾滄江、怒江、龍川江等大水經流的地方。這裏頭，山脈的高，通扯算起來，有一萬五千尺到二萬尺。山谷之深，便有八千尺到一萬尺。你道這種路，險峻不險峻呢。所以從四川到西藏，這條路也是很不好走的。

　　這一個高原，從政治上論起來，可以分爲三區。就是西藏、青海、同川邊特別區域。從地勢上論起來，却是差不多的。我們現在姑且從西藏説起。

　　西藏地方的境界，本來直到四川省西邊的大渡河爲止。從清朝平定了西藏，纔把巴塘以東，劃入四川省裏的。西藏地方，又分做前後兩藏。現在是從大渡河以西，靠近雅魯藏布江的東岸止，又劃做川邊特別區域了。從此以西，却還是分做前後兩藏。這前藏的首府，叫做拉薩，是個達賴喇嘛所住的地方。後藏的首府，叫做札什倫布，是個班禪喇嘛所住的地方。我先前已經説過了。

這拉薩同札什倫布，都有很大的寺院，氣象是很莊嚴的。拉薩的西南，札什倫布的東南，有一處地方，叫做江孜。再南，還有一處地方，叫做亞東。後藏的西北邊，還有一處地方，叫做加托克，都是個同英屬印度通商的地方。從前本來只有亞東一處。光緒二十九年（一九〇三），英國同西藏因事爭執，英國人便派兵攻入拉薩。達賴喇嘛不能抵敵，逃掉了。達賴手下的官員，便同英國人自行訂結條約，許開江孜同加托克兩處，做個商埠。後來雖經中國人力爭，同英國人另訂了幾條條約，然而這《英藏條約》，畢竟是廢不掉。不過加上幾條《中英條約》，算是中國人承認他罷了。這江孜、加托克兩處，就是從此開爲商埠。這西藏人，也同蒙古人一樣，最喜歡的是内地的茶。每年四川所產的茶，銷到西藏去的，很是不少。中國政府從前怕辦交涉，不許西藏人同英國通商，英國人就疑心中國政府，是要替内地的茶商保守這一宗利益。其實中國政府，哪裏有這種遠見，怕連西藏人喜歡喝茶，四川有茶銷到西藏去，還没有知道呢。這許多閒話，且不必説他。現在西藏的商埠，是已經開了三處了。這印度本是個產茶最多的地方。從前中國銷到西洋去的貨品，茶葉算是大宗。後來印度人知道了，也仿著中國種起茶來。中國的茶利，已經給他奪掉許多。儻使英國的茶，再暢銷到西藏來，就連國裏頭也没有銷場了。四川的茶商，倒要趁早想想法子呢。

　　西藏地方，只有一條雅魯藏布江流域，是個地勢平坦，氣候温和的。其餘的地方，都是氣候寒冷，地味瘠薄。所以西藏的人，也是住在這一條雅魯藏布江流域的最多。西藏的氣候，是很寒冷的。但是夏季，低的地方，也很苦熱。高的地方，却很清涼。然而到冬季，又苦於寒冷了。西藏的氣候，有一種最大的壞處，就是降雨太少。他的西北方，有好幾處地方，通扯算起來，一年不過下得一兩次雨。所以西藏的土地，也很爲瘠薄。住民的大多數，也是靠著畜牧爲生，耕田的是很少的。他所畜牧的，也有羊有馬。然而最爲著名的，要算是犛牛。這犛牛，既能負重，又能行遠。一種東西，就代了牛馬兩種之用。而且肉可以吃，毛可以織成西藏人所用的氊幕，骨頭還可以製成器具，就是他的糞，西藏人也拿他當煤炭用呢。西藏的人民，叫做唐古特種，就是唐朝時候的吐蕃，信奉了喇嘛教，性質也很慈善的。然而據遊歷西藏的人説起來，他的性質，又很是勇敢。

　　從四川到西藏去，一定要出漢源縣（從前的清溪縣）西邊的清溪關。出了關，便是川邊境界了。到瀘定縣，渡大渡河。河上架有一頂鐵索橋，是把許多鐵索在兩岸連接起來，上面再鋪著木板，以便行人的。這一座橋，就叫做瀘定橋。從瀘定向西北去,到康定縣。就是從前的打箭爐,是個四川同西藏交易的一個大市場。四川銷到西藏去的茶,就是在這裏賣買的。從康定再向西去,到理化縣,就是從前的裏塘。再向西,到從前的巴塘,現在叫做巴安縣,就是個川邊鎮守使駐紮的地方了。這巴塘在萬山之中,氣候却是很好的。從此渡過金沙江,向西北走,可以一直到昌都。這昌都,就是從前的察木多。另外有一條路,可以通到雲南去的,算是川邊的第一要隘。再往西南走,過嘉黎縣(從前的拉里),就可以到西藏了。

　　從西藏向東北走,經過青海,也可以到甘肅去的。這條路,雖然要渡過黃河同長江,還要穿過巴顏哈喇山脈,然而比川邊一條路,要好走了許多。所以甘肅這一省,不但好控制青海,而且還可以照顧西藏。

　　青海這地方,大部分也是蒙古人住的。在這裏遊牧的蒙古人,一共有二十九旗,都歸甘邊寧海鎮守使管轄。這甘邊寧海鎮守使,便駐紮在甘肅的西寧縣。所以西寧地方,就儼然是個青海的首府。青海人同漢人交易,也都在這西寧地方的。青海地方,除黃河同長江的上源外,還有一條柴達木河,又有一個大湖,就叫做青海。住在這裏的蒙古人,都是沿著這黃河、柴達木河同青海遊牧的。還有四十族的土司,就大都在黃河的南岸遊牧。青海地方所牧的牲畜,大概同西藏差不多的。這地方上的風氣,却同蒙古人相近。

第十章　沿　　海

　　陸地上的情形，已經通統說過了。現在就要同諸位講講海面上的情形。咳！諸君，你們知道現今世界上的人，是靠著海做生命的麼？那歐洲各國，和我們相離很遠的。從歐洲到亞洲來，陸路很爲難走。美洲各國呢，陸路就不通行。爲什麼現今歐美兩洲能毂到中國來通商傳教，而且還能在中國擴充勢力，攘奪我們的權利呢？這就可見得現今世界上海權的緊要了。

　　我們中國，沿海的地方一共七省，就是奉天、直隸、山東、江蘇、浙江、福建、廣東。所沿的海，名爲太平洋。但這太平洋，乃是個總名。亞洲大陸的東邊，有許多島嶼。同大陸互相環抱的這許多島嶼，同大陸中間的海，就叫做支海，另有許多名稱。我們中國的沿岸，從長江口以北，叫做黃海。江口西南，到福建省東南的臺灣海峽爲止，叫做東海。從臺灣海峽再望西南，叫做南海。遼東同山東兩個半島，還環抱著海水，成功一個渤海大灣。

　　這渤海大灣，就是中國京城的門戶。外國的兵船，進了渤海灣，就可以到大沽口。到了大沽口，就可以從天津上岸的，那麼，京城的形勢就危險了。清朝的咸豐八年(一八五八)，同光緒二十六年(一九○○)，京城失陷過兩次，外國的兵，就都是這麼來的。所以從前振興海軍的時候，就把旅順同威海衛，開闢做兩個軍港，算是個拱護京畿的意思。現在是旅順口，給日本人租借去了。威海衛，給英國人租借去了。連那山東半島南邊的膠州灣，廣東省裏的廣州灣，也給德、法兩國人租借了去。我們沿海，竟沒有好好的軍港了。但是真個要興復起海軍來，這軍艦也未必竟就沒有地方停泊。在下所知道的，也還有一兩處。且同諸位談談，如何呢？

　　一處是浙江省裏的象山港。這地方，就在象山縣的南邊，真是個口寬水深，無論什麼大船，總可以出進的。而且他的兩岸，還都有高山，可以遮蔽。裏面停泊的船隻，真是萬穩萬當的。一個是象山灣南邊的三門灣，也是個港寬水深，可行巨艦的。港口還有許多島嶼，做個天然的遮蔽。從前意大利國曾經想援照英、俄、法、德爲例，租借我們的。幸而沒有給他租去，這個是我們不能不竭力保守的了。一處是福建、浙江兩省交界地方的沙埕港，是個内寬而外窄，人家來襲擊，很不容易的。一處是福建霞浦縣屬的三都澳，港口的形勢，也是很險。灣裏頭，却比其餘一切軍港都要寬廣。有人說，聚集了現今世界各國的頭等戰艦，通統停泊在裏頭，也是綽乎有餘的。我們中國，儻使要興復起海軍來，把這幾處地方做個軍港，也就很好的了。這還不過就在下一個人所知道的談談，其餘沿海的地方，良好的港口還有許多。不過沒有這麽一個熱心人，一一去親自考察，所以無從知道罷了。

我們中國，沿海的海岸線，一共有一萬三千多里長。沿海地方，浙江、福建、廣東三省是個地勢崎嶇的，所以海岸線也很爲彎曲。從錢塘江以北，地勢是很爲平坦的，所以海岸線也就平直。其中只有遼東和山東兩個半島，是個多山的地方，所以半島的兩岸，海岸綫也就屈曲起來。諸君，天下無論什麽事情，都以平直爲貴，獨有這海岸線，却是以屈曲爲貴的。一定要屈曲了，沿海的好港灣纔多呢。但是我們中國，是個内地的交通，向來專靠著河流的。所以沿海岸最發達的商港，都是在大河的下流，並不十二分揀選港灣的好壞。譬如黃河流域的商業，聚集在天津，長江流域的商業，聚集在上海，粵江流域的商業，聚集在番禺，就是個證據。但是這個，是現在中國的交通，除掉河流之外，別種機關都不很發達，而且同外國人做的買賣，究竟也不多，所以如此。要是將來内地的交通更加便利起來，同外國人做的生意也一天大似一天，那就這種可以停泊大船幾百幾千隻的大港灣，也不可以不豫備一兩處了。

中國沿海，有三個大島：一個是吉林省的屬地庫頁島。一個是初屬福建，後來獨立做一省的臺灣島。一個是廣東南邊的海南島。現在庫頁島和臺灣島都是人家的了，只有這海南島還是中國的。他的形勢，也得同諸位講講。這海南島，中央有一坐高山，叫做黎母山，地勢是很爲崎嶇的。黎母山的附近，都是一種叫做黎人的所住的地方。沿海岸的地方，却是較爲平坦，就是漢人所住的。從前山裏頭的黎人，屢次出來擾害漢人。清朝的光緒十五、十六兩年(一八八九、一八九〇)，廣西提督馮子材帶了兵，深入窮勦。從沿海到島的中央，都開成了十字路。從此以後，黎人無險可恃，也就不大出來擾害了。海南島的北邊，有一個港口叫做海口所，便是全島的貨物出入的總門。南岸有一處港口叫做榆林港，形勢很爲險固，將來也可以開爲軍港的。

中國沿海的航路，上海是個中心點。從此向北，叫做北洋航路，向南叫做南洋航路。現在陸地上的交通，還不大便利，一切貨物，靠著海路運輸的不

少。至於到外國去，從上海向東，便到日本。再向東，便到美國。向西去，便
到歐洲各國的。所以上海的商務，在沿海各口岸中最爲興盛。這也不但爲著
長江流域，在中國各地方中最爲富庶，也爲著沿海的航路，上海是個適中之地
了。其餘各口岸，商務發達的也很多。先前已經大略説過了，現在也不再贅
述。總而言之，中國西北兩面界陸，可以望陸地上發展。東南兩面界海，可以
望海面上發展。要是海陸兩面，同時發展，就做了世界上第一等强國了。

三國史話

前　言

　　《三國史話》是呂先生所寫的一種歷史通俗讀物，此書撰寫於二十世紀三十年代末，最初發表在"孤島"時期的《知識與趣味》雜誌上（上海科學書店出版），自一九三九年十二月的創刊號起，分篇連續刊出了六篇。四十年代初，黄素封、楊寬先生爲支援江蘇遊擊區文化社的工作，約呂先生將已刊未刊的《三國史話》十六篇結集成書（即自《楔子》至《姜維和鍾會》十六篇），作爲文化社的叢書之一，由上海開明書店一九四三年一月初版（一九四六年再版）。《三國史話》在民國年代也有多種重印本，如一九四四年四月贛一版，一九四五年渝一版，一九四八年四月的滬第三版等。

　　一九四七年，應《現實週報》主持人復旦大學新聞系教授曹亨聞先生的約稿，呂先生又寫了《司馬懿如何人》、《司馬氏之興亡》二篇，作爲《三國史話之餘》，分別刊於《現實週報》的第一期（一九四七年七月二十五日）和第二期（一九四七年八月一日）上。《孫吳爲什麼要建都南京》（原題爲《南京爲什麼成爲六朝朱明的舊都》）原刊於一九四六年五月三日的《正言報》，《晉代豪門鬥富》原刊於一九四七年十月《現實新聞》雙週報第十一期。一九八七年，"呂思勉史學論著"編輯組將上述四篇編爲《三國史話之餘》，與《三國史話》十六篇一起收入《論學集林》，由上海教育出版社出版（此四篇有删改）。

　　《三國史話》是呂先生所寫的歷史通俗讀物中重印、翻印得最多的一部，自二十世紀五十年代以後，《三國史話》在大陸、港臺有多種重印、翻印本：如臺北開明書店版（一九五四年五月出版，一九八四年四月第六版），北京中華書局版（二〇〇六年十二月出版）、天津人民出版社"隱藏的大家叢書"版（二〇〇八年十二月出版）、香港商務印書館有限公司版（二〇〇九年十一月出版）、長沙嶽麓書社"民國學術文化名著叢書"版（二〇一〇年十二月出版）、北京三聯書店版（二〇一二年十月出版）、北京中國畫報出版社版（二〇一三年四月出版）、中國盲文出版社"大字版"（二〇一四年一月出版）等。① 在《三國史話》的各種重印、翻印本中，其第一至第十六篇，大都按開明書店初版本重印，第十七至二十篇大都參照《論學集林》版翻印。二〇〇八年八月，《三國史話》二十篇收入上海古籍出版社"呂思勉文集"《呂著史地通俗讀物四種》，其中第十七至二十篇的文字，照原刊印稿補全。

此次將《三國史話》收入《呂思勉全集》重印，前十六篇，我們按初版本加以校訂；後四篇沿襲"呂思勉史學論著"編輯組的處理方式，改編之處加括弧並加注説明，也按當年的刊印稿做了校對。除了訂正原書的一些訛誤、勘誤之外，還補全了個別字句的脱漏；其他如行文遣句、概念術語，乃至一些議論等，均未作改動，以保存著作的原貌。

李永圻　張耕華

二〇一四年八月

---

① 有關《三國史話》在大陸、港臺的再版、重印的情況，詳見《呂思勉全集》之《呂思勉先生編年事輯》附録二《呂思勉先生著述繫年》的記録。

目　　録

楔　　子

斜陽古柳趙家莊，
負鼓盲翁正作場。
死後是非誰管得？
滿村聽説蔡中郎。

這是宋朝陸放翁先生的詩，所説的，便是現在的説書。説書雖然是口中的事，然到後來，將説書的人所用的底本，加以潤飾以供衆覽，就成爲現在的平話了。平話俗稱小説，亦謂之閑書。雖然是用以消閑的，然而人們的知識得自此中的，實在不少。

現在中國的書籍，行銷最廣的，是《三國演義》。據書業中人説：他的銷數，年年是各種書籍中的第一。這部書有些地方，渲染得很有文學意味，如赤壁之戰前後便是；有些地方，却全是質實的記事，簡直和正史差不多。這就顯見得其前身係説書的底本。説得多的地方，穿插改造得多了；説得少的地方，却依然如故。

我在學校中教授歷史多年。當學校招考新生以及近年來會考時看過的歷史試卷不少。有些成績低劣的，真"不知漢祖唐宗，是哪一朝皇帝"。然而問及三國史事，却很少荒謬絕倫的。這無疑是受《三國演義》的影響。他們未必個個人自己讀，然而這種知識，在社會上普遍了，人們得著的機會就多，遠較學校的教授和窗下的閱讀爲有力。這可見通俗教育和社會關係的密切。

老先生們估量人們知識的深淺，往往以知道的、記得的事情多少爲標準。講歷史，自然尤其是如此。但無意義的事實，知道了，記得了，有什麽用處呢？尤其是觀點誤謬的，知道了，記得了，不徒無益，而又有害。而且平心論之，也不能算知道史事。因爲歷史上的事實，所傳的，總不過一個外形，有時連外形都靠不住，全靠我們根據事理去推測他、考證他、解釋他。觀點一誤，就如戴黄眼鏡的，看一切物皆黄，戴緑眼鏡的，看一切物皆緑了。我們在社會上，遇見一個人、一件事，明明是好的，却誤把惡意猜測他，就會覺得處處可疑；明明是壞的，却誤當他好的，也會覺得他誠實可靠。歷史上的事情，又何嘗不是如此？

　　從前論史的人，多説史事是前車之鑒。其意以爲一件事辦好了，我們就當取以爲法，摹仿他；一件事辦壞了，我們就當引以爲戒，不可再蹈其覆轍。這話很易爲人們所贊許，其實似是而非的。史事哪有真相同的？我們所謂相同，都不過察之不精，誤以不同爲同罷了。事情既實不相同，如何能用同一的方法對付？別的事情姑弗論，在歐人東來之初，我們所以對付他的，何嘗不根據舊有的知識？所謂舊有的知識，何嘗不是從歷史經驗而來？其結果却是如何呢？

　　真正硬摹仿古人的自然不多，就是事實也不容你如此。然而人的知識，總是他所知道的、記得的事情鑄造成功的。知道的、記得的事情一誤謬，其知識自然隨之而誤謬了。所以我們現在研究歷史，倒還不重在知道的、記得的事情的多少，而尤重在矯正從前觀點的誤謬。矯正從前觀點的誤謬，自然是就人所熟悉的事情，加以講論，要容易明白些，有興味些。

　　三國時代，既然是人們所最熟悉的，就此加以講論，自然最爲相宜。所以我想就這一段史事，略加説述，或者糾正從前的誤謬，或者陳述一些前人所忽略的事情。以我學問的荒疏，見解的淺陋，自不免爲大方所笑，我只是一點抛磚引玉的意思，希望以後人們能注意到這一方面的漸多，亦希望人們就我所説的賜與教正。

宦　官

講起三國的紛争來，大家都知道其亂源起於後漢。後漢末年爲什麼會亂呢？大家都知道其根源是靈帝的寵信十常侍，因此而政治紊亂，引起黃巾的造反。因黃巾的造反，而引起劉備和孫堅的起兵。又因靈帝死後，少帝即位，國舅何進要誅戮宦官，而引起董卓的進京。因董卓的進京，而引起廢立之事，又因此而引起袁紹、曹操等紛紛起兵討卓，天下就從此分裂了。然則後漢的禍源，最大的便是十常侍，這還是人謀之不臧。寫《三國演義》的人，説什麼"天下大勢，分久必合，合久必分"，好像有什麼定數似的，恐怕未必其然了。然則宦官究竟是怎樣一種人呢？歷來讀史的人，怕知道宦官之爲害者多，知道宦官的來源者少。我不妨借此機會，和諸君談談。

所謂宦者，大家都知道是曾經閹割的人。近代的俗語，亦稱爲太監。那是因爲在明朝，他們所做的官，有二十四個，都稱爲某某監之故，這是不難解的。然則何以又稱爲宦者呢？在後漢時代，這一種人，威權很大，敗壞政治很利害，所以寫《後漢書》的人特地替這一班人做了一篇傳，名爲《宦者列傳》，《宦者列傳序》裏説："中興之初，宦者悉用閹人。"這句話，和我們通常的見解有些不符。通常的見解，都以爲宦官就是閹人，現在却説光武中興之後，宦官才全用閹人，那麼，自此以前，宦官就並非閹人了。所以有人疑心這"宦"字是錯的，説當作"内"字。然而他這句話，實在是錯的。

宦字的意思，本來並非指閹割。而宦官二字，亦本非指閹割的人所做的官。我們所謂五經，中間有一部唤做《禮記》。《禮記》的第一篇是《曲禮》，《曲禮》裏有一句："宦學事師，非禮不親。"學就是進學校，宦是什麼呢？須知道古代所謂學校，和現代全然不同。現代的學校，必須要傳授些知識技能，古代的學校則全無此事。古代的學校亦分爲大學小學，所謂小學，只是教授一些傳統的做人道理以及日常生活間的禮節，如灑掃應對進退之類。又或極粗淺的常識，如數目字和東西南北等名稱之類。根本説不上知識，更無實際應用的技能。至於大學,其中頗有些高深的哲學,然而宗教的意味是很濃厚的。《禮記》裏又有一篇,喚做《文王世子》。《文王世子》說:當時大學中所教的,是詩、書、禮、樂。這並不是現在的《詩經》、《書經》、《禮記》等等。須知古代的人研究學問的很少,而古人的迷信,却較後世人爲深。當時的人對於一切問題的解釋,都含有迷信的意味。所以在後世,學術和宗教是分離的,在古代則是合一的。所以古代的學問只存於教會之中,而教育權也操在教會手裏。古代教會中非無較高深的學問,然總不能全脱離宗教的意味。至於實用的知識技能,則是他們所看輕的,學校裏並不傳授。所謂詩、書、禮、樂:禮即宗教中所行的禮,樂即宗教中所用的樂,詩就是樂的歌辭,書大約是宗教中的記錄。在古代,歷史和宗教中的經典,也是分不開的。印度和我國西藏都是如此。古代學校中有所謂養老之禮,其儀式非常隆重。天子對於所養的老人,要自己割好了肉,捧著醬送去請他吃。吃了,還要自己斟酒,給他漱口,就因爲他是一個宗教中的長老,與不帶迷信色彩的師長不同。《禮記》上還有一篇,喚做《王制》。《王制》裏有一句說:"出征執有罪,反釋奠於學。"釋奠是一種祭祀之名。發兵出去,打了勝仗,回來却在學校裏去舉行祭禮,就可見古代學校不是一個學術機關,而其宗教意味極爲濃厚了。古書上說學校制度的地方很多,不能全說他是子虚烏有,然而從没見古書上記載一個人在學校裏學到了什麽知識技能,就是爲此。

　　然則古人没有應用的知識技能麽? 不然。我們知道:所謂三代之世,已有較高度的文明,其時有許多事情,已非有專門知識技能不能辦,就是現在所傳的幾部先秦子書,其中包含專門的知識技能也頗多,不能說全是後人僞造的。然則古人的知識技能,從哪裏來的呢? 這就是從宦之中得來。古人解釋宦字,有的說是學,有的說是仕;的確,這二者就是一事。因爲在古代,有些專門的知識技能,就是在辦理那件事的機關裏,且辦事且學習而得的,從其辦事的一方面說,就是仕;從其學習的一方面說,就是學。讀者諸君,總還有讀過《論語》的,《論語》的《先進篇》有一段,說:"子路使子羔爲費宰。子曰:'賊夫人之子。'子路曰:'有民人焉,有社稷焉。何必讀書,然後爲學?'"子路再魯莽些,也不會主張人不學就可以辦事。子路只是看重且辦事且練習,而反對不能直接應用的知識,和現在的人看重應用技術,而藐視高深學理一般。這就是重視宦而輕視學。漢時皇室的藏書,由劉向和他的兒子劉歆編成一部書目,謂之《七略》。班固《漢書》的《藝文志》,大部分就是抄録他的。他對於每一類的書,都有推論這種學問從何發源及其得失的話。其論先秦諸子之學,都以爲是出於一種官署,就是爲此。然則宦就是在機關中學習做公務員。公務員中,自然有出類拔萃,有學術思想的,就根據經驗,漸漸地成立一種學術了。

話越説越遠了,這和後世所謂太監者何干呢? 不錯,聽我道來。剛才所説的,只是宦的正格。譬如現在機關中正式辦理公務的公務員。現在機關中不有名爲公務員,而實在無事可辦;或者只是替長官辦理私事的麽? 在古代亦何嘗不是如此。所以秦始皇少年時,有一個人唤做嫪毐的,和他的母親奸通了,嫪毐自然闊起來了,於是"諸客求宦爲嫪毐舍人千餘人"。這句話,見於《史記》的《吕不韋列傳》裏。這所謂宦,哪裏是在什麽機關裏學習什麽公務?不過在他家裏做他的門客罷了,所以要稱爲舍人。嫪毐的舍人固然極一時之盛,然而古代的貴族,決不止嫪毐一個人有舍人。這種在貴族家裏做舍人的,都謂之爲宦。所以"宦"字又有一個訓釋是"養"。"養"字可從兩方面解釋。他們是他們主人的食客,是他們的主人養活他的,所以謂之養。亦可以説:他們是以奉養他們的主人爲職務的,所以謂之養。此等門客,皇帝名下自然也是有的,這便是所謂宦官。中常侍即宦官之一。在前漢時,並不一定都用閹割過的人,到後漢光武帝之後,才專用此等人。所以《後漢書·宦者列傳序》要説:中興之初,宦官悉用閹人了。

然則閹割的人是從哪裏來的呢? 説到這裏,又有一件有趣味而且又有些意義的事情。諸位知道刑字是怎樣講的呢? 在下發這個問,逆料諸位一定會説:刑字不過是懲罰的意思,所以把人拘禁起來,剥奪其自由,也是刑的一種。然而古代的刑字,却不是這樣講的。在古代,必須用兵器傷害人的身體,使之成爲不能恢復的創傷,然後可以謂之刑。"十三經"裏,有一部書,唤做《周禮》。《周禮》全是記古代所設的官及各官的職守的。其體例,極似明清時的《會典》。須知《會典》原是依據《周禮》的體例編成的。不但《會典》的體例是摹仿《周禮》,就是隋唐以後的官制,其大綱也是摹仿《周禮》制定的。《周禮》有天、地、春、夏、秋、冬六官,後世就摹仿之而設吏、户、禮、兵、刑、工六部。《周禮》的地官司徒,就是後世的户部,是管理人民的。治理地方的官,都屬司徒管轄。他們都可以治理獄訟。獄便是現在所謂刑事,訟便是現在所謂民事。然而他們所用的懲罰,只能到拘禁和罰作苦工爲止。如要用兵器傷害人的身體,那是要移交司寇辦理的,司寇便是後世的刑部,其長官稱爲司寇,寇是外來的敵人。聽訟之官謂之士,其長官謂之士師,師字的意義是長,士師就是士的長,士則本是戰士的意思。然則古代用兵器傷害人的肉體,使其蒙不可恢復的創傷，其根本，實在是從戰爭來的，不是施之俘虜，就是施之内奸。後來社會的矛盾漸漸深刻了，才有以此等懲罰施之於本族，用之於平時的。然而管理本族人民的機關裏，還是不能用。這一因其爲習慣之所無，一亦因此等施刑的器具及其技術，本非治理本族的機關裏所有，所以非把他移交到别一種機關裏不可。把現在的事情比附起來，就是從司法機關移交軍法審判了。古代有所謂五刑，都是傷害人的肉體的，便是墨、劓、荆、宮、大辟。墨是在臉上刺字；劓是割去鼻子；荆亦作臏，是截去足指；宮，男子是閹割，女子是把她關閉起來；大辟是殺頭，這是傷害人的生命的，和墨、劓、荆、宮又有不同，所以又稱爲大刑。五刑對於男子，都是傷害身體的，獨宮刑對於女子不然，不過是拘禁。這亦傷害肉體之刑，原起於軍事，因爲在軍事中，女子倘或做人俘虜，戰勝的人還要用來滿足性欲，所以不肯施以閹割，於是自古相傳閹割之刑，只對於男子有之。到後來，要將此刑施於女子，就只得代以不傷肉體的拘禁了。

傷害身體的刑罰，最初只施諸異族，或者内奸。所以較古的法子，是“公家不畜刑人，大夫不養”。這話亦見在《禮記·王制》上。因爲俘虜原來是敵人，内奸是投降異族的，也和敵人一樣，怕他們報仇之故。到後來傷害身體的刑罰，漸漸地施諸本族了，於是受過刑罰的人，其性質的可怕，就不如前此之甚，因此，就要使他們做些事情。《周禮》這一部書，從前有人説他是周公所做的，這是胡説。這部書所採取的，大概是東周以後的制度，時代較晚，所以受過各種刑罰的人，都有事情可做。而其中受過宮刑的人所做的事情是“守内”。因爲古代的貴族，生怕他的妻妾和人家私通，所以在内室裏要用閹割過的人。到後來，就有一種極下賤的人，雖未受過宮刑，而希望到貴族的内室裏去服役，就自行閹割，以爲進身之階了。宮刑，當隋文帝時業已廢除。自此以後，做内監的人，都是自行閹割的。漢時雖還有宮刑，然據《後漢書·宦者列傳序》裏説，當時的宦者，亦以自行閹割進身的爲多。後漢時的宦官，即專用此種人。自此以後，宦官二字，遂成爲此種人的專稱，失其本義了。

皇帝爲什麽會相信宦官呢？在歷史上，有少數是因其性多疑忌，以爲朝臣都要結黨營私；只有宦官，是關閉在宮裏，少和外人交接，結黨要難些；而且宦官是没有家室的，營私之念也要淡些；所以相信他的。然而這只是極少數。須知古來的皇帝，昏愚的多，賢明的少。這也並不是歷代的皇帝生來就昏愚。因爲人的知識，總是從受教育得來的。這所謂教育，並非指狹義的學校中的教育，乃是指一切環境足以使我們受其影響的。如此説來，皇帝所受的教育，可謂特別壞。因爲他終年關閉於深宮之中，尋常人所接觸到、足以增益知識的事情，他都接觸不到。所以皇帝若是一個上知，也僅能成爲中人；如其本系中人，就不免成爲下駟了。

　　皇帝是一個最大的紈袴子弟，要知道皇帝的性質，只要就紈袴子弟加以觀察，就可以做推想的根基了。紈袴子弟不是有的不肯和上等人交接，而專喜和奴僕攀談，且專聽奴僕的話麽？這是因爲他們的知識，只够聽奴僕的話，而且只有奴僕，本無身分，亦無骨氣，所以肯傾身奉承他們。歷代皇帝的喜歡宦官，其原因亦不過如此。但是有等人，因其所處地位的重要，其所做的事，往往會闖出大亂子來。譬如在前清末年，慈禧太后和光緒皇帝不和，這種情況若在民間，也闖不出多大的亂子。母子不和之事，我們在社會上亦是時時看到的。然在皇室之中，就因此而釀成“戊戌政變”、“庚子拳亂”種種關係大局之事了。歷代皇帝喜歡宦官，所以釀成大患，其原理亦不外此。

外　戚

　　宦官是後漢的亂源，這是個個人都知道的了，却不知道後漢還有一個亂源，那便是所謂外戚。什麼叫做外戚呢？外戚便是皇帝的親戚，俗話謂之國戚。其實這是不通的。皇帝是皇帝，國家是國家，如何好並做一談呢？但是君主專制時代的人，對於這個區別是不甚清楚的。所以皇帝的舅舅，就喚做國舅。

　　讀者諸君，不還記得《三國演義》上，有"何國舅謀誅宦豎"一回麼？何國舅便是何進。他是後漢少帝的舅舅，少帝名辯，是靈帝的兒子，正宮皇后何氏所生。靈帝不喜歡他，而喜歡後宮美人王氏所生的兒子，名喚協。不立正宮皇后的兒子做太子，却立後宮美人的兒子，在君主時代喚做"廢嫡立庶"，是違反習慣的，不免引起朝臣的諫阻，招致全國的批評，所以靈帝遲遲未能舉行。後來却一病死了。據歷史上説：靈帝是把後事囑托宦者蹇碩，叫他擁立協做皇帝的。當靈帝死的前一年，曾設立八個校尉。校尉是漢朝直接帶兵最高的官，就像現在的師長一般。凡校尉手下，都是有兵的。再高於校尉的將軍，却像現在的軍長一般，手下不一定有兵了。當時設立八校尉，其中第一個便是蹇碩。其餘七個校尉，袁紹、曹操，還有後來屬於袁紹、烏巢劫糧時爲曹操所殺的淳于瓊，都在其中。歷史上説其餘七校尉，都統於蹇碩。大約蹇碩是八校尉中的首席。以一校尉而兼統七校尉，其實權就像將軍一般，不過沒有將軍的名目罷了。大概因爲他是宦官，不好加他以將軍的稱號罷。然而其實權的不小，却可想見了。當時到底是靈帝因爲他有兵權，把廢嫡立庶的事囑托他？還是他因兵權在手，生出野心，想要廢嫡立庶，詐稱有靈帝遺命？我們現在也無從斷定。須知歷史上這類不知真相、難以斷定的事實，正多著呢。靈帝未曾廢嫡立庶，靈帝死後，一個宦官却出來幹這件事，無論其立心如何，在法律上總是毫無根據的，非靠實力不能解決。蹇碩雖是八校尉的首席，其餘七校尉未必肯聽他的命令。而且八校尉只是新設的兵。在京城裏還有舊有的兵呢。舊有的兵屬誰？那何進在名義上是大將軍，一切兵都該聽他的調遣的。漢朝離封建時代近，大家都有尊重貴族之心。國舅是貴族，容易得人擁護。宦者却是刑餘賤人，大家瞧不起的，無人肯聽他的命令。所以蹇碩在當時，要廢辯而立協，名義上既覺得不順，實力上，倘使爲堂堂正正的争鬥，亦決不能與何進敵，只有運用手段，把何進騙進宫裏去殺掉之一法。在宫外是大將軍的勢力大，在宫内却是宦官的勢力大，宫禁是皇帝所在，攻皇宫就有造反的嫌疑，這件事無人敢輕易做。蹇碩在當時，倘使真能把何進騙進宫殺掉，他的希望，倒也或許可以達到，至少是暫時可以達到的。苦於何進也知道他的陰謀，不肯進宫，蹇碩無法，只得聽憑辯即皇帝位。此即所謂少帝。蹇碩既未能廢立，就不過是一個宦者，他手下的兵，是既不足以作亂，也不能擁以自固的，就給何進拿下監，治以死罪。

當後漢時，宦官作威作福，天下的人民恨極了。當時的士大夫也都痛恨他。這時候，要誅戮宦官的空氣，自然極其濃厚。何進便想把專權得寵的宦官，一概除盡。然而宦官和太后是接近的，天天向太后訴苦。女人家的耳根是軟的。聽了他們的話，就不肯聽從何進的主張。何進無法，乃想調外邊的兵進京來威嚇太后。這樣一來，宦官知道事機危急，乃詐傳太后的詔旨，叫何進入宫。何進想不到這時候的宫内還會有變故，輕率進去，竟給宦官殺掉。宦官此等舉動，不知道是以爲無人敢犯皇宫呢？還是急不暇擇，並未考慮？總之，在此種情勢之下，還要希望人家不敢侵犯皇宫，就没有這回事了。這時候，袁紹的堂兄弟袁術，正受何進之命，選了兩百個兵，要去代宦官守衛宫禁。聽得這個消息，就去火燒宫門，攻擊宦官，宦官如何能抵敵？只得挾持少帝，逃到黄河邊上的小平津。有的爲追兵所殺，有的自己投河而死在京城裏。那袁紹此時，正做司隸校尉，是京城裏管緝捕督察的官，把他（們）盡數搜殺。宦官到此，算（被）一網打盡，然而西涼將董卓，亦因應何進之召，適於此時入京。西涼的兵是强的。董卓又是個粗暴的人，敢於妄作妄爲。進京之後，便專擅朝權。把少帝廢掉，而立協爲皇帝，這個就是漢獻帝。於是袁紹逃到東方。東方的州郡，紛紛起兵，討伐董卓。董卓就把洛陽燒毀掉，逃到西京長安。東方起兵的人，並無意於討伐董卓，各自占據地盤，互相争奪，天下就從此分裂了。

追源禍始，宦官固然不好，外戚也不是好東西。因爲外戚不好，後漢的皇帝總和宦官合謀誅戮他，宦官因此才得專權，而和外戚亦遂成爲不兩立之勢。積聚了許多次的衝突，最後一次，到底撞出很大的亂子來，其事就不可收拾了。所以外戚也不能不算是後漢的一個亂源。然則外戚到底是什麼東西呢？

我們現在，親戚二字是指異姓而言，古代却不然。戚字只是親字的意思。凡是和我們有血統上的關係的，都謂之戚。我們的血統是有父母兩方面的。父親的父母和母親的父母，父親的兄弟姊妹和母親的兄弟姊妹，和我們的關係，正是一樣，夫妻之間，妻對於夫之父母，和夫對於妻之父母，其關係也是一樣的。但是從父系家庭成立以來，父親一方面的親屬和我們是一家人，母親一方面的親屬却是兩家人。夫妻之間，妻是住在夫的家庭之內的，夫的家就是妻的家，妻的家却不是夫的家。凡在家庭團體以外的人，古人都於其稱謂之上，加一個外字，以示區別。所以母親的家庭，稱爲外家。母親的父母親，稱爲外祖父母。妻稱夫的父母爲舅姑，夫却稱妻之父母爲外舅外姑。外戚二字，正是一個意義，就是指不是一家的親屬。單用一個戚字，或用親戚兩字，則是指一個家族以內的親屬的。

古人對於血統有關係的人，親情特別厚，後世的人却淡薄了。世人都説：這是古代的人情厚，後世的人情薄。其實不然。親密的感情，是從共同生活而來的。所謂生活的共同，並不限於財産相共。凡一切事實上的關係都是。如幾個人共同經營一件事業，共同研究一種學問，都是生活有關係。所以現在同事或同學之間，感情會特別親厚。人類的團體，其範圍是愈擴愈大的。所以愈擴愈大，則其根源是經濟上的分工合作。譬如現在，上海木匠所用的材料，或者是江西、湖南等省販來的，或者是外國販來的。如此，上海的木材行，就不能不和江西、湖南等省的人有關係，甚而至於不能不和外國人有關係。各省或各國的人都可以做起同事來。既利害相同，又時時互相接觸，彼此之間，自然容易互相瞭解，而其感情自然也易於濃厚了。這是舉一事爲例，其餘一切都是如此的。古人則不然。其時交通不便，這一個部族和那一個部族，往往不相往來。事實上有關係和互相接觸的，都限於部族以內。親厚的感情，自然也限於部族以內了。古代同部族之中，大抵是血緣有關係的人。後人不知道其感情的親厚，由於當時人的生活局促於部族之內，誤以爲血緣有關係的人，其感情自然會特別親厚。遂以爲血緣有關係的人，其間另有一種天性存在，這真是倒果爲因。假如血緣有關係的人，其間自然而然會有一種天性存在，那麼，把小孩從小送入育嬰堂裏，爲什麼長大後，不會自然認得其父母呢？所以現在倫理上所謂天性，無不是事實所造成，根本沒有一件是生來就有的性質。讀者諸君一定要駁我，説別種性質都可以説是事實造成的,母愛怕不能這麼説罷? 不然,最初的人類如何能綿延到如今呢? 當時是沒有所謂社會習染的,最初的母親,如何會自動撫育其子女呢? 要問這句話,只要請你就動物試驗試驗。假如你家裏有雌猫,當他生小猫的時候,你試把他自己所生的取掉,換幾隻別一只猫所生的小猫給他,他一樣會把乳給他吃的。可見母猫的哺乳小猫,只是滿足它自己的哺乳欲,哺乳欲是並不限於自己所生的幼兒的。人類遠古的母親怕也是如此。以當時人類能力的薄弱,倘使個個母親都只肯撫育自己所生的子女,祇怕人類真不會綿延至於今日了。然而人類這一類倒果爲因的誤解,是非常之多的。既誤以爲血緣相近的人,其間有一種特別的天性,就以爲血緣相親近的人,在倫理上應當特別親厚,於是有國有家的人,也就要特別任用自己的親戚了。親戚分爲兩種:一種是父系時代自己家裏的人,後世謂之宗室。一種是母親家裏或者妻子家裏的人,後世謂之外戚。

倫理上的訓條只是一句空話。到實際上的利害和倫理上的訓條相衝突的時候,普通人是不會遵守訓條、不顧利害的。所以古人誤以爲宗室外戚和自己特別親厚,而把他們封了許多國,到後來,其衝突就起於宗室和外戚之間。因爲併吞人家的國,利益就大,也就顧不得什麼一家不一家,親戚不親戚。試看東周列國,互相吞併,其間哪一國不有同姓或者婚姻的關係呢? 然而直到漢朝,人心還没有覺悟。漢高祖得了天下,就把子弟及同姓分封了許多在外邊,而朝内之事,則專一付托吕后。諸位讀過《兩漢演義》麼? 韓信、彭越是何等樣利害的人? 爲什麼都會給吕后殺掉? 這不是漢高祖自己在外面跑,把京城裏一切政治都交付給吕后,才會這樣麼? 倘使吕后亦像別一朝太平時代的皇后,專門坐在宫裏,不管外事,能够忽然跳起來殺掉這兩個人麼? 可知後來吕后的臨朝稱制,事非偶然了。

一種不適宜的制度,人類是非經過長久的經驗,不會覺悟的。把宗室封建於外,後來要互相攻擊,甚而至於對天朝造反,這是從封建時代就積有很長久的經驗的。所以秦始皇併吞六國之後,已不肯再封建子弟。漢高祖雖不行其法,到景帝時吴楚七國造反之後,也就覺悟其制度之不可行,把所封的王國,地方都削小,政權也都奪去了。至於外戚秉政,足以貽禍,則其經驗較淺。因爲古代等級森嚴,諸侯是要和諸侯結婚的,和自己國内的大夫結婚,是個例外。所以古代國内,甚少外戚,自然不會撞出多少禍事來。所以在漢代,前漢爲外戚王氏所篡,後漢還是任用外戚。所用的外戚,没一個有好結果,然而一個外戚去,一個外戚又來。正和辛亥革命以前,一個皇帝被打倒,又立一個皇帝一樣。當一種制度的命運未至滅亡的時節，雖有弊病，人總只怪身居其位的人不好，而不怪到這制度不好。譬如我們現在，天天罵著奸商，却没有人攻擊商業制度一樣。

黃　巾

　　後漢的亂源，還有一個黃巾賊。黃巾賊的事迹，料來諸位都知道的了，用不著在下來談。在下却想借這機會和諸位談一談道教。

　　大家不都知道，在江西的龍虎山上，有一個張天師麼？這天師的稱號，從何而來？據《魏書·釋老志》説，是這樣的：當魏世祖時，有道士寇謙之，少修張魯之術，後來太上老君下凡，授以天師之位，據太上老君説：自從天師張陵去世，地上久已無修善之人。因爲寇謙之爲人好，修道誠，所以特將此位授給他的。然則張陵是第一位天師了。張陵是誰？便是三國時代割據漢中的張魯的祖父。

　　據《三國志》説，張陵是在四川的鵠鳴山中學道的。要學他的道的人，都要出五斗米，所以時人稱爲米賊。張陵的道，傳給他的兒子張衡，張衡又傳給他的兒子張魯，然而《後漢書·靈帝紀》説：中平元年(一八四)七月，巴郡妖巫張修反。注引劉艾説：張修替人治病，病好的給他五斗米，號爲五斗米師。《三國志·張魯傳》注引魏文帝所做的《典略》也説：靈帝時妖賊大起。在現在陝西省城一帶，就是漢朝人所稱爲三輔的地方，有駱曜。在東方有張角。在漢中有張修。張修之道，稱爲五斗米道。並沒有説起什麼張陵和張衡。張修和張魯都是益州牧劉焉手下的軍官，劉焉差他倆去奪取漢中的。既得漢中之後，張魯又將張修殺却，而併其衆。《典略》説五斗米道，本起於張修，張魯在漢中，因百姓相信張修的道，把他增加修飾的。倘使張魯之道，真係受之於其父祖，則三代相傳，歷時不爲不久，爲什麼魏文帝和他是同時代人，絕不提及其父祖？而且張魯是江蘇豐縣人。魏文帝説五斗米道和張角的太平道，大略相同，張角是巨鹿人，巨鹿是現在河北的寧晉縣；還有被孫策殺掉的于吉，是琅邪人，琅邪是現在山東的諸城縣；其地亦都在東方，爲什麼五斗米道獨出於四川？江蘇人跑到四川去傳道，固然不是沒有的事，爲什麼其道在四川又並無影響呢？《三國志》和《後漢書》的《劉焉傳》都説張魯的母親是懂得鬼道的，因此在劉焉家中進出，亦不説她的鬼道和她的丈夫張衡、公公張陵有何關係。然則張陵到底是怎樣一個人物，殊不可知。似乎張魯既據漢中之後，因人民信奉五斗米道，不能不行，而又不願意承認此道出於其仇敵張修；五斗米道既爲人民所尊奉，把來裝在自己的祖父和父親身上，至少在當時的環境裏是光榮的；而且三代相傳，則根柢深厚，又可以引起人民信仰之心；於是妄言其道出於父祖。然則張陵到底是怎樣一個人物，殊不可知，而後世自稱爲他子孫的人，居然代代以天師自居；歷代的政府，也居然多加以天師、真人等封號。倘使張陵有知，怕也要覺得出於意外罷？

替人治病，使人思過，給他符水吃，這是張修和張角相同的。就是于吉，也用符水替人治病的。然而他們的行徑，也有大不相同的地方。張角是要煽動人民造反，奪取天下的。他分遣弟子八人，傳道於四方。據《後漢書・皇甫嵩傳》説，相信他的人，青、徐、幽、冀、荆、揚、兖、豫八州都有。後漢時這八州，要包括現在江蘇、安徽、江西、湖南、湖北、山東、河南、河北八省。他的信徒有幾十萬人。他把他們部署爲三十六方。大方萬餘人，小方六七千。一朝事泄，他一個命令傳出去，這些信徒就同時並起了。他又謡言："蒼天已死，黄天當立。"這句話，《三國演義》上有，《後漢書》上也是有的。諸位讀了，一定要覺得奇怪，怎麽天會得死呢？也不過以爲草寇的説話，是不通的，不求甚解，一笑便置之罷了。其實不然。摇惑人爲的話，也是要人家懂得的。倘使沒有人懂，還造作他做什麽？就使造的人不通，這話又何能風行呢？

須知古人的見解，和今人不同。今人説天子，只是一句空話。古人説天子，則真當他是天的兒子的。這種思想起源很早。到漢朝時候，其迷信還未盡破除。諸位大概都知道漢高祖斬蛇起義這句話。這件事《史記》、《漢書》上是這樣説的：漢高祖夜行，前有白蛇當道，漢高祖拔劍斬之，高祖走過之後，又有人走過這地方，見有老嫗夜哭。問她爲什麽事情。她説：我的兒子被人家殺了。過路的人問她：你的兒子是什麽人？給什麽人殺掉？她説：我的兒子是白帝的兒子，現在給赤帝的兒子殺掉了。過路的人聽她這話奇怪，覺得她不老實，正要給些苦頭她吃，她却忽然不見了。這話自然是假造的。然而爲什麽要造這段話？就可見得當時的人有此思想，造出來足以摇惑人心了。什麽叫做赤帝、白帝呢？這正和張角所説的蒼天、黄天，是一個道理。把天和地當作整個的，天上只有一個總的天神，地下也只有一個總的地神，這是業經進化後的宗教思想，古人却不是這樣。古人所祭的地，只是自己所居住、所耕種的一片土地。這便是現在的社祭。所祭的天，也只是代表一種生物的功用。

農作物是靠著四時氣候的變化，才能够生長成熟的。古人看了這種變化，以爲都有一個天神在暗中主持著，所以有青、赤、白、黑四個天帝，青帝主春生，赤帝主夏長，白帝主秋收，黑帝主冬藏。春生、夏長、秋收、冬藏，都是要靠土地的，所以又有一個黄帝，以主土地的隨時變化。古人又很早就有五行的思想，把物質分成五類，那便是水、火、木、金、土。把五行來配五方和四時，則木在東方，屬春；火在南方，屬夏；金在西方，屬秋；水在北方，屬冬。這大約因春天草木生長；夏天炎熱，火的性質也熱；秋天草木都死了，其性質爲肅殺，而金屬是做兵器的；冬天寒冷，水亦是寒冷的，所以如此配合。至於土，則古人每以自己住居的地方爲中心，自然只好位置之於中央；其次序，自然在木火和金水之間了。

古人認爲天上的五帝，是應該依著次序來管理人間之事的。爲天下之主的，必須是天帝的兒子。所以朝代的更換，便是這一個天帝的子孫，讓位給那一個天帝的子孫。這就是所謂"五德終始"。所以我們看古史，往往説某一個帝王是以某德王，如以木德王、以火德王之類。五德終始又有兩種説法：一種是依相克的次序，木德之後該金德，金德之後該火德，火德之後該水德，水德之後該土德，土德之後又該木德的。一種是依相生的次序，木德之後該火德，火德之後該土德，土德之後該金德，金德之後該水德，水德之後又該木德的。在秦朝和西漢的前半期，是依著相克的次序。所以秦朝以周朝爲火德，自己爲水德，漢朝又自以爲土德。到西漢的末年，却改用相生之説了，於是以周朝爲木德，自己爲火德，而把秦朝去掉不算。後來魏文帝代漢，又自以爲是土德。張角説什麽蒼天、黄天，自然也是想做皇帝的，不過依相克的次序，應該説黑天已死，黄天當立；依相生的次序，應該説赤天已死，黄天當立；總不該説蒼天已死，黄天當立。不知道是張角另有説法呢，還是做歷史的人弄錯了一個字？不過他説到這一類的話，其有取漢朝而代之之心總是顯而易見的了。所以我説：張角是要煽動人民造反，奪取天下的。

至於張修，則其規模大不相同。據《三國志》和注引魏文帝《典略》説：他隔了若干里，就設立一個義舍，以便行人歇宿。又把米和肉置於其中，謂之義米肉。過路的人都可以按照自己的量吃飽。但是不能多取的，多取的鬼會罰他。他又禁酒。春夏則禁殺生。有小罪的人罰他修路一百步。如此，人民的經濟，頗可因之而寬餘。張魯據漢中，亦有二十餘年，始終未曾出兵争奪別的地方。後來曹操去伐他，他的意思還不願抗拒。可見其宗旨只要保守一地方，與民相安。

于吉又和張修、張魯不同。張魯雖無意於爭奪天下，擴充地盤，畢竟還帶過兵，打過仗。張修並還造過反。至於于吉，則大約是個文人，所以《三國志·孫策傳》注引《江表傳》說：他在現在的蘇州，設立精舍，這精舍乃是漢人讀書講學之處。他的被殺，《江表傳》和注所引的《搜神記》，說法亦有不同。《江表傳》說：孫策在城樓上聚會諸將賓客，于吉從樓下走過，諸將賓客有三分之二都下樓迎拜他。孫策大怒，說他搖惑眾心，使自己手下之人失掉君臣之禮，就把他捉起來。信奉于吉的人，都使家中的婦女去見孫策的母親，替他求情。諸將又連名請求孫策，要替他保全他性命。孫策不聽，竟把他殺了。《搜神記》說：孫策要乘虛襲擊許昌，帶著于吉同行，時適大旱，舟行困難。孫策一清早就自出督促。將吏却多在于吉處，不能依時聚集。孫策大怒，說他敗壞部伍，就把他綁在地上曬，叫他求雨，說午時以前得雨就赦他。果然大雨傾盆，大家以爲孫策要赦他了，孫策却竟把他殺掉。這兩說誰真誰假，連寫《三國志注》的裴松之，也不能決斷。依我看來，都未必確實。因爲《江表傳》說：諸將替他求情時，孫策說，你們不要信他。從前有個交州刺史交州是現在的越南地方，在唐以前，也是中國的郡縣。張津，就是相信這般邪道的，後來到底爲外夷所殺。據裴松之說：張津確是死在于吉之後的，就可見得《江表傳》的不確。至於《搜神記》說孫策要襲擊許都，依我看來，根本沒這一回事。這話另有一段考據，只好將來再談。現在假定我的說法是正確的，《搜神記》的話也是靠不住的了。但《江表傳》和《搜神記》，畢竟是離于吉年代不遠的人所做。他們想像中，以爲于吉是怎樣一個人，畢竟不會錯的，據他們的想像，則于吉是一個術士，或者也可以說是一個江湖醫生。他至多只能以幕友的資格隨軍，決不能帶兵打仗的。看孫策手下的諸將賓客如此信奉他，可見他專和闊人來往。和張角、張修、張魯等，專在小百姓面上做工夫的，又有不同。

須知宗教是有這三種：一種是在小百姓面上做工夫，而想煽動了他們，以圖大事的，如近代洪秀全所創的上帝教便是。一種亦是在小百姓面上做工夫，確有些勸人爲善的意思的。如波斯的摩尼教，在唐朝時候曾經輸入中國。後來被唐武宗禁止了，然而到宋朝時候，人民仍有信奉他的。其教徒都不吃肉，而且還要互相救濟，所以多有致富的，能維持一部分人的信仰。還有一種，則是專和上、中流社會中人交接的。如在距今十餘年以前，風行一時的同善社就是。這三件年代比較近的事，恰好和漢末的張角、張魯、于吉做一個比喻。

這種宗教，因其教理大都淺陋；而且既是宗教，總不免有些迷信的地方。

迷信這件事，是在本團體以內便被視爲神聖，在本團體以外就會被視爲邪道的。再加張角一類人，借此煽動人民以圖大事，就更被一般人所痛惡，要目爲邪教；而政府也要加以禁止了。然第三種不過可鄙，並不會有什麼大害。第二種可以説是有些益處的，只有第一種危險些。然而第一種的危險，實由於社會的不安，和宗教的本身並無多大關係。《後漢書·楊震傳》説：他的孫兒楊賜，在靈帝時位居司徒，曾上疏説張角所煽惑的全是流民。這件事，但懲治張角，是無用的。要令各地方的官吏把流民都送還本鄉。然後把太平道的頭目懲治幾個，其事就不勞而定了。可見得張角的能够發動人民，全由於社會的不安。宗教的本身並無多大力量。

還有，後世所謂道教，其根源，分明是出於張角、張修、張魯、于吉一班人的，和老子毫無相干，他們却都奉老子爲始祖。因爲老子這一派學問，古代稱爲道家，他們的教就稱爲道教；而且竟有稱佛道爲釋老的，如《魏書》的《釋老志》便是，這又是什麼道理呢？我説：這是因黃帝而牽及老子的。據《後漢書》説，張角所奉的道，稱爲黃老道，而《典略》説張修在漢中，並不置官吏，但令教中的祭酒治理百姓，祭酒要將老子的五千言教人學習。老子的五千言和張修之道有何關係，而要使人學習呢？原來秦漢時的方士，就是教秦始皇、漢武帝派人到海外去尋神仙、煉合丹藥服之以求不死的，都依附於黃帝。黃帝是沒有書的，老子却有五千言。黃老在秦漢時代是並稱的。張角、張修、張魯、于吉等的道術，本來和方士有相當的關係，就因黃帝而牽及老子，把老子的書來使人誦習了。反正是當他咒語念，管什麼意義合不合，念的人懂不懂呢？而老子，就這麼糊裏糊塗地被人牽去，作爲他們教中的始祖了。倘使老子地下有知，怕更要莫名其妙罷？

歷史和文學

　　講《三國志》，大家所最喜歡聽的是戰事。我現在説了許多話，一點戰事也沒有提到，讀者諸君一定要不耐煩了。且慢！戰事是可以講的，《三國演義》式的戰事，却不能講，因爲這根本是文學，不是歷史。文學固然有文學的趣味，歷史也有歷史的趣味。

　　充滿了離奇變幻的情節，使人聽了拍案驚奇，這是文學的趣味，但意義實在是淺薄的。因爲文學是刺激感情的東西，要求感情滿足，其勢不能使人多用心。所以演義一類的書，所説的軍謀和外交手段等，看似離奇變幻，神出鬼没，要是我們真肯用心，憑著事理想一想，就知道他所説的話，都極幼稚，只好騙小孩子罷了。

　　講歷史却不然。歷史上的事情，都是真實的。其中如軍謀和外交問題等，關係何等重大！應付這些問題的人，各方面都要顧到。而他們當日的環境，就是他們四面八方的情形，十分裏倒有八九分是我們現在不知道的。那麼，他們當日應付的手段，我們如何會瞭解？更何從批評其得失呢？

　　俗話説："旁觀者清，當局者迷。"這句話，只是旁觀者不負責任之辭，並不是真理。因爲當局者的環境，旁觀者總不能盡知。假如一個人對付一個問題要顧到三方面，而旁觀者只知道兩方面，那從旁觀者看起來，這個問題自然要好對付得多。在當局者，還要多顧全一方面，旁觀者所主張的辦法，他就決不能採用。在旁觀者看來，他的手段就很不高明，而要説他是一個迷者了。其實何嘗是如此呢？讀史的所以難，解釋古事、批評古人的所以不可輕易，其原因就在乎此。

　　然則史事根本無從説起了，還會有什麼趣味呢？不，聽我道來。古人的環境我們固然不能全知道，也不會全不知道，因而古人所做的事情，我們決不能全瞭解，也不至於全不瞭解。所以解釋古事、批評古人，也不是絕對不可以，不過要很謹慎，限於可能的範圍以內罷了。謹守著這個範圍，我們能説的話，實在很少。然在這些少的話中，却多少見得一點事實的真相。其意義，要比演義等假設之以滿足人的感情的，深長得多。滿足感情固然是一種快樂，瞭解事實的真相，以滿足求知的欲望，又何嘗不是一種快樂？所以有史學天才的人，聽了我的話，固然不會比聽《三國演義》乏味，就是通常人聽了我的話，也不一定會覺得乏味的。因爲歷史上有許多問題，原是普通的問題，人人能够瞭解的，學問的能够通俗化，其原因就在於此。

後 漢 的 地 理

現在要説三國時的戰事了,却還要請諸位耐煩一些,聽一聽東漢時地理的情形。東漢的行政區劃是分爲十三個州,十二個州各有一個刺史,又有一個州,則是屬於司隸校尉的。把現在的地方説起來,則

幽州　包括河北省的北部和熱河、遼寧兩省,還包括朝鮮半島的北部。因爲朝鮮在漢時,也是中國的郡縣。

冀州　河北省的南部。

并州　山西省的大部分、陝西省的北部和察哈爾、綏遠兩省的一部分。

涼州　大略是現在的甘肅和寧夏兩省。

青州　山東省的東北部。

兗州　山東省的西部和河南省的東北部。

豫州　河南省的東南部和安徽的江北。

徐州　山東的東南部和江蘇的江北。

揚州　江蘇、安徽的江南及江西、浙江、福建三省。

荆州　河南的西南部和湖南、湖北兩省。

益州　陝西省的南部和四川、雲南兩省。

交州　廣東、廣西兩省,還包括現在的越南。因爲越南在漢時,也是中國的郡縣。

司隸校尉　河南省的西北部、山西省的西南部、陝西省的中部。

漢朝的行政區劃,下級的是縣。這和後世的情形是一樣的,是官治的最下級。自此以下,就只有自治的機關,而没有官治的機關了。上級的是郡。郡的幅員,在中原繁盛之地,和前清時代的府差不多。縣的長官,户口多的稱爲令,少的稱爲長;郡的長官,稱爲太守;都是地方行政官。郡以上更大的區域稱爲州。每州有一個刺史,却是監察官而不是行政官了,所以他查察人家的失職與否,而自己並不辦事。而且所監察的專注重於太守,縣以下的事情,

即非其所問。

原來秦漢時代的縣,就是古代的一個國。諸位總還有讀過《孟子》的。《孟子》的《萬章下篇》說古代國家的大小,不是說"天子之地方千里,公、侯皆方百里,伯七十里,子、男五十里"麼?《漢書·百官公卿表》說:漢朝承襲秦朝的制度,每一縣的地方,大概是方一百里。我們讀《左傳》等書屢見當時的大國滅小國而以爲縣,而秦漢時的縣名,和古代的國名相同的很多,就可見古代之國被滅之後,在大國中仍成爲一個政治單位。春秋、戰國之世,次等國大約方五百里,如《孟子·告子下篇》所說,"今魯方百里者五"便是。大國則方千里,如《孟子·梁惠王上篇》所說,"海内之地,方千里者九,齊集有其一"便是。這其大小,就是《萬章篇》所說的天子之國了。所以孟子說梁惠王,說齊宣王,都希望他們行王政而王天下,因爲他們實在有這個憑藉。

在春秋以前,大國或次等國滅掉了別一國,大概都把它作爲自己國裹的一縣,直隸於中央政府,其上更無任何等級。戰國時的大國,才有在邊地置郡的,内地還没有什麼郡。郡的兵力比縣要充足些。所以戰國時,秦王派甘茂去攻韓國的宜陽縣,甘茂說:宜陽雖名爲縣,其實是郡,是不容易攻的。内地用不到很厚的兵力,所以各國都不設郡。到秦始皇滅六國,六國的人民都非心服,到處都有用兵力鎮壓的必要,所以把天下分做三十六郡,而郡就成爲普遍的制度了。所以郡的設立,根本就是爲鎮壓起見,並不是爲治理地方起見。

但是既不放心各地方的人民,怕其要反叛,縣的兵力不足鎮壓,而要設置了許多郡守,又怕郡守的權力太大了,於己不利,於是每郡又派一個御史去監視著他。到漢朝,皇帝不再派御史,而由丞相分派若干個史,出去監察各郡,這個史便稱爲刺史。刺史本非行政官,一個刺史監察幾個郡,只是辦事上一個分割的手續,並不是什麼行政區劃,所以其初並没有州的名目而稱之爲部。這部字,便是現在部分兩個字的意思。到後來才改稱爲州,但是名目雖改,其實權還是一樣。直到後漢靈帝時候,改刺史爲州牧,其實權才有變更的。改刺史爲州牧,前漢時就有此舉,但是不久又改回來了。

當時主張改刺史爲牧的人,議論是這樣的,他們說:刺史的責任在監察太守,可是他們的官位比太守小,他們的資格也比太守淺。政治上的秩序,是要使大官去治小官,不該使小官去治大官的。所以要把刺史改名爲牧,算做太守的上級官,用資格深的人去做。其實這話是錯的。監察和行政是兩個系統。監察一系的官吏,可以監察行政官,乃其職權如此,並非把其官位和所監察的官的官位,比較大小而定的。而在事實上,則行政官宜用資格較深的人,監察官宜用資格較淺的人。因爲行政有時候要有相當的手腕，而且也要有相當的技術，這是要有經驗然後才能够有的，所以要用資格深的人。至於監察官，則重在破除情面。要鋒銳，不要穩重。要有些初出茅廬的呆氣，不要閱歷深而世故熟。要他抱有高遠的理想，看得世事不入眼，不要他看慣了以爲無足爲怪。要他到處没有認得的人，可以一意孤行，不要交際多了，處處覺得爲難。把現在的事來説，學校裏初畢業的人，文官考試剛録取的人，宜於做監察官。在官場上辦過若干年事情的人，宜於做行政官。而且行政官和當地的人，總不能毫無聯絡。對於土豪劣紳等，有時雖明知其不好，也不容易專走方路，把他們盡情懲治的，因爲如此，他就要暗中和你爲難，使你緩急之際辦事棘手，有時爲害甚大。就是平時的政務，也不免要受他牽掣的。我前文説行政官必須要有些手腕，這也是其中的一端。至於監察官，則根本不辦什麼事情，不怕你掣肘。而且漢朝的刺史，只有一年一任，到你要和他爲難，他倒早已離開你這地方了。土豪劣紳的勢力，大抵只限於本地。要離開本地，趕進京，或者到別地方去和前任刺史爲難，是不容易的。所以漢朝刺史的制度，確有相當的價值。前漢時主張改刺史爲州牧的人，其議論實不得當。所以後來行之而不好，就不得不將舊制回復了。

但是到東漢末年，此論復起。主張的人，便是劉璋的父親劉焉。他的理由是四方多亂，非有資深望重的人不能鎮懾；而資深望重的人是不能使他爲刺史，而不得不改其名爲牧，以示隆重的。當時聽了他的話，便派了幾個資深望重的人出去做州牧。其餘不重要的去處，還是稱爲刺史。到後來，則一個人往往先做刺史，過了幾年，資格漸深，名望漸高，然後升爲州牧。論當時的情勢，有實力的人，無論稱爲刺史，或稱爲牧，其能霸占一地方，總是一樣。而且既占一地方之後，其勢也不得不升他做牧。但是有幾個人，其能霸占一地方，和州牧的制度也是有些關係的。譬如劉表，若非有州牧之制，他這種名望很高的人，或者就不會久任一州的刺史。又如他的名目只是刺史，在地位上比州牧要低些，或者他也要小心一些，有許多僭越的事情，根本就不敢做。所以把後漢末年的分裂，過分歸咎於州牧之制，是不對的；然而州牧之制，確也有相當的關係。據地自專，和中央政府反抗，是要有相當大的地盤的。從春秋以來，像後世一府這麼大的地方，就不足以爲輕重。所以和魯國差不多大小的國，如宋國、衛國、鄭國等，都不能和大國相抗，到秦漢之世，此等情形就更爲顯著。

諸位有讀過柳宗元的《封建論》的麼？他的《封建論》裏有一句説：漢朝

"有叛國而無叛郡"。這就因爲漢時的郡,只有後世一府這麼大,而漢初所封諸國,都兼五六郡之地之故。後漢末年,割據的人,大約都有一州或大於一州之地,也是爲此。後漢的十三州,大小是極不相等的。小的如青州、兗州,不過現在山東省的一半。大的如揚州、益州,都要包括現在的好幾省。這是因人口多則設治密,而當時的南方還未甚開發之故。所以翻開讀史地圖來看,吳國的地方並不小於魏,而實力却遠不如魏,就是爲此。

　　司隸校尉是前漢武帝所設的官。因當時有巫蠱之禍,使之督捕,是帶有非常時期的偵緝性質的。後來事過境遷,此等特殊性質漸漸消滅,乃使其監察數郡。在這一點上,其性質與刺史無異。所以後漢有十三州,中有一州不設刺史而即由司隸校尉監察。

董卓的擾亂

　　現在真要說起三國時的戰事來了。說起三國時的戰事來,第一個要提到的,便是董卓。董卓到底是怎樣一個人呢?

　　三國的紛爭,起於漢獻帝初平元年東方州郡的起兵討伐董卓。其時爲公元一百九十年。直到晉武帝太康元年,把東吳滅掉,天下才算統一。其時爲公元二百八十年。分裂擾亂的局面,共歷九十一年。政治上最怕的是綱紀廢墜。綱紀一廢墜,那就中央政府的命令不能行於地方,野心家紛紛乘機割據,天下就非大亂不可了。

　　專制時代的君主,雖然實際也無甚能力,然而天下太平了幾十年,或者幾百年,大家都聽中央政府的命令慣了,沒有機會可乘,決沒人敢無端發難。後漢時,離封建時代還近,尊君的思想極爲普遍。讀過書的知兵大員,雖然很有威望,兵權在手,也都不敢違犯中央的命令。黃巾雖然勾結很廣,起兵時聲勢浩大,幸而張角並非真有才略的人,一起兵,就被官軍撲滅了,其餘黨雖未能盡絕;黃巾以外,各地方的盜賊起義的雖然還不少,都是迫於饑寒,並無大志。倘使政治清明,再有相當的兵力輔助,未始不可於短期之內剿撫平定的。何進的死,雖然京城裏經過一番擾亂,恰好把積年盤據的宦官除掉了,倒像患外症的施行了手術一般。所以經過這一番擾亂以後,倒是一個圖治的好機會。而惜乎給董卓走進去,把中央的局面弄糟了,正給有野心要想割據的人以一個好機會。自此以後,中央政府就命令不行,政治上的綱紀全然失去了。所以論起漢末的分裂來,董卓確是一個罪魁禍首。

　　董卓初進京城時,也未始不想做些好事。當後漢桓、靈二帝時,宦官專權,曾誣指反對的人爲黨人。把他們殺的殺,治罪的治罪。最輕的,也都不准做官。這個在古時謂之錮,所以史家稱爲黨錮之禍。董卓初進京時,替從前受禍的人一一昭雪,而且還引用了一班名士。有名的蔡邕表字喚做伯喈的,便是其中的一個。他自己所喜歡的人,只做軍官,並不參與政治。倘使他真能聽這一班名士的話，約束手下的武人，政治也未始不可漸上軌道。苦於他其實是不懂得政治的人。一上政治舞臺，便做了一件給人家藉口的事。那便是廢少帝而立獻帝。在專制時代，無故廢立，那是怎樣容易受人攻擊的事啊！公忠體國之臣，固然皇帝不好，不敢輕於廢立。就是奸雄想要專權，甚而至於想要篡位的，也正利於君主的無用，何必要廢昏立明？歷代篡弒之事，能夠成功的，都在權勢已成，反對自己的人誅鋤已盡之後，哪有一入手便先做一件受人攻擊之事的呢？董卓的舉動如此，就見得他是一個草包了。

　　而他所以失敗之由，尤其在於不能約束兵士。當時洛陽城中，富貴之家甚多，家家都有金帛。他就放縱兵士，到人家去搶劫。還要奸淫婦女。有一次，他派兵到洛陽附近的地方去。這地方正在作社，中國民間最重的是社祭，就趁這時候，舉行種種宴樂、游戲等事，謂之作社。人民都聚集在社廟附近。他的兵，就把男人都殺掉。再搶了他們的車，把所殺的人頭挂在車轅上，載其婦女而還。這件事，《三國演義》上也曾說及的。《三國演義》的話，有些固然靠不住，有些卻是真的。這件事，正史中的《後漢書》上也有，並非寫《三國演義》的人冤枉董卓。他的軍隊如此，就連京城裏的秩序都不能維持，還說得上收拾天下的人心麼？無怪東方州郡要起兵討伐他了。

　　東方的兵一起，董卓的所作所爲，就更不成話了。他的兵雖也相當的强，然而名不正，言不順。而且東方州郡的兵，聲勢浩大，也不易力敵的。於是想到從洛陽遷都長安。一者路途遥遠，且有函谷關函谷關，本在今河南的靈寶縣，漢武帝時，東移到現在河南的新安縣。這是從河南到陝西一條狹路的東口。現在的潼關，是其西口。之險可守，東方的兵不容易到。二者董卓是西涼人，所用的是西涼的兵，長安離他的老家近些。這還可說是用兵的形勢不得不然。然而遷都也有遷法。他卻令手下的兵，逼著人民遷徙。當時洛陽居民共有數百萬人，互相踐踏。也有餓死的，也有遇著搶劫而死的，死尸堆滿在路上。他自己帶兵，仍留在洛陽附近。一把火，把皇宮、官署、民居都燒毀了。二百里內更無人迹。他又使呂布把漢朝皇帝和官員的墳，都掘開了，把墳中所藏珍寶取去。你想這還成什麼行爲？無怪批《三國演義》的人，要説他是强盜行徑，不成氣候了。

　　當時東方的兵，如果能聲罪致討，這種無謀的主帥，這種無紀律的軍隊，實在是不堪一擊的。至多經過一兩次戰事，就平定了。苦於這些州牧、郡守，都只想占據地盤，保存實力，沒有一個肯先進兵。其中只有曹操，到底是有大略的人。他雖然是個散家財起兵，本來並無地盤的，倒立意要成就大事，替義兵當時稱東方討伐董卓的兵爲義兵。畫了一個進取之策。諸人都不聽，曹操就獨自進兵。董卓的兵力是相當强的。合衆諸侯的力量以攻之，雖然有餘，單靠曹操一個人的力量，自然不夠。兵到滎陽，現在河南的滎澤縣。就給董卓的部將徐榮打敗。然而曹操的兵雖少，却能力戰一天。徐榮以爲東諸侯的兵都是如此，也就不敢追趕。

這時候，董卓的兵似乎勝利了，却又有一個孫堅，從豫南而來。孫堅是做長沙太守的。漢朝時候，湖南還未甚開闢，長沙僻在南方，與中原大局無甚關係。倘使做太守的是一個苟且偸安的人，大可閉境息民，置境外之事於不問。孫堅却是有野心的。他聽得東諸侯當時稱東方的州牧、郡守爲東諸侯，乃是沿用封建時代的舊名詞。起兵討卓，也就立刻起兵。路過荆州、南陽，把刺史太守都殺了。前到魯陽，這就是現在河南的魯山縣，爲從南陽到洛陽的要道。這時候，袁術因畏懼董卓，屯兵在此，便表薦孫堅做豫州刺史。孫堅向北進兵，也給徐榮打敗。明年，孫堅收兵再進。董卓使呂布、胡軫去拒敵。二人不和，軍中無故自亂。給孫堅打敗，把他的都督華雄殺掉。華雄明明是被孫堅所殺的，《三國演義》却説他被關公所斬，這就是演義不可盡信之處了。於是孫堅進兵，離洛陽只有九十里，董卓自己出戰，又敗。乃留兵分屯關外，自己也退到長安。

董卓這時候，大抵是想雄據關內，看東諸侯的兵將怎樣的。果然東諸侯心力不齊，不能進兵。孫堅進到洛陽，修復了漢朝皇帝的墳墓，也就無力再進了。而且這時候，洛陽業已殘破，不能駐兵。只得仍退到魯陽。倘使這時候，董卓的所作所爲，成氣候一些，確也還可以據守關內。無如他的所爲，更不成氣候了。他在關中的郿縣造了一個塢。據《後漢書》説：高厚各有七丈。《後漢書注》是唐朝的章懷太子唐高宗的兒子，名字喚做賢。做的。據説其時遺址還在，周圍有一里一百步。他在郿塢中，堆積了三十年的糧食。説："事成雄據天下，事不成，守此也足以終身了。"你想：亂世的風波，多著呢，險著呢，哪有這種容易的事？而且他一味暴虐，不論文官武將，要殺就殺。於是再沒有人歸心他。再到明年，就是漢獻帝的初平三年（一九二），就給王允、呂布合謀所殺。這件事的大概，料想諸君都知道的，不必細講了。

董卓雖死，朝廷却仍不能安靜。事緣董卓雖死，他手下的軍隊還多著呢，都沒有措置得妥帖。排布這件事，是要有些政治手腕的。王允雖然公忠，手腕却缺乏。沒有下一道赦令暫安他們的心，然後徐圖措置。當時董卓的女婿牛輔，屯兵在現在河南的陝縣，呂布既殺董卓，派李肅到陝縣，要想借皇帝的命令，殺掉牛輔。這如何辦得到？於是李肅給牛輔打敗了。呂布便把李肅殺掉。這其實也是冤枉的。牛輔心不自安。有一次，營中的兵，有反去的。輔以爲全營都反，取了金寶，帶著親信五六個人逃走，他的親信又垂涎他的金寶，把他殺掉，將頭送到長安。他的部將李傕、郭汜、張濟等，本來是去侵略現在河南省的東南部的，回來之後，軍中已無主將。又聽得謠言說：京城裏要盡殺涼州人。急得沒有主意，想各自分散，逃歸本鄉。當時有一個討虜校尉，名喚賈詡的，也在軍中，對他們說道：你們棄衆單行，一個亭長，漢時十里一亭，亭有長，亦主督捕盜賊。就把你們綁起來了。不如帶兵而西，沿路收兵，替董卓報仇。事情成功了，還怕什麼？不成，到那時再想法逃走，亦未爲晚。一句話點醒了李傕等，就照著他的話行。大約當時想亂的人多了，沿路收兵，居然得到十幾萬。就去攻長安城。十天工夫，把城攻破了。呂布戰敗逃走，王允給他們殺掉。於是長安爲李傕、郭汜所據。張濟仍分屯於外。李傕、郭汜的不成氣候，自然也和董卓一樣的。縱兵到處搶劫。當時長安附近，人民還有幾十萬家，因此窮到人吃人。兩年之間，幾乎死盡了。後來李傕、郭汜又互相攻擊。李傕把漢獻帝留在營中，做個質當，却派公卿到郭汜營中講和。郭汜便把他們都扣留起來。幸得張濟從外面來，替他們講和，漢獻帝才得放出。

　　獻帝知道在李傕、郭汜等勢力範圍之下，總不是一回事。派人去請求李傕，要東歸洛陽。使者來回了十趟，李傕才答應了。獻帝如奉到赦令一般，即日起行。此時護衛獻帝的：一個是楊定，乃董卓部將；一個是楊奉，本來是白波賊白波，谷名，在今山西汾城縣。白波賊，是在白波谷地方做强盜的。帥，後來做李傕部將，又反李傕的；一個是董承，是牛輔的部將。走到華陰，有一個帶兵的人，喚做段煨的，把獻帝迎接入營。

　　段煨的爲人，是比較成氣候一點的，却和楊定不合。楊定就說他要造反，發兵去攻他的營。恰好李傕、郭汜把皇帝放走了，又有些懊悔，乃合兵去救段煨。楊定逃奔荆州。獻帝乘機脱身。而張濟又和楊奉、董承不合，和李傕、郭汜合兵來追。楊奉、董承大敗。乃詐與李傕等講和，而暗中招白波帥李樂、韓暹、胡才等和南匈奴的兵來，把李傕等打敗。李傕等合兵再來，楊奉、董承等又敗。乃逃過黃河，暫住在山西安邑縣地方。韓暹又和董承相攻。董承逃奔河內，就是現在河南的武陟縣。河內太守張楊，叫他到洛陽去，把宮室略爲修理，發兵迎接獻帝，回到洛陽。此時洛陽城中，房屋都沒有什麼了，到處生著野草。百官都住在頹墻敗壁之間。有的自出樵采，有的竟至餓死。在洛陽護衛獻帝的，是董承、韓暹兩人。他倆依舊不和。董承暗中派人去喚曹操進京，以後的大權，就歸於曹氏了。

　　我們總看，從董卓入洛陽以後，到獻帝遷回洛陽之時，漢朝的中央政局，可說全是給董卓和他部下的人弄壞的。這件事，別有一個深遠的原因在內。我們且看蔡文姬的詩：

> 漢季失權柄，董卓亂天常。志欲圖簒弒，先害諸賢良。
>
> 逼迫遷舊邦，擁主以自强。海內興義師，欲共討不祥。
>
> 卓衆來東下，金甲耀日光。平土人脆弱，來兵皆胡羌。
>
> 獵野圍城邑，所向悉破亡。斬戮無孑遺，尸骸相撑拒。
>
> 馬邊懸男頭，馬後載婦女。長驅西入關，回路險且阻。
>
> 還顧邈冥冥，肝脾爲爛腐。所略有萬計，不得令屯聚。
>
> 或有骨肉俱，欲言不敢語。失意機微間，輒此斃降虜。
>
> “要當以亭刃，我曹不活汝。”這十個字，是西涼兵罵俘虜的話。
>
> 豈復惜性命，不堪其詈罵。或便加捶杖，毒痛參並下。
>
> 旦則號泣行，夜則悲吟坐。欲死不能得，欲生無一可。
>
> 彼蒼者何辜？乃遭此危禍。

蔡文姬名琰，就是蔡邕的女兒，是後漢時的一個才女。這一首詩，寫盡了西涼兵野蠻的情形。看了“來兵皆胡羌”一句，可知當時西涼兵中，夾雜了許多異族。原來羌人的根據地，本在今甘肅東南部。戰國時，才給秦國人趕到黃河西邊。羌人就以今青海省城附近大通河流域爲根據地。西漢時，中國又經開拓，羌人又逃向西邊去了。到王莽末年，乘中原內亂，又渡過大通河來。後漢初年，屢次反叛。中國把他打平了，都把降衆遷徙到內地。一時來不及同化。又貪官污吏、土豪劣紳都要欺凌剥削他們，於是激而生變。從安帝到靈帝，即大約從公元一○七年起到一七六年，七十年之間，反叛了好幾次。中國這時候政治腐敗。帶兵的人都無意於打仗。地方官則爭先恐後，遷徙到內地。涼州一隅，遂至形同化外。後來表面上雖然平定，實際亂事還是時時要發動的。

羌人的程度本來很低。他的反叛全是原始掠奪性質。胡本來是匈奴人的名稱。後來漢朝人把北邊的異族都稱爲胡。其初，還稱匈奴東方的異族爲東胡，西方的異族爲西胡或西域胡。再後來，便把西字或西域字略去，竟稱之爲胡了。這一首詩中“來兵皆胡羌”的胡字，大約是西域胡，也是野蠻喜歡掠奪的。而中國人和這一班人打仗打久了，也不免要傳染著他們的氣習。所以當時的西涼兵野蠻如此。帶兵的人就要約束，又從何約束起呢？況且董卓自己也是這樣的。《後漢書》上說：他有一次到郿塢去，漢朝的官員替他送行。他將投降的幾百個人，即在席間殺害。先割掉他們的舌頭，再斬斷他們的手脚,再鑿去他們的眼睛,然後用鍋子來煮。這些人要死不得死,都宛轉杯案之間。大家嚇得筷子等都丢掉了,董卓却飲食自如。他的性質如此,又怎會約束他手下的人呢? 他的這種性質,是哪裏來的?《後漢書》説他"少游羌中,盡與其豪帥相結"。可見董卓的性質,有一半被外國人同化了。不但董卓如此,他的部將和他的兵,怕大都如此。後來"五胡亂華"時,有一大部分人還是帶著這種性質的。可見後漢時西涼兵的擾亂,並不是一個單純的政治問題,其中實含有很深遠的民族問題、文化問題在内了。

曹操是怎樣強起來的

　　董卓劫遷獻帝之後，東方州郡既無人能跟踪剿討，自然要乘機各據地盤了。當時的南方還未甚發達，在政治上的關係也比較淺。北方，洛陽殘破了。從函谷關以西，則還在董卓手裏。所以龍爭虎鬥，以幽、并、青、冀、兗、豫、徐七州和荊、揚兩州的北部爲最利害。這就是現在的山東、山西、河南、河北四省，及江蘇、安徽、江西、湖北四省中江、漢、淮三條大水沿岸的地方。

　　當靈帝末年，做幽州牧的是劉虞。他是漢朝的宗室。立心頗爲仁厚，居官甚有賢名，頗得百姓愛戴。然實無甚才略。幽州有個軍官喚做公孫瓚，性情桀驁，而手下的兵頗強，自然不免有些野心。不過當政治上秩序未大壞時，還不敢公然反抗罷了。到董卓行廢立之後，情形又有不同。獻帝既係董卓所立，在專制時代的皇位繼承法上，自不能算做正當。討伐董卓的人，自然有不承認獻帝的可能。於是袁紹和冀州牧韓馥聯合，要推劉虞做皇帝。劉虞是沒有實力的人，假使承認了，豈非自居叛逆，甘做他人的傀儡，所以堅決不受。反派人到長安去，朝見獻帝。獻帝正爲董卓所困，想要脫身而無法。見劉虞的使者來，大喜。此時劉虞的兒子劉和，還在長安做官。獻帝就叫他回見父親，密傳詔旨：令劉虞派兵來迎。劉和不敢走函谷關大路，打從現在商縣東面的武關出去。這時候袁術因懼怕董卓，帶兵駐扎在南陽。恰好孫堅自長沙帶兵而北，把南陽太守殺掉，袁術就趁此機會，把南陽占據起來。迎接皇帝，是一件大有功勞，而且存心要想專權，也是一件大有希望的事。有此機會，袁術如何肯讓劉虞獨占。劉和經過其境，袁術便把他留下，派人去告訴劉虞，叫他派兵來和自己的兵會同西上。劉虞果然派了幾千個馬兵來，就叫劉和統帶。這事倘使成功，劉虞的名望地位豈不更要增高，公孫瓚要把他推翻就難了。所以公孫瓚力勸劉虞不可派兵。劉虞不聽。公孫瓚便串通袁術把劉和拘留起來，而把劉虞所派的兵奪去。這是董卓劫遷獻帝以後，關於帝位問題，當時幾個有兵權和地盤的人勾心鬥角的一幕。因其事情沒有鬧大，讀史的人都不甚注意,把它淡淡地讀過了。其實此項陰謀,和當時東方兵爭序幕的開啓,是很有關係的。

公孫瓚串通袁術,把劉和拘留起來,劉虞派去的兵奪掉,既阻止劉虞迎駕的成功,又可和袁術相連結,他的陰謀似乎很操勝算了。於是志得意滿,以討伐董卓爲名,帶兵侵入冀州,要想奪韓馥的地盤。韓馥如何能抵敵?誰知螳螂捕蟬,黃雀又隨其後。鷸蚌相持,漁翁得利,反替袁紹造成了一個機會。此時袁紹正因董卓西遷,還軍河北,便乘機派人去游説韓馥。韓馥乃棄官而去,把冀州讓給袁紹。袁紹的高、曾、祖、父都是做漢朝的宰相的,所謂"四世三公",後漢是以司馬、司徒、司空算相職的。歸心於他的人很多。其才能,比之韓馥,自然也要高出幾倍。公孫瓚要占據地盤不得,反而趕去了無用的鄰居,換了一個強敵來。世界上的事情,正是變化多端,不由得人打如意算盤了。

袁紹和公孫瓚地勢逼近,自然是要想互相吞併,不會合式的。袁術和公孫瓚連結,對於北方也有一種野心。平空跳出一個袁紹來,這種野心不免要受一個打擊。自然要和袁紹不對,顧不到什麼弟兄不弟兄了。曹操和袁紹是討卓時的友軍。當羣雄初起之時,各人都怕兵力不够,總想多拉幫手。不是利害真相衝突之時,總要戴著假面具,互相利用。這是當時曹操、劉備、呂布等所以內雖不和,而當人家窮困來投奔時,總要假意敷衍,不肯遽行決裂的原因。袁、曹初時的互相提携,理由亦不外此。此時兗州北境,適有亂事,本來的地方官不能平定。曹操帶兵去把他打平了。袁紹就表薦他做東郡太守。治東武陽,在今山東朝城縣西。此事在漢獻帝的二年。明年,青州黃巾攻入兗州。兗州刺史劉岱爲其所殺。濟北濟北國,在今山東長清縣南。相鮑信是最賞識曹操的,就勸劉岱手下的人共迎曹操爲兗州牧。此時黃巾聲勢浩大,曹操和鮑信進兵討伐,鮑信力戰而死。曹操到底把黃巾打破。黃巾投降的共有三十多萬人。曹操把他精鋭的留下,編成軍隊,稱爲青州兵。這些都是百戰的悍賊。於是曹操不但得兗州爲地盤,手下的軍隊也比較精強了。

南陽在後漢時,也是荆州的屬地。這時候的荆州刺史是劉表,已從今湖南境內遷徙到湖北的襄陽,和中原之地接近了,和南陽勢尤相逼。孫堅也是個沒有地盤的人,屯扎在河南魯山縣境內。袁術就表薦他做豫州刺史,和他互相聯結,要想奪劉表的地盤。這樣一來,袁紹就要和劉表聯結。而徐州和兗州是相接境的。徐州可以吞併兗州,兗州也可以吞併徐州。徐州牧陶謙,照《三國演義》上看來,是一位好好先生,這個不是真相。他雖無才能,而亦頗有野心。青州刺史田楷,則本係公孫瓚的人。當時的鬥爭,遂成爲冀州的袁紹、兗州的曹操、荆州的劉表站在一條綫上，幽州有實權的公孫瓚、寄居荆州境内的袁術和豫州的孫堅、徐州的陶謙站在一條綫上的形勢。劉備是以討黄巾起兵的，後來跟隨公孫瓚。公孫瓚薦他做平原今山東平原縣。相。平原屬於青州，常做田楷的幫手，所以也在公孫瓚、袁術戰綫之内。

兩個集團開始鬥爭，袁術和公孫瓚一方面是失敗了。公孫瓚進兵攻袁紹，既爲所敗。即《三國演義》所謂袁紹磐河戰公孫。據《演義》上看，似乎兩軍無大勝敗，實在是公孫瓚敗的。袁術使孫堅攻劉表，雖然戰勝，圍困襄陽，然孫堅的用兵太覺輕率，因單馬獨出，被劉表的軍士射殺了。劉表就進兵截斷袁術的糧道。此事在漢獻帝的四年。前一年，公孫瓚已經發動劉備和陶謙，進兵山東西北境，以逼袁紹。給袁紹、曹操聯合打敗。至此，袁術又自己帶兵到現在豫東的陳留，又給曹操打敗了。袁術逃到九江。漢朝的九江郡，在現在安徽的壽縣，也就是揚州刺史的治所。袁術逃到九江之後，將揚州刺史殺掉，把其地占據起來。壽春雖然是東南重要的都會，其勢離北方已經遠一步了。陶謙却在此時發動大兵以攻曹操，和下邳在今江蘇邳縣境内。地方自稱天子的闕宣聯合，攻取了山東的泰安、費縣，進逼濟寧。

這一年秋天，曹操進攻陶謙，連破了十幾座城池。明年夏又繼續進攻，直打到徐州東境。曹操的攻陶謙，《後漢書》和《三國志》都説他是要報父仇。這句話是不確的。曹操的父親名曹嵩，是沛國譙縣人。漢朝的譙縣就是現在安徽的亳縣。他被殺的情形：《三國志·魏武帝本紀》説："董卓之亂，避難琅玡，爲陶謙所害。"《後漢書·陶謙傳》則説他避難琅玡，陶謙的別將部將離開主將，自帶一支兵駐扎在外面的，謂之別將。有守陰平的，士卒貪他的財寶把他襲殺。這兩説須互相補充，纔覺得完全。曹嵩避難的琅玡，該是現在山東諸城縣東南的琅玡山。後漢有琅玡郡，在今山東臨沂縣北。董卓之亂，亳縣並沒有受影響。曹嵩所以要避難，乃因曹操起兵以討董卓之故。這是避人耳目，並非逃避兵災，所以要躲在山裏。漢朝的陰平縣，在現今江蘇沭陽縣西北，其地離琅玡山頗近，所以守陰平的兵會把曹嵩殺掉。《後漢書》沒説出曹嵩避難的原因。《三國志》則沒有説明殺害曹嵩的主名。所以我説：二説要互相補充，纔覺得完全。至於《三國演義》之説，則出於《三國志》注引《世語》，《世語》説曹嵩的被害，在泰山、華縣之間。漢朝的泰山郡，就是現在山東的泰安縣，華縣就是費縣，大約因陶謙曾奪取其地，所以有此傳訛，其説全不足信了。然則曹嵩確係陶謙部將的兵所殺。

做主將的固然有約束部下的責任，然亦只到約束爲止。部將的兵殺人，要主將負約束不嚴以外的責任，也是不合理的。所以因曹嵩被殺，而曹操聲言向陶謙報仇，理由並不充足。不過師出無名，以此作一個借口罷了。可見得當時用兵的人，論其實際，無一個不意在擴充地盤了。

曹操這一次的用兵，是頗爲殘暴的。《三國志》謂其“所過多所殘戮”。這個不像曹操做的事情。大約這時候，曹操的兵，係以收編的青州黃巾爲主力。其人本係强盜，所以難於約束。然戰鬥力頗强，所以袁術、劉備、陶謙都非其敵。倘使竟吞併了徐州，則曹操以一人而坐擁兩州，形勢就更强了。不意忽然跳出一個呂布來。呂布從長安逃出來之後，就去投奔袁術。袁術很敷衍他。而呂布手下的軍隊很無紀律，專事抄掠。袁術就有些難於容留他。呂布覺得不安，逃到現在河南的武陟縣，去靠河內太守張楊。這時候，長安懸掛賞格，緝拿呂布很急。呂布怕張楊手下的人要謀害他，又逃去投奔袁紹，幫助袁紹攻擊常山裏的强盜張燕。呂布的武藝是頗爲高强的。他手下的軍隊亦頗精練，而馬隊尤其得力。平話中叙述兩軍爭戰，大都是將對將厮殺，而兵對兵相厮殺似乎無甚關係。這固然不是事實。然將對將相厮殺，而其餘的兵士看著不動，前代亦偶有其事。不過不像平話中所説，以此爲決定勝負的要件罷了。像《三國志·呂布傳》注引《英雄記》，説李傕、郭汜攻長安時，郭汜在城北，呂布開門迎敵，對郭汜説：“咱倆可約退兵馬，一決勝負。”郭汜聽了他的話，被呂布用矛刺傷。郭汜的從兵，前來解救。二人乃各自退去。就是一個將對將決鬥的例子。這大約是古代戰爭規模很小時，所遺留下來的規律。呂布能刺傷郭汜，可見其武藝確較郭汜爲高强。此等個人的勇力，固然不是戰爭時決定勝負的惟一條件。然主將能冲鋒陷陣，確亦足以引起士卒的勇氣。

《三國志·呂布傳》説他有良馬，唤做赤兔。攻張燕時，常和其親近將校衝鋒陷陣，因此得把張燕的兵打破。注引《曹瞞傳》説，當時的人有句口頭話，説“人中有呂布，馬中有赤兔”。到後來，呂布被曹操擒獲時，他對曹操説：“你所怕的人，也没有超過我的。現在我已經服你了。倘使你帶了步兵，我帶了馬兵，天下不足定也。”他做了俘虜，還説得出這幾句話，可見他馬隊的精强，確非虛語了。兵在精而不在多，曹操的青州兵，以禦陶謙、袁術、劉備等久疏戰陣、烏合湊集的兵，據《三國志·先主傳》劉備離田楷歸陶謙時，只有兵一千多人。此外便是雜胡騎及略得的饑民等。雖然有餘，以當呂布的兵，確乎是遇著了勁敵了。然而呂布生平，也到處吃軍隊不守紀律的虧。他在袁紹處便因此而站不住脚。再想投奔張楊，路過陳留，却一時交到好運。

陳留太守張邈，是和曹操最有交情的人。曹操的起義兵討董卓，張邈就是最先贊助他的。這時候，曹操東征徐州，還對家屬說："我如其死了不回來，你們可以去依靠張邈。"其交情深厚如此。陳宮也是曹操的親信。曹操本來是以東郡太守發迹的。這時候東征陶謙，陳宮却留守東郡，其爲親信可知。不知如何，兩個人却反起曹操來了。《三國演義》説曹操借獻寶刀爲由，要想刺死董卓，未能成功，情虛脱逃。董卓行文各處捕拿他。這時候，陳宮正做縣令。曹操於路爲其所獲。陳宮密問，知其用意，感其忠義，棄官與之同逃。路過曹操故人呂伯奢家，同往投宿。伯奢殷勤招待，自己出去買酒，吩咐家人預備肴饌。曹操心虛，聽得厨下磨刀之聲，疑其有不良之心。再聽，又聽得裏面説道："縛而殺之可乎？"曹操説："是了。"就和陳宮拔劍入内，把呂伯奢家人一齊殺死。直殺到厨下，見綁著一隻豬。陳宮説："孟德心多，誤殺好人了。"兩人只得匆匆起行。路遇呂伯奢買酒回來，曹操又把他殺掉。陳宮大駭。曹操説："寧可我負天下人，不可使天下人負我。"陳宮聞言，惡其狠心毒手，乘曹操熟睡後，要想把他殺掉。再一想，這也不是事，就棄了曹操而去。這是演義上妝點附會的話。

董卓廢立後，曹操改變姓名、棄官東歸是有的，却並非因獻刀行刺。王允、呂布合謀誅殺董卓，還不能禁李傕、郭汜的造反，以致長安失陷。單刺死了一個董卓，又將如何呢？曹操路過中牟縣，今河南中牟縣。爲亭長所疑，捉住送到縣裏。有認得他的人，把他釋放了，這事情也是有的。然縣令並非陳宮。又曹操過成皋今河南汜水縣。時，到故人呂伯奢家，把他家裏的人殺掉，則見於《三國志》注引《魏書》、《世語》及孫盛《雜記》。《魏書》説曹操帶數騎到呂伯奢家，伯奢不在。他的兒子要和賓客没有親族關係，也够不上算朋友，而寄食人家的謂之賓客。文的如門客，武的如上海的老頭子家裏養活幾個白相人，都可以謂之賓客。打劫曹操的馬和行李。"曹操手刃擊殺數人。"《世語》説伯奢不在，他的五個兒子殷勤招待曹操，而曹操"疑其圖己，手劍夜殺八人而去"。《雜記》説曹操"聞其食器聲，以爲圖己，遂夜殺之，既而凄愴曰：寧我負人，無人負我。遂行"。這件事的真相未知如何。然曹操本來是有些武藝的，《三國志·魏武帝本紀》引孫盛《異語》，説曹操"曾私入中常侍張讓室。讓覺之，乃舞手戟於庭，逾垣而出"。漢朝離戰國時代近，戰國以前本來道路不甚太平。走路的人要成羣結隊，帶著兵器自衛。居家的人亦往往招集徒黨，做些打家劫舍，或打劫過往客商之事，根本不足爲奇。曹操因疑心呂伯奢家而將其家人殺掉，或呂伯奢的兒子要想打劫曹操而被曹操所殺，都屬情理所可有。不過其中並無陳宮罷了。《三國志·呂布傳》注引《英雄記》説：陳宮歸呂布後，呂布部將郝萌暗通袁術造反，陳宮亦與通謀。呂布因其爲大將，置諸不問。則陳宮似乎是一個反復無信義的人。但《英雄記》的話亦難於全信。至於張邈，《三國志》說因袁紹和他不和，叫曹操殺掉他，曹操不聽，而張邈疑懼曹操終不免要聽袁紹的話，因此就和陳宮同反，這話也不近情理。

總而言之，歷史上有許多事情，其內幕是無從知道的。因爲既稱內幕，斷非局外人所能知，而局中人既身處局中，斷不肯將其真相宣布。除非有種事情形迹太顯著了，太完備了，纔可以據以略測其內幕，此外則總只好付諸闕疑之列了。陳宮、張邈爲什麼要叛曹操，似乎也只好付諸闕疑之列。然而這確是當日東方兵爭史上重要的一頁。

漢獻帝五年夏，曹操東征徐州，張邈、陳宮叛迎呂布。兗州郡縣到處響應，曹操後方的大本營，此時由荀彧、程昱主持，只保守得鄄城。鄄城，在今河北省濮陽東。此外則只有范、范，今河南省范縣。東阿東阿，今山東陽穀縣阿城鎮。兩縣固守不下。此時確是曹操生死存亡的一個關頭。倘使其大本營而竟爲呂布所破；或者曹操還救，而其主力軍隊竟被呂布所粉碎；則徐州未得，兗州先失，曹操就要無立腳之地了。幸得三縣固守，而曹操東征的兵力也還強盛，乃急急還救。此時呂布屯兵濮陽，《三國志·魏武帝紀》說，曹操說："呂布一旦得一州，不能據東平，東平，漢郡，今山東東平縣。斷泰山、亢父亢父，今山東濟寧縣南。之道，乘險要我，而乃屯濮陽，吾知其無能爲也。"遂進兵攻之。這話亦係事後附會之辭。呂布的軍隊是頗爲精銳的。他大約想誘致曹操的兵，一舉而擊破其主力，所以不肯守險。果然，戰時，呂布先用騎兵去攻青州兵。青州兵搖動了，曹操陣勢遂亂，給呂布打敗。這就是《演義》上渲染得如火如荼的濮陽城溫侯破曹操一役。然曹操兵力本強，又是善能用兵的人，斷不至於一敗塗地。於是收兵再進。相持百餘日，這一年，蝗蟲大起，穀一斛賣到五十多萬錢。漢朝的一斛，相當於現在的二斗，穀價廉賤時，一斛只賣三十個銅錢。現在賣到五十多萬錢，是加出兩萬倍了。物質缺乏如此，軍隊安能支持？曹操只得把手下的兵遣散一部分。呂布也只得移屯山陽。山陽，漢郡，今山東金鄉縣。如此，呂布的攻勢就頓挫了，曠日持久，自然於曹操有利。到明年，呂布就爲曹操所擊破，此時陶謙已死。劉備初與田楷同救陶謙，就離田楷歸陶謙，屯於小沛。今江蘇沛縣。陶謙死時，命別駕麋竺往迎劉備爲州牧。劉備遂領有徐州，呂布爲曹操所破，就去投奔劉備。劉備也收容了他。

劉備的才略自然非陶謙之比。倘使他據徐州稍久，未嘗不可出兵以攻擊曹操，倒也是曹操一個勁敵。苦於他舊有的兵力和徐州的兵力都太不行了。而纔得徐州，袁術又來攻擊。袁術本來是和劉備站在一條戰綫上的，論理他這時候該和劉備聯合以攻曹操。他却貪圖地盤，反而進攻劉備。劉備和他相持，呂布又乘虛以襲其後。劉備腹背受敵，只得逃到現在的揚州，遣人求和於呂布。呂布也要留著劉備以抵禦袁術，就招他還屯小沛。於是徐、揚二州，因劉備、呂布、袁術三角式的相持，不足爲曹操之患，曹操就得以分兵西迎獻帝了。

曹孟德移駕幸許都

　　諸葛亮隆中之對，有一句話説："今曹操已擁百萬之衆，挾天子以令諸侯，此誠不可與争鋒。"這句話，是人人知道的。挾天子以令諸侯，大家都以爲是曹操勝利的一個條件了。其實亦不盡然。中國從前的皇帝，和百姓實在是無甚關係的。除掉異族侵入時，大家把他看做民族國家的代表，效忠於他，就是效忠於民族國家之外，明朝的皇帝昏庸暴虐的很多，清朝時候，秘密社會裏，却持反清復明的宗旨很久，就是爲此。這一座寶位不論誰坐都好。自食其力的百姓，何苦要幫這一個、打那一個呢？即如前漢爲王莽所篡，後來光武帝興起，還是前漢的子孫。而且王莽末年起兵的，真正漢朝的子孫和冒充的漢朝的子孫，光武以外還有好幾個。大家就都説人心思漢，所以起兵的都要推戴漢朝的子孫，或假托漢朝的子孫，以資號召了。其實哪有這一回事？要是人心真個思漢，爲什麼王莽篡漢時，除掉幾個姓劉的和一個别有用心的翟義之外，再没有人起而替漢朝抱不平？倒是王莽滅亡時，還有許多人對他效忠、替他盡節呢？然則把王莽説得如何壞，又説當時海内的人心如何思漢，怕只因寫《漢書》的班固本是漢朝的親戚；他又是一個無識見的人，根本不懂得歷史是國民的公物，而只把他看成一家的私物罷？《漢書》也是一部大家崇奉的名著。其實班固這個人是無甚識見的，根本不配寫歷史。只要看《漢書》的末了一篇《叙傳》，就可以知道。《漢書》的所以被人崇奉：（一）由中國人崇古的觀念太深。（二）由古書傳世的少了，没有別的書同他校勘，其弱點不易發見。這是一切古書都是這樣的，不獨《漢書》。《漢書》中自然也有一部分好東西，這是由於作史的總是把許多現成材料編輯而成，並非一個人所作，根本不是班固一人的功勞。

　　然則説三國史事，一定要把蜀漢看做正統，魏、吴看做僭竊，也不過是一種陳舊的見解罷了。就説曹操的成功，和挾天子以令諸侯有多大的關係，也是一個不正確的見解。試問當時因曹操挾天子而歸順他的，到底是哪一個？劉備、孫權不就是明知其挾天子而還要和他抵抗的麼？然則曹操的所以不可與争鋒，還是擁百萬之衆的關係大，挾天子以令諸侯的關係小。曹操所以能有相當的成功,還是因其政治清明,善於用兵,和挾天子以令諸侯,根本沒有多大的關係。

雖然如此,所謂皇帝,在事實上如其略有可以利用之處,想做一番事業的人還是要利用他的。這不過是政治手腕的一個方便,以利用爲便則利用之,以推翻爲便則推翻之罷了。這在漢獻帝初年,本來有兩條路可走。當東方州郡起兵討伐董卓之時,別立一君,而否認了漢獻帝,本亦無所不可。所以袁紹就想走這一條路,因劉虞的不肯做傀儡而未能成功。到曹操平定兗州之後,要出來收拾時局,這時候的形勢,利用漢獻帝却比推翻漢獻帝便利些。所以曹操就走了後一條路了。

曹操的打退呂布,平定兗州,事在漢獻帝興平二年(一九五),即獻帝即位後的第六年。這一年冬天,獻帝逃到河東。其明年,爲建安元年(一九六),即獻帝即位後的第七年。七月裏,獻帝回到洛陽。這一年春天,曹操早就打平了現在的淮陽,和洛陽的形勢更爲接近了。獻帝在洛陽,爲什麼不能自立,一定要叫一支外兵進來呢?説是爲饑荒,這句話是似是而非的。饑荒是要望人家來進貢的,用不著帶兵來。帶了兵來,糧食、賞賜只有格外竭蹶。然則這時候所以要召外兵,還是在中央的幾個人勢均力敵,不能够互相吞滅,而要召外兵以爲援罷了。

《三國志·呂布傳》注引《英雄記》,説漢獻帝在河東時,曾有詔書叫呂布去迎接他。這一道詔書不知是誰的意思?據事迹推測起來:張楊和呂布是要好的。這時候,張楊業已遣人進貢,漢獻帝很得他接濟之力。這個主意出於張楊,也很有可能。呂布在這時候,正苦於漂泊無歸,找不到一個地盤。而他是誅董卓有功的人,在中央也有相當的歷史。倘使帶兵勤王,倒也名正言順,在於他,實在是一個好機會。苦於呂布的軍隊太窮困了,連開拔費都籌劃不出來,因此沒有能去。

後來漢獻帝又靠張楊幫助之力,纔得回到洛陽。這時候,駐扎在京城裏的,是韓暹和董承二人。張楊仍在河內,楊奉則駐扎在河南的商丘縣。他的兵在諸人中最强。韓暹和董承爭權。董承便去勾引曹操,叫他進京。曹操這時候既然平定了兗州,落得再向西南發展,平定豫州,把洛陽也收入自己勢力範圍之内。要達到這個目的,推翻漢獻帝,自不如擁護漢獻帝爲便,所以曹操就走了勤王的一條路。這正是我所説的政治手腕上的一個方便,可以利用則利用之。

勾結著曹操去勤王,只是董承一個人的意思。其餘諸人有沒有問題呢?

韓暹大約不足顧慮。楊奉有强兵，張楊是一郡的太守，而且獻帝從河東到洛陽，一路得其接濟之力。他的舉動是比較成氣候一些的。倘使要和曹操反對，也是一個小小的阻力。固然，曹操的兵力不會怕這兩個人，但能不打總是不打的好。競爭的時候，人人都想保存實力，誰肯妄耗實力呢？好在當這時候，曹操對這兩方面都有相當的接洽。

原來這時候，有一個人喚做董昭，本是袁紹手下的人。因爲袁紹聽信了人家的話，要想加罪於他，他就想走向中央政府去投效。路過河內，被張楊留了下來。這時候，漢獻帝尚在河東。曹操也派人去進貢。路過河內，也被張楊所阻。董昭知道曹操的做事是最爲有望的，便替他運動張楊，放他的使者過去。後來張楊連董昭也放走了。董昭到了河東，獻帝拜爲議郎，就做了中央政府的官。這時候，董昭對於曹操，大約抱有很大的希望。所以運用機謀，到處替他開通道路。董昭知道楊奉的兵最强，却没有黨與，他的意思一定希望拉幫手的，就替曹操寫了一封信給楊奉，説："現在的局勢，不是一個人獨力所能平定的。最好你在内中做主，我做你的外援。而且你有的是兵，我有的是糧，我可以供給你。我們兩個人正好合作。"楊奉得書大喜。於是曹操進京勤王的阻力，全然除去了。

獻帝還洛陽未久，曹操也就到了洛陽。董昭又對他説："在這裏，人多主意多，由不得你一個人做主。不如把皇帝搬到許縣，<small>今河南許昌縣。</small>只説是洛陽饑荒，爲就糧起見。到那裏，就離你的兗州近，脱出了這班帶兵的人的勢力範圍了。"曹操説："這真是好主意。但楊奉怎肯安然放我們過去呢？"董昭説："楊奉勇而無謀。我們只要再寫封信敷衍他，而且送他些禮物。到他覺悟，事已嫌遲了。"曹操又聽了他，一面寫信送禮物給楊奉，一面就把漢獻帝搬到許縣。果然，楊奉覺悟了，要想在路上攔阻，已經來不及了。

曹操到了許縣，立刻和楊奉翻臉，發兵去討伐他。楊奉怎敵得曹操。此時韓暹亦已逃到楊奉處。只得兩個人同去投奔袁術。後來合了袁術去打呂布。呂布又派人去運動他們倒戈，説我打仗所得的油水全給你們。二人欣然允諾，反和呂布合力，把袁術的兵打得大敗。然而這種强盜般的行徑，終究是站不住的。再後來，楊奉給劉備騙去殺掉。韓暹發急了，他本來是山西的强盜，要想跑回老家，在路上給人殺掉了。他的同黨李樂，算是病死的。胡才爲怨家所殺。李傕、郭汜一班人，郭汜是給自己的部將殺掉的。張濟因没有給養，走到南陽境内，去攻擊穰縣，<small>今河南鄧縣東南。</small>爲流矢所中而死。他的侄兒張繡，統領了他的兵，歸附了劉表。建安三年（一九八），漢朝下詔書給關中諸將段煨等，令其討伐李傕，把他三族都滅掉。於是從董卓以來，擾亂中央政府的一班人，大概完了。只剩得一個董承。董承本來是牛輔的餘孽，哪裏是什麼公忠體國的人？他叫曹操進京，也不過是想借曹操的力量，排除異己罷了，哪裏會真和曹操一心？所以後來，又有奉到什麼衣帶詔，說獻帝叫他誅滅曹操之說。從董卓擁立之後，到曹操進京之前，這一班擁兵亂政的人的行徑，獻帝還領教得不足麼？就是要除曹操，如何會付托董承呢？這話怕靠不住罷？曹操到這時候，勢力已成，也不怕什麼董承不董承了。所以董承一黨人，徒然自取滅亡之禍。只有一個劉備，因在外面，是走脫的。這是後話。

曹操這時候，在名義上做了漢朝的宰相，實際上也得到了一大塊地盤，是很有利益的。這一次的事情，得董昭的力量實在不小。董昭並不是曹操的謀臣策士，而如此盡力幫他，那是由於擾亂之際，顧全大局的人總要想大局安定。而要想大局安定，總要就有實力的人中揀其成氣候的而幫他的忙。這是從來的英雄所以能得人扶助的原因。明朝的王陽明先生說："莫要看輕了豪傑。能做一番大事業的人，總有一段真摯的精神在內。"可見天下事一切都是真的，斷不是像平話家所說，用些小手段可以騙人的啊！

袁紹和曹操的戰爭

袁紹是曹操的大敵。他不但地廣兵強，在社會上聲望很高，勢力極大，即論其才具，在當時羣雄中，亦當首屈一指。從袁紹敗後，北方就没有人能和曹操抵敵的了，雖然並没有全平定。曹操的破袁紹，事在漢獻帝建安五年（二〇〇）。《三國志·魏武帝本紀》説："初，桓帝時，有黄星見於楚宋之分。古人有分野之説，把天文、地理都分畫做若干部分，説那一部分天象的變動，主地面上那一部分的休咎，也是一種迷信之談。遼東殷逵善天文，言後五十歲，當有真人起於梁、沛之間，其鋒不可當。至是凡五十年，而公破紹，天下莫敵矣。"這些話，固然是附會之談，然而當時的人重視袁曹的戰爭，也就可想而知了。

怎説袁紹的才具並不算弱呢？讀史的人都説袁紹地廣兵強，而當曹操没有平定河南以前，不能起而與之爭衡，坐令他破陶謙，平吕布，且收服了劉備，趕走了袁術，到他養成氣力，挾天子以令諸侯，再要起來和他爭衡，就難了。其實不然。

要和大敵爭衡，先要後方没有顧慮。袁紹的地盤，是現在河北、山西兩省，在建安四年（一九九）以前，問題正多著呢。別的且不論，公孫瓚就是到建安四年三月，纔給袁紹滅掉的，而在建安三年的冬天，吕布業已給曹操滅掉了。到四年的春天，河內太守張楊爲其將楊醜所殺，又有一個唤做眭固的，殺掉楊醜，歸附袁紹，曹操就進兵把他打破，這一年八月裏，曹操進兵黎陽，漢縣，在今河南浚縣東北。旋又回兵，而分兵把守官渡。城名，在今河南中牟縣東北。此時曹操的兵力，業已達到河北了。袁紹從公孫瓚破滅以後，就派他的大兒子袁譚去守青州，第二個兒子袁熙去守幽州，又派他的外甥高幹去守并州，其布置並不算遲。至於説他坐視曹操入居中央，挾天子以令諸侯，以致於己不利，則當時挾著一個天子，實際並無甚用處，在上一節中業經説過；而袁紹在曹操遷獻帝許都之後，曾經挾著兵威，脅迫曹操，要令他把獻帝遷徙到鄄城，漢縣，在今山東濮縣東。置於自己勢力範圍之內。袁紹的本意，是要否認獻帝的，此時又有此轉變,其手段也不算不敏捷。曹操自然是不肯聽的,因爲曹操斷不是虛聲所能恐嚇的;袁紹此時,既因河北内部尚有問題,不願和曹操以實力相搏,自然只好聽之而已。然而袁曹的成敗,始終和挾天子與否無關,所以這也算不得袁紹的失策。

這時候,曹操的後方,也不是絕無問題的。其中最足爲患的,就是屯扎在穰縣漢穰縣,今河南鄧縣。的張繡。因爲他的地勢,可以南連劉表,是有接濟的。然而張繡聽了賈詡的話,却投降了曹操。賈詡所以勸張繡投降曹操,大約因兵力不足和曹操相敵,袁紹相隔太遠,不能應援,劉表又係坐觀成敗之徒,未必能切實聯合之故。《三國志·賈詡傳》載他勸張繡的話:(一)是因曹操挾天子以令諸侯;(二)則袁紹兵多,你投降他,他未必看重,曹操兵少,你投降他,他必另眼相看之故;怕也未必確實。張繡的投降,是建安四年(一九九)十一月的事,到十二月,曹操就又進兵官渡了。

然而張繡之難甫平,劉備之兵又起。原來這時候,袁術在淮南,因其荒淫過甚,弄得民窮財盡,不能立脚,要想去投奔袁紹,打從下邳經過,曹操便派劉備去攔截他。劉備是有野心的,不肯服從曹操,他把袁術攔截回去,袁術又氣憤,又窮困,病死了,他却和董承通氣,説奉到了獻帝的衣帶詔,叫他們誅滅曹操,就在下邳起兵。把徐州刺史車胄殺掉,屯兵小沛。曹操派劉岱、王忠去打他,都給他打敗了。建安五年(二〇〇)正月,董承等陰謀發覺,都給曹操殺掉,曹操立刻起兵東征。這件事,《三國志·魏武帝本紀》上説:"諸將皆曰:'與公爭天下者袁紹也,今紹方來,而棄之東,紹乘人後,若何?'公曰:'夫劉備,人傑也,今不擊,必爲後患。袁紹雖有大志,而見事遲,必不動也。'郭嘉亦勸公。"曹操遂決計東行。《袁紹傳》上説:曹操攻劉備時,田豐勸袁紹襲其後方,袁紹説兒子有病,不聽。"豐舉杖擊地曰:'夫遭難遇之機,而以嬰兒之病失其會,惜哉!'"這也是事後附會之談。

曹操是善於用兵的人,後方決不會空虛無備;況且當時曹操也有相當的兵力,後方決不至於空虛無備。袁紹的根據地在河北,要襲擊許昌,先要渡過黃河,渡過黃河之後,還有好幾百里路,決非十天八天可以達到。如其説輕兵掩襲,那是無濟於事,徒然喪失兵力的。劉備初起兵,力量有限,未必能牽制曹操許久。這一點,曹操和袁紹都是明白的。曹操所以決計東征,也是爲此。接觸之後,自然是劉備敗了,便投奔袁紹。當時守下邳的是關羽,孤軍自然難於抵抗,就暫時投降。關羽的投降,的確不是真降的,至於封金、挂印、過五關、斬六將等事,就都是演義上渲染之談,無關宏旨的了。劉備在當時,兵力雖然不足，然而他是個有野心、有能力的人，倘使曹操和袁紹以主力相持，而劉備從後方搗亂，這確是一個大患，所以曹操要先把他除掉。劉備既敗之後，曹操後方就無甚可怕的搗亂之徒了。

當時還有一個臧霸，本來是泰山一帶的强盜。他是服從呂布的。曹操破呂布後，招降了他，就把青、徐二州的事情交給他。這時候，臧霸頗能出兵以牽制袁紹，所以曹操不怕袁紹從現在山東的北部進兵。不過臧霸的兵力，亦只能牽制袁紹不從這一路進兵而已，要想搗亂現在的河北，成爲袁紹的大患，其兵力也是不够的。於是袁曹二人，不得不各出全力，在現在河南境内的黄河沿岸，決一死戰。

建安五年（二〇〇）二月，袁紹派顔良等攻東郡太守劉延於白馬城。_{白馬，漢縣，在今河南滑縣東。}袁紹帶著大兵，進至黎陽。四月，曹操自己帶兵去救劉延。荀攸因袁紹兵多，勸曹操引兵西向延津，_{黄河渡口，在今河南延津縣北。}裝出要繞道襲擊袁紹後方的樣子。袁紹果然分兵而西。曹操就趕快引兵回來，派張遼和關羽先登，把顔良擊斬。關羽就在這時候，封書拜辭曹操，走歸劉備了。於是袁紹整兵渡河，攻擊曹操。劉備和文醜先到。曹操又把文醜擊斬。《三國志·魏武帝本紀》說：“良、醜皆紹名將也，再戰悉禽，紹軍大震。”顔良、文醜之死，曹操固然先聲奪人，然而袁軍的主力並沒有動，勝負還是要決一死戰的。

曹操破顔良、文醜之後，回兵官渡。袁紹便進兵陽武。_{今河南陽武縣。}彼此相持，直到這一年八月裏，袁紹纔慢慢地進兵，靠著沙堆扎營，從東到西，連綿好幾十里。曹操也分兵和他相持。出兵決戰，曹操的兵不利。袁紹就進攻官渡。在地面上築起土山，地下掘了隧道，要攻破曹操的營。這時候，曹操的兵勢是很危急的。論起防守來，曹操自然有相當的力量，然而兵既比較少，糧食又要完了，眼看著不能支持。於是曹操寫一封信給後方的荀彧，商議要退兵回許都。當時曹操的兵勢既較袁紹爲弱，倘使一動脚，袁紹乘機追擊，是很危險的。所以荀彧的復信說：“公以至弱當至强，若不能制，必爲所乘。”又說：“此用奇之時，不可失也。”這不過說退軍決無全理，叫他不論什麽險路，到此時也只得拼死幹一幹罷了。

《三國志》上所說的兵謀，大都是靠不住的。這大約因軍機秘密，局外人不得而知，事後揣測，多係附會之談，而做歷史的人所聽見的，也不過是這一類的話之故。獨有荀彧這一封信，據《三國志》本傳注引荀彧的《別傳》載曹操表請增加荀彧封邑的表文，曾經鄭重地說及。官文書不能僞造，可以相信其是真的。我們因此可以窺見當時兵事形勢的一斑。形勢是不得不冒險了，險却怎樣冒法呢？那還是只有在兵糧上想法子。當時袁紹有運糧的車子幾千輛到了，曹操派兵襲擊，把他盡數燒掉。然而還不能搖動袁軍，這大約因袁軍糧多，不止這一批之故。到十月裏，袁紹又派車輛出去運糧。這一次，袁紹也小心了，派淳于瓊等五個人帶著一萬多兵去護送。

據《三國志》說，袁紹手下有一個謀士，喚做許攸，性甚貪財，袁紹不能滿足他，許攸便投奔曹軍，勸曹操去襲擊淳于瓊。曹操左右的人都疑心他。只有荀攸、賈詡兩個人勸曹操去。於是曹操帶著馬、步兵五千，貪夜前往。到那裏，已經天明了。淳于瓊等見曹操兵少，直出營門排成陣勢。曹操向前急攻。淳于瓊等退入營內。曹操就直前攻營，把營攻破，淳于瓊等都被殺掉。這一次，曹操大概是捨死忘生，拼個孤注一擲的。《三國志·魏武帝本紀》說，袁紹聽得曹操攻淳于瓊，對袁譚說道：“我趁這時機，把他的大營打破，他就無家可歸了。”就派張郃、高覽去攻曹操的大營，不能破。後來聽得淳于瓊被殺，張郃、高覽就投降了曹操。《張郃傳》則說：郃聞曹操攻淳于瓊，勸袁紹派兵往救。郭圖說不如去攻曹操的大營。張郃說：曹操的營很堅固，攻他必不能破。袁紹不聽，而聽了郭圖的話，只派些輕騎去救淳于瓊等，而遣張郃和高覽去攻曹操的大營。果不能破，淳于瓊等却被曹操殺了。郭圖覺得慚愧，反對袁紹說：“張郃等聞兵敗而喜。”郃等因此畏懼，就去投降曹操。這些話，也都是不實的。淳于瓊屯兵之處，名為烏巢，離袁紹的大營只有四十里。倘使來得及救援，袁紹不是兵少分撥不開的，何難一面派兵去攻曹操的大營，一面再多派些兵去救淳于瓊等？曹操的兵不過五千，淳于瓊等的兵已有一萬，袁紹倘使再派馬兵五千名去，也比曹操的兵加出三倍了，何至於還不能敵？倘使還不能敵，相隔四十里，續派大兵何難？何至淳于瓊等還會被殺？可見曹操的攻淳于瓊，是疾雷不及掩耳的。他所以只帶馬、步兵五千，正因兵多容易被人覺察之故。然則當時淳于瓊等被攻的消息達到袁紹的大營時，怕早已來不及救援。派張郃、高覽去攻曹操的大營，也不過無聊的嘗試而已。袁紹連營數十里，而曹操能分兵和他相持，其兵數雖不如袁紹之多，亦必不能甚少。曹操攻淳于瓊等，不過抽去五千人，何至於大營就不能守呢？據此看來，可見歷史上所傳的情節，多非其真，讀書的人不可不自出手眼了。

淳于瓊等既破，張郃復降，據《三國志》說：袁紹的兵就因此大潰，袁紹和袁譚都棄軍而走，曹操大獲全勝。這大約因袁紹的兵屯扎日久，銳氣已挫，軍心又不甚安寧，遂至一敗而不可收拾。曹操的攻淳于瓊，固然有膽氣，也只是孤注一擲之舉，其能耐，倒還是在歷久堅守、能挫袁軍的銳氣上見得。軍事的勝敗，固然決於最後五分鐘，也要能夠支持到最後五分鐘，纔有決勝的資格哩。

《三國志·袁紹傳》説：袁紹未出兵之前，田豐勸他分兵多枝，乘虛迭出，曹操救左則擊其右，救右則擊其左，使其軍隊疲於奔命，百姓亦不得安業，不要和他決勝負於一日。袁紹不聽；顏良、文醜被殺之後，沮授又説：北兵數多而不及南兵之精，南兵糧草缺乏，財力不及北兵的充足，所以南軍利在速戰，北軍利在緩戰，宜用持久之計。袁紹又不聽，以至於敗。這兩説也不確實。田豐的話，袁紹固然沒有聽，然而袁紹從四月裏和曹操相持，直到八月裏才進攻曹營，可謂已充分利用持久之計。當時曹操因軍糧垂盡，議欲退還許都，就是袁紹持久之計的效驗；不幸曹操的兵，實在堅固難於動搖，以致功敗垂成罷了。至於袁紹既進兵，還是用穩扎穩打之計，則本來並不冒險，田豐之計聽不聽也無甚關係。所以説歷史上的話，總是不可盡信，我們讀書非自出手眼不可的。

袁紹兵敗之後，當時北强南弱之勢，遂變爲南强北弱。然亦不過南强北弱而已，説曹操的兵力就可以一舉而掃蕩袁紹，那還是不夠的。當時曹操乘勢追擊，冀州郡縣多有投降曹操的。然袁紹回去之後，收合散兵，就又把降曹的郡縣收復了。曹操的用兵是最精鋭不過的，倘使力足掃蕩河北，豈肯中途停頓？可見袁紹的兵力也還足以自守。不但如此，當袁紹未敗之時，還分兵給劉備去攻略汝南。漢郡，治平輿，今河南汝南縣。汝南降賊龔都等就做了他的内應。可見袁紹對於擾亂曹操的後方，亦很注意。不過大軍既敗，此等游軍就無甚用處罷了。曹操既不能掃蕩河北，就回兵許都。旋又出兵南征。劉備就逃奔劉表，龔都等都逃散了。這是建安六年（二〇一）冬天的事。七年（二〇二）春天，曹操又進兵官渡。這一年五月裏，袁紹病死了。手下的人立了他的小兒子袁尚，因此和袁譚兄弟失和。然而曹操進攻，還沒有能夠竟把他打平。到建安八年（二〇三）五月，曹操已把攻取河北之事，暫時擱起，回兵許都，八月裏，出兵南征劉表了。

袁譚和袁尚，却因曹兵退去，自相攻擊。袁譚被袁尚打敗了，派人求救於曹操。曹操見機會不可失，纔再回兵攻取河北。從建安九年（二〇四）二月裏攻擊袁尚的根據地鄴城，漢鄴縣，今河南臨漳縣。到八月裏纔攻下。袁尚是本來在外面的，逃到中山。今河北定縣。此時袁譚已乘機占領了冀州的東部，就去攻擊袁尚，袁尚逃到故安漢縣，今河北易縣東南。去，依靠袁熙。曹操突然又和袁譚翻臉了。建安十年（二〇五），在南皮縣今河北南皮縣。地方把他攻殺。袁熙、袁尚逃入烏丸。

　　烏丸亦作烏桓，乃是一種異民族，在現今熱河、遼寧境內的，屢次侵犯邊界。建安十一年（二〇六），曹操籌劃出兵去征伐他，在現在河北的東北境闢了兩條水路，以便運糧。十二年（二〇七）七月裏出兵，因沿海大水，道路不通。先是劉虞被公孫瓚所殺，他手下的田疇，立意要和他報仇，就帶著宗族，入居徐無山中。在今河北遵化縣西。避難的人民依附他的很多。田疇替他們立起章程，申明約束，居然很有條理，北邊都很信服他。曹操出兵時，把田疇也招羅在軍中。田疇説：舊北平郡之北，本來有一條路，出盧龍塞到柳城去的。這是從今遵化向東北出龍井關的路。柳城，漢縣，在今遼寧興城縣西南。從後漢以來，路絕不通，然而還有些痕迹。倘使從這一條路出兵，攻其不備，一定可大獲全勝的。曹操聽了他的話，就從這條路出去。果然一戰而殺了三個烏丸的酋長，剩下來一個，和袁熙、袁尚逃到遼東。當時的遼東太守是公孫康，也是要據地自立的，袁熙、袁尚的資格豈能服從他？所以有人勸曹操進兵遼東，曹操就逆料他們不能相容，徑從柳城回兵。果然公孫康把袁熙、袁尚的頭送來了。到此，袁氏纔算全滅。

　　從建安四年袁曹交兵至此，前後共歷九年，和曹操的破陶謙、呂布、袁術等，前後不過兩三年的，大不相同。所以説袁紹確是曹操的一個勁敵。

赤壁之戰的真相

赤壁之戰，是三國史事的關鍵。倘使當時沒有這一戰，或者雖有這一戰而曹操又勝了，天下就成爲統一之局而不會三分了。所以這一戰，實在是當時分裂和統一的關鍵。

要知道赤壁之戰的真相，先要知道當時曹、劉、孫三方面的形勢。

劉備是個有領袖欲的人，他是不甘心坐第二把交椅的。所以當他和曹操聯合破滅呂布之後，他很可以依附曹操，做一個資深望重的大員了。他卻不肯甘心，又和董承勾結，反叛曹操。到被曹操打敗了，則始而投奔袁紹，繼而投奔劉表。這時候，他和曹操業已成爲不可復合之勢。簡單明了些説，他若再投降曹操，曹操必不能容他，而他也決不會是真心的。所以他對於曹操，無論兵勢如何，總是要抵抗到底的。

至於孫權，情形就大不相同了。我們要説到孫權，又得先説到他的哥哥孫策。孫堅有四個兒子：大的喚做孫策，第二個就是孫權，第三個喚做孫翊，第四個喚做孫匡。孫堅是和袁術聯合的，他死了之後，他的兒子自然是依靠袁術。孫策也是個輕剽勇敢的人，大有父風。袁術看他不錯，就把孫堅手下的人都還了他。他曾替袁術打過好幾次仗，都是勝利的，袁術是個賞罰不明、不能用人的人，派他出去打仗時，允許他戰勝之後如何酬勞他，後來都不能實踐。

孫策心中失望，覺得在袁術手下，一輩子沒有出路，就自告奮勇，願去平定江東。江東就是江蘇省裏長江以南的地方，現在稱爲江南，古人卻稱爲江東，而把對江之地，稱爲江西。古人所説的江南，是現在湖南地方。這是閑話，擱過不提。後漢時，江東西同屬揚州。揚州刺史本來駐扎在壽春，就是現在安徽的壽縣。這時候，壽春給袁術占據了，揚州刺史劉繇只得寄治在曲阿，在現今江蘇省丹陽縣地方。雖然兵力有限，也還能和袁術相持，袁術一時不能吞滅他。到孫策渡江而東，情形就大不相同了。孫策是最剽悍善戰的，一渡江，就把劉繇打敗，劉繇逃到現在江西的湖口，不多時就病死了。於是從江蘇到江西沿江一帶，全成為孫策的勢力範圍。孫策就不再服從袁術，袁術稱帝時，公然寫信和他絕交了。

曹操在這時候，勢力還顧不到江東，而且他和袁術是反對的，自然要拉攏孫策。於是表薦他，加他討逆將軍的稱號，封為吳侯。建安五年，曹操和袁紹正在隔河相持，孫策也要出兵渡江而北，不想還沒有開拔，就給人家刺死了。你道是為什麼呢？原來當孫策到江東時，有個吳郡太守<small>後漢分會稽郡所置的郡，治所即今江蘇的吳縣。</small>喚做許貢，密表漢帝，說孫策驍勇，和項籍相像，該把他早些召回中央，不可聽他留在江外，致成後患。孫策是立意要割據一方的，聽得這個消息，很不高興，就把許貢殺掉。許貢的門客，有幾個潛伏在民間，想替許貢報仇。孫策最喜歡打獵，他騎的馬又好，從人都跟隨不上。這一次出去打獵，和許貢的門客狹路相逢，就給他們打傷，回來不久就死了。

孫策這一次的出兵，《三國志》本傳說：他是要襲擊許都，迎接漢獻帝的，這也是痴話。曹操是善於用兵的人，雖然和袁紹相持，後方不會無備，上一節中業經說過了。江東離許都，比河北更遠，孫策有多大兵力能去攻襲？別說不能戰勝，能否達到，還是個疑問呢！孫策也是個善於用兵的人，有這樣傻的麼？況且挾著一個天子，實際上並無多大用處，前文也早經說過了。然則孫策的出兵，到底是什麼主意呢？這裏面，卻有一段大家不很注意的故事。

當時有個沛相，<small>漢朝的郡和王國，是一樣的等級。王國治民之權在相。</small>喚做陳珪，他是個歸心中央的人，看得呂布和袁術一班人很不入眼。當袁術要想稱帝，又替他的兒子向呂布的女兒求婚時，陳珪怕他們兩人聯合，更難平定，就去游說呂布，把他破壞了。又叫兒子陳登去見曹操，說呂布勇而無謀，反復無常，不可相信，要早些設法收拾他。曹操大喜，便拜陳登做廣陵太守。<small>廣陵郡，本治現在的江都，此時陳登治射陽縣，在今淮安東南。</small>臨別的時候，握著他的手說道："東方之事，便以相付。"叫他暗中收合部眾，預備做個內應。後來曹操攻呂布時，陳登曾帶著本郡的兵，做曹兵的先驅。呂布滅後，漢朝因他有功，加給他伏波將軍的名號。《三國志·陳登傳》注引《先賢行狀》，說他在這時候，慨然有吞滅江南之志。孫策的用兵，幾於所向無敵，獨有兩次攻陳登，都是失敗的。孫策心中甚為憤怒。他臨死前的出兵，《三國志·孫策傳》注引《江表傳》，說他是想去攻陳登的，這大約是實情。

孫策用兵甚銳，這一次大舉而來，假如不死而渡過了江，陳登能否抵抗，自然是一個問題。然而陳登不是像劉繇等武略不濟的人，即使一時失敗，必不至於一蹶不振，總還能收合餘燼，求救於中央，或者和別一支兵馬聯合，和孫氏相持。況且孫策善戰，陳登未必和他野戰，還可用守勢對付呢。所以陳登在廣陵，確是孫氏的一個勁敵。現在孫策北伐未成，先已自斃，那是中央最好的機會了。曹操却把陳登調做東城太守。東城，漢縣，在今安徽定遠縣東南。此時臨時設置太守。於是隔江之地，就無能牽制孫氏的人，這是曹操的一個失策。到後來，再臨江而嘆，"恨不早用陳元龍之計"，亦見《先賢行狀》。元龍是陳登的字。就遲了。

孫翊的性質，最和孫策相像。孫策臨死時，張昭等都逆料他要把後事付托給孫翊，他却把印綬佩在孫權身上，對他説："舉江東之衆，決機於兩陣之間，與天下爭衡，卿不如我。舉賢任能，各盡其心，以保江東，我不如卿。"這幾句話，不知道真是孫策説的，還是後人附會。孫權足以當之而無愧，却是實在的。只要看他赤壁戰時任用周瑜，襲取荆州時任用吕蒙，猇亭戰時任用陸遜，就可知道了。孫策雖然長於戰陣，然而平定江東，開創基業，也不是一味勇敢就能辦得到的。或者他亦有些知人之明，所以把後事付托給他罷。孫權繼任之後，一面整理現在江、浙、皖、贛之地，又頻年出兵，攻擊江夏郡在今湖北黄岡縣。太守黄祖。到建安十三年（二〇八），把黄祖殺掉。於是孫權的勢力，達到現在湖北省的東南部，再向西，就可到現在的漢口，窺伺江陵和襄陽了。而曹操也在這一年進攻劉表。

劉表的性質，究竟是個文人。他只會坐觀成敗，圖收漁人之利，而不會身臨前敵，去攻城奪地。此等人物，在天下擾亂時亦足以保境息民，偷一時之安，到天下將定時，就没有立足之地了。建安十三年（二〇八）七月，曹操南征荆州。八月，劉表病死了。他大的兒子喚做劉琦，小的兒子喚做劉琮。劉表和他的夫人蔡氏，都心愛劉琮，要立他爲後。劉琦覺得不安，去請教諸葛亮。諸葛亮對他説："君不見申生在内而危，重耳在外而安乎？"劉琦明白了。恰好黄祖爲孫權所殺，就乘機請求外出，做了江夏太守。劉表死後，襄陽一方面立了劉琮。對於曹兵，自然無法抵禦。九月裏，曹操的兵到新野，劉琮就舉州投降了。

這時候，劉備屯駐在襄陽對岸的樊城。他對於曹操，是不能投降，而又無從抵抗的，只得渡過漢水，西南而走。《三國志·先主傳》説：他走過襄陽時，諸葛亮勸他攻擊劉琮，荆州可取。他説："吾不忍也。"這話也未必確實。當時的襄陽，人心自然不定，攻破他自然是容易的，轉瞬曹操的大兵來了，却如何能守呢？"諸葛一生惟謹慎"，怕不會出這種主意罷？劉備於是再向南走。

《先主傳》説：劉琮的左右和荆州人，歸附他的很多，到當陽時，人衆已有十幾萬了，一天只走十幾里路。這話或者有些過甚，却不是毫無影響的。因爲要做事業，手下一定要有人。老百姓只要飽食暖衣，安居樂業，誰來管你們争天奪地的事情？一個光杆，到了什麼地方，要發動該地方的民衆替自己戰鬥，決不是容易的，所以基本的隊伍決不能棄掉。再加以荆州人不願降北的，其數自有可觀。而兩漢三國時代，去古還近，社會的組織含有大家族的意味較多，做官、從軍和避難的人，往往帶著家族、親戚走，所以其數之多如此。惟其這樣，自然走不快了。曹操此時，頗有一舉而肅清荆州的決心，於是發輕騎，一日一夜走三百里去追擊他，追到當陽東北的長阪，追上了。劉備自然不能抵抗，就逃向夏口，就是現在的漢口。去依靠劉琦。

這時候的劉備，顯然是日暮途窮。倘使没有人和他聯合，大約只好逃向現在的湖南。漢時的湖南還未十分發達，在那裏，也決然不能立足的。所以這時候的劉備真是末日將到了。而不期事出意外，却有個孫權來和他聯合。

論起孫權的資格和他對曹操的關係來，都和劉備大不相同。

劉備雖然屢戰屢敗，始終没有得到一個地盤，這只是時運不濟；他從靈帝末年起兵，在北方轉戰十餘年，和曹操、二袁、吕布等都是一樣的資格；而且素有英雄之名；當時確亦有一部分人歸向他；所以曹操見了他，確亦有幾分畏懼。至於孫氏弟兄，雖在江東手創基業，然而當時江東之地，比較上還是無關大局的。所以大家心目中，還不甚覺得有這麼兩個人。《三國志·張昭傳》説，當孫策平定江東時，北方士大夫的信札，還是專歸功於張昭的。《張紘傳》説，孫策死時，曹操要乘機伐吴，張紘把他勸止了。曹操纔表孫權爲討虜將軍，領會稽太守，而以紘爲會稽東部都尉，後漢會稽郡治今浙江紹興。都尉是武職，稱爲某部都尉的，亦分管一部分之地，有治民之權。要令他"輔權內附"。所謂"輔權內附"，就是運動甚而至於脅迫孫權來投降。孫策死時，北方的問題多著呢，曹操如何會想到去伐吴？這句話也是不確的。但以張紘爲會稽東部都尉，欲令"輔權內附"，這句話却該不誣。當時北方人心目中，看了孫權是怎樣一個人，就可想而知了。曹操破了荆州，就想順流東下，本來犯兵家之忌，賈詡曾經勸止他，而他不聽，大概對於孫權，不免低估了些罷？然其所以低估之故，也是所謂資格限人，是極容易犯的錯誤，怪不得曹操了。

劉表的死耗，達到江東，魯肅便對孫權説：荆州是個緊要的去處，請借吊喪爲名，去看看情形。如其劉備和劉表一方面的人没有嫌隙，我們就得聯合他。如其彼此乖離，就得另打主意。孫權允許了他。魯肅就溯江西上，走到漢口，聽説曹操的兵已向荆州，魯肅也晝夜兼程而進。走到南郡界内，聽説劉琮已降曹操了，劉備向南奔逃，魯肅就徑迎上去，和他在長阪相會，勸劉備和孫權聯合。劉備自然歡喜。而劉備手下的諸葛亮亦説：“事急矣，請奉命求救於孫將軍。”於是魯肅回去復命，諸葛亮從漢口東行，到現在的九江，和孫權相見。

這時候，在孫權一方面，就要決定降戰之計。據歷史上的記載，是這樣的：孫權聚羣下會議，大多數主張迎降。其理由是：（一）曹操托名漢相，和他拒敵，似乎是反抗中央。（二）曹操已得荆州的水軍，又有步兵，水陸並進，並非專靠馬隊，所以長江之險，並不足恃。而其（三）則爲衆寡不敵。只有魯肅不開口。孫權出去更衣，魯肅却跟了出去。孫權知道他有話説，握著他的手道：“你要説什麼呢？”魯肅道：“剛纔衆人的議論，是要誤你的，你别要聽他。像我是可以投降曹操的，你却使不得。爲什麼呢？我在你手下，不過做個官兒，投降了曹操，官還是有得做的，你却怎樣呢？”這幾句話，正合孫權之意，孫權便表示採納。這時候，周瑜因事到鄱陽去，魯肅便勸孫權把他召回，共商降戰之計。周瑜到了，就決定迎戰。他的理由是：（一）北方並未大定，加以關西還有韓遂、馬超，曹操的兵決不能作持久之計。（二）北方的人不善水戰，荆州的人又非心服。（三）而且大寒之際，缺乏馬草，天時亦不相宜。諸葛亮游説孫權的話，理由也大致相同，於是孫權就決意聯合劉備，抵抗曹操了。派周瑜、程普爲左右督，魯肅爲贊軍校尉，去和劉備協力。

當時兩方的兵力：大約北兵是十五六萬，荆州的兵有七八萬，合計共二十餘萬。劉備一方面，合水陸兵共有萬人，劉琦手下的江夏兵，亦有一萬。周瑜、程普的兵，《三國志》上有的地方説各有萬人，有的地方又説共有三萬，大率魯肅手下還有些人，合計之共有三萬。孫劉之兵，約在五萬左右。兩方的兵力，約係一與五之比。但在地利及軍隊的長技上説，南方的兵却是占了便宜的，而黄蓋又進火攻之計，就在嘉魚縣赤壁地方，把曹兵打得大敗。曹操果然不能持久，留曹仁守著江陵，自帶大兵北歸。周瑜又跟著攻擊，曹仁守不住，只得把江陵也放棄了。於是長江流域無復北兵踪迹，而南北分立的形勢以成。

赤壁之戰，軍事上的勝敗，真相頗爲明白，用不著研究。其中只有孫權的決心抵抗曹操，却是一個謎。讀史的人，都給“操雖托名漢相，實爲漢賊”兩句話迷住了，以爲曹操是當然要抵抗的，其中更無問題。殊不知這兩句乃是周瑜口裏的話，安能作爲定論？何況照我所考據，曹操確係心存漢室，並非漢賊呢？然則孫權決心和曹操抵抗的理由何在？周瑜、魯肅等力勸孫權和曹操抵抗的理由又何在？這係從公一方面立論，從私一方面說，也是這樣的。

赤壁之戰，曹操固然犯著兵家之忌，有其致敗之道，然而孫、劉方面，也未見得有何必勝的理由。自此以後，曹操幸而用兵於關西、漢中，未曾專注於南方。倘使曹操置別一方面爲緩圖，盡力向荆州或者揚州攻擊，孫權的能否支持，究竟有無把握呢？孫權和劉備不同。劉備投降曹操，曹操是必不能相容的，所以只得拼死抵抗。孫權和曹操，本無嫌隙，當時假使投降，曹操還要格外優待，做個榜樣給未降的人看的。所以當時孫權假使迎降，就能使天下及早統一，免於分裂之禍；而以孫權一家論，亦係莫大的幸福；裴松之在《三國志・張昭傳》注裏，早經說過了。然則孫權的決意抵抗，周瑜、魯肅的一力擁掇孫權抵抗，不過是好亂和行險僥幸而已。

《三國志・魯肅傳》說：魯肅初到江東時，回東城葬其祖母，_{魯肅是東城人。}他有個朋友，勸他北歸，魯肅意欲聽他，特到江東搬取家眷，周瑜却勸他，說從前人的預言，都說"代劉氏者必興於東南"，勸他不要回去。又把他薦給孫權。見面之後，甚爲投機。衆人都退了，孫權獨留他喝酒。談論之間，魯肅便說："漢室不可復興，曹操不可猝除，爲將軍計，惟有鼎足江東，以觀天下之釁。"後來孫權稱帝時，"臨壇顧謂公卿曰：昔魯子敬嘗道此，可謂明於事勢矣。"見《三國志・魯肅傳》。《張昭傳》注引《江表傳》又說：孫權稱帝之後，聚會百官，歸功周瑜。張昭也舉起笏來，要想稱頌功德。孫權却說："如張公之計，今已乞食矣。"可見自立的野心，孫權和周瑜、魯肅等，早就有之。赤壁之役，孫權聚衆議論降戰時，反說"老賊欲廢漢自立久矣，徒忌二袁、呂布、劉表與孤"，不知帝制自爲的，畢竟是誰？事實最雄辯，就用不著我再說了。

劉備取益州和孫權取荆州

赤壁一戰，把曹兵打得連江陵都放棄了。此時益州還在劉璋手裏，長江流域就全無北兵的踪迹；曹操要再圖進取，其勢並不容易；所以說經過這一戰，而南北分立的形勢以成。然而要說三分鼎足，還早呢，因爲劉備的地盤太小了。

俗話有借荆州之說，說荆州是孫權的，後來借給劉備，這話是胡說的。荆州怎得是孫權的？後漢的荆州，東境到江夏郡爲止，孫權直到赤壁之戰這一年，纔打破黃祖，還沒有能據有其地，不過擄掠了些人民回去，做江夏太守的，依然是劉琦，怎能說荆州是孫權的呢？按照封建時代的習慣，誰用實力據有土地，就算是誰的，可以父子相傳，除非你把實力來取。如此，荆州該是劉琦的。所以赤壁戰後，劉備便表薦劉琦做荆州刺史。但是話雖這樣說，實際上能據有其地，還是要靠實力的。劉琦荆州刺史的名義，孫權雖不便否認，然而南郡是周瑜打下來的，還會將兵退出交給劉琦麼？況且劉琦也不久就死了。事實上，當時長江從南郡以下，都給孫權的軍隊占據了。劉備則屯兵公安縣，向現在湖南境內發展，把些地方都打下來了。然而地方畢竟太小，而且湖南在漢時還未甚開發，是不够做一個地盤的。

大家都知道在諸葛亮未出茅廬時，就有所謂隆中在湖北襄陽縣西，據說是諸葛亮隱居之處。之對，他的意思是：（一）曹操不可與爭鋒；（二）孫權可以聯合而不可以吞併；（三）只有荆州和益州是可以取爲地盤的；（四）如其取得了，到天下有事的時候，派一員上將，從襄陽出南陽一路以攻洛陽，而劉備自己帶著益州的兵，去攻關中，如此，就"霸業可成，漢室可興"了。

這一篇話，近來讀史的人因爲他和後來的事實太相像了，疑心它是假的。確實，三國時代所謂謀臣的話，靠不住的太多了。這一篇話，我倒以爲無甚可疑的。因爲這是當時的大勢如此，不容說諸葛亮見不到。但是荆州從襄陽以北的一部分，還在曹操手裏。沿江一帶的要地，又大半給孫權占去了。劉備在此時，只有覷覦著益州，然而益州是個天險之地，劉璋雖說無用，打進去也不容易。所以劉備在此時，還是局促不能發展。

孫權一方面，却打什麼主意呢？其中才雄心狠的，第一個要推周瑜。

他的第一條主意，是趁劉備到現在的鎮江去見孫權的時候，把他軟禁起來，而把關羽、張飛等分開了，使他們不能聯合，而在周瑜指揮之下，去和曹操作戰。他這條主意，利害是利害的了。然而劉備被軟禁之後，關羽、張飛等能否聽周瑜的調度，却是一個大問題。軍隊是有系統的，尤其是封建時代的武人，全是效忠於主將的，是個對人關係。只要看曹操極其厚待關羽，而關羽還要逃歸劉備，就可知道。呂布投奔劉備，劉備投奔曹操。在當時，劉備和曹操何難把他的敵人殺掉？不過因他們手下都是有人馬的，一者未免心存利用，二者殺掉了一個人，他手下的還是要和自己反對的，剿撫兩難，所以不得不敷衍、隱忍罷了。倘使當時竟把劉備軟禁起來，關羽、張飛等怕不但不肯聽周瑜的指揮，還會和他爭鬥起來，鬥而不勝，便降附曹操，圖報故主之仇，也是可能的。所以周瑜這條主意，太狠而不可行。

他第二條主意，便是合孫權的堂房弟兄孫瑜孫靜的兒子。孫靜是孫堅最小的兄弟。去攻益州。攻取益州之後，留孫瑜守其地，而他自己回來和孫權共鎮襄陽，以圖北方。這條主意，却比較穩健了，至多攻益州無成，損失些兵馬而已，所以孫權聽了他。

周瑜就回江陵治兵，不想走到半路上病死了。孫權用魯肅代他，帶兵駐扎在陸口。現在的陸溪口，在湖北嘉魚縣西南。這是建安十五年的事。周瑜是個極端鋒銳的人，魯肅却穩重了，他是始終主張聯合劉備以抵禦曹操的，所以當他在任時，孫劉方面得以無事。

孫權在這時候，又打了一條主意。派人去和劉備說：要和他共攻益州。劉備和手下的人商量，大家都說可以許他，攻下之後，孫權終不能跨過我們的地方，去據有益州，益州便是我們的了。有一個人，喚做殷觀，却說：“我們合孫權去攻益州，一定要先行進兵。倘使益州打不進去，退回來，難保孫權一方面的人不截我們的後路，這是很危險的。不如贊成他攻益州，而說我們的地方都是新定，兵不能動，請你自己去打罷。”如此一來，劉備倒好截孫權的兵的後路了，孫權自然也不會上當，就終於沒有動兵。

在這種情勢之下，益州本來可以偷安，不料劉璋却自己把劉備請進去了。你道是怎樣一回事？原來劉焉從占據益州以來，始終和本地的人民不甚相合。他曾殺州內的豪强十幾個人，以立威嚴。又招致了關中和南陽一帶流亡的人民數萬家,用其人爲兵,稱爲東州兵,不免要欺凌本地人,所以本地的小百姓也不歸附他。劉焉死後,他的兒子劉璋繼位,有一個將官喚做趙韙的,就舉兵造反。幸而東州兵想到自己的地位,全是依靠劉璋的,替他出力死戰,總算把趙韙打平。然而這樣上下離心,到底不是一回事。外面沒有問題時,還可以苟安,有什麼變動就難了。

建安十六年(二一一),曹操要去攻張魯。這個消息傳到益州,劉璋手下的張松,就對劉璋說:"漢中是巴蜀的門户。倘使曹操占據了漢中,巴蜀就都危險了。而且蜀中諸將,像龐羲、李異等,都是靠不住的。劉備是你的同宗,善於用兵,又和曹操是冤家,不如招致他來,使他攻取張魯,如此,曹操就不足慮了。"劉璋頗以爲然,就派一個人名喚法正的,帶著四千名兵去迎接劉備。這時候,張魯本來不聽劉璋的命令。劉璋之意,大概以爲把漢中送給劉備,自己是不吃虧的,而劉備是不會投降曹操的,得他和自己把守北門,就可以不怕曹操了,原也不是沒有打算。

然而天下沒有好人,劉備進了益州之後能否聽自己的命令呢? 這一層,劉璋却沒有打算到。張松、法正等都是些傾危之士,不恤賣主求榮的,就勸劉備奪取益州。劉備聽了,正中下懷,便隨法正入川。劉璋自到涪縣,今四川綿陽縣。和他相見。添給他許多兵馬,還給了許多糧餉財帛,使他督率白水關在四川昭化縣西北。的兵北攻張魯。劉備此時,共有兵馬三萬,他却不攻張魯,住在葭萌縣地方,在四川昭化縣東南。大施恩惠,以收人心。當劉備和劉璋在涪縣相會時,張松、法正和劉備手下的龐統,都勸他就在會上襲取劉璋。這樣事出倉卒,川中的軍民如何會服呢? 所以劉備不聽他們。

曹操想西攻張魯,還沒有進兵,却因此引起了韓遂、馬超等的反叛。曹操親自西征,雖然把他打破了,然而進攻張魯之事,却亦因此而未能實行。

到建安十七年(二一二)十月,曹操又自己帶兵去攻孫權。劉備就對劉璋說:孫權差人來求救,我和他本來是互相脣齒的,不得不去救。況且關羽正在和樂進相持,倘使不去救,關羽敗了,益州一方面也是要受到騷擾的。張魯是只會自守,不足爲慮的。請劉璋再借一萬名兵,和軍資器械,要想東還。劉璋給了他四千名兵,其餘的東西都減半發給。這在劉備不過是借端需索,原未必真個東還,張松聽得,却發急了,寫封信給劉備,說大事垂成,何可捨之而去? 張松的哥哥張肅,見他如此私通外敵,怕他連累於己,便把他舉發了。劉璋便收斬張松,發命令給各關的守將,叫他們不得再和劉備往來。劉備就借端裝作發怒。龐統替他出了三條計策:上策是陰選精兵,徑襲成都。中策是裝做真個要東行,待白水關守將楊懷、高霈來送行時,把他捉住,吞併其兵,再行進攻成都。下策是退還白帝城,在四川奉節縣東北。連合荆州的兵,再打主意。上策還是和在會所襲取劉璋一樣的,縱然解決了劉璋一個人,全川軍民不服,還是要發生問題。看似解決得快,其實並不是真快,甚而至於枝節更多;至於下策,則竟是把入川的機會放過了;所以劉備採用了他的中策。趁楊懷、高霈來見,把他們拘留起來,劉備進了白水關,把關中的兵都收編了,而將其家屬留作人質,進據涪縣。劉璋派兵抵禦,都非敗即降。劉備進圍雒縣,今四川廣漢縣。這雒縣是劉璋的兒子劉循守的,到底利害切身,守了一年,直到建安十九年(二一四)夏天纔破,劉備就進攻成都。劉璋自知無力抵禦,守了幾十天,就投降了。於是劉備取得了益州,諸葛亮隆中的計劃,達到了一半。

建安十七、十八兩年(二一二、二一三),劉備和劉璋爭持,馬超也仍在關中反叛,所以曹操一方面進攻張魯之事,始終未能實現。曹操這時候,是留夏侯淵在關中作戰的。到建安十九年(二一四),劉備攻破了成都,夏侯淵也徹底鏟除了馬超,而且連涼州都打平了。

到建安二十年(二一五)三月,曹操就又進攻張魯。這時候,孫權也派人去向劉備索取荆州。荆州該屬於孫權的理由,是沒有的。孫權的討取,大概是像近代各軍隊一般,向人要求多讓些防地給自己罷了。劉備當時大概也藉口於軍隊的給養還是不夠,就說等我得到涼州,再把荆州給你。孫權大怒,使呂蒙進占現在湖南的東部。劉備入川時,諸葛亮等一大班人本來都留在荆州的。後來劉備和劉璋翻臉,諸葛亮、張飛、趙雲等,也沿著長江,打進四川,只留關羽一個人在荆州了。這時候,關羽也帶兵到了現在湖南的益陽,劉備則統兵五萬,從公安而下,打算和孫權方面爭執一番。旋聽得曹操攻漢中,乃和孫權和平解決,把荆州東西劃分,從江夏向南屬孫權,從南郡向南屬劉備。劉備一方面派關羽駐扎在江陵。孫權一方面仍派魯肅駐扎在陸口。江陵本是周瑜的防地,此時却正式屬於劉備。所以這一個分劃,劉備是占了些便宜的。劉備急急回川,聽說張魯已給曹操打敗了,逃向巴中漢朝的巴郡,治今四川江北縣。劉璋分置巴東、巴西兩郡,巴東治今奉節縣,巴西治今閬中縣。來,疾忙派人去迎接。誰知張魯已經投降曹操了。曹操此時,仍留夏侯淵在漢中,派張郃幫助他。張郃便進犯巴中。倘使巴中失守,西川和荆州的交通,豈不被曹操截斷?幸得張飛把張郃打敗,退回漢中。

建安二十二年(二一七),魯肅死了,孫權派呂蒙繼任。呂蒙的性質,是和周瑜相像的。他主張派一支兵駐扎江陵,一支兵進駐白帝,再派一支兵沿江游弋,作爲應援,而自己則進據襄陽。如此,自然非奪取荆州不可。孫權又和他商量:到底是奪取荆州的好,還是奪取徐州的好?他説:"徐州不難奪取,但其地係平原,利於馬隊,非用七八萬兵不能守,不如奪取荆州,全據長江,在軍隊的長技上,是利於南而不利於北的。"孫權很以爲然。於是孫權一方面,奪取荆州的計劃已定,只是待時而動;而劉備一方面,却没有知道。建安二十三年(二一八),劉備聽了法正的話,進兵漢中。曹操也親自西征,到了長安。二十四年(二一九),劉備在沔縣東南的定軍山,把夏侯淵擊斬。曹操親自進兵。劉備收兵守住險要,始終不和他交鋒。曹操無可如何,五月裏,只得退兵。於是劉備又據有漢中,非常得意了。然而荆州方面,却就要有失意之事。

原來這時候,曹操方面,在荆州和關羽相持的是曹仁,屯兵樊城。建安二十三年(二一八)十月,南陽守將侯音叛降關羽,曹仁回兵將他攻圍,到二十四年(二一九)正月裏,把南陽攻破,把侯音殺掉了,而關羽亦於這一年進兵攻圍樊城。七月裏,曹操派于禁去助曹仁。八月,漢江水漲,于禁爲關羽所擒。這時候,曹操一方面兵勢頗爲吃緊。大約因一部分兵還在關中,再調救兵,倉猝不易齊集,而且不免騷擾之故。我們試看當時曹操再派去救曹仁的徐晃,就是從關中調出來的可知。此時北方無釁可乘,那裏就能實行諸葛亮隆中之對,荆益兩州同時並舉?劉備使關羽出兵,大概意思還是重在關中方面,使他牽制曹操的兵力的。曹操的兵既已從漢中退出,進兵的目的可謂業已達到,即使曹操方面不再多派救兵來;孫權方面不因此而議其後;而頓兵堅城之下,也是兵家所忌,所以關羽這時候,究竟應該退兵?還是該決意攻取樊城?也是要斟酌的,而關羽執意不回,且因孫權方面更換守將,而把後方的兵調赴前綫,就不能不説他勇敢有餘,謹慎不足了。

孫權一方面,既然決意奪取荆州,這時候自然是一個好機會。於是呂蒙密啓孫權,説關羽還留著好些兵在後方,大約是防我的。我時常多病,請詐稱有病,回建業調養,等他放心些,好把後方的兵調赴前敵。孫權應允了他,呂蒙就回見孫權,保舉陸遜,"意思深長,才堪負重,而未有遠名,非羽所忌",請用他做自己的後任。孫權也聽了他。陸遜到任之後,寫了一封信給關羽,辭氣之間極其謙下。關羽果然放下了心,把後方的兵逐漸調赴前綫。孫權乃親自西行,派呂蒙做前鋒,去襲取荆州。呂蒙到了九江,把精兵都伏在船裏,裝作商船的樣子西上。走過江邊關羽設有斥候隊的地方,把斥候兵都捆捉了。所以孫權的兵西上,荆州不能早得消息。然而倘使關羽的後方没人叛變,總還有些抵抗力的。而守江陵的麋芳,守公安的士仁,《三國志·孫權傳》《呂蒙傳》和楊戲《季漢輔臣贊》都作士仁,惟《關羽傳》作傅士仁,傅怕是衍字。又都和關羽不和,聽見孫權的兵來,都投降了。於是關羽只得退兵。呂蒙既進江陵,約束軍士,絲毫不得侵犯人民。對於跟隨關羽出征的人的家屬,尤其保護得周到。關羽的軍心,就因此而亂,逐漸散去。關羽走到當陽東南的麥城,孫權派人去招降他,關羽詐稱投降,帶著十幾個人逃走,被孫權伏兵所殺。

關羽這個人,是有些本領的,我們不能因他失敗而看輕他。何以見得他有本領呢? 一者,你留心把《三國志》看,自劉備用兵以來,不分兵則已,倘使分兵,總是自己帶一支,關羽帶一支的,可見他有獨當一面的才略。二則劉備從樊城逃向江陵時,是使關羽另帶一支水軍到江陵去的,後來和劉備在夏口相會。北方人是不善水戰的,赤壁之戰,曹操尚以此致敗,而關羽一到荆州就能帶水軍,亦可見其確有本領。至其在下邳投降曹操後,曹操待他甚厚,而他還是不忘故主;卻又不肯辜負曹操的厚意,一定要立些軍功,報答了曹操然後去,也確有封建時代武士的氣概。後人崇拜他固然過分,我們也不能把他一筆抹殺了的。可是他的久圍樊城,在軍略上終不能無遺憾;而《三國志》說他"善待卒伍而驕於士大夫",糜芳、士仁之叛,未必不由於此,也是他的一個弱點。

關羽的敗,是劉備方面的一個致命傷。因為失去荆州,就只剩得從益州攻關中的一路,而沒有從荆州向南陽攻洛陽的一路了。從漢中向關中,道路是艱難的;魏國防守之力,亦得以專於一面;後來諸葛亮的屢出而無成,未必不由於此。所以說這是劉備方面的致命傷。

這件事情,如其就事論事,關羽的剛愎而貪功,似應負其全責。如其通觀前後,則劉備的急於併吞劉璋,實在是失敗的遠因。倘使劉備老實一些,竟替劉璋出一把力,北攻張魯,這是易如反掌可以攻下的。張魯既下,而馬超、韓遂等還未全敗,彼此聯合,以擾關中,曹操倒難於對付了。劉備心計太工,不肯北攻張魯,而要反噬劉璋,以至替曹操騰出了平定關中和涼州的時間,而且仍給以削平張魯的機會。後來雖因曹操方面實力亦不充足,仍能進取漢中,然本可聯合涼州諸將共擾關中的,卻變做獨當大敵。於是不得不令關羽出兵以為牽制,而荆州喪失的禍根,就潛伏於此了。

不但如此,劉備猇亭之敗,其禍機實亦潛伏於此時。為什麼呢? 伐吳之役,《演義》上說劉備和關羽、張飛是結義兄弟,他的出兵,是要替義弟報仇,這固然是笑話,讀史的人說他是忿兵,也未必是真相的。因為能做一番事業的人,意志必較堅定,理智必較細密,斷不會輕易動於感情。況且感情必是動於當時的,時間稍久,感情就漸漸衰退,理智就漸漸清醒了。關羽敗於建安二十四年(二一九),劉備的征吳,是在章武元年(二二一)七月,章武元年,就是建安二十六年,距離關羽的失敗已經一年半了,還有輕動於感情之理麼? 然則劉備到底爲什麼要去征吳呢? 我說:這個理由,是和呂蒙不主張取徐州而主張取荊州一樣的。大約自揣兵力,取中原不足,而取荊州則自以爲有餘。當時趙雲勸他,說國賊是曹丕不是孫權,伐吳之後,兵連禍結,必非一時能解,就沒有餘力再圖北方了。這句話,劉備是不以爲然的,所以不肯聽他。而他的不以爲然,並不是甘心兵連禍結,和吳人曠日持久,而是自以爲厚集其力,可一舉而奪取荊州。殊不知吳蜀的兵力,本在伯仲之間,荊州既失,斷無如此容易恢復之理。曠日持久,就轉招致猇亭的大敗了。然其禍根,亦因急於要取益州,以致對於荊州不能兼顧之故。所以心計過工,有時也會成爲失敗的原因的,真個閱歷多的人,倒覺得凡事還是少用機謀,依著正義而行的好了。

替魏武帝辨誣

我現在，要替一位絶代的英雄辨誣了，這英雄是誰？便是魏武帝。

現在舉世都説魏武帝是奸臣，這話不知從何而來？固然，這是受《演義》的影響，然而《演義》亦必有所本。《演義》的前身是説書，説書的人是不會有什麼特別的見解的，總不過迎合社會的心理；而且一種見解，不是和大多數人的心理相合，也決不會流行到如此之廣的；所以對於魏武帝的不正當的批評，我們只能認爲是社會的程度低下，不足以認識英雄。

魏武帝的爲人，到底是怎樣的呢？這只要看建安十五年（二一〇）十二月己亥日他所發的令，便可知道。這一道令，是載在《魏武故事》上面，而見於現在的《三國志注》裏的。他的大要如下：

魏武帝是二十歲被舉爲孝廉的。他説："我在這時候，因爲我本不是什麼有名聲的人，怕給當世的人看輕了，所以希望做一個好郡守。"的確，他後來做濟南相，是很有政績的，但因得罪了宦官，又被豪强所怨恨，怕因此招致"家禍"，就托病辭職了。

辭職的時候，他年約三十歲。他説："和我同舉孝廉的人，有年已五十的，看來也不算老，我就再等二十年，也不過和他一樣，又何妨暫時隱居呢？"於是他就回到他的本鄉譙縣，在城東五十里，造了一所精舍，精舍是比較講究的屋子。漢時讀書的人，往往是住在精舍裏的。想秋夏讀書，冬春射獵，以待時之清。這可見得他的志趣，很爲高尚，並不是什麼熱中於富貴利達的人；而他在隱居之時，還注意於文武兼修，又可見得他是個有志之士。

後來他被征爲都尉，又升遷做典軍校尉，這是武職了。他説："我在這時候，又希望替國家立功，將來在墓道上立一塊碑，題爲漢征西將軍曹侯之墓。"

不想朝政昏亂，並不能給他以立功的機會，而且還釀成了董卓之亂。他在這時候，就興起義兵，去討伐董卓。他説："我要合兵，是能够多得的，然而我不願意多，因爲怕兵多意盛，和强敵争衡，反而成爲禍始。所以和董卓打仗時，兵不過數千；後來到揚州募兵，也以三千爲限。"

後來在兗州破降黃巾三十萬，這是他生平做大事業之始。他又叙述他破平袁術、袁紹、劉表的經過，説："設使國家無有孤，不知當幾人稱帝？幾人稱王？"這句話，我們也不能不承認他是實話。

下文，他就説："人家見我兵勢强盛，又向來不信天命，這是説做皇帝全憑本領、勢力。或者疑心我有篡漢的意思，這是我耿耿於心的。從前齊桓公、晉文公所以爲後人所稱道，就因爲他兵勢强盛，還能够事奉周朝之故。周文王有了天下三分之二，還能够事奉殷朝，孔子稱他爲至德，我難道不想學他麽？"他又引兩段故事：

一段是戰國時的樂毅。當戰國時，燕國曾爲齊國所滅，後來總算復國。這時候的燕王，謚法喚做昭王。他立意要報仇，任用樂毅，打破了齊國，攻下了七十多座城池。齊國只剩得兩個城，眼見得滅亡在即了。樂毅因爲要齊國人心服，不肯急攻。不想燕昭王死了，他的兒子燕惠王即位，素來和樂毅不睦，便派人去替代他。這時候，樂毅如回到燕國去，是必然要受禍的，樂毅就逃到趙國。樂毅去後，軍心忿怒，齊國的名將田單，就趁此將燕兵打敗，把齊國恢復過來了。後來趙王要和樂毅謀算燕國，樂毅伏在地上，垂著眼淚道："我事奉燕昭王，和事奉大王是一樣的。我如其在趙國得罪，逃到別國去，我是終身不敢謀算趙國的奴隸的，何況燕昭王的子孫呢？"

又一件是秦朝蒙恬的故事。蒙恬的祖父，喚做蒙驁；父親喚做蒙武，都是秦國的軍官。蒙恬是替秦始皇造長城，帶著兵，在現在陝西的北部防匈奴的。秦始皇死後，兒子二世皇帝即位，要殺掉蒙恬。蒙恬説："從我的祖父到我，在秦朝算做可以信托的臣子，已經三代了。我現在帶兵三十多萬，論起我的勢力來，是足以造反的。然而我寧死而不肯造反，那一者是不敢羞辱了祖父，二者也是不敢忘掉前代的皇帝啊！"蒙恬就自殺了。

魏武帝引此兩段故事，説："我每讀到這兩種書，未嘗不愴然流涕。從我的祖以至於我，受漢朝皇帝的信任三代了，再加上我的兒子，就不止三代了，我何忍篡漢呢？我這些話，不但對諸位説，還對我的妻妾魏武帝的妻，自然不會再嫁的，下文的話，實在是專對妾説的；不過一個字有時候不能成功一個詞，就往往連用一個不相干的字。這一個字的意義，是當他沒有的，不過取這一個音，以足成語調罷了。這一個例子，在古書中很多，古人謂之"足句"；足字也寫做捝字。如《易經》上"潤之以風雨"，雨可以潤物，風是只會使物乾燥的，這風字就等於有音而無義。就是其一個例子。説。我又對她們説：我死之後，你們都該再嫁，想他們傳述我的心事，使人家都知道。雖然如此，要我放下兵權，回到武平國武平是漢朝的縣,就是現在河南的鹿邑縣。去,却是勢所不能的。一者怕離了兵權,被人謀害,要替自己的子孫打算;再者,我如其失敗,國家也有危險的;所以我不能慕虛名而受實禍。從前朝廷封我三個兒子做侯,我都力辭不受,現在倒又想受了。並不是還要以此爲榮,不過要自己的兒子多建立幾個國家在外,爲萬安之計罷了。"

令文所説,大略是這樣。西洋的學者説:"政治不是最好的事情。"因爲政治本來是社會上有了矛盾然後纔有的,所以政治家所對付的,全是些貪婪、强橫、狡詐的人,毫無手段是不行的。一個大政治家往往是一時代大局安危之所繫。因爲政治總是把這一種勢力去壓服那一種勢力的,這雖然不必是戰爭,其性質實和戰爭無異。政治上的首領,就和軍中的主將一般,失掉了他,陣容是會散亂,甚而至於要崩潰的。所以一個政治上的首領,往往是敵方危害的對象。魏武帝説:"我失敗了,國家也要有危險。"這句話,是不能不承認其有真實性的。

有人説:既然如此,所謂政治,總不過是把這一種勢力,去壓服那一種勢力罷了,和不參加政治鬥爭的人,根本没有關係,又何必去幫這一方面壓那一方面呢? 殊不知政治的鬥爭雖非人人所能直接參加,政治的好壞是人人要受其影響的,並不能置諸不管。而各個人,只要能明於政治的好壞,也並不要丢掉自己的事情去做政治工作,只要站在自己的本位上,對於當時的政治家,或者幫助,或者制裁,就很可以決定他們的勝負了。因爲政治看似另一件事情,實在是用社會的力量做基礎,而多數人合計起來,其力量是非常偉大的。政治固然是兩個階級的鬥爭,然在一定時期内,總必有一個階級,是代表國利民福的,我們於此,就不可漫無別白了。政治上的鬥爭,既然和軍隊作戰一般,則不但對於敵黨的手段,有時是不得不然,即對於本黨,亦是如此,因爲要整頓陣容,就不能不把有害於團結的人除去,這正和軍隊裏要講軍紀一樣。所以政治家的功罪,只能問其根本上的主義如何,並不能撬拾著這一件事,或那一件事,用簡單淺短的眼光去評論。譬如魏武帝的殺伏皇后,就是一個例子。這件事情,在建安十九年(二一四),據《三國志》説,是伏皇后曾寫信給他的父親伏完,説漢獻帝因董承被殺,怨恨魏武帝,話説得很醜惡,這時候,這封信發覺了,所以魏武帝把伏皇后殺掉。這句話很有可疑。凡做一番大事業的人,總是有人説好,有人説壞的,根本上没法子使個個人都説好,所以做大事業的人,總是把毀譽置之度外的。魏武帝難道是怕人家謗毀的人? 要是有一封信説他的壞話,就要發怒而殺人,那他生平,不知道要殺掉多少人纔够? 所以當時的伏皇后，必是另有什麼政治上的陰謀的，斷不會因一封信罵魏武帝而被殺。至於説漢獻帝因董承被殺而怨恨魏武帝，則董承並不是公忠可靠的人，我在第九節裏，業經説過了。

《三國志》注引《曹瞞傳》説：魏武帝派華歆帶兵進宮去收捕伏皇后。皇后關了門，躲在牆壁裏。華歆打壞了門，把牆壁也毀掉，將皇后牽了出來。這時候，獻帝正和御史大夫郗慮同坐。皇后走過他的面前，握著他的手道："你不能救活我了麼?"獻帝説："我的性命，亦不知道在什麼時候。"又對郗慮説："郗公! 天下有這樣的事麼?"這些話，一望而知其是附會之談，寫《後漢書》的人，却把它採入《伏皇后本紀》裏。於是後來的人，以爲它見在正史上，一定是可靠的，編纂歷史的人，也都採取他，就成爲衆所共信的事了。《曹瞞傳》又説，伏完和他的宗族，死的有好幾百個人。其實伏完是死在建安十四年(二〇九)的，離這時候已有五年了。即此一端，亦見得《曹瞞傳》的不足信。所以我説伏皇后的被殺，是一定另有政治上的陰謀的，不過其真相不傳於後罷了。假定伏皇后的被殺，是別有陰謀，則魏武帝一身，既然關係大局的安危，自不得不爲大局之故而將她撲滅。這正和帶兵的不能因軍中有一輩人反對他而即去職，或自殺，置軍隊的安危於不顧一樣。老實説：立君本來是爲民的。如其本來的君主，因種種原因不能保護國家和人民，而另有一個能夠如此，則廢掉他而自立，原不算錯，而且是合理的，因爲這正是合於大多數人的幸福的呀!然而魏武帝當日，還始終不肯廢漢自立，這又可見得他濡染於封建時代的道德很深，他對於漢朝，已經是過當的了。

後人誣枉魏武帝要篡漢的，是因爲下列這幾件不正確的記載：

其(一)《三國志·荀彧傳》説：建安十七年(二一二)，董昭等説魏武帝應該進爵爲公，把這件事情和荀彧商量，荀彧説："魏武帝本來是興起義兵，以匡輔漢朝的，不宜如此。"魏武帝因此心不能平，荀彧就憂愁而死。荀彧死的明年，就是建安十八年(二一三)，魏武帝就進爵爲魏公了。這話也明是附會。魏武帝真要篡漢，怕荀彧什麼? 況且進爵爲魏公，和篡漢有什麼關係? 他後來不還進爵爲魏王麼?

其(二) 是建安二十四年(二一九)，孫權要襲取荊州，《三國志》注引《魏略》説：他上書稱臣，而且稱説天命，説魏武帝該做皇帝。魏武帝把信給大家看，説"是兒欲踞吾著爐火上邪!"踞是放肆的行爲。魏武帝比孫權，自然輩行在先，所以稱他爲是兒，就是説這個小孩子。爐火上是危險之處。他説：這個小孩子，要使得我放肆了而住在危險之處，這明明是不肯做皇帝的意思。《三國志》注又引《魏氏春秋》説：夏侯惇對魏武帝説：“從古以來，能够爲民除害，爲人民所歸向的，就是人民之主。您的功勞和德行都很大，該做皇帝，又有什麽疑心呢？”魏武帝説：“若天命在吾，吾爲周文王矣。”這正和他建安十五年（二一〇）的令引齊桓公、晉文公、周文王來比喻自己是一樣，正見得他不肯篡漢。後來讀史的人，反説他是開示他的兒子，使他篡漢，豈非夢囈？篡漢本來算不得什麽罪名，前文業經説過了。

然而始終執守臣節，不肯篡漢，却不能不説是一種道德。因爲不論哪一種社會，總有一種道德條件，規定了各人所當守的分位的。這種條件合理與否，是一件事，人能遵守這條件與否，又是一件事。不論道德條件如何陳舊，如何不合理，遵守他的人，總是富於社會性的。所以遵守舊道德條件的人，我們只能説他知識不足，不能説他這個人不好。因爲道理的本質，總是一樣的呀！魏武帝的不肯有失臣節，我們看他己亥令之所言，勤勤懇懇，至於如此，就可見得他社會性的深厚了。

魏武帝的己亥令，還有可注意的兩端：

其（一）是他怕兵多意盛，不敢多招兵，這正和後世的軍閥，務求擴充軍隊，以增長自己權力的相反。分裂時代的爭鬥，其禍源都是如此造成的。

其（二）是他老老實實説：我現在不能離開兵權，怕因此而受禍，不得不爲子孫之計。又老老實實承認：想使三個兒子受封，以爲外援。這是歷來的英雄，從沒有如此坦白的。天下惟心地光明的人，説話能够坦白。遮遮掩掩，修飾得自己一無弊病的人，他的話就不可盡信了。現代的大人物，做自傳的多了，我們正該用這種眼光去判別他。

《三國志・郭嘉傳》説：嘉死之後，魏武帝去吊喪，異常哀痛。對荀攸等説：“你們諸位的年紀，都和我差不多，只有郭奉孝最小。我想天下平定之後，把事情交托給他，想不到他中年就死了。這真是命呀！”可見得他的本意，在於功成身退，後來不得抽身，實非初意，至於説他想做皇帝，或者想他的兒子做皇帝，那更是子虛烏有之談了。人生在世，除掉極庸碌之輩，總有一個志願。志願而做到，就是成功，就是快樂。志願而做不到，看似失敗，然而自己的心力，業經盡了，也覺得無所愧怍，這也是快樂。志願是各人不同的，似乎很難比較。然而其人物愈大，則其志願愈大，其志願愈大，則其爲人的成分愈多，而自爲的成分愈少，則是一定不移的。哪有蓋世英雄，他的志願只爲自己爲子孫的道理？説這種話的人，正見得他自己是個小人，所以燕雀不知鴻鵠之志了。

　　封建時代，是有其黑暗面，也有其光明面的。其光明面安在呢？公忠體國的文臣，捨死忘生的武士，就是其代表。這兩種美德，魏武帝和諸葛武侯，都是全備了的。他們都是文武全才。兩漢之世，正是封建主義的尾聲，得這兩位大人物以結束封建時代，真是封建時代的光榮了。

從曹操到司馬懿

在晉朝五胡亂華的時候，有一個胡人，喚做石勒，據歷史上記載，他有這樣一段事情。有一次，他喝酒喝得醉了，對一個人喚做徐光的説道："我可同前代哪一位開基的皇帝相比？"徐光恭維他道："你比漢高祖、魏武帝都強。只有古代的軒轅皇帝，可以和你相比。"石勒笑道："人豈不自知？你的話過分了。我如其遇見漢高祖，要北面而事之，和韓信、彭越争先。如其遇見後漢光武帝，該和他並驅中原，未知鹿死誰手。大丈夫行事，當磊磊落落，如日月皎然，終不能如曹孟德、司馬仲達父子，欺他孤兒寡婦，狐媚以取天下也。"這一段話，是否真實，還未可知，就算是他説的，也不過是酒後狂言，毫無價值。後來讀史的人，却把他看作名言，有許多人喜歡引用，因此就有許多人，把魏武帝和司馬懿看做一流人物，這真是笑話了，魏武帝何嘗有欺人孤兒寡婦之事來？

從魏武帝到司馬懿可以説是中國的政局，亦可以説是中國的社會風氣一個升降之會。從此以後，封建的道德，就漸滅以盡，只剩些狡詐兇橫的武人得勢了。

魏武帝死的一年，他的兒子魏文帝，就篡漢自立了。明年，劉備也在四川自稱皇帝。這時候，只有孫權還稱爲吳王，到魏文帝篡漢後的十年，纔自稱皇帝，然而在實際上，東吳亦是久經獨立的了，天下就分做三國。

翻開讀史地圖看起來，東吳的地方，也並不算小。他有現今江蘇、安徽、湖北三省沿江的地方，又有湖南、江西、浙江、福建、廣東、廣西各省，較之曹魏盡有黃河流域，和湖北、安徽、江蘇的漢淮二水流域的，並差不了許多。但是當時，南方開化的程度，還不及北方，人力財力都非北方之比，面積雖相差不多，實力却差得遠了。至於蜀漢，只有今四川、雲南、貴州三省，其中又只有四川是個天府之國，戶口比較衆多，財力比較雄厚，就更相差得遠了。

魏朝據有這樣好的地盤，論理，吳蜀二國，應該兢兢自守，還不容易。然而三國時代，也延長到六十年之久。這一因吳有長江之險，蜀係山嶺之區，北方的人，不善水戰，要攻入山嶺之區，也不容易；一亦因魏國的内部還有問題。

魏文帝篡漢後七年而死。他的兒子曹叡即位，這便是魏明帝。魏明帝是很荒淫奢侈的，魏朝的基業就壞在他手裏。他在位共十三年。死的時候，魏朝開國剛剛是二十年。魏朝的政局就在這時候起了一個變化。又經過十年，而政權全入於司馬懿之手，離魏朝的篡漢，剛好是三十年。

當曹操做魏王的時候，設立了一個秘書令。魏文帝篡位之後，將秘書改稱中書，設置了監、令兩個官，用劉放做中書監，孫資做中書令。在文帝、明帝之世，足足做了二十年。這是幫助皇帝處理一切文書的官，地位很重要的。自然他們兩個人都有相當的權力。人的脾氣，有了權力總是不肯輕易放棄的。魏明帝雖繼承文帝，任用劉放、孫資，又另有幾隻小耳朵，俗語，謂暗中使人偵察他人，或愛聽他人的這類報告。像秦朗等一班人都是。明帝病重了，有權的人各想樹立自己的黨羽。明帝有兩個兒子：大的封爲齊王，喚做芳，小的封爲秦王，喚做詢。據《三國志》說，這兩個都是明帝的養子，其真相究竟如何，我們也無從知道了。明帝病危時，齊王立爲皇太子。還只有八歲，自然不會管事的，秦朗便保舉魏武帝的兒子燕王宇輔政。劉放、孫資却保舉了曹爽和司馬懿。曹爽是曹真的兒子，曹真是魏武帝族中的侄輩，曹爽便是魏武帝同族的侄孫兒了。司馬懿本是文官，在明帝手裏纔漸漸地帶起兵來。此時他正削平了遼東回來。明帝病危時，自己做不得主，據說是劉放、孫資兩個人強挾著他發命令的，把燕王、秦朗等都免官，而用曹爽和司馬懿輔政。

燕王是個無用的人，罷免之後，也就完了。此後十年之中，就變做曹爽和司馬懿的爭奪。其初政權在曹爽手裏。司馬懿本來是太尉，曹爽等却把他轉作太傅，表面上是尊重他，算他皇帝的師傅，實際上却奪掉他的兵權。司馬懿便詐病，睡在家裏不出來。在齊王即位後十年，曹爽跟隨著他出去謁陵，司馬懿却突然起來，運動了京城裏的軍隊，把城門關起來，要免掉曹爽的官，勒令他以侯還第。大司農桓範，是曹爽的一黨，便詐傳太后的命令，賺開了城門，逃到曹爽處。魏朝是建都在洛陽的，桓範勸曹爽把齊王搬到許昌，調外面的兵來，和司馬懿作戰。大司農是當時管財政的官，所以桓範說：“大司農的印在我手裏，糧餉是没有問題的。”曹爽却不肯聽，接受了司馬懿的條件，免官還第。司馬懿却說黄門張當，曾將選擇的才人皇帝的妾的稱號。給與曹爽，怕他還有別種情弊，便將張當捉來拷問。張當承認了和曹爽圖謀造反。於是把曹爽、桓範、張當和曹爽的許多黨羽都殺掉。這一件事情的真相，我們現在無從知之。所可猜測的，則司馬懿臥病十年，忽然而起，京城裏的軍隊，就會聽他調度，可見他平時必和軍隊預有勾結。曹爽在名義上是大將軍，軍隊都應服從他的命令的；他的兄弟曹羲是中領軍，曹訓是武衛將軍，亦都是兵權在手的人；一旦有事，軍隊反而都爲敵人所用，他們的爲人，就可想而知了。然而曹爽所用的，都是當時的名士。據《三國志》零頭碎角的材料看起來，他們是頗有意於改良政事，釐定制度的，實可稱之爲文治派。文治派對於軍隊，自然不如武人接近的，要利用軍隊，自亦不如武人的靈活，曹爽和司馬懿成敗的關鍵，大概在此。從此以後，魏朝的文治派沒落，只剩武人得勢了。

在魏明帝時候，司馬懿就帶了軍隊，在關中方面和諸葛亮作戰的，所以西方的軍隊，對他沒有問題。東方的軍隊，就不服他了。齊王十二年，都督揚州諸軍事王凌陰謀反對他，事機不密，爲司馬懿所知，出其不意地去攻擊他。王凌措手不及，只得出迎。司馬懿把他送回洛陽，王凌在路上服毒自殺。這一年，司馬懿死了，他的兒子司馬師繼居其任。到齊王的十五年，中書令李豐，皇后的父親張緝，又密謀廢掉司馬師，用曹爽的姑表弟兄夏侯玄代他。又因事機泄漏，都給司馬師殺了。司馬師就廢掉齊王，而立了魏文帝的曾孫高貴鄉公髦。明年，揚州都督毌丘儉、揚州刺史文欽起兵聲討司馬師。司馬師自發大兵，和他相持。因兵力不敵，毌丘儉敗逃，死在路上，文欽逃到吳國。這一次戰事初起，司馬師新割了眼上的一個瘤，創痛正甚，因爲關係重大，不得已勉強自己帶兵出去。戰勝之後，回到許昌就死了。他的兄弟司馬昭繼居其位。再過了兩年，揚州刺史諸葛誕又起兵討伐司馬昭。這一次，諸葛誕知道司馬昭的兵力是不容易力戰取勝的，所以連結東吳，取著一個守勢。東吳發了兵和文欽一起去幫助他，又另行發兵以爲救應。攻者不足，守者有餘。況且還有了外援？倘使不能撲滅他，倒也是一個大患。司馬昭乃又費了極大的兵力，把他圍困起來。又分兵堵住了吳國的救兵。靠著兵力的雄厚，居然把諸葛誕和文欽又打平。從此以後，魏國的武人，就再沒有人能和司馬氏反對了。五年之後，高貴鄉公自己帶著手下的衛兵去攻擊司馬昭。那自然是以卵擊石，萬無僥幸之理。其結果，高貴鄉公給司馬昭手下一個喚做成濟的人刺死。司馬昭另立了燕王宇的兒子陳留王奐，自然是有名無實的了。於是司馬昭要想篡位。要想篡位，當然先要立些功勞，蜀漢就因此滅亡。然而司馬昭也沒來得及做皇帝，篡位自立，是他兒子司馬炎就是晉武帝手裏的事了。

《晉書·宣帝紀》宣帝即司馬懿。說：晉朝的明帝，曾經問王導："晉朝是怎樣得天下的？"王導乃歷述司馬懿的事情，和司馬昭弑高貴鄉公之事。明帝羞得把臉伏在床上道："照你的話，晉朝的基業哪得長久？"可見司馬懿的深謀秘計，還有許多後來人不知道的，王導離魏末時代近，所以所知的較多了。而且他很爲暴虐，他的政敵被殺的，都是夷及三族，連已經出嫁的女兒，亦不得免。所以做《晉書》的人，也説他猜忌殘忍。他一生用盡了深刻的心計，暴虐的手段，全是爲一個人的地位起見，絲毫没有魏武帝那種匡扶漢室、平定天下的意思了。封建時代的道德，是公忠，是正直，是勇敢，是犧牲一己以利天下，司馬懿却件件和他相反。他的兒子司馬師、司馬昭，也都是這一路人。這一種人成功，封建時代的道德就漸滅以盡了。然而專靠鬥力，究竟是不行的。互相爭鬥的結果，到底是運用陰謀的人易於得勝。所以封建制度的腐敗和衰亡，也可以説是封建制度本身的弱點。

替魏延辨誣

　　三國的史事是大家都知道的，本來用不著我來講。我現在所要講的，只是向來大家弄錯之處，我想要來矯正矯正而已。既然如此，我就還要想替一個人辨誣，那就是魏延。

　　魏延本來是以部曲部曲本是軍隊編制的名目。《續漢書·百官志》說：大將軍營分爲五部，部下有曲，曲下有屯。後漢末，有些將校兵士，永遠跟隨著大將，就變做不直屬於國家而屬於這個將，帶些半奴隸的性質。所以部曲的地位是頗低的。隨先主入蜀的。因屢有戰功，升遷到牙門將軍。先主既得漢中之後，還治成都，要拔擢出一個人來鎮守漢中，當時大家都以爲要用張飛，張飛也以此自許，而先主竟破格擢用了魏延。關羽、張飛是先主手下資格最老的兩員猛將，當時敵國的人亦都稱他爲萬人敵的。先主從起兵以來，不分兵則已，要分兵，關羽總是獨當一面的，第十二節中業經講過了。此時關羽正在鎮守荊州，再要找一個獨當一面的人，以資格論，自然是張飛了。再次之則是趙雲，隨先主亦頗久。爭漢中之時，趙雲亦頗有戰功，先主稱他"一身都是膽"的。然而這時候要鎮守漢中，先主却破格擢用了魏延，這就可見得魏延的才略。關羽、張飛都是長於戰鬥的。關羽攻曹仁，雖然終於失敗，乃因受了孫曹兩面的夾攻，而又外無救援之故。當時那種凌厲無前的氣概，使曹操方面十分吃緊，那也不是容易的罷？當曹操平張魯之後，張郃的兵，業已攻入巴中。使巴中而竟爲曹兵所占據，強敵即逼近西川，蜀漢的形勢，此時實亦萬分吃緊，而張飛竟能够把張郃打退，這一場功勞，也不能算小罷？然則在當時，關羽、張飛所以威名播於敵國，易世之後，還有人稱道弗衰，也不是偶然的。然而先主對於鎮守漢中之任，竟不用張飛而用魏延，則魏延的將略，似乎還在關張之上。大概關、張的將才，是偏於戰鬥，而魏延則要長於謀略些罷？然則鎮守荊州的，假使是魏延，或者不如關羽之以過剛而折，而半個荊州，也就不至於失陷了。這雖然是揣測之辭，似乎也有可能性。

　　魏延的謀略，從一件事情上可以見得。據《三國志》注引《魏略》說：諸葛亮出兵伐魏時，和手下的人謀議。魏延獻計説：“魏國的安西將軍關中都督夏侯楙，是曹操的小女婿，既無智謀，又無勇氣。你只要給我精兵五千，直指長安，他聽得我去，一定要逃走的。他走後，長安就只剩些文官了。魏國東方的救兵要合攏來，還得二十多日，你的大兵也好到了。如此則咸陽以西一舉可定了。”案諸葛亮第一次伐魏，在魏明帝太和二年（二二八）。這一次，魏國見蜀國久不出兵，以爲他無力北伐，毫無預備。所以諸葛亮出兵，甚爲得手。南安、南安郡，今甘肅隴西縣西北。天水、天水郡，今甘肅通渭縣西南。安定安定郡，今甘肅鎮遠縣南。三郡都望風迎降。只因馬謖失機，以致前功盡棄。以後出兵，雖然累戰克捷，然魏國亦已有了預備，要大得志就難了。所以太和二年這一役，亦是魏蜀強弱的一個關鍵。據《三國志·夏侯惇傳》注引《魏略》，夏侯楙免去安西將軍關中都督之職，就是在這一年的，然則魏延的獻計，亦就是這一年的事，倘使諸葛亮採用魏延之計，則魏延做了先鋒。馬謖亦是奇才，我們不能以成敗論人，但謀略雖好，戰鬥的經驗或者要缺乏些，所以不免有失，用魏延則無此弊，然則使諸葛亮採用魏延之計，看似冒險，或者轉無馬謖的失著，亦未可知。所以諸葛亮不用魏延之計，實在是可惜的，而魏延的將略，亦就因此可見了。

　　然諸葛亮雖不用魏延之計，而其軍隊精練，一切都依著法度，亦自有其不可及之處。他第一次雖然失敗，以後又屢次出兵。魏朝嘗派司馬懿去抵禦他。司馬懿的用兵，亦有相當能力。他生平除掉和諸葛亮對壘之外，也總是勝利的。獨至對於諸葛亮，則僅僅乎足以自守。這句話，是見在《三國志·諸葛亮傳》注所引吳人張儼所著的《默記》裏面。第三國人的話，比較要公平些。於此可見《三國志》裏載諸葛亮伐魏之事，總不勝利，《晉書·本紀》裏更説他每戰輒敗；只因《三國志》爲晉人所著，《晉書》所根據的，也是晉朝人的史料，不足憑信罷了。諸葛亮每次出兵，都因糧運不繼，不能持久，乃製造了木牛流馬以運糧，又分兵屯田，爲久駐之計。蜀漢後主的十一年，即魏明帝的八年，他屯田的兵，已經雜居渭水沿岸，逼近長安了。不幸患病身死，從此以後，蜀漢就更無力進取中原了。這固然不僅是軍事一方面的問題，然而當時蜀漢的軍隊起了內訌，以致魏延身死，亦不能説不是一個損失。

　　據《三國志》説，諸葛亮病危的時候，和楊儀、費禕、姜維三個人密定了退兵的計劃。這一次出兵，魏延本來是先鋒，這時候却將他改作斷後，而令姜維次之。魏延如不聽命令，大軍就徑行開拔。諸葛亮死後，楊儀秘不發喪，派費禕去探問魏延的意思。魏延説：“丞相雖死，我自活著在這裏。相府裏親近的人和官屬，自可將護他的棺柩回去安葬，我自當帶兵擊賊。如何因一個人之死,廢掉天下的大事呢? 況且魏延是什麼人,要聽楊儀的命令,替他做斷後將?"就和費禕同擬一個計劃,哪一部分的兵該退回去,哪一部分的兵該留下來,要費禕和他連名,把這命令傳給各將領。費禕騙他道:"楊儀是文官,不會部署軍事,他決不會違反你的意思的,不如讓我回去,再和他商量商量。"就騎著馬快跑而去。費禕去後,魏延懊悔不該放他,再派人去追,已經來不及了。魏延派人去探看,楊儀等已經整軍待發,打算把魏延一支兵留下來。魏延大怒,趁他們沒有動兵,便帶兵先發。楊儀等亦伐木開路,晝夜兼程,緊跟在他的後面。魏延的兵先到,據住了南谷口,派兵去攻擊楊儀。楊儀派何平去抵敵。何平罵魏延先發的兵道:"丞相死得沒幾時,你們何敢如此?"魏延的兵知道其曲在延,都不聽他的命令,散掉了。魏延只和他的兒子以及另外幾個人逃回漢中去。楊儀派馬岱帶兵去將他追斬了。這一段事情,一看而知其不是實在。

據注引《魏略》説:則諸葛亮病重的時候,是派魏延代理自己的職務,秘喪而歸的。楊儀和魏延素來不睦,就揚言魏延要投降敵國,帶著手下的人去攻魏延。魏延因出其不意,無從抵當,只得帶著兵逃走,就給楊儀追殺了。這話也不是事實。諸葛亮在病危之時,預定退軍計劃,這一個命令,總是要傳給全軍的,豈有和楊儀、費禕、姜維私相計議,置先鋒軍於不顧之理? 這豈像諸葛亮做的事情? 若説諸葛亮的職務實係命魏延代理,則全軍都在魏延統率之下,楊儀是文官,手下沒有軍隊的,帶著什麼人去攻魏延? 若説運動諸將,同反魏延,怕沒有這樣容易的事? 況且據《三國志》説:當時魏延表奏楊儀造反,楊儀也表奏魏延造反,顯然成了個兩軍對壘的形勢,並不是從一軍之中突然分裂而戰鬥起來的。然魏延是個名將,果使有了準備,派兵去攻楊儀,也斷沒有給何平一罵兵就被罵散了的情理。所以兩種説法都不是事實。這件事情的真相,依我推測,是這樣的:諸葛亮病危時,並沒有能够預定退兵的計劃就死了。他死後,楊儀等密定了一個退兵的計劃,怕魏延不聽,派費禕去探問。魏延果然不肯聽他們的部署,要自己另定一個計劃,和費禕連名行下去。費禕哄騙他逃了回來。知道無可疏通,就把他置諸不顧,打算將餘軍徑行開拔。這個消息又被魏延打聽到了,乃趁他們沒有開拔之前,先行開拔,把南谷口據住了。至此,兩軍遂不得不正式交戰。魏延雖然勇猛,然所統率的,只有他的直屬部隊,就是做先鋒軍的,楊儀在諸葛亮幕府裏,全軍都在他調度之下,眾寡不敵,所以魏延就給他打敗了。至於説魏延的軍隊,給何平一罵就罵散了,不曾有劇烈的戰鬥,乃因內訌並非美事,所以又有些諱飾。這件事情的真相,似乎大略是如此。

魏延既然死了，自然得宣布他的罪狀。當時所說的，大約是誣他要謀反降魏。所以《三國志》裏有這樣的幾句話，說"魏延不北降魏而南還，乃是要除殺楊儀等，本意如此，不便背叛"，就是替魏延剖辨的。不過古人文辭簡略，没有把當時誣他的話叙述清楚罷了。假使魏延真要造反，楊儀便有剿滅反叛的大功，回來後豈得不重用？然而不過做一個中軍師，並無實權，諸葛亮的老位置，反給蔣琬奪去了。諸葛亮是丞相，蔣琬的資格，是不够做丞相的，但以録尚書事而兼益州刺史，其實權就和諸葛亮無大異。這件事，《三國志》上說：諸葛亮生時就密表後主，說我若死了，便將後事交給蔣琬。這也不是實情。諸葛亮的做事，是很積極的。他在生前，似乎並没有預料到自己要死。假如他預料到自己要死，那可先行布置的事情多著呢。以他的地位聲望，一切公開囑咐了，也不怕什麼人反對，而且可使身後的事情更形妥帖，何至於密表後主，只保薦了一個蔣琬呢？《三國志·蔣琬傳》說：諸葛亮死後，新喪元帥，遠近危悚，蔣琬處羣僚之右，既無戚容，又無喜色，神色舉動，和平時一樣，衆人因此漸服，可見得蔣琬初繼諸葛亮的任時，衆人還不很信服他。假使諸葛亮生前預行指定他爲自己職務的後繼人，就不至於此了。以諸葛亮的公忠體國，心思細密，豈有想不到這一層之理？蔣琬和楊儀，向來所做的事情是差不多的，而楊儀的職位和資格，還在蔣琬之上。不過楊儀是鋒芒畢露的，大家有些怕他，蔣琬却是個好好先生，人家容易和他和睦，所以諸葛亮的位置就給蔣琬搶去了。楊儀自然不服，口出怨恨之言，以致得罪而死，這事無甚關係，可以不必細述。然使魏延確係造反，楊儀確有誅滅反叛之功，則無論他如何不孚衆望，人家將來要排擠他，當時總是要賞他的，斷不能徑置諸閑散之地，這也可見得魏延並没造反。

諸葛亮從太和二年以後，是不斷的出兵伐魏的，太和二年（二二八），是入三國後的第九年。諸葛亮之死，在入三國後十五年。蜀漢的滅亡，是在入三國後四十四年。所以諸葛亮死後，蜀漢還有二十九年的命運。這二十九年之中，前十二年，總統國事的是蔣琬；中七年是費禕；後十年是姜維。蔣琬、費禕手裏，都不甚出兵伐魏。姜維屢次想大舉，費禕總裁制他，不肯多給他兵馬。費禕死後，姜維做事纔得放手些，然而亦無大功，而自己國裏，反因此而有些疲敝。當時很有反對他的人。後來讀史的人，亦有以蜀之亡歸咎於姜維的用兵的，其實亦不盡然。

當時魏蜀二國，國力相去懸殊。滅蜀的一次，據魏國人計算，蜀兵總數共只九萬，分守各地方的，差不多去其一半，而魏國分兵三路，諸葛緒、鄧艾每路三萬,鍾會所帶的兵又有十餘萬,兵力在兩倍以上。所以蜀漢的形勢,是很難支持的。既無退守的餘地,就只得進攻,至少要以攻爲守。諸葛亮的不斷出兵,也是爲此。從魏齊王芳之立,至高貴鄉公的被弒,其間共計二十一年,即係入三國後之第二十一年至第四十一年,正是魏國多事之秋,蜀漢若要北伐,其機會斷在此間,而其機會又是愈早愈妙,因爲愈早則魏國的政局愈不安定。然此中强半的時間,都在蔣琬、費禕秉政之日,到姜維掌握兵權,已經失之太晚了。所以把蜀國的滅亡,歸咎到姜維,實在是冤枉的。倒是蔣琬、費禕,應當負較大的責任。魏延伐魏之志,是比較堅决的。只看諸葛亮死日,他不肯全軍退回,便可知道。如其諸葛亮死後,兵權在他手裏,總不會像蔣琬、費禕那樣因循的,雖然成敗不可知。所以魏延的死,總不能不說是蜀漢的一個損失。

姜 維 和 鍾 會

魏武帝亡歿了，繼之而得志的，却是司馬氏父子。忠君愛民的心地，光明磊落的行爲，全都看不見了，所剩下的，只是些自私自利的心地，狡詐刻毒的行爲，幾千年來，封建社會的道德，真個就此完了麽？不，任何一種社會現象，都沒有突然而興，也沒有突然而絕的。雖然在其衰敗垂絕之時，也總還有一兩個人，出而爲神龍掉尾的奮鬥。這正和日落時的餘暉一般，流連光景的人，更覺得其可愛了。

司馬昭打平了諸葛誕，又殺掉了高貴鄉公，就漸漸地可以圖篡了。要圖篡位，總得立些武功，於是決計伐蜀。這些話，上文中業經說過了。這時候的蜀國，却是什麽形勢呢？蜀國這時候，兵權算在姜維手裏。但是費禕死後，後主所信任的宦官黃皓，漸漸弄權，要想排擠陷害他。姜維雖有武略，政治上的手腕似乎欠缺些，就不敢回成都，帶著兵屯駐在沓中。這沓中在現今甘肅臨潭縣，就是從前的洮州的西邊，未免太偏僻些了。

當時魏國是分兵三路：鄧艾、諸葛緒各帶兵三萬，鄧艾牽制住姜維的正面，諸葛緒遮斷了姜維的後路。鍾會却帶了十幾萬大軍，從斜谷、斜谷，在今陝西眉縣西南。駱谷駱谷，在今陝西周至縣西南。兩路並進。當魏延守漢中時，在漢中的外面設立了許多據點，派兵守住，敵人來攻，使其不得入內。後來姜維說："這種辦法，雖然穩當，却也不能得利。不如把這些據點撤掉了，聚集兵糧，堅守漢樂兩城。在今陝西沔縣東南。敵兵攻城不破，又野無可掠，糧運不繼，自然只得退兵。我們却各城的兵齊出，和游軍會合，就好把他殲滅了。"這條主意，固然也是好的，然而把敵兵放入平地，究竟有些冒險。鍾會既進漢中之後，分兵圍困漢樂兩城，自己直趨西南，把陽安關攻破。這陽安關，在嘉陵江沿岸，現今沔縣的西南，寧羌縣的西北，乃是入蜀正面第一道關隘。陽安關既破，就只有現今四川昭化、劍閣兩縣間的劍閣可守了。當時姜維聽得鍾會大兵前進，自然要從沓中回來。鄧艾牽制他不住，諸葛緒也阻當不住他。然而陽安關已經不守了，就只得守住了劍閣。鄧艾追趕姜維，到了現今甘肅的文縣，就是漢朝所謂陰平道的地方。從此南下，經過平武縣的左擔山，就可以從江油、綿陽直向成都去的。這一條路，極其險峻，所以當時蜀國並不防備。鄧艾要和諸葛緒合兵走這一條路進去。諸葛緒說本來的軍令，只叫他堵截姜維，並沒有叫他攻蜀，就引兵和鍾會的大軍會合。鍾會密白他畏懦不進，魏朝把他檻車_{罪人坐的車，有闌檻，防他逃走。}征還，兵也併給鍾會統帶了。然而攻劍閣，却攻不進去。鍾會無法，打算退兵了。不料鄧艾的兵，已從陰平伐山開路，走了無人之地七百多里打進去。把諸葛瞻的兵打敗了，直向成都。鄧艾的兵，是能夠進去，退不回去的，自然要拼命死戰，其鋒不可當。然而其實是孤軍。假使後主堅守成都，這時候，劍閣並沒有破，鍾會的大軍不得前進，鄧艾外無救援，終竟要做甕中之鱉的。然而後主不能堅守，竟爾投降。姜維在劍閣，聽得諸葛瞻的兵被打敗了。傳來的消息，有的說後主要堅守成都，有的說他要逃向東吳，又有的說他要逃到現今的雲南地方去。不知的實，乃引兵向西南退却。到了現在的三臺縣地方，奉到後主的命令，叫他投降魏軍。姜維便到鍾會軍前投降。據《三國志》說，當時將士，接到投降的命令，都發怒得"拔刀斫石"，難道姜維倒是輕易投降的麽？

鄧艾得意非常，就十分誇口。對蜀國的士大夫說道："你們幸而遇見我，所以身家性命得以保全。要是遇見吳漢_{後漢光武帝時平蜀的將，曾大肆殺戮。}一流的人物，就糟了。"又說："姜維也是一個有本領的人，不幸遇著了我，所以敵不過罷了。"聽的人都暗笑他，他自己也不覺得。他又表上魏朝，說："劉後主一時不可把他內徙。要是把他內徙，吳國人看見了，疑心魏國待遇他不好，就不肯歸降了。現在該留兵兩萬人在蜀，蜀國投降的軍隊，也留著兩萬，不要解散。再在四川大造兵船，做出一個伐吳的聲勢來。一面派人去曉諭吳國，吳國自然可不戰而降了。只要把後主留在四川一年，那時候吳國歸降，就可把他送到京城裏。"當時鄧艾在川中，諸事多獨斷獨行，並不等魏朝的許可。司馬昭派監軍衛瓘去對他說，不宜如此。鄧艾倒說："《春秋》之義，大夫出疆，有可以安社稷、利國家者，專之可也。一味等待命令，以致誤國，這件事我是辦不到的。"這樣一來，司馬昭自然要疑懼了。鍾會等人就乘機說他的壞話。於是魏朝又下詔書，檻車征還鄧艾。怕他不聽命令，叫鍾會也進向成都。衛瓘在前，用司馬昭的親筆命令，曉諭鄧艾手下的兵。鄧艾手下的兵，此時只想望得些賞賜回家，誰來和鄧艾造反？況且鄧艾也本無反心，抵抗命令的事情，自然不是倉卒間可以結合的，於是鄧艾手下的軍隊，都一無抵抗，把鄧艾釘入檻車裏去了。

鍾會和姜維,很爲要好。《三國志·姜維傳》說他們"出則同輿,坐則同席"。鄧艾被擒之後,鍾會到了成都,所有伐蜀之兵,都在他一個人統率之下了。《三國志·鍾會傳》說:他這時候就有了反心。要叫姜維等帶著蜀兵出斜谷,而自己帶著大兵跟隨其後。這時關中一方面,是沒有阻礙的,可以唾手而得長安。既入長安,從渭水及黃河順流而下,五天可到孟津,在今河南孟津縣北。和騎兵在洛陽相會,一舉而大事可定了。忽然得到一封司馬昭的信,說"怕鄧艾不肯就征,已派賈充帶了一萬名兵進駐樂城,我自己帶著十萬兵駐扎在長安。相見在近,不再多說了"。鍾會得書大驚。對親近的人說道:"只取鄧艾,司馬昭知道我辦得了的。現在自帶大兵前來,一定是疑心我了。這事非速發不可。"恰好這時候郭太后明帝的皇后。死了,鍾會就詐傳太后的遺詔,叫他起兵討滅司馬昭。召集北來諸將領,都把他們關閉在官署中,把城門宮門都關閉起來,要想都殺掉他們,還猶豫未能決斷。他的帳下督丘建,本來是護軍胡烈所薦的。看見胡烈獨坐得可憐,替他請求鍾會,許放他一個親兵進來,傳遞飲食。鍾會允許了。其餘諸將領,也援例各放了一個人進來。胡烈對他的親兵說,又寫封信給他的兒子,說鍾會要殺盡北兵。如此一傳二,二傳三,北來的兵都知道了,就同時並起攻城。被看守的人也都從屋上爬出去,各人回到自己的軍隊裏,同時進攻。姜維和鍾會手下的少數人,如何抵敵? 就都給他們殺掉了。鄧艾手下的將,聽得鍾會死了,追上去打破檻車,把鄧艾放了出來。衛瓘一想不好,我是捉拿鄧艾的人,放了他出來,他要報仇怎樣? 又派兵追上鄧艾,把他殺死了。征西的三員大將,就是這樣了結。

鍾會爲什麼要造反呢? 他是司馬師、司馬昭的心腹,人家稱他爲張子房的。司馬師打破毌丘儉,司馬昭打破諸葛誕,他的計謀很多。伐蜀的三路兵,鄧艾是安西將軍都督隴右諸軍事,諸葛緒是雍州刺史,都是久在西方,和蜀國相持的,只有鍾會是司馬昭的心腹,所以大兵都在他的手裏。這時候的司馬氏,是不容易推翻的,他豈有不知之理? 況且他也向來是個文臣,如何會忽有野心,想要推翻司馬昭呢? 我們看這個,就知他一定有大不得已的苦衷。原來他是鍾繇的小兒子,鍾繇是替魏武帝鎮守關中的。當漢獻帝之世,關中反側的人很多,涼州還有馬超、韓遂,魏武帝能夠專心平定東方,不以西顧爲憂的,都是得他的力量。所以鍾繇可以說受魏朝的恩典很深。鍾會是個文人,很有學問的,不是什麼不知義理的軍閥,他要盡忠於魏朝,是極合情理的。所以鍾會可說和王凌、毌丘儉、諸葛誕一樣,都是魏朝的忠臣,並不是自己有什麼野心。而他的謀略，遠在這三人之上，亦且兵權在手，設使沒有北兵的叛變，竟從長安而下，直指洛陽，這時候司馬氏的大勢如何，倒是很可擔憂的了。

至於姜維，則又另有姜維的心理。《三國志·姜維傳》注引《華陽國志》，說姜維勸鍾會盡殺北來諸將，要等諸將已死之後，再行殺掉鍾會，盡數殺掉北兵，然後恢復蜀國。他曾經寫一封秘密信給後主，說："願陛下忍數日之辱。臣欲使社稷危而復安，日月幽而復明。"又引孫盛的《晉陽秋》，說他到蜀中時，蜀中父老還說及此事。孫盛的入川，在晉穆帝永和三年（三四七），已在蜀漢滅亡之後八十四年了。蜀中父老的傳說，固然未必盡實。譬如姜維在當時，能否和後主秘密通信？後主這種人，秘密通信給他何用？只有泄漏事機而已。只這一點，便有可疑。然而情節雖或不盡符合，姜維有這一番謀劃，是理有可信的。因爲他決不是輕易降敵的人。而在當時，假使鍾會不被北兵所殺，而能盡殺北來諸將，把一部分軍隊交給姜維，姜維反攻鍾會，也很有可能的。注《三國志》的裴松之，就是這樣說。姜維是天水郡冀縣人，冀縣是甘肅的甘谷縣。涼州地方，是被曹操平定較晚的。姜維是諸葛亮第一次伐魏時，詣諸葛亮投降的。他本是天水郡的參軍，所以要投降，據《三國志》說：是因天水太守疑心他要反叛之故。姜維決不是輕易降敵的人，太守疑心他，他未必無法自明，就要真個降敵。姜維降蜀之後，諸葛亮寫信給蔣琬等說他心存漢室，可見姜維本來是要效忠於漢而反魏的，太守疑心他，並沒有錯。

鍾會的效忠於魏，姜維的效忠於漢，又可稱封建道德之下的兩個烈士了。

孫吳爲什麼要建都南京①

　　【國府遷都，普天同慶，《正言報》諸君，要我寫一篇文字，略述南京的文獻。南京的文獻，一時是無從説起的，因爲言其大者，則人人所知，無待贅述，言其詳細，則數萬言不能盡，既非報紙之篇幅所能容，亦非研究時事者知識之所急。都邑的選擇，我是以爲人事的關係，重於地理的。南京會成爲六朝和明初的舊都，這一點，怕能言其真相者頗少。讀史之家，往往把史事看得太深了，以爲建都之時，必有深謀遠慮，作一番地理上的選擇，而不知其實出於人事的推移，可謂求深而反失之。所以我在這裏，願意説幾句話，以證明我的主張，而再附述一些我對於建都問題的意見。】

　　南京爲什麼會成爲六朝的都邑呢？其實東晉和宋、齊、梁、陳不過因襲而已。創建一個都邑，不是一件容易的事情；又當都邑創建之初，往往是天造草昧之際，人力物力都感不足，所以總是因仍舊貫的多，憑空創造的少，這是東晉所以建都南京的原因。至於宋、齊、梁、陳四代，則其政權本是沿襲晉朝的，更無待於言了。然則在六朝之中，只有孫吳的建都南京，有加以研究的必要。

　　孫吳爲什麼要建都南京呢？長江下流的都會，本來是在蘇州，而後來遷徙到揚州的。看秦朝會稽郡的治所和漢初吳王濞的都城，就可知道。孫吳創業，本在江東，其對岸，直到孫策死時，還在歸心曹操的陳登手裏，自無建都揚州之理。然則爲什麼不將根據地移向長江上流，以便進取呢？須知江東定後，他們發展的方向，原是如此的，然其兵力剛進到湖北邊境時，曹操的兵，已從襄陽下江陵，直下漢口了。上流爲曹操所據，江東斷無以自全，所以孫權不能不連合劉備，冒險一戰。赤壁戰後，上流的形勢穩定了，然欲圖進取，則非

---

　　① 此篇節選自一九四六年五月三日《正言報》的《南京爲什麼成爲六朝朱明的舊都》一文，今將原文的開頭和結尾附於本文的開始和結尾，方括號內文字即是。

得漢末荆州的治所襄陽不可。而此時荆州，破敗已甚，龐統勸劉備進取益州，實以“荆土荒殘，人物凋敝”，爲最大的理由。直至曹魏之世，袁准尚欲舉襄陽之地而棄之，見《三國·魏志·齊王紀》正始七年注引《漢晉春秋》。其不能用爲進取的根據可見。然吳若以全力攻取，魏亦必以全力搏擊，得之則不能守，不得則再蹈關羽的覆轍，所以吳雖得荆州，並不向這一方面發展，孫權曾建都武昌，後仍去而還江東，大概爲此。

居長江下流而圖發展，必先據有徐州。關於這一個問題，孫權在襲取關羽時，曾和呂蒙研究過，到底取徐州與取荆州，孰爲有利？呂蒙説：徐州，北方並無重兵駐守，取之不難，然其地爲“驍騎所騁”，即七八萬人，並不易守，還是全據長江的有利。如此，纔決計襲取荆州。

可見在下流方面，孫吳亦不易進取，而曹魏在這一方面的壓力却頗重。原來劉琮降後，曹操要順流東下，不過一時因利乘便之計，若專欲剿滅孫吳，自以從淮南進兵爲便。所以赤壁戰後，曹操曾四次征伐孫權（建安十四年二〇九。，十七年二一二。，十九年二一四。，二十一年二一六。），都是從這一方面來的，而合肥的兵力尤重。

孫吳所以拒之者，實在今濡須口一帶。此爲江東的生死所繫，都金陵，則和這一帶聲勢相接，便於指揮。又京口和廣陵相對，亦爲長江津渡之處，曹丕曾自將自此伐吳，此路亦不可不防；居金陵與京口相距亦近，有左顧右盼之勢，孫權所以不居吳郡而居金陵，其理由實在於此。此不過一時軍事形勢使然，別無深意。

東晉和宋、齊、梁、陳四朝，始終未能恢復北方，論者或謂金陵的形勢，欲圖進取，尚嫌不足，後來宋高宗建都臨安，或又嫌其過於退守，謂其形勢尚不如金陵。此等議論，皆太偏重地理，其實南朝之不能恢復，主因實在兵力之不足，當時兵力，南長於水，北長於陸，水軍之力雖優，足以防禦，或亦可乘機爲局部的進取，然欲恢復中原，則非有優良的陸軍，作一二次決定勝負的大戰不可。這和這一次對日戰役，雖可用游擊戰術，牽制敵人，使成泥足，然欲恢復失地，則非有新式配備的軍隊不可一般，與都城所在之地何與。且身臨前敵，居於適宜指揮之地，乃一將之任，萬乘之君，初不必如此。孫權雖富有謀略，實仍不脱其父兄剽悍輕率之性質，觀建安二十年（二一五）攻合肥之役可知，此其所以必居金陵。若宋高宗，則初不能自將，居金陵與居臨安何異？小國寡民之世，則建都之地，要爭出入於數百里之間，至大一統之世則不然。漢高祖欲都洛陽，留侯説：“其小，不過數百里，田地薄，四面受敵，不如關中，沃野千里,阻三面而守,獨以一面制諸侯。"此乃當統一之初,尚沿列國並立時代之習,欲以都畿之地,與他人對抗,故有此說。若大一統之世,方制萬里,都在一個政府統制之下,居長安與居洛陽,又何所擇? 然則政治及軍事的指揮,地點孰爲適宜,必計較於數百千里之間,亦只陸恃馬力,水恃帆力之世爲然。今有輪船,火車,飛機,摩托,電信,數千里之間,又何足計較? 昔時的地理形勢,早給現在的交通工具打破了,而還多引前人之說,以論今日之事,寧非夢囈?

【明初,明太祖爲什麼要建都南京呢? 那是由於其起兵之初,還没有攘斥胡元的力量,而只是要在南方覓一根據地,那麼自濠州分離別爲一軍而渡江,自莫便於集慶。今首都,元集慶路。太祖的取天下,其兵力,用於攘斥胡元者實少,用於戡定下流之張士誠、上流之陳友諒者轉多。胡元遁走以後,南方之基礎已固,又何煩於遷都? 論者或謂明之國威,以永樂時爲最盛,實由成祖遷都北平使然,此亦不考史實之談,論其實,則永樂時之邊防,實較洪武時爲促。明初,北方要塞,本在開平,今多倫。自成祖以大寧畀兀良哈而開平衛遂孤,宣宗乃移之於獨石,自此宣、大遂成極邊。北方的邊防線,成現在的長城線了。明初胡元雖退出北平,然仍占據漠南北,爲中國計,欲圖一勞永逸,必如漢世發兵絶漠,深入窮追,然度漠之事,太祖時有之,成祖時則未之聞。其後有也先之難,俺答之患,中國何嘗不都北平? 現在還有説欲圖控制東北,非都北平不可的,寧非夢囈?

遷都之一孔之見。自中國歷代兵争之成敗觀之,似乎北可以制南,南不可以制北,故論建都之地者,多謂北勝於南。而同一北方,則又謂西勝於東,汴梁不如洛陽,洛陽不如長安,此皆以成敗之原因,一斷之於軍事,而言軍事之成敗,則又一斷之於地理形勢,殊爲失實。只有黄梨洲,其見能與衆不同,他在《明夷待訪録》上説:"秦漢之時,關中風氣會聚,田野開闢,人物殷盛,吴楚方脱蠻夷之號,故不能與之争勝。今關中人物,不及吴會久矣。東南粟帛,灌輸天下,天下之有吴會,猶富室之有倉庫匱篋也。千金之子,倉庫匱篋,必身守之,而門庭則以委之僕妾,捨金陵而弗都,是委僕妾以倉庫匱篋,昔日之都燕,則身守夫門庭矣,曾謂治天下而智不千金之子若歟?"他知道天下之"重",在財力,在文化,而不單在兵事,其識可謂勝人一籌。孫中山要定都南京,理由亦在於此,試問三十五年來,領導全國,以從事於革命者,南方乎? 北方乎? 而尚有盛唱遷都北平之論者,寧非夢囈?

總而言之:在今日謂全國的政治、軍事,必在某地乃可指揮,乃便於指揮，實無其事。講指揮，是什麽地方都可以的，都便利的。所爭者，則當建國之初，萬端待理，必得公忠體國，時時到處巡閱，使人心振奮，而吏治及軍紀亦可以整飭。如此，我仍維持去歲五都并建的主張（見十二月十九日《正言報》），即首都仍在南京，而西南之重慶，東南之泉州，西北之蘭州，東北之北平，并建爲陪都；而且擴充巡閱所及之地，西南則昆明、大理，西北則迪化、寧夏，東北則瀋陽、長春、張北。

還有一端，在今日倒也值得一提的。古人言治，首重風化，以今語言之，即國家之所注重者，不徒在政治、軍事，而尤重視社會風紀，人民道德。此義論政之家，久已視爲迂腐，然在今日國家職權擴大之時，似亦不可不加考慮。欲善風俗，必有其示範之地，以理以勢言之，自以首都爲最便，故京師昔稱首善之區。自教化二字，國家全不負責以來，人口愈殷繁，財力愈雄厚之地，即其道德風紀愈壞，京師幾成爲首惡之地了。人總是要受社會的影響的，居淫靡之地，精神何能振作？所耗費既多，操守安得廉潔？吏治之不飭，道德和風紀之敗壞實爲之厲階，值此官僚政治爲舉世所詬病之秋，安可不爲改弦更張之計？然欲圖更化，舊都邑實不易著手，則首都所在，似以改營新邑爲宜。昔時論建都者，多注重於政治軍事，而罕注重於化民成俗，有之者，則惟漢之翼奉，唐之朱樸，宋之陳亮。翼奉當漢元帝時，他對元帝說：文帝稱爲漢之賢君，亦以其時長安的規模，尚未奢廣，故能成節儉之治，若在今日亦"必不能成功名"，他主張遷都成周，重定制度，"與天下更始"。朱樸，當唐末亦說"文物資貨，奢侈僭僞已極"，非遷都不可。陳亮當宋高宗時，上書說："錢塘終始五代，被兵最少，二百年之間，人物繁盛，固已甲於東南；而秦檜又從而備百司庶府，一以講禮樂於其中，士大夫又從而治園圃臺榭，以樂其生；干戈之餘，而錢塘遂爲樂國矣。"窺其意，宴安鴆毒，實爲不能恢復的大原因。三家之言，皆可謂深切著明，而陳亮之言，實尤爲沉痛。我國今日，正當百孔千創之際，和種種困難搏鬥，實與和敵人作戰無殊。安得不想改良環境，以圖振作士氣呢？且使官司庶府，完好無缺，尚不免棄之可惜，今日者等是重建，又何不捨舊而圖新？在南京附近之地，別建新邑呢？芻蕘之言，有謀國之責者，儻不視爲河漢？】

司馬懿如何人[①]

誰都知道，結束三國之局的是司馬氏，司馬氏的基業是創於司馬懿之手的。這司馬懿，却是怎樣一個人物呢？

據《晉書·宣帝本紀》說，司馬懿的玄孫晉明帝有一次和他的臣子王導談天，便問他自己的祖宗是怎樣得天下的，這王導大概因時代生得早，對於晉初的陰謀秘計比後來的人知道的多，便把司馬懿如何創業，和後來他的兒子司馬師殺死魏朝高貴鄉公之事，一一述了一遍。明帝聽了，羞得頭都抬不起來，把臉貼在床上說道："要是照你的話，晉朝的傳代又安得長遠？"這真可謂之天良發現，而司馬懿父子的喪心害理，也就可想而知了。然則他怎會成功的呢？喪心害理的人會成功麼？

晉朝從武帝篡魏公元二六五年。到恭帝爲劉裕所篡，公元四二〇年。共歷一百五十六年。論他爲民心所愛戴，以及自己支持的實力而論，都是遠不及此的，然而它居然也綿歷了一個相當的年代，關於這一點，如要推求其理由，那是不能不歸結到它所遭遇的時勢的。因爲晉朝得到政權不久，北方就爲異族所竊據。如此，它雖無功德於民，人民却念到他究竟是個本族的元首，還相當擁戴他。他的臣下雖亦有居心不正的，然非如王敦、桓溫等略有對外的功績的，不敢蓄篡奪之念。即王敦、桓溫，亦因功績不夠，到底不能有成。直到劉裕，總算恢復了一些國土，纔把一個王位篡奪到手。然則晉朝的傳代能夠綿歷相當的時間，倒是異族的侵陵給他的機會了，這是後話。但在當初，他究竟怎樣會

① 《司馬懿如何人》爲《三國史話之餘》（上），原刊於一九四七年七月二十五日《現實周報》第一期。

此篇原有一題頭：近來遇見了十年不見的曹亨閒先生，他囑咐我替他所主持的《現實周報》寫一些稿子，"網羅文獻吾倦矣"，却寫些什麼好呢？他說："你只要寫些像《三國史話》一類的東西，就很好了。"因爲他這一句話，却使我悵然有感。

此篇原有一副標題：駕馭武人還是被武人牽著走？

題頭邊還有一行大字：政治不是好事情，是非曲直勿深論。

成功的呢？

王導所説司馬懿的創業，無疑是指他賊殺曹爽之事，因爲他是經過這一次的變動，然後取得政權的。原來魏朝的失柄，由於明帝死後，他的兒子齊王芳年紀太小，然而齊王即位之初，事權實在曹爽手裏。司馬懿雖然同受明帝的遺命輔翼幼主，却是被排斥於政府之外，臥病在家的。大約因爲他本是武人，所以仍有一班人暗中和他勾結；而他的陰謀秘計亦以此時爲甚，他托病蟄伏了十年，一旦時機來到，就突然而起，趁著曹爽奉齊王出城謁陵的時候，矯太后之詔把城門關起來，把曹爽廢掉，旋又把他殺了，他從此就政權在手。這事在公元二四九年，至其後年，司馬懿就死了，其子司馬師襲其爵位。後四年，廢齊王而立魏武帝的曾孫曹髦，這就是高貴鄉公。其明年，司馬師也死了，其弟司馬昭繼其爵位。又六年，高貴鄉公"忿威權日去"，帶著自己手下的兵去攻司馬昭，被司馬昭手下迎戰之兵所殺。這件事，歷史上的記載是如此的：高貴鄉公率兵而出，第一個遇著的是司馬昭的兄弟司馬伷，高貴鄉公手下的人對他的兵叱責，他的兵就退走了。於是司馬昭的心腹賈充，帶著兵來迎敵，高貴鄉公手持短兵，身臨前敵，賈充的兵又要退走了，乃有弟兄兩人，哥哥喚做成倅，兄弟喚做成濟者，問賈充道：事勢危急了，怎麼辦呢？賈充道：司馬公養著你們爲的正是今天，今天的事情還問什麼呢？又説：司馬公若敗，你們還有種麼？於是成濟奮勇向前，直刺高貴鄉公，兵鋒從前面刺進，穿出背上，高貴鄉公就此被殺死了。論兵力，高貴鄉公自非司馬昭之敵，高貴鄉公亦豈不知？然而敢於率兵直出者，一則忿威權日去，感情衝動，未免要孤注一擲；一亦由專制時代，皇帝的名義到底非尋常人所敢輕犯，這正和民主時代，主權在民，人民的地位便是至高無上，法西斯徒黨要屠戮人民，奉令執行的人有時也不肯出力一樣。他所以也有個幸勝的希冀。試看司馬昭的兵，既已潰退於前，賈充的兵又要潰退於後，則他的估計原沒有十分錯，無如狠惡而敢干犯名義的人，歷代總是有的，尤其是在軍閥手下。而高貴鄉公就在這種情勢之下犧牲了。此事原無足深論。然而我們從王導所説的司馬懿奪取政權，及司馬昭殺死高貴鄉公兩件事情上，却可以看出司馬氏所以成功的原因來。這話怎麼説呢？

當曹爽被殺的後年，有一個魏朝的揚州都督王凌，要起兵反抗司馬氏，給司馬懿出其不意地把他捉去了。這事亦無足深論，然當王凌設謀時，曾派人去告訴自己的兒子，而他的兒子諫止他，所説的話，却深可注意，其大意是説：曹爽所用的人，確是一班名士，他們的意思，也確是想做些事情的。然而所做的事情，都是自上而下，所以人民不能接受。而司馬懿，自推翻曹爽之後，却頗能“以恤民爲先”。所以曹爽之敗，“名士減半”而百姓並不哀傷他們。於此可以見得自上而下的政治，貽害於人民如何深刻猛烈了。真正的恤民，司馬氏自然也説不上，然而他當時剥削擾害的程度，大約人民還可忍受。所以在大亂之後，人民只求活命，別無奢望之時，也就勉强相安了。他何以能將對於人民的剥削擾害，減輕一些呢？那麼他對高貴鄉公事變的善後，也是深可注意的。原來對於人民剥削擾害得最深刻猛烈的，就是武人。因爲武人總是粗暴的，他們所做的事情，文官到底做不出來。當政局變動之際，最後的成功者，看似由於得到少數武人的擁護，其實總是由於得到廣大的人民的支持的。因爲苟非廣大的人民承認你，與你相安，變亂就無時而會息，你的政權就無從成立。所以創立政權者的能否成功，就看他駕馭武人的能力的强弱以爲斷。觀於司馬昭對於高貴鄉公被弑以後的措置，就可見得他對於武人控制的力量的强大了。

這件事是這樣的：高貴鄉公死後，司馬昭聚集了一班大臣共謀善後，這件事，在專制政體之下，總不能没有一個説法。正和民主時代殺死了人民，不能没有説法一樣。然而怎樣的説法呢？當時有一個陳泰，是有資格又有名望的，司馬昭便請教他，他説：只有殺掉賈充，稍可以謝天下。這賈充乃是司馬氏的死黨，司馬昭如何能殺掉他呢？於是愣了半天，對陳泰道：請你再想個次一等的辦法。陳泰却斬釘截鐵毫不遲疑地答道：我的辦法，只有進於此的，没有較此退步的。司馬昭就不再問了。下令説：本來命令成濟不得逼近皇帝所乘的輦輿的，而他竟突入陣內，以致造成大變，這都是他一人之罪，按律大逆不道的父母妻子兄弟都斬。於是把成倅、成濟和他的家屬一齊收付當時的司法官廷尉。這樣辦，成濟是冤枉的麼？自然是冤枉的。但我説：冤枉或許只有一半。因爲不許傷害高貴鄉公的命令，或許司馬昭在當日是當真發出的，至少没有叫他傷害高貴鄉公，因爲這根本用不著。而成濟當日，殺人殺得手溜，竟把他刺得胸背洞穿，這也只好算作蠻性發作，自取其咎了。然而成濟弟兄想起來，自然總覺得是冤枉的。於是到逮捕之時，他弟兄兩人就登屋大駡，大駡而要登屋，這大約是所以延緩逮捕的時間，以便盡情痛詆的。逮捕的人，乃發箭把他射下來。於是成濟兄弟本因怵於司馬氏失敗則自己也不得留種，而替他效勞的，反因此而自絶其種了。他們都滅絶了，自然没有地方去伸冤。然而俗話説“兔死狐悲，物傷其類”，司馬昭下如此辣手，難道不怕其餘的武人看著寒心麼？然而他竟不怕。而其餘的武人也竟不能對他有什麼反響。這就可見得他對於武人控制力之强,"政治不是最好的事情",是非曲直,原無足深論,然即此亦可見得成功者之非出於偶然了。

誰能駕馭武人,誰反被武人牽著走? 這是時局變動之際,居於領袖地位的人的試金石。

司馬氏之興亡①

我寫了一篇《司馬懿如何人》，有人讀了問我道："依你的説法，要求成功的，倒只要用嚴刑峻法，壓制其下了。"這又不然，司馬氏之所以能成功，能用嚴刑峻法，壓制自己手下的武人，使其不敢十分胡行，固然是其一個原因；然而他的使用嚴刑峻法，主要的還不是爲著約束自己手下的人，倒是用來對付政敵的。那麼，用來嚴約自己手下的人，是他成功的因素，用嚴酷的手段對付政敵，就成爲他失敗的因素了。

誰都知道，歷代用法的嚴峻，無有過於魏晉之間的。不但動輒族誅，就是嫁出的女兒，也不能免。他的所以如此，無非用恐怖政策，懾服異己，使其不敢有所舉動罷了。他成功了麼？倘使這種政策而用諸今日，反對他的，將是廣大的人民，必非嚴刑峻法所能絕其反動的根株。即在昔日，反對他的僅是少數的政敵，並沒有廣大的人民作爲基礎，似乎給他壓下去了。然而種瓜得瓜，種豆得豆，恐怖政策的結果，還是不免於自害自。

誰都知道，西晉之所以滅亡，由於八王之亂。而八王之亂，則是因惠帝的自殺其太子而引起的。原來晉武帝的兒子是晉惠帝，他的皇后就是上篇所説的賈充的女兒。惠帝的太子非其所生，賈后就蒙蔽惠帝，把他廢掉，後來又把他殺掉。八王之亂就借此爲由而開始，遞推遞演，終至於不可收拾了。當太子被殺之時，有一個喚做閻纘的，自己帶著棺材，以表示必死的決心，上書替太子伸冤，不見省。後來惠帝又立他的孫兒子做皇太孫。閻纘怕再有他禍，又詣闕上書。他的書中引證前代的三件事：

其一，漢高祖出去打仗，路過趙國，當時趙王喚做張敖，乃是漢高祖的女婿，迎見執禮甚恭，而漢高祖是流氓出身，喜歡罵人，漫罵他。趙王不敢如何，

---

① 此篇原爲《三國史話之餘》(下)，刊於一九四七年八月一日的《現實週報》第二期。原文副標題：恐怖政策對之手下人是成功的，用以對付政敵是失敗了。

他的宰相喚做貫高，却聽著不平，於是伏兵謀殺高祖。事情發覺了，這自然要連累到趙王，於是他被逮入京。貫高却真是個硬漢，隨王到京一律承當，説都是自己所做的事，趙王全不知情。雖然受盡酷刑，口供始終不改，趙王因此得免。即貫高，漢高祖也並不辦他的罪，還有趙王之臣田叔等十人，冒充趙王的家奴，隨王到京保護服侍他，則還受到漢高祖的獎賞。

其二，漢高祖的皇后姓呂，這便是高祖死後，他的兒子惠帝在位時，實握朝權七年；惠帝死後，又臨朝稱制八年，在中國歷史上，和唐朝的武則天並稱的呂后。呂后是很有才能的。漢高祖平定天下後，東奔西走，不皇寧處。京城裏的事情，實際都是交給她。漢高祖是個好色之徒。起兵之後寵愛了一個戚夫人，生子趙王如意。意欲廢掉惠帝，把他立做太子，因顧慮呂后的實力，未能如願。高祖在日，呂后無如戚夫人何，到高祖死後，便把她囚了起來，又召趙王入京，趙王的宰相周昌，知道她沒有好意，留王不遣，如此者三次，呂后乃先召周昌入京，再召趙王。趙王到後，就把他母子一並殺害了。然而對於周昌，呂后却沒有得罪他。

其三，是漢武帝的事情。漢武帝的皇后姓衛，生子名據，立爲太子。後來他的謚法，是個戾字，所以稱爲戾太子。漢武帝是個喜怒無常、賞罰無章之徒，他又很迷信，到晚年更多疑忌。總疑心人家要用巫術去謀害他，這便是所謂"巫蠱"。於是有個喚做江充的，和太子有隙，就借以誣陷太子。太子明知道武帝偏見任性，既被誣陷之後，向他辯白是無益的，於是不想辯白，而竟詐傳武帝的詔旨，發兵捕殺江充。這一來，武帝説太子造反了。發兵叫宰相帶著兵去打他，太子戰敗逃出去，給追捕的人追到了，自殺。皇后亦自殺於京城之內，太子有三個兒子都被殺，只有一個孫兒，就是武帝的曾孫，因年幼繫獄。後來武帝也知道太子的冤枉了，江充和迫害太子的人，多遭族誅。然皇曾孫仍繫獄未釋。再後來，武帝害病了，當時又有一種迷信稱爲"望氣"。望氣的人説："長安獄中有天子氣。"於是武帝下詔，要把拘禁在獄中的囚徒，盡數殺掉。這真是不成事體，幸得當時有個法官喚做丙吉的關了獄門，拒絕詔旨，皇曾孫纔得保全，這就是後來的宣帝。然武帝用刑雖濫，對於丙吉，却也沒有得罪他。

閻纘引這三件事説：當時用法太酷，動輒滅門，所以使人不敢盡忠。他又説：倘使當時的人能像周昌、丙吉一般，暫時拒絕詔旨，太子固然可以不死，就是有些人，能够跟隨太子，局面也總要好些。然而太子被廢出宮之時，他的臣子有些在路上望車拜辭，還被逮捕送到監獄之中治罪，還有何人敢説話呢？

然則晉朝恐怖政策，箝制其下，不是自殺其子孫麼？ 種瓜得瓜，種豆得豆，他自己的政策貽害自己的子孫，誰能爲他惋惜？ 然而政權在他手裏。政治上的事情是最宜"氣疏以達"，把各方面的意思，都反映出來的。最忌自行封鎖，致處於耳無聞、目無見的地位。現在執掌政權的，用恐怖他人的政策，封鎖自己。於是政治大壞，人民却連帶著遭殃了，這真可爲之三嘆。

當大局動蕩之時，一切事情都不上軌道，握有實權的人，很容易用嚴刑峻法，取快一時，這也是古今之通弊。魏晉間的嚴刑峻法，還不自司馬氏始，當時曹操、孫權手下，都有所謂校事，就是今世所謂特務。曹操手下有一個人喚做高柔，曾力諫曹操，説這班人用不得，而曹操不聽。至於孫權，則連他自己的太子亦不以此種辦法爲然，而孫權亦不聽。曹操、孫權的出此，或者還不全是私心，而是有整頓政治的思想，因爲他們的校事，並不是用來對付人民，倒是用來對付官吏的。這看後來孫權的覺悟，由於其信臣朱據的被誣，而魏文帝<small>曹操的兒子曹丕。</small>時，程昱的孫兒程曉疏論此事，稱其"上察官屬，下攝衆司"可知。然而還是不勝其弊。可見用法而出於正式的法律和司法機關以外，總是弊餘於利的。若其用途而非以對付官吏，則更不必論了。

晉代豪門鬥富①

【汽油要節約了,於是乎一班汽車階級中人,都不免大起恐慌。坐汽車到底是經濟的事? 還是奢侈的事? 這自然是經濟的。在戰前,坐卅分鐘汽車,不過大洋一元,再加小帳兩角。把坐汽車較之步行或坐他種車輛所省下來的功夫,去做任何事情,所生產的利益,決不會抵不過一元二角,或從一元二角中減去他種車資之數。所以坐汽車,決然是經濟的事。然則坐汽車,爲什麼會被目爲奢侈呢? 還記得民國初年,那時候,還沒有汽車,坐馬車,在上海灘上,就算是很闊氣的了。次之則是人力車——那時候,還不全是現在的黃包車,——再坐不起,那時候,電車倒也有了,可以去擠軋等候。那時候的馬車夫,是神氣十足的。對於人力車夫,往往大聲呵斥,甚至揮鞭打擊。還記得當時的時報,曾用詰問的口氣,作爲短評道:"馬車人力車,亦同是營業耳,何以可如此也?"又說:"坐車本是所以求捷速的,然而今日,坐人力車的人,已未必盡有事可趕,坐馬車者則更甚,真要趕辦事情的人,倒是步行或乘電車的,又何也?"社會上對於有閑階級和勞苦大衆待遇的不平,且不必去論他,坐汽車的所以被目爲奢侈,却大概是爲此罷?

我們要講文史,話説得太遠了,且回到本題來。】

當兩個文明程度不同的社會接觸以後,較高的社會文明,總會輸入文明程度較低的社會中去。這本是有益無害的事,然而文明程度較低的社會,竟有因此而陷於衰亡的,這是什麼原因呢? 無他,明明可用來生利之物,你却不用之於生利,而用之於浪費虛耗之途而已。有汽車,不乘之以趕辦事情,却乘之以酒食徵逐,或則"有女同車","招搖市過之",就是一例。

---

① 《晉代豪門鬥富》,原刊一九四七年十月的《現實新聞》雙週刊第十一期,原副標題爲:從汽油的限制説到五胡亂華。該文原有一段引子,現照原樣附於本文的前面,方括號内文字即是。

在歷史上,一朝開國之後,總是能盛强安穩一個時期,獨晉朝不然。從武帝平吳公元二八〇年。到洛陽淪陷,公元三一一年。不過三十一年而已。這又是爲什麼? 我們知道:一個人享用過度,就精力耗損,志氣消沉了。晉初這一個遠從魏武帝、近從晉宣帝遺留下來的腐敗的文臣、驕橫的武人的政治集團,其中荒淫奢侈之事,真是不勝枚舉。我現在且舉其兩件:

其一,是晉武帝的女婿王濟。武帝有一次到他家裏去,他留武帝吃飯,肴饌的講究,不必説了,《晉書》上説他"悉貯琉璃器中"。琉璃就是現在的玻璃,當時中國還不能自造,大約是從西域來的。其二,當時的豪門,多好鬥富,其中最豪富的是石崇。晉武帝因爲和姓王的有親戚關係,暗中總幫助著他。有一次,把内府中一株三尺多高的珊瑚樹,賞賜給一個喚做王愷的。這王愷,便要把它去誇示石崇了。石崇一見,就舉起鐵如意來,把它打碎。王愷覺得既可惜,又可氣,不免聲色俱厲。石崇卻説:"不足多恨,今還卿。"喚人將自己所有的取出來,三四尺長的六七株。王愷乃爽然自失。珊瑚也非中國所有,大約是從南洋來的,羅致這許多東西,不都要化錢到外國去買嗎? 此與今日多耗外匯,以買進新式的汽車,又有何異? 這在當日,實在是異常奢侈的事情。當時這個政治集團中人,有如此不合理的享受,他們的精力,還能够不耗損? 志氣還能够不消沉嗎? 何怪五胡一崛起,一班好戰的人,都像秋風掃落葉一般,紛紛地倒坍下去呢?

這班人財自何來,歷史上沒有詳明的記載。論其大略,總不免向農人頭上剥削,只要看《晉書》的列傳上,叙述他們的產業,總説田園水碓甚多,就可知道了。田是種穀物的,可以收取租米,史書上記載也頗多。園是種果樹、開池養魚等等的,《晉書·王戎傳》説:他家有好李,要把它賣出去,又怕人家得其種,都先鑽其核而後賣之,大約就是園中的出產。水碓則是舂米的,當時使用頗廣。晉惠帝時京城被一個叛將圍起來,這叛將把城外的水決去,城中的水碓,都因無水不能動,乃將十三歲以上的男子總動員,來舂米給兵吃,就可見對水碓相需之殷。他們擁有廣大的田園,正和我們現在,抗戰八年,土地更形集中一樣。水碓多數又爲他們所有,豪門資本就侵入了工商界了。

誠如 Frank Rounds Ir 所説,見《現實周報》第一期外論。中國人民的忍耐性和農村經濟的堅韌性,是極大的。所以現在國共兩方,都想利用之以作戰。然而其忍耐和堅韌,也總有一個限度的,古來有多少好戰之徒,都失敗在這個限度的誤認上。當洛陽淪陷之後,索琳、麴允還翼戴愍帝,在長安建立了一個政權。不幾年又覆敗了。於是元帝只得退却到江東,成爲偏安之局。當時有一個劉琨，在并州，即今日的太原地方，還艱苦支持了好幾年，也終於滅亡了。劉琨和索琳、麴允，都是很忠勇的，爲什麼都不能成功呢？那就由於農村經濟的堅韌性，此時已變成脆弱，而人民也再不能忍耐了。試看《晉書》上叙述當時長安的情形，是"户不滿百，荊蒿成林"，而劉琨初到并州時所上的表，則說現在晉東南境，一路都是白骨遍地，太原則四山都是羌胡，不能出城樵採，本地既無出產，糴買的通路，又極艱苦，便可知其致敗之由。五胡中最成功的是鮮卑，鮮卑之所以能成功，是由於慕容氏所根據的，是今熱河、遼寧之地，拓跋氏所根據的，是今察哈爾、綏遠之地，倒是比較安静富庶的。慕容氏既入中原，遼東之地，爲高句麗所據，遼西亦受侵擾，拓跋氏末年，六鎮大亂，其固有的根據地失掉，鮮卑也就完了。這豈非百代的殷鑒？